U0424187

# 吴宓书信集

吴学昭 整理、注释、翻译

生活·讀書·新知 三联书店

Copyright © 2011 by SDX Joint Publishing Company
All Rights Reserved.

本作品中文版权由生活·读书·新知三联书店所有。
未经许可，不得翻印。

**图书在版编目（CIP）数据**

吴宓书信集/吴学昭编.—北京：生活·读书·新知三联书店，2011.11　（2025.1重印）
（吴宓集）
ISBN 978 - 7 - 108 - 03506 - 6

Ⅰ.①吴… Ⅱ.①吴… Ⅲ.①吴宓（1894～1978）—书信集 Ⅳ.①K825.4

中国版本图书馆 CIP 数据核字（2011）第 147690 号

| | |
|---|---|
| 责任编辑 | 吴　彬 |
| 装帧设计 | 罗　洪 |
| 责任印制 | 卢　岳 |
| 出版发行 | 生活·讀書·新知 三联书店 |
| | (北京市东城区美术馆东街22号) |
| 邮　编 | 100010 |
| 经　销 | 新华书店 |
| 印　刷 | 河北品睿印刷有限公司 |
| 版　次 | 2011年11月北京第1版 |
| | 2025年1月北京第2次印刷 |
| 开　本 | 850毫米×1168毫米　1/32　印张14 |
| 字　数 | 325千字 |
| 印　数 | 5,001 - 8,000册 |
| 定　价 | 56.00元 |

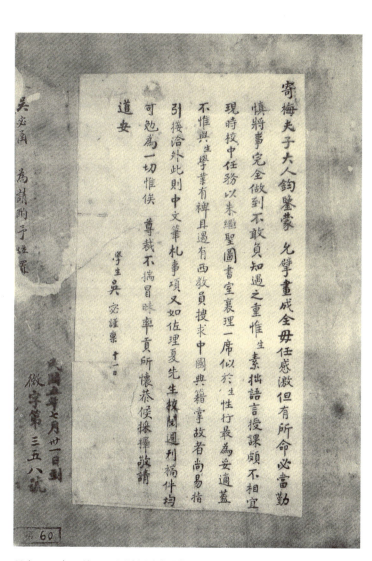

吴宓 1916 年 7 月 11 日写给周诒春的信

Berlin, August 15, 1931.

Dear Professor Babbitt:

On the Eve of leaving Europe for China, I write you with feelings of awe & contrition. For, during the year past, as I was in Europe, I was very frequently thinking of coming to receive new instruction & new inspiration from you in America — and I have never come! I intended to write you about so many things to have your sanction and enlightenment — and I have not written until now! You were as kind as to give your books to me once more (I had received "Democracy & Leadership" in 1924 from you, & this June I again received from you, through Mr. Ping-chia Kuo, your "Masters of Modern French Criticism" etc.), I ought to have written you at once to express my gratitude. But the books are the least thing I should mention & thank you for. You are the Teacher of the whole world; to you, all the humanistic men & youths of both East & West look up for inspiration, for guidance, & for personal peace & comfort. You are especially the Teacher of the Chinese, next to the American disciples & students. Our work in China, during the ten years past, has simply been to translate & to disseminate your wise & healing messages to the people of this degenerate & blindly-striving nation. Without you, our work would be of no value, & our life would be of no meaning. You and Mr. More are the only great & true Teachers of today: this is the only lesson I have learned during my one-year stay in Europe. Here in Europe, there are scholars & professors in abundance, but there is no great teacher & true thinker. After having been your & indirectly Mr. More's Disciples, we are like those who, once having a vision of God, would not live contented

That the "New Humanism" movement has been making great progress & conquest in America during these last years, is a cause of great encouragement for us. I am heartily sorry that I could not come to America & meet Mr. Norman Foerster etc. as you once wished. But I do hope Mr. Hsü will talk to Mr. Foerster et al & plan out a program of mutual aid & Communication between the Humanistic fighters in America & those in China. For my own part, I have been reading very carefully such magazines like the Forum & the Bookman for articles & news relating to Humanism. I have also purchased & read the books written by Humanistic Champions & greatly profited by them. Whenever I could, I always summarized & translated the chief ideas of such new books & articles for the Chinese reading public through the Critical Review & the Weekly Supplement (Literary Review) of the Impartial. I am going back to China now, & upon my return, I must work with unabated energy & increased zeal, to advance & propagate the Humanistic ideas & ways.

Mr. Ping-Ho Kuo is a great student, a great worker, & a great friend. With his help & co-operation, our work in China for Humanism (& for Chinese tradition) will be much easier. By the way, I had met & talked to Mr. T. S. Eliot in London last January; he said he was not so much far gone from your teaching as people thought, — indeed he agrees with you (as he said) much more than he felt convinced to acknowledge.

With humblest regards & sincerest prayer, for you & for Mrs. Babbitt, I am, Sir,

Yours obedient disciple

Address: Tsing Hua College, Peking. Mi Wu

吴宓 1931 年 8 月 15 日写给白璧德的信

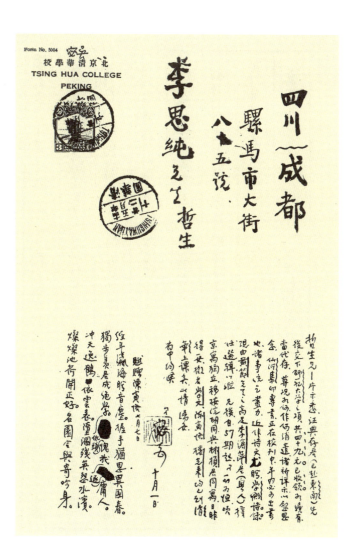

吴宓1925年致信李思纯的信封及1926年10月1日写给李思纯的明信片

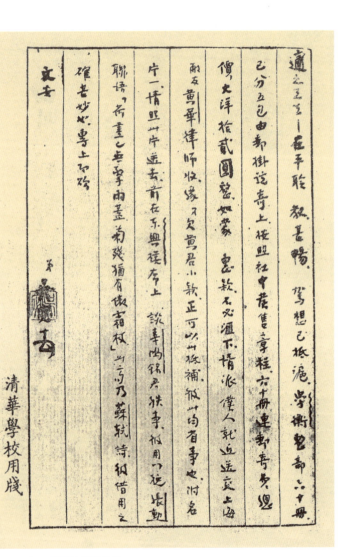

吴宓 1929 年 2 月写给胡适的信

梅校长钧鉴：按查本校外国语文系专任讲师李赋宁君于去年十二月请假回西安省亲，为故送汽车先生赴西安六十元（法六十元）水利专员李君临(民卅一)先生与传信蕙女生与任(世纪处三君湘籍留滞在西六十六年秋冬时)国卅未堂一日梅校长寄周士忠函(卅二年十月)转到方达元君公故回返行时陈问晴宰外文系主任

请假得许外，并以所任教课托刘达元刘公王佐良三君分授，每月薪津（卅二）月起由王佐良代领全数分给代课之三君，各得三分之一。其间美国闹捕理课则托杨周翰赋宁回家后，适值母病未起遂离本年三月即拟回

校销假，复以旅费难筹，出未设法，迨迄四月十四日两次由昆明汇去万圆，盖为代办在渝乘飞机用之学校谨明书及此有力请托正同时寄去。但中原战事遽起五月二十二日安接赋宁西安来电云，交通困阻，暂且回校之心则昭然若揭。而交通之困，法首途现交通枢困难能否援源，尚未卜。刘、陈二君纯厚勤劬力闹外文系引近年毕业生难有今西安危急，早事运输，势必良流放者。可以得见赋宁，其年日有代课绝成已希望之人才。渊涵之学惊此种稀缺之专任，共达之才，殊非偶然，东亚渊源殊有幸甚隔难依久，尚课未完，缺而支余分文，新金委非偷恻。再乞详察赋宁、佐良、公权三君所可比，具今正在冒危涉历困难至

回学校。不日即可超到。谨　敬赏请以简　钧核此请

　　日安

　　代理外文系主任吴宓上

　　三十三年六月九日

光旦教務長吾兄：

示悉。俟又銘授事到曹園勘定畢，又諸速、知吳人甚好，似宜即刻孙進行聘定。至此大方面劉澤榮臨行曾向公超初步介紹，公超乃託劉去函弘毅邀請，然前盡否敢未任教授，完全在弟薦，蒋一請君心向云蘭次中暫時任事，與劉晤同方到友心然此特陸之中，公超於八日飛國都，旋乃因家事到滬，恐回演尚終時日如宜久待，如早擬定李君較妥倘不將未到前俱到味甚妙因晰又方見重於學生也，奏為尚待的裁，再興晤談，聘詢白前已送上信，校中直養誅寄去辦矣，何日得暇，觀整訪問試，但盼必高奉也
弟 吳宓 頓
七月八日　新到

写下见赐诗已粘贴壁上,日咏诗及玉照则珍藏箧中,寄题拙之美,然安排未妥,贴之处尚多,久远恐终遭毁也。入班学训后诗已改就,交沈师光君带上,阅后有作,仍希送来,此山假有古诗已改就,交沈师光君带上,阅后有作,仍希送来,此山假有古谈也。兄此奉约,不宣。是期日是否有暇,甚欲於阴历年节时,与贤兄弟畅饮叙

俊清仁弟,

吴宓 一月六日

(不立写隽问甫)

信封附还,谅可再用。

吴宓 1944 年 1 月 6 日写给李俊清的信

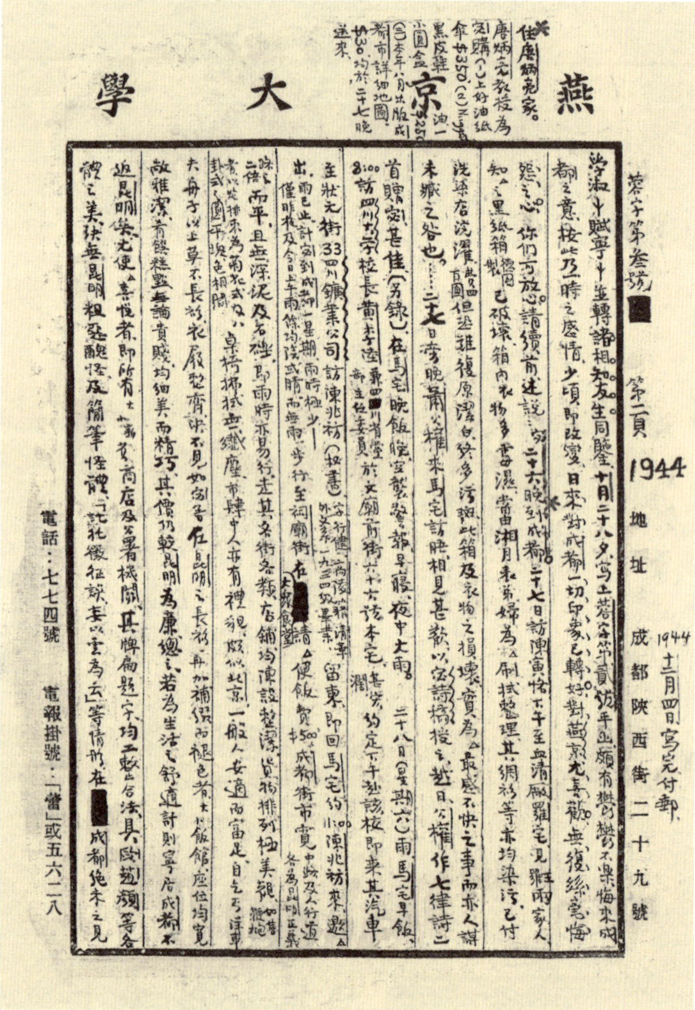

吴宓 1944 年 12 月写给吴学淑、李赋宁等的信

Sept. 24th 1945 at noon

Dear Miss Cheng,

I have kept your letter of Sept. 18th unanswered, because I meant to send this book (Macmillan Pocket Abridged Boswell) together with my reply to you. Last night I dined with Mr. Kao (my former student in literature but now engaged in cement-manufacturing business) & his fiancée Miss Tsang (a student of Ginling) — & I fancied myself something of Dr. Johnson enjoying himself at the home of the Thrales! (By the way, I have a fear that my reading Boswell might make me unconsciously catch on Dr. Johnson's habit of haughty & combative arguing with people at dining-table & in the sitting room — a bad habit which I have never had before.) Coming back late I sat & continued to read till I finished the book at 3 A.M. (I was so much interrupted & disturbed by various kinds of friends these days). Now please read this book & pass it on to others.

You will also find several new books, which I have added to the Reserved Shelf (Yenching Library) for this Seminar Course. Among others, a set of complete Boswell in Everyman's Library edition.

I love to read your letters, as I _____ that you have a free command of English & you possess a feeling for style — which is usually rare & which ought to be further cultivated by much reading in good books, in books of real literature. I'll give you advice from time to time as to the choice of books, but now let me suggest that you please obtain from Yenching Library Thackeray's "Roundabout Papers" (see Card Catalogue) & read in it his "English Humourists of the 18th Century." I flatter myself that I have so far found two students in Yenching who are fit (& with real gift) for literature: viz. Mr. 銓曉 for Chinese literature & Miss 程佳因 for English literature. It does not matter that you are now registered in the Dept. of Journalism; I do hope & I earnestly pray that you will keep up the pursuit of literature to the end of your life, whatever might be your occupation & circumstances of life.

I return your letters to you each time so that you could better keep it along with my letters to you, as a series — which might be compared to Fanny Burney's correspondence with Dr. Johnson or Bettina Brentano's Correspondence with Goethe — though (I wouldn't dare to associate myself with those illustrious names).

With a guest sitting here in my room, I can only write thus much, & so poorly, this time.

Yours sincerely, Mi Wu (吳宓)

P.S. Thank you for your reading to Ne-win me service & help. Meantime, Ne-win ____ leave in needs, good literature.

You may, what is your homework? father, pastor, & senior officer (I am temporary) anything much that I have left & still in Kumin, shall I go not dong?

国立武汉大学用笺

珏良仁弟:十二月二十日诗函,久未覆,甚歉。兹居蜀二载颇适,去夏原决定回清华,而六八月之交,为武大知友所坚邀,乃止于武昌武大,聘。昀良而昀良未能来命,安引1944秋由昆明入蜀,过贵阳,在景珊家得谂,叔娴时方由桂林退却,去年八月二十一日,由成都到重庆,佳贵州银行景珊枢能处,而叔娴自春来此后此始得多谂。九月三十日飞抵武昌,旋即由武大聘叔娴为外文系讲师,授(1)二年级实用英文(2)二年级经现代短篇英文选读及作文(4)(3)英语会话,一共七小时。叔娴于九月底携两女 炜(五岁)飞(十八月)到武昌,在校内所居,与极近,並邀在其宅,中午餐晚餐。叔娴得本地大汉 粟铃夏 精当共游谈对,照顾周至,丰载相聚时时评论人生社会,兼及文学切磋之益朋友之乐,兼而有之。而叔娴英语流利确切,逐胜我辈,以外其英文文字工夫亦甚深,所作文字知识材料耳。叔娴按课改愈严明,而负责为校中所称道。

盖得力于莎士比亚所读者,文艺史之知识材料耳。叔娴与王腾凤之友,则览叔娴资料,颇似叶 超珊 叔德两友,当与叔娴初见,叔娴疑为王腾凤之友,则览叔娴资料,颇似叶 超珊 叔德两友,当与叔娴二人必戚其进。弟可便中少温德言之…寒假中叔娴让施又将赴港,晤其夫君,去已近一月,两孩由照管,景珊日昨偕叔妮飞过武昌一宿惜,与相左未得见,已振南京,任贵州银行经理。叔昭精神甚好,叔方在创作一长篇小说,秘不示人,或尚未定也。最近来,心情平静生活安适,初以毋校需人,亦未避怀去,故都迩拟于寒假国谋北上,所以久久不要请亲友过者,亦以行止未定之故,及到寒假,适值武大校潮方炽,学生当局以不能延聘名师友,宝陵既若此时言去,更使当局为难,又以到此后愿永优礼。在聘约未满之一学年中,决不当决然引去,且思毋使雠要安归华系中功课已有
初定,亦不便中途更张,故暂缓此议,俟暑假再作计较。

吴宓 1947 年春夏间写给周珏良的信

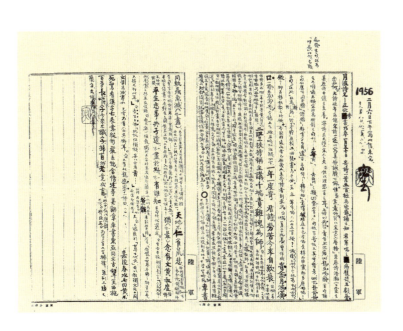

吴宓1956年2月6日写给金月波的信

實秋教授學兄惠鑒：宓一年來在北碚相輝學院（舊名址）任教，健康尚好。茲有懇者，舍弟 吳協曼（南京國立中央大學化學系畢業）在臺北市仁愛路三段空軍國際播電臺任職，欲改入國立臺灣大學任英文助教或俄文助教職云。以後逐失聯絡，今來函兄與毛子水見詢協曼求職臺大事，倘賜助成，無論此事之能助與否，並懇以覆此片（即日光化）寄安或逕交舍弟。得知家中情形如下：父親在家休息康健，母親過了整壽，舍弟仍原職，餘人亦皆好。舍姪俊須每月各得新五袋麵引妹在上海曾匯五萬元回家。家族大小均健好。弟生妹丈及妍妹今皆仍在南政府及圖書館任原職，耕種去年一年未給祖我家一月初至三月中共滙人民幣壹佰伍拾陸萬圓至家無地又擬在此居不動，以祈量力澳毅至家  上海伯父大人於上月十有在蘇州王宅無疾壽終完，。諸文安 冉樅澗合表

1950年3月十七日

汝昌先生：賜詩及紅樓夢新證一部，均已拜領，欣感無任。恒於道新仁弟處得奉雅況，昌勝神馳。寒假切盼來渝聚遊，藉獲暢敘益資切磋，茲不贅敘。賜詩甚為光寵，和詩祈稍假時日定必作出。來時請帶錦冊當題寫上來。奉領。賜前已讀紅樓夢新證一過，考證精詳，用力勤劬，歎觀止矣，佩甚佩也。家不能考據，僅於1939 樓英文一篇，1942 譯為石頭記評贊登旅行雜誌十六卷十一期（1942 年十一月）自亦無存，當掌周輔成君以所存剪寄，今至教（他日補帶愛）。此外有
1945 在成都燕京大學之講橋論文《晴雯妙探多人《文若干篇》、曾堂成都小雜誌《客槎》其後續呈。但皆用紅樓夢講人生哲學，評論道德而無補於本書之研究也。其他所知有關紅樓吳，昔人《文字宣後面談惟王際真應作王際真其人與家相識，河南農家子昔影1933級校友一向奉美国僅1929夏回国
在列典处晤談三次當時未見到其所譯《吳其書》……久未通聞，赐讀甚感。若剋中故裏處高有存。另以一部奉贈。廣永永宴路呈必抗戰期中一詩客後時
時鈔上（五十生日詩奉贈祈潘若《舊覺
等詩四頁係在成都郾郪時所印只此一份故望帶愛。請詩
皆思想改造以前之作幸勿其墨妄而罪焉。書不盡意即

頌

文安。

弟　吳宓手
1953 十月二日

吴宓 1954 年 6 月 21 日写给柳诒徵的信

雨生兄：

前接来函，次日即欲覆，因心校到。兹有恳者，忆昔同在昆明时，承兄将弟所作"佛教史"校勘一过，并将错误批于书眉。原书多年保存。在五五年中华书局重印该书，曾将 兄所批原书邮送该局，彼时恰值兄远出国，未获晤及。现中华再版该书，需将错字改正。如 兄尚存有底本，请于案下从便奉寄，甚感。

兄近况如何？来信时请告知。
即颂

教祺

弟 汤用彤
1962.9.3

锡予老兄：　前次之函，早已奉悉。邱晓教授因本学年授课多，故取消来京进修之举，致谢 兄为洽询之劳。佛教史欢自藏之一部（二册），保存甚好；惟以（一）其上有弟之圈点及眉批校语，本有 兄讲记指正之笔记，弟视之甚为珍重，不愿寄来。（二）此间孙培良教授正在研读——故不拟寄来，而由弟将弟所作校勘，逐页抄录，凡二纸、四页，谨逐奉上，以供 兄向改版之用。 弟去年年底，左脊生癬，服入西医暨选治愈。继又疯生至第十二栈（均小）；后服中华（九栈），自五月初，疯未再出，身体渐好。 准本期工作甚重，凡授（一）进修班第二年哲学三人之小时，（二）讲授进修学年三人之小班外国史学、世界史等12小时，（三）个别辅导8小时。以上共每周24小时，故弟觉劳倦。每忆及童兄恰逸同，以至天南隔离两居，不胜神往！敬叩　顾安。弟 宓上
1962年九月十八晚

吴宓 1962 年 9 月 18 日在汤用彤来函上所写的复信

学昭：前上名剌并谅达。彭厲市绕我部别建波副部長特由重慶市来到貢市今晚間宣達省方意旨並商量决定如下：

（一）省人代會議定於十一月二十五日在成都開幕。前二日，我川在重慶城内集合乘火車前往。省政协會議定於十一月二十日籌備，一个月核票。約一个月請準備一个月核票。

（二）省方現决組織省人民代表慰問談前往峨嵋觐问談俸建省政協前往限定重慶啟行。川演俄瑜四川段三員其二组由重慶集體乘車武裝。前方限定重慶啟行。此次慰問限定於一月十三日到達峨嵋剝工地。此次慰問，與方须有领导。须去至一月，扶持有病苦有病者。心臟病者去或不去，一结果，朝名"不参加"之劲道有约六人很某名40人。被此經修禁工地，即不去。至是部長有人很某名40人，报名"不参加"之劲道有约六人，很某名40人。

（三）由於（二）事，省政協南圆原定参观計劃，又須改變，又可能展期，即令部定十月九日晨七时全國乘火車自貢出發，定十一月九日完畢。（8内江参观）十一月九日七時回到蓉，乘火車出發，各自回校休息。

梗略以上各條，则入巴，贵到重慶市之间约計在内火車站間，但恩世且朴国人太多不便談話。今此晤來誠，即在午下100到午后100之间，如可見面一但你画约，在十二月以后回到內都機各和你之，决定在刚下车時与你会該，無論哪一天，任搖弟一班團立。

# 目录

致周诒春（一通）……………………………………… 1
致白璧德（英文 十一通 附译文）……………………… 2
致明德社社友（英文 四通 附译文）…………………… 54
致吴芳吉（四十八通）………………………………… 82
致庄士敦（英文 一通 附译文）………………………… 148
致李思纯（二通）……………………………………… 153
致吴定安、何树坤（一通）…………………………… 156
致刘永济、刘朴（一通）……………………………… 157
致胡适（一通）………………………………………… 158
致王文显（英文 一通 附译文）………………………… 159
致浦江清（十八通）…………………………………… 162
致卞慧新（三通）……………………………………… 193
致燕耦白（一通）……………………………………… 195
致周煦良（一通）……………………………………… 197
致钱基博（一通）……………………………………… 198

致陈 绚（四通） ……………………………………… 199

致靳文翰（一通） ……………………………………… 202

致陈 逵（三通） ………………………………………… 204

致梅贻琦（英文 一通 附译文 中文 九通）………… 208

致姚从吾（一通） ……………………………………… 229

致潘光旦（二通） ……………………………………… 230

致陈福田（英文 一通 附译文） ……………………… 232

致杨树勋、李俊清（一通） …………………………… 234

致李俊清（三通） ……………………………………… 236

致吴学淑、李赋宁等（六通） ………………………… 238

致毛 準（一通） ………………………………………… 264

致闻 宥（二通） ………………………………………… 268

致程佳因（英文 十通 附译文） ……………………… 270

致梅农姊妹等（英文 一通 附译文） ………………… 294

致王恩洋（一通） ……………………………………… 296

致王挥宇（一通） ……………………………………… 297

致周珏良（一通） ……………………………………… 299

致周光午（一通） ……………………………………… 302

致常厘卿（一通） ……………………………………… 303

致金月波（三十六通） ………………………………… 305

致朱介凡（一通） ……………………………………… 347

致吴协曼（六通） ……………………………………… 349

致梁实秋（一通）·················· 364
致李赋宁（十四通）················ 366
致周汝昌（一通）·················· 399
致柳诒徵（一通）·················· 401
致黄有敏（三通）·················· 402
致吴须曼（一通）·················· 407
致蓝仁哲（一通）·················· 411
致汤用彤（一通）·················· 412
致许伯建（一通）·················· 413
致吴学昭（一通）·················· 415
致西南师范学院党委等（一通）······ 417
致郭斌龢（一通）·················· 422
致吴学淑、吴学文、陈心一（一通）·· 429
致广州国立中山大学革命委员会（一通）······ 434

后　记 ···························· 435
人名注释索引 ···················· 438

重印后记 ·························· 445

# 致周诒春①

寄梅夫子大人钧鉴：

　　蒙　允擘划成全，毋任感激，但有所命必当勤慎将事，完全做到，不敢负知遇之重。惟生素拙语言，授课颇不相宜。现时校中任务，以朱继圣图书室襄理一席，似于生性行最为妥适；盖不惟与生学业有裨，且遇有西教员搜求中国典籍掌故者，尚易指引接洽。外此则中文笔札事项，又如佐理夏先生②校阅《周刊》稿件，均可勉为。一切惟俟　尊裁③。不揣冒昧率贡所怀，恭候采择。敬请

道　安

　　　　　　　　　　　　　　　　　　　　　　学生
　　　　　　　　　　　　　　　　　　　　　吴　宓谨禀
　　　　　　　　　　　　　　　　　　（1916年7月）十一日

---

① 周诒春（1883—1958），字寄梅，安徽休宁人。时任北京清华学校校长。1917年辞职，从事实业。曾任国民政府实业部常务次长、农林部部长、卫生部部长。1948年去香港，1950年回内地定居。

② 夏廷献，字霆轩，江苏人。上海圣约翰大学毕业。时任北京清华学校中文文案处主任。

③ 作者于1916年6月底在清华留美预备学校高等科毕业，因体育不及格且患角膜炎，留校服务一年，练习体育，医治目疾。同年7月，被周诒春校长聘为清华学校文案处翻译员。

# 致白璧德①

一

51 Weld Hall
Cambridge
Jan. 20th, 1920

My dear Prof. Babbitt:

On further reflection, I have decided to change the subject of my Thesis for your Course. As I can express myself much more easily, orderly, & concisely in writing than in speech, I beg to submit this letter to your glance, & to ask for your decision. If you approve of my change, I will write on a subject somewhat like this: "Some Accounts of Chinese Literary Tradition". If you think this change would be unwise, I will be equally glad to write on "Rousseau & Robespierre".

In writing on "Chinese Literary Tradition", I shall try to give original statements (in plain & close translation) that are of significant & authoritative weight, with brief explanation & a few necessary examples. The whole purpose shall be the attempt to show the total trend of Chi-

---

① Irving Babbitt 欧文·白璧德(1865—1933),美国评论家、教师、新人文主义运动的领袖。就学于哈佛大学和巴黎大学,自 1894 年即在哈佛大学教法语和比较文学,直至去世。白璧德为作者在哈佛学习时的导师。

nese literary tradition has been in agreement with the direction of a Boileau, a Dr. Johnson; that it approaches the teachings & opinions of you yourself & Mr. Paul E. More; & that it is always contrary to the ideas of an Oscar Wilde & a Zola. I shall present Chinese views (entirely from internal source & with no distortion or insinuation) on such questions as (1) The Doctrine of Universal Consent; (2) Ethical Pre-occupation of Literary Men; (3) On the Superiority of the Genre of History & "Literary-Essay on Classical Models" to Fiction & Drama; (4) On the Inverse Ratio between Popularity & True Merit of Literary Production; etc. I shall also throw some historical interpretation & a few transition & current ideas in our History. I shall offer to expound some passages from the classics in reference to Decorum, Imitation & "Inner Check", & on the idea of Work, etc. I shall make my thesis not longer than 5000 or 7000 words; but try to make it concise & substantial, avoiding vague words & personal opinions.

This Subject is a very worthy & very important one; it is, of course, thousands miles beyond the attainment of an elementary student like myself, however pretentious he may be. But I hope, with my future study both in Western literature & in the Chinese books, I may see that such a book is actually written, 20 or 30 years from now. I will make this Thesis a germ for that big organism. I know, even a brief & very childish piece of writing on Chinese Literary Tradition necessitates the consulting of a great number of Chinese books which we have not here in Library; what is to be contained in my thesis would be mostly reflections that occurred to my mind as I was listening to the Lectures & reading books in such as Aristotle. The subject is too big; but the work is to be no more than a Course thesis; therefore the lack of modesty in choosing such a subject may be in some degree pardoned.

For a Chinese student writing on things Chinese, the motive is apt to be laziness and the bad intention to save his own labor. I beg to ask whether you will allow this Thesis for <u>French 17</u> & I will do intensive reading for <u>Comp. Lit. 11.</u>

In closing, I beg to say that I feel, there seems to be many interesting & good ideas, when I am to compare what little I know of Western criticism to Chinese literary tradition & even literary anecdotes. Therefore, if I should write an essay as I propose to do, I may reap the benefit of achieving some Unity in my studies, & of relating what I have acquired in this one & half year with what I had learned at home.

Please kindly let me know, on any convenient occasion, whether I should write on the new Subject or not. And if you approve of it, I will work on it, & a little later, I will submit to you an Outline of Contents.

Wishing you good-day,

Yours obedient student,<br>
Mi Wu

我亲爱的白璧德教授：

经过进一步的思考，我决定改换您的课程论文的题目。鉴于我书面表达自己的想法比口头表达更容易、简洁和有条理，我请求呈交此信请您一阅，并请您决定。如果您同意我的变更，我将撰写这类主题："中国文学传统解析"。如果您认为这个变更不明智，我仍将同样乐意论述"卢梭与罗伯斯庇尔"。

在"论中国文学传统"的写作中，我将尝试（以明白贴切的翻译）引述重要的权威之作，并辅以简要说明及必要例证。论文旨在尝试指出中国文学传统的整体趋向同布瓦洛（Nicolas Boileau-Despréaux）及约翰逊博士的方向一致；与您和保尔·E. 穆尔①先生的学说和观点相近，而与奥斯卡·王尔德和左拉的思想相反。我将提出以下这些问题的中国观点（完全根据国内的原始资料，不事歪曲或影射逢迎）：（1）普遍认同的教义；（2）文人的道德关注；（3）关于历史体裁及经典著作文论相对于小说和戏剧的优越性；（4）关于大众化与文学作品的真正价值之间的反比率；等等。我也将插入中国历史上一些史实诠释以及若干变迁和当代理念。我将就规范性、模仿和"内在审查"以及对作品的思想等详细阐述经典章节。我将使我的论文不超过 5000 或 7000 字，但尽量使它言简意赅，避免含糊其辞和一己之见。

这个主题意义重大，值得阐述；当然，选择这个主题对于我这样一个学识浅薄，但又自以为是的学生而言，有些不自量力。不过，我希望通过日后对西方文学和中国书籍的研修，二三十年后，

---

① Paul Elmer More 穆尔（1864—1937），美国学者、文学评论家。与白璧德同道齐名。

我有望写就这样一部作品。这篇论文相对于宏篇巨著而言,不过是沧海之一粟。我知道,即使是一篇不成熟的关于中国文学传统的小作,也必须查询大量中国书籍,而我们的图书馆没有这些书籍;我的论文将主要包含我听课及阅读如亚里士多德的著述时的一些思索。这个主题过于宏大,但作为课程论文而言尚可掌控,因此我的不自量力或许在某种程度上情有可原。

作为一名中国学生写中国文学,往往出于懒惰和省力的不良动机。请问您是否准许此文作为<u>法文17</u>的论文,而我将对<u>比较文学11</u>课程悉心研读。

最后,我请求说明,我感到,当我将所学不多的西方文学批评与中国文学传统,甚至文学轶事进行比较的时候,奇思妙想似如泉涌。因此,如果能如我所提议的那样去作此文,我将可能有两点获益,一是有利于我系统地加以研究;二是可将我这一年半所学和我在中国所学相结合。

请在您方便的时候告知我是否应撰写这个新题目。如蒙恩准,我将随即开笔,并将稍后提交一份论文提纲给您。即请日安

您忠顺的学生
吴 宓
1920年1月20日
康桥,维尔堂51号

二①

April 24th, 1921

**To Professor Babbitt**

My dear Master:

After this essay was written, I read it to Mr. Tang, who then made this 3-fold remark:

"1. It is your fancies & sentiments, not Confucius nor Mencius;

2. It is History, not Philosophy;

3. There is no Plato nor Aristotle in it at all."

Mr. Chang said: "I should repeat the criticism of Mr. Tang. An Essay should present a few fundamental philosophical ideas fully, rather than to pile up facts & show the details."

Inspite of the defects of this essay, I beg to present it to you, as you have bidden me to do. I have made another type-written copy for Prof. MacIlwain; so that you may, if you please, retain this copy permanently or destroy it at will.

Incidently, in this essay you will find whence our names (Wu, Tschen, Tang) are originally derived.

Your student,
Mi Wu

---

① 本信为一张便笺,夹在作者呈交白璧德先生的论文中。

## 致白璧德教授

亲爱的先生:

这篇论文①写就之后,我读给汤君②听,他提出以下三点评论:

1. 它是您的设想和观点,而不是孔子的,也不是孟子的;
2. 它关乎史学,而不是哲学;
3. 文中根本没有柏拉图和亚里士多德的思想。

张君③说:"我赞同汤君的评论。一篇论文,应充分阐述重要的哲学思想,而不是堆砌事实,着重细节。"

尽管这篇论文颇有瑕疵,我仍奉您之命呈请您过目。我已将另一份打印稿送呈麦克·伊文教授;这份,您可随意留存,也可随意毁弃。

顺便说一句,从本论文中,您可发现我们姓氏(吴,陈,汤)的起源。

您的学生
吴 宓
1921年4月24日

---

① 指作者所作论文:*The Political Thought of Confucius and Mencius as Campared with Plato and Aristotle*(《孔孟政治思想与柏拉图和亚里士多德之比较》)。

② 汤用彤(1893—1964),字锡予,湖北黄梅人。清华学校毕业留美,哈佛大学哲学硕士。先后在东南大学、南开大学、北京大学、西南联合大学任教授,为中央研究院院士。1949年后,任北京大学校务委员会主任、副校长,中国科学院哲学社会科学部委员。

③ 张歆海(1898—1972),原名鑫海,浙江海宁人。清华学校毕业留美,哈佛大学文学博士。曾任清华学校、北京大学、东南大学教授,光华大学副校长。1948年起任国民政府外交部参事、欧美司司长,驻葡萄牙、波兰、捷克公使。

三

51 Weld Hall
May 24th, 1921

My dear Master:

As you are so interested in our welfare, I cannot help reporting to you herewith a few facts. During the last few days, we received letters from Mr. K. T. May, which have led to following arrangements:

(Ⅰ) I am going to teach in Nanking Teachers' College (Where Mr. May himself has been teaching since 1920 summer, & where he will remain permanently) with a salary of 160 Chinese Dollars per month. I have accepted this position by a cablegram, & have resigned the position in Peking (only an Oral Understanding). So Mr. May & I can be in one place & work in close conjunction.

(Ⅱ) Mr. Lou is going to teach, & be the head of the English Department, in Nankai College, Tientsin (where Mr. May taught in 1919 - 1920), salary 200 Chinese Dollars. The authority & students of this college petitioned Mr. May to return thither; Mr. May could not, & so he recommended Mr. Lou to the college. The invitation has not yet come, but will certainly come. (In fact, Mr. May suggested these 2 positions to the alternative choice of Mr. Lou & myself; but preferred to have me in Nanking & have Mr. Lou in Tientsin.)

(Ⅲ) The Nanking Teachers' College (viz. where Mr. May is now) also has invited Mr. Tang to be teacher in Philosophy. Mr. Tang will go there in 1922.

( IV ) The Chancellor of the University of Peking ( Headquarters of Literary Revolutionists ) is now visiting New York & may come to Boston. Some one has recommended Mr. Chang to the Chancellor, & it is possible that he will engage Mr. Chang. But Mr. Chang decides to study in France one year after Harvard Ph. D. Of course, the University may engage him beforehand, as with the case of Mr. Lin.

Chancellor Tsai is an old man & Chinese scholar. He took his HANLIN degree in the old Scholastic System, & later studied in Europe ( Germany & France ). His Chinese learning is very much to be respected; but his understanding of the Western philosophy is perhaps shallow ( no discrimination ). So he in recent years became the nominal leader of the Smart young radicals in the University of Peking. I wish thus, for he may possibly visit Harvard & we may introduce him to you, so that you know his general character & advise him properly.

Of the arrangements ( I ), ( II ), ( III ) are Mr. May's creation. Mr. May's policy is to have us entrenched & distributed in the higher educational institutions in China, other than the University of Peking. He advises most strongly against any of us going to the University of Peking, or to other schools in Peking dominated by the influence of the University. To work out his policy in practice, our prompt return is urged by Mr. May. No opportunity, he writes, should be allowed to slip by; no good position should be further allowed to be occupied by the Literary Revolutionists. Now, Mr. Lou has not yet be willing to return this year to ( II ); if Mr. Lou should talk to you, will you kindly use your weighty advice to urge him to return promptly?

Mr. May is popular in the 2 schools where he has taught. The students liked him. He seems now to be much more attentive & self-disciplined than he was in Harvard, & more optimistic than his first year as teacher in China. These facts will perhaps please you, as you are so interested in us.

Mr. May asks me to send regards to you & Mrs. Babbitt; he says he has not yet received letters directly from you (I will write him, telling him how busy you are, & other things); he hopes that the Chinese painting, porcelain & other articles have all duly reached you.

In the coming Interview of June 5th, allow me, please, to occupy you no more than half an hour at most. I am exceedingly sorry that I waste too much time of you, who, besides your solemn & significant occupation, have been helping & advising hundreds of students other than

Your humble pupil,<br>Mi Wu

我亲爱的先生：

鉴于您如此关心我们的福祉，我不禁向您报告几件事。过去几天里，我们收到了梅光迪①君的来信，从而达成以下安排：

---

① 梅光迪(1890—1945)，字迪生，一字觐庄，安徽宣城人。清华学校1911年考选留美，哈佛大学文学硕士，师从白璧德。曾任南开大学教授、东南大学西洋文学系主任、哈佛大学汉文副教授。1936年后任浙江大学教授、文学院院长兼外文系主任。为《学衡》创办人之一。

(Ⅰ)我将去南京高等师范(梅君已从 1920 年夏就在该校任教,并将久留于此),月薪中国币 160 元。我已通过电报接受这个职位,同时辞去了北京的职位(仅属口头约定)。因此梅君与我得以同处一地并密切合作。

(Ⅱ)楼①君将去天津南开大学任教,并担任英文系主任(梅君 1919—1920 年任教所在),月薪中国币 200 元。该校当局和学生恳求梅君返校执教;梅君不能,所以他推荐了楼君。聘书尚未到,但肯定会寄达。(事实上,梅君提出这两个职位由楼君和我选择;不过更希望我留在南京,楼君去天津。)

(Ⅲ)南京高等师范(也即梅君当今所在)也已聘请汤君任哲学教师。汤君将于 1922 年前往执教。

(Ⅳ)北京大学(文化革命者们的司令部)的校长正在纽约访问,并可能去波士顿。有人向北大校长推荐了张君,而他可能将聘用张君。但张君决定在取得哈佛哲学博士学位一年后,去法国研修。当然,北大可能会预聘,如聘用林②君之例。

蔡校长为一位年长的中国学者,他在科举制度中曾考取翰林,后来赴欧洲(德国和法国)学习。他的汉学功底可堪称道,但他对西方哲学的认识则或许肤浅(无歧视之意)。所以他近年已成为北大时髦年轻的激进分子们名义上的领袖。我写这些,是因为他可能会访问哈佛而我们可能将他介绍给您,您可得悉他的大致品性并适当地给以忠告。

---

① 楼光来(1895—1960),字石庵,浙江嵊县人。清华学校 1918 年毕业留美,哈佛大学文学硕士。历任东南大学、清华大学、中央大学及南京大学教授,兼任中央大学及南京大学文学院院长。
② 指林语堂。

以上（Ⅰ）（Ⅱ）（Ⅲ）的安排，出于梅君的想法。梅君的策略是我们能在中国的高等教育机构站稳脚跟，而不是在北京大学。他强烈地反对我们中的任何人去北京大学，或受北大影响控制的北京其他大学。梅君为了实施他的策略，催促我们迅速回国。他写到，不应错失任何机会，不应继续允许文化革命者占有有利的文化阵地。眼下，楼君还不愿意按计划（Ⅱ）今年回国（即就任南开大学英文系主任之职）；您一言九鼎，如果楼君与您交谈，可否请您敦促其<u>立</u>即回国？

梅君在他任教的两所学校都很受欢迎，学生们喜欢他。他看来远比在哈佛的时候更加专注和自律，也比他在中国教书的第一年更加乐观。这些事情或许使您高兴，因您是那样关心我们。

梅君要我代他问候您和白璧德夫人[①]；他说他尚未收到您的亲笔信（我将写信告诉他您是何等忙碌，以及其他的事）；他希望国画、瓷器及其他物品都已按时送交给您。

在即将到来的6月5日面试中，请允许我占用您至多不超过半小时。我非常抱歉我费去您太多的时间，而您，除了高贵重要的工作，还要帮助和指导数以百计的学生。

您谦恭的学生
吴 宓
1921年5月24日
维尔堂51号

---

[①] Dora Babbitt 朵拉·白璧德，女，少时随父母在中国生长，后回美国。拉德克利夫学院毕业。曾从白璧德受业。

## 四

Southeastern University

Nanking, China

July 6, 1923

Dear Professor Babbitt:

Your kind letter of September 17 last year has remained unanswered, and I am very sorry for it. Mr. H. H. Chang has just returned to China from Europe; he was here yesterday and, to our great delight, told us about his meeting with you in Paris and about your lectures at the Sorbonne. Mrs. Babbitt, he told us, was accompanying you in your lecture trip to Europe. I hope both you and Mrs. Babbitt are very well, and Mr. Drew too.

Thank you very much for sending me a copy of *La Revue Hebdomadaire*, which I received in last April. Upon receiving it, I had allowed myself the liberty of translating Mr. Mercier's article *L'Humanism Positiviste de Irving Babbitt* into Chinese, and of having the translation published in the 19th issue of our *Critical Review*, with your photograph (taken from the original you sent to Mr. May) and the picture of Sever Hall (your lecture room) as frontpieces. The volume containing the translation and the pictures will be out in a few days; and I will send you a copy respectfully as soon as it is issued. You may not approve the idea of having your picture as the frontpiece; my excuse is that the same liberty had already been taken by the French review, and that our frontpiece is bigger and more distinct than the one in that review.

In the later part of May, Mr. G. N. Orme, British Magistrate in Hong Kong, paid us a special visit (having introduced by Mr. R. F. Johnston and having seen our *Review*) here. Mr. Orme's ideas in many respects coincided with yours, and his views (having lived for 20 years and more in this part of the world) on Chinese affairs and especially, on Chinese education agreed with our own. We had a very good talk with him and asked him lecture to our students. Then I wrote a letter of introduction for him (he was returning to England by way of America), and he said, if circumstances allowing, he would certainly go to pay you a visit at Cambridge. I hope he could have fulfilled his promise.

Mr. H. H. Hu is one of our best friends and one of the few men working most earnestly and persistently for the *Critical Review*, and has written as much as any one since its publication. He was also the man who translated your article in *The Chinese Students' Monthly* (*Humanistic Education in China and the West*) into Chinese for an earlier number of the *Review* (which I remember I sent you). Mr. Hu is a student of Botany and had studied in the University of California for some years. Since then he has been professor of Botany in this University; and now he is coming to Harvard to make special studies in Arnold Arboretum. He is to sail in two weeks, and will stay for two years at Harvard. Although he has never seen you, he is, I may say, as good as one of your personal pupils. He has read all the books written by you, and Mr. More, and Mr. Sherman. He has a very competent knowledge of Chinese literature and a superficial acquaintance with Western literature. What I am trying to say is that he is coming to pay his respects to you, and wishes to receive frequent advices and inspiration from you. I did not give him a formal letter of introduction, but I beg to state the case in detail here. Moreover, he will be better able to tell you about the conditions in China and about ourselves than I could inform you in a short letter.

The conditions in China went from bad to worse in the last two years since my return. The country is just now facing an extremely serious political crisis, both internal and foreign. I cannot but be grieved to think that the Chinese people have decidedly degenerated, so that the observations on our national character drawn from history and our past excellencies do not at all fit with the Chinese of today. And I believe, unless the mind and moral character of the Chinese people be completely reformed (by a miracle or a Herculean effort), there is no hope even for a political and financial regeneration in the future. Of course we must work to make a better China; but if no success, then the history of China since 1890 will remain one of the most instructive and interesting pages in the history of the world, with reference to national decadence.

In the midst of such circumstances, our private lives have been very happy. Messrs May and Tang and I have been teaching here peacefully. My salary has been increased from $160 to $200 (Chinese Currency) this year, and will be $220 next year, counting monthly. (The purchasing power of money is much greater in China than in America.) Apart from my teaching work, all my time is devoted to the work of the *Critical Review* which has been coming out steadily every month. The effect of the *Review* is faint but encouraging; for if we could get many able hands to write, the consequence will be decidedly felt and will be for good. At present I am still trying to seek for contributors. Mr. May wrote only one article in the last twelve months. Mr. Tschen in Berlin did not respond to our call. But Mr. Tang has been doing good service; and Mr. K. L. Low is to arrive from Europe in a week or so, and we hope to retain him in this school and make use of his cooperation. Mr. H. H. Chang is going to teach at the National University of Peking, which has been the headquarters of that movement the effect of which we are trying to oppose and remedy.

Thank you for your kind intentions. You can help us in one way which means most to us. That is, if any new book is published by you (like *Democracy and Leadership*) or by Mr. More (like *Greek Tradition* Vol. II) or by Mr. S. P. Sherman, or if you happen to see any new book (in English or French or German) that you think is expressing ideas similar to yours and therefore very useful for our cause, please drop a note to Mr. H. H. Hu at Arnold Arboretum or to me, only suggesting the name and the publisher of the book, then Mr. Hu or I will be able to get the book ourselves. That book will serve as material for translation or digested account in our *Review*.

Although we are no longer in your classes, we are still deriving constant inspiration and precept from you. With humble personal regards to you and Mrs. Babbitt,

Yours pupil
Mi Wu

P. S. M. Sylvain Lévi had been in China, & was lecturing in the University of Peking in last April; we tried but failed to get him to come down to Nanking & lecture in our school.

亲爱的白璧德教授：

我感到非常抱歉，迟迟没有回复您去年9月17日的来信。张歆海君刚从欧洲回到中国；他昨天来此，告诉我们关于您在巴黎同他会晤以及您在巴黎大学讲学的情形，为我们带来极大的喜悦。他告诉我们，白璧德夫人陪伴您赴欧洲讲学之旅。我希望您和白璧德夫人，还有德鲁①先生一切安好！

非常感谢您寄法国《每周评论》给我，我已于去年4月收到。收到它后，我即自作主张将马西尔先生的论文（《欧文·白璧德之人文主义》）翻译成中文，并将译文在《学衡》第19期上刊出，在卷首登载了您的相片（取自您送给梅君的原照）和哈佛大学西华堂（您讲学处）的照片。刊登译文和照片的这期杂志近日即将刊行，出版后我将尽快奉送您一册。您也许不赞成在卷首刊载您的相片，我的借口是法国《每周评论》已经刊载在先了，而且我们卷首的画页更大更清晰。

5月下旬，英国驻香港的行政长官G. N. 沃姆②先生（经R. F. 庄士敦先生介绍，并读过我们的《学衡》）在此间对我们进行了一次专访。沃姆先生的思想在许多方面与您一致，而他对中国事务特别在中国教育方面的观点与我们一致（他在香港已生活了二十余年）。我们和他相谈甚欢，并请他为我们的学生讲演。我为他写了介绍信（他经由美国返回英国），他说，如果情况允许，他一定会去康桥拜访您。我希望他能实现他的允诺。

---

① Edward Bangs Drew 爱德华·班斯·德鲁，中文名杜德维（1843—1924），美国人。1865年进中国海关，1867年为总税务司署管理汉文文案，嗣升税务司。1889年任总理文案税务司。1896年充李鸿章赴俄使团随员。1908年退休。白璧德岳父。

② G. N. Orme 沃姆，英国人。牛津大学毕业，精通希腊文。久任香港大学副校长，兼授希腊文及亚里士多德伦理学。1923年退休回国。

胡先骕①是我们最好的朋友之一,也是少数为《学衡》工作最热心最执著的人,自杂志创刊以来,他撰稿最多。他将《中国留美学生月刊》所载您的文章(《中西人文教育谈》)译为中文,刊于早期的《学衡》上(我记得我曾给您寄过)。胡先生是研究植物学的学生,曾在加州大学学习数年。此后任东南大学的植物学教授,而现在即将前往哈佛安诺德植物园从事专门研究。他将于两周后出发,在哈佛研学两年。虽然他不曾见过您,我敢说他相当于您的弟子。他读过所有您写的书,还有穆尔先生和薛尔曼②先生的书。他精通中国文学,并粗通西方文学。他将前往拜谒您,并希望经常得到您的忠告和启发。我没有给他一封正式的介绍信,不过我请求在这里详述此事。再者,他将可能告诉您中国和我们的情况,比我在一封短信中向您介绍更为详细。

自从我回国后两年,中国的形势每况愈下。国家正面临一场极为严峻的政治危机,内外交困,对此我无能为力,只是想到国人已经如此堕落了,由历史和传统美德赋予我们的民族品性,在今天的国人身上已经荡然无存,我只能感到悲痛。我相信,除非中国民众的思想和道德品性完全改革(通过奇迹或巨大努力),否则未来之中国无论在政治上抑或是经济上都无望重获新生。我们必须为创造一个更好的中国而努力,如不成功,那么自1890年以来的中国历史将以其民族衰败的教训,在世界历史上留下最富

---

① 胡先骕(1894—1968),字步曾,江西新建人。1912年留学美国,习农学和植物学。1918年任南京高等师范学校教授。后入美国哈佛大学研究植物分类学,获博士学位。曾任东南大学、北京大学、北京师范大学教授,中正大学校长。中央研究院院士。1949年后,任中国科学院植物研究所研究员。

② Stuart Pratt Sherman 薛尔曼(1881—1926),美国文学评论家。曾从白璧德及穆尔两先生受业。久任伊利诺伊州立大学教授。

启示和最耐人寻味的篇章。

在这样恶劣的环境中,我们的个人生活还颇为幸运。梅(光迪)君、汤(用彤)君和我在这里安静地教书。我的薪津今年已由每月160元增至200元(中国货币),明年还将增至220元(在中国,物价比美国便宜许多)。除了教学工作,我把所有的时间都用在了编辑《学衡》上,它现今每月按时出版。《学衡》的作用虽然微弱,但令人鼓舞;如果我们能得到许多有才干的写手撰稿,其影响将更为显著且持久。目前,我仍在努力寻求投稿者。梅君在过去的十二个月里,只写过一篇文章。在柏林的陈寅恪①君对我们的征稿请求未作答复。不过汤君一直都很帮忙;而楼光来君将于一周左右的时间内由欧洲回国,我们希望将他留在这所学校,并争取他的合作。张歆海君则将去曾作为那场运动②的司令部的国立北京大学,而我们正在试图抵制和补救该运动的影响。

感谢您对我们好意的支持,您帮助我们最有意义的一种方式,即是您出版的任何新书(如《民主与领导》),或穆尔先生的书(如《希腊的传统》第二卷),S. P. 薛尔曼先生的新书,或是您发现的任何新书(英语、法语或德语的),您认为它所表达的思想观念与您近似,因而对我们的事业非常有用,请立即写一短笺给在安诺德植物园的胡先骕君或我,注明作者和出版者即可。胡君或我可买到该书,用为翻译或摘要的材料,在《学衡》上刊出。

---

① 陈寅恪(1890—1969),江西义宁(今修水)人。留学德国柏林大学、瑞士苏黎世大学学习语言文学,巴黎高等政治学校习经济,美国哈佛大学习梵文及巴利文,柏林大学研究院梵文研究所习东方古文字。1925年回国,历任清华大学、西南联合大学、燕京大学、岭南大学、中山大学教授,中央研究院历史语言研究所研究员兼历史组主任,中央研究院院士,中国科学院哲学社会科学部委员。

② 指1919年发生的新文化运动。

尽管我们现已不再在您的教室上课,我们仍经常从您那儿得到鼓舞和教诲。谨向您和白璧德夫人致以我谦恭的亲切问候。

您的弟子<br>
吴 宓<br>
1923 年 7 月 6 日<br>
中国南京东南大学

又:薛尔文·列维①曾来中国,去年 4 月在北京大学作了讲演。我们曾试图邀请他到南京我们的学校讲演,未果。

五

Southeastern University<br>
Nanking, China<br>
July 4, 1924

My dear Master:

  We are exceedingly grateful to you for having sent to each of us a copy of your long expected book *Democracy and Leadership*. Please be assured that, though we are now in another hemisphere, we have constantly been reviewing your ideas in our minds and reading your books (both old and new) with much more seriousness and attention than when we were sitting in your classroom in Sever Hall. Whatever we do and wherever we go, you will always be our guide and teacher in more

---

① Sylvain Lévi 薛尔文·列维(1863—1935),法国东方学家。

than ordinary sense of the word. I especially will strive to make more and more Chinese students in their homeland benefited by your ideas and indirect inspiration.

On receiving your book *Democracy and Leadership*, I immediately set to reading it, and then at once translated its "Introduction", with a summary of the whole book, and had these published in the 32nd Number of the *Critical Review*. That Number will appear in August, and I will send you a copy upon its publication. I trust that the 19th Number of the *Critical Review*, which contains your picture and Mr. Mercier's French article in Chinese translation, had safely reached you in last August.

Lately there have been many changes in the life and work of your pupils in China. Mr. K. T. May is coming to Harvard as Instructor in Chinese Language; he is sailing on August 22; and upon his arrival, he will tell you of our experience in detail. Briefly, Mr. K. L. Low was appointed Head of English Department in this University last September. The bad teachers of the Department organized a mean and petty opposition against him (for the only reason that he is the acquaintance of Mr. May). In November, the Vice-President (who is the only important man here who can appreciate literature and like us) died. Since then things changed fast. In April of this year, Mr. Low was obliged to declare his resignation, and to accept the offer of Nankai College, Tientsin (where Mr. May taught in 1919 – 1920), as head of English Department. In May, Mr. May, apprehensive of coming disaster, resigned and accepted the offer from Harvard. Three days later, the University illegally incorporated the Department of Western Literature (of which Mr. May was Head and I a member) into the English Department—and thus practically killed the latter. The leader of the above-mentioned opposition to Mr. Low, a rascal, was to be the Head of the incorporated Department. I was therefore forced to go. I am going to be teacher of English at Northeastern University, Mukden, Manchuria; and will be there by the 10th of August. The Southeastern University is rather glad that Low, May and I are all gone. Of the teachers (old and new) for the incorporated Department, Mr. C. S. Hwang, I think, is the only one fitted to be a teacher. Mr. Hwang had been in your "English Literary Criticism" class at the Sorbonne in 1923, and he wishes me to convey to you his respectful remembrances.

Please pardon me for repeating to you that we are living at a crisis of a great decadence in the history of China. Everything in China is corrupt to the last degree. Personal disappointment and misfortune are nothing compare to the national disaster and universal darkness.

Of the group of your Chinese pupils, Mr. H. H. Chang (at the University of Peking) seems to be the only one who is successful, bright, and happy. Mr. K. L. Low is serene and aloof, people all respect him; and he is not unduly enthusiastic about anything. Mr. K. T. May is generally recognized as an Epicurean with a refined taste, and a genius full of whims and temperamental indulgence. (My dissatisfaction with him is that he did not at all work hard—for example, he has not written a single article for the *Critical Review* for the last 22 months). Mr. Y. T. Tang (Head of the Department of Philosophy here) is similar to Mr. Low, but much more tactful and popular, and comparatively successful. My own life is inglorious and painful. I have been working, with very little cooperation and assistance, to maintain the *Critical Review* (which appeared in every month); the work is very labourious, though the result is far from satisfactory. For this and other work, I have sacrificed my rest, contentment, and the kind of social intercourse which is necessary in China in order to keep a man in his position. So I am going to Mukden, from which place I shall write you my next letter.

I have already ordered from the booksellers Mr. More's *Greek Tradition II: Hellenistic Philosophy*. I had bought last year Mr. Sherman's *The Americans*. Kindly send me a brief list of the most excellent books that have appeared recently which you think I must do well to read.

With best wishes to you and Mrs. Babbitt and Mr. Drew,

Your humble pupil

Mi Wu

亲爱的老师：

非常感激您送给我们每人一本您所著的《民主与领导》，对此我们期盼已久。请放心，虽然我们现在在地球的另一半，我们经常重温您的理念，阅读您写的书（新旧兼读），认真和专注的程度远胜过我们当年坐在西华堂听您讲课。无论我们做什么，无论我们走向何方，您永远是我们的引路人和导师，我们的感受非言语所能表达。我尤其要努力使越来越多的中国学生在他们的本土受益于您的理念和间接的激励。

收到您的《民主与领导》一书后，我立刻阅读并翻译了"绪论"，加上全书的内容撮要，编入第32期《学衡》中刊出。该期杂志将于8月面世，它一出版我就给您寄去。我相信刊有您的肖像和翻译自马西尔先生的法文论文的第19期《学衡》，您已于去年8月收悉。

最近您的中国弟子们的生活和工作有许多变化。梅光迪君将去哈佛任汉语讲师;他将于8月22日启程;抵达后,他会详告您我们的遭遇。简言之,去年9月,楼光来君被任命为东南大学英语系的主任。系里品行不端的教师们组织了一个卑鄙龌龊的反对派反对他(只因为他与梅君熟识)。11月,本校副校长①(他是这里惟一懂得文学并且喜欢我们的重要人物)去世。形势自此急转直下。今年4月,楼君被迫宣布辞职,而受聘为天津南开大学英文系主任(梅君1919至1920年曾在该校任教)。5月,梅君担心灾难来临,提出辞呈,接受了哈佛的聘请。三天以后,校方将西洋文学系(梅君为该系系主任,而我为该系成员)非法并入英语系,这实际上扼杀了西洋文学系。上述反对楼先生的头目,一名无赖,被任命为合并的系的主任。我因此被迫离去。我将赴满洲奉天②东北大学任英语教师,并将于8月10日到任。东南大学对楼、梅和我的离校颇为高兴。在合并的英语系的新旧教师中,我以为只有C. S. 黄先生是惟一合格的教师。黄先生1923年在巴黎大学上过您的"英国文学批评",他要我转达他对您恭敬的问候。

请原谅我对您再次讲述我们正生活在中国历史上衰亡的危机中。中国已腐败到极点,但个人的失望和不幸相对于国家的灾难与普遍的黑暗而言微不足道。

在您的中国弟子中,张歆海(在北京大学)君似乎是惟一成功、开朗和愉快的。楼光来君安详而孤傲,人们都敬重他;而他对任何

---

① 刘伯明(1887—1923),名经庶,江苏南京人。美国西北大学哲学博士。曾任金陵大学国文部主任,南京高等师范学校训育主任及文史地部主任,东南大学副校长兼文理主任。《学衡》杂志创办人之一。

② 辽宁省沈阳市之旧称。

事都不过分热心。梅光迪君被普遍视为一位具有高雅情趣的享乐派,富于幻想和率性而为的天才(我对他的不满是他工作不甚努力,如他在过去的22个月里,没有为《学衡》写过一篇文章)。汤用彤君(此间哲学系主任)与楼君相似,不过更加人情练达,并比较成功。我自己则是湮没无闻和痛苦的。我在很少合作和帮助的情况下,努力维持《学衡》(每月出版);工作非常辛苦,而成绩差强人意。为了《学衡》和其他工作,我牺牲了休息、爱好以及在中国为巩固其地位所必需的各种社交。所以我得去奉天,我将在那里给您写下一封信。

我已向书商订购了穆尔先生的《希腊的传统,卷Ⅱ:古希腊哲学》。去年我买到薛尔曼先生的《美国人》。新出版的好书中您认为哪些我必须认真阅读,请您开列一简要的书目给我。

向您和白璧德夫人及德鲁先生致以最良好的祝愿

您的恭敬的弟子

吴 宓

1924年7月4日

中国南京,东南大学

## 六

Tsing Hua College

Peking, China

August 2, 1925

Dear Professor Babbitt:

I remember to have written you a letter on the 4th of July, 1924, when the group of friends in Nanking was breaking up and just before I started for Mukden. Arriving in Mukden in early August, I read with great pleasure and gratitude your letter that was forwarded to me. Sometime in November, I sent you two volumes of the *Critical Review* (being Nos. 32 & 34), containing the Chinese translation of your writings (the Introduction of *Democracy and Leadership*, and Chapter I of *Literature and the American College*). Aside from those, though I was trying always to write you, I have not done it. I hope you and Mrs. Babbitt, & old Mr. Drew, also Mr. More and Sherman, are in good health and spirit, and you will readily pardon my negligence.

As I always try to look up to you for inspiration and example in all my work and conduct, I feel I must render you the account, at least once in a year, of what I have been doing & what has been happening to me. Of course, you know well our experience in Nanking from your frequent conversation with Messrs. K. T. May & H. H. Hu; & of the conditions in China in general. So I need not dwell upon those aspects. For my own part, I went to Mukden, to Northeastern University, to teach English (very elementary) in August 1924. My feeling was very much like Esther Waters (Excuse the vulgar comparison) who, being a woman servant, went about from one family to another and worked hard, in order to feed and to bring up her beloved child. To be sure I have no right to claim the *Critical Review* as my own child; but I mean that the circumstances under which I worked to maintain the *Critical Review*, were made much more difficult and unfavorable by my reluctant transfer from Nanking to Mukden. With our old friends and associates dispersing in the four winds, and with contributions always lacking & insufficient, I had to turn out a volume of 67000 words each month, amidst the journey, the household preparations and disposals, the family demands and problems in the hot month of July (and again in the bleak January). And the Chung Hua Book Co. several times threatened to discontinue and end the publication of the *Review*; and it was only after much wrangle of words and even with the promise of financial compensation to them in the future, that they consented to carry on the publication for another year.

Mukden however turned out to be much better than I had expected. Though the atmosphere in Mukden is unduly conservative and somewhat provincial, it was the only place in China, where educational work was taken up seriously and honestly; where the students attended classes regularly and studied their lessons faithfully; where the influence of the so-called "New Culture Movement" was not allowed to creep in, and where those (like myself) who dare to oppose to Dr. Hu Shih etc. might find a refuge and haven. The Dean of the Northeastern University was in sympathy with our movement; and through our friendship, I have recommended more than one of the members of the *Critical Review* (notably Mr. Lew the old man) to teach there; and I can say, our thought and ideas do actually prevail in that part of China, more than in any other place. In October 1924, I was invited by the Japanese to go to the port of Dairen and port Arthur for a lecture. I chose to speak (in English) on the "Humanism of Prof. Babbitt" to the groups of Japanese & Chinese educators & teachers, giving them a digest and summary of the ideas in your books. One brilliant young Japanese gentleman, Mr. Shimonoski, served as my interpreter; he was very much taken up with your ideas, he became my friend and thereupon I presented him two volumes of your works.

In early January 1925, I went down to Shanghai, to see my parents, and to manage my younger sister's wedding. In early February, I came to Peking, and since then I have been serving in Tsing Hua College (my alma mater) as the Organizing Secretary of the Research Institute, also teaching one course on Translation. Beginning with September 1, when the organizing part will come to an end and when the work of the Research Institute will actually be started, I shall be Dean of the Research Institute. My work is entirely administrative in nature, and I am not expected to teach anything but the Translation course for the College students. And there is a great deal of social intercourse and obligations, both inside and outside of the College, which I must attend and fulfill in my present capacity—which is an unpleasant necessity, rather than a useful pastime. Compared with my past life in Nanking & Mukden, I am now having more physical comfort and material indulgence; and, as I have to run about a great deal and see people, I am now having much less time for reading and writing. This is what grieves me: the quiet and simple and studious life I have had in Nanking and Mukden has already seemed to me a golden age to which I desire but never can return!

What had made me forsake Mukden and come to Peking and to Tsing Hua College, was neither the usual attractions of the Capital (opportunities for a political career; beautiful girls of elevated station; first class restaurants and book shops; etc.) nor the material compensation and physical comfort which Tsing Hua College could better afford, but those points of convenience and advantage which can help me to work better and more efficiently for the *Critical Review*. I mean, for example, a very good library; an able assistant paid by the College, but willing to work for the *Critical Review* in spare time out of mere zeal and friendship; the chances for meeting like-minded people, especially men of letters, and thereby to secure contributions and articles for the *Critical Review*. Upon the work of the *Review*, my thoughts and my energy are concentrated; and those things I really care.

The research work to be done in the Institute will entirely be confined to the Chinese field—the various branches of Chinese studies. Perhaps it will be devoted, more to searching after facts, than to the discussion of living ideas. And as there is much school politics and as my chief concern is for the *Critical Review*, I have to take a rather conciliatory and wise course in regard to affairs and direction of the Research Institute. The 4 professors appointed for the Research Institute are as follows: (1) Mr. Wang Kuo-Wei (excellent scholar, whose name you perhaps have seen in the "*Tong Pao*" "通报"); (2) Mr. Liang Chi-Chao, famous politically; (3) Mr. Yinkoh Tschen, whom I did my best to recommend and who, after much reluctance, had consented to come in next February (the rest are all here); (4) Dr. Yuen-Ren Chao, who taught Chinese at Harvard before Mr. K. T. May. Besides, we have as Special Lecturer Dr. Chi Li, also a Harvard man. The actual progress of the work I will report to you later on.

I humbly beg to have your constant instruction and advice, both in regard to the work of the Research Institute and to that of the *Critical Review*. Your words are always to me a great source of encouragement and good influence. I have carefully read your books to the last page of *Democracy and Leadership*, and Mr. More's books to the end of *Christ of the New Testament*. Please suggest to me, from time to time, the books (either old or new) which you think I should read or I should translate for the pages of the *Critical Review*. (For the *Review* has been founded but to propagate your ideas and the ideas of Confucius).

Allow me to make an apology for having translated your books by extracts. I have considered it the sacred duty of mine (as well as of Mr. K. T. May, etc.) to translate your works as much as possible for the Chinese people whom I am sure you must love as much as your own countrymen. I lay in bed with pain for not having administered enough (since 1921) the cup of wisdom from your angelic fountain to the Chinese people who, besides neglecting their own national tradition, are now being ruined by the allied evils of the so-called "New Culture Movement" and Bolshevism. I do these things with almost religious zeal. Even if you should blame me and beat me for making such translation I am willing to receive your chastisement; but I must do it, so that I can in future die with clear conscience. O, my dear Master, will you understand and pardon me? However, let me give you full assurance of these 3 facts: (1) Whenever I have made any translation from your books, I never fail in sending you the translation in print (No translation is made without you being informed). (2) All such translations are made by myself, and with greatest amount of care and prudence possible. (See, for example, *Europe & Asia* in No. 38, or "Introduction" to *Democracy and Leadership*, in No. 32, of the *Critical Review*). Even it should go under the name of another translator, the work was in fact made under my direction and with my own revision so complete that it may be actually regarded as my work. (See, for example, Chapt. I of

*Literature and the American College*, in No. 34 of *C. R*). (3) In China, besides Messrs K. T. May, H. H. Hu, & myself, no one will think of translating your books. No one will do it, even if they are paid. Few will even accept your ideas. Only some faithful adherents to the direct teachings of Confucius are willing to be taught and guided by you. O, my dear Master, this is a sad revelation. If there are others in China interested in translating your books (how poor the translation may be), China would never have fallen into the present abyss of material and spiritual decadence! I have never seen any discussion of your ideas, the appearance of your name, outside the columns of the *Critical Review*. No, absolutely none. Please be not afraid of people mis-translating you. (Even such a thing should happen, you can count on at least one of your disciples in China to take up the pen for your defense and correction, before you know of it). The rumor you had heard must be from some Chinese student who perhaps had caught a glimpse of my translation in the *Review* and had gone to speak to you without much indicating the source of his discovery. But because of such rumor, I beg to state the case very fully for giving your assurance; and once more I ask for your pardon in this and other affairs.

The greatest pain I always have felt in all my work and attempt, comes from the lack of co-operation among our friends, and the lack of the trait of aggressiveness among good & intelligent people. I cannot describe the case in full. But we expect first of all good writing from Mr. K. T. May. Will you kindly help us by constantly urging Mr. May to send me his writings or translations for the *Critical Review*?

Of our friends, (1) Mr. K. L. Low has just gone to America, to serve as Secretary in Chinese Legation at Washington, (2) Dr. H. H. Chang is teaching at National University, Peking. He admires John Morley, and is a close associate and friend of Dr. Hu Shih. We saw each other rarely. (3) Mr. Y. T. Tang is to teach in Nankai University, Tientsin.

With best regards, & humblest assurances, I am, as always,

Yours respectfully<br>Mi Wu(吴宓)

亲爱的白璧德教授：

我记得1924年7月4日给您写过一信，那时学衡社在南京的朋友们星散四方，而我正将出发去奉天。8月初抵达奉天后，我怀着莫大的喜悦和感激之情阅读转寄给我的您的来信。去年11月某日，我给您寄了两期《学衡》（第32和34期），其中刊有您的作品的中文译述（《民主与领导》绪论和《文学与美国大学》第一章）①。此外，我虽想常给您写信，却没有做到。我希望您和白璧德夫人以及德鲁老先生，还有穆尔先生和薛尔曼先生身体健康，精神愉快，并请您原谅我的不周。

鉴于我经常在工作中和品行方面仰承您的启发和榜样，我觉得应向您汇报情况，至少每年一次，我做了些什么和于我发生了什么。当然，通过与梅光迪和胡先骕君的时常谈话，您已知晓我们在

---

① 《学衡》第32期刊载吴宓所译白璧德《民主与领导》绪论及全书提要，题作《白璧德论民治与领袖》。白璧德《文学与美国大学》，《学衡》译为《文学与美国大学教育》。该杂志第34期刊出此书第一章的译文，题作《白璧德释人文主义》。

南京的遭遇以及中国的总体局势。所以我无须详述这些方面。我的情况是,我于1924年8月赴奉天东北大学教英文(基础英文)。我感觉自己很像女佣Esther Waters①(请原谅这一粗陋的比喻),为了哺育和拉扯大她的爱子,四处奔波帮厨。当然我无权称《学衡》为我自己的孩子;我的意思是我在被迫离开南京到奉天的情况下,我勉力维持《学衡》的出版,遭遇了更多困难和不便。由于我们的老朋友和同事四处星散,又由于稿件匮乏,我在旅途中,在炎热的7月天(以及阴冷的1月),既要筹备和处置家事,又要解决养家糊口的生计问题,做到每月一期67000字的出版。而中华书局几次威胁将终止和结束出版《学衡》;在费了不少口舌,甚至承诺将来对其进行经济补偿之后,他们才同意继续出版一年。

无论如何奉天结果证明比我预期的要好得多。尽管奉天的气氛过分保守有点褊狭,却是中国惟一严肃和诚实地进行教育工作的地方;这里的学生正规地上课,专心地听讲;这里不容所谓的"新文化运动"的影响潜入,对那些敢于反对胡适博士等的人(像我自己)来说,也许是找到了一个避难所和港湾,东北大学的学科长是赞同我们的行动的;出于我们的友谊,我推荐了不止一位学衡社友(知名人士如柳老先生②)到这里来任教;可以说,我们的思想和理念的确在中国这片土地上比任何其他地方更有影响力。1924年10月,我曾应日本人邀请去大连和旅顺港讲演。我选用英语向日本

---

① Esther Waters,伊莎·沃特斯,为爱尔兰作家乔治·穆尔(George Moore)1894年所著同名小说的女主人公,一名女帮厨。

② 柳诒徵(1880—1956),字翼谋,晚号劬堂,江苏镇江人。曾在南京编译局编辑教科书。几度东渡日本。后任南京高等师范学校、东南大学、北京女子大学、中央大学教授,江苏省立第一图书馆馆长,考试院考试委员,中央研究院院士。1949年后,任上海文物保管委员会委员。

和中国的教育家及教师演讲《白璧德教授之人文主义》，给他们一个您的著作中理念的摘要和概括。一位才华横溢的日本年轻人士下村信真君，为我担任口译；他对您的思想非常感兴趣，因而成为我的朋友，我送了您的两部书给他。

1925年1月初，我南下上海，探望父母并为我的妹妹主持婚礼。2月初，我来到北京，从此服务于清华学校（我的母校），任研究院筹备主任，同时教一门"翻译"课。9月1日开始，当筹备工作将结束而研究院实际开始工作时，我将担任研究院主任。我的工作其实是完全行政性的，除了为本校大学部学生教授一门翻译课程。在我现有的职位上，有大量校内外的社交需要参加和众多职责必须履行——这对我而言并非是一种有益的消遣，而是迫于无奈。与我过去在南京和奉天的生活相比，我现在生活更加舒适，物质更加丰富；由于奔波于应付大量事务和应酬，我现在很少有时间读书和写作。这使我感到悲哀：我在南京和奉天有过的安静、单纯的学研生活，有如一段黄金时期，我虽渴望重新拥有，但它却已一去不返！

我摒弃奉天来北京到清华学校，既不是由于首都通常的吸引力（政治机遇；上流社会的漂亮女孩；高级饭店和书店等等）；也不是为了清华学校能较好提供物质待遇和身体享受，而是那些便利条件能够帮助我为《学衡》工作得更好和效率更高。我的意思，例如一座非常好的图书馆；一位由学校付酬而纯粹出于热忱和友谊自愿利用馀暇为《学衡》工作的助理；与志趣相投的人们特别是文人相识的机会，由此为《学衡》巩固撰稿人和稿源。我的思想和精力集中在《学衡》的工作上，而这些是我真正在意的东西。

研究院将进行的研究工作全部限于国学领域——国学研究的不同学科，它们致力于研究事实，而非讨论鲜活的思想，此外还有许多学校政治活动,而我主要关心的是《学衡》,因此我在研究院的事务和方向方面,采取调和的和谨慎的方针。被任命的四位研究院的教授如下:(1)王国维①先生(杰出的学者,他的姓名也许您曾于《通报》上见过);(2)梁启超②先生,著名政治家;(3)陈寅恪先生,我竭尽努力进行推荐,而他勉为其难地同意明年2月来校(其馀各位均已到校);(4)赵元任③博士,他在梅光迪之前在哈佛教汉学。此外,我们还有一位专门讲师李济④博士,也是一名哈佛人。工作的实际进展,我将随后向您报告。

我恭敬地请求您对研究院和《学衡》的工作经常给予指导和忠告。您的言语对我永远是鼓舞和良好影响的来源。我已全部细读了您的《民主与领导》以及穆尔先生的新书《新约全书中的基督》。请不时建议我,您认为哪些书(不论新旧)我应阅读或应译载哪些篇页于《学衡》。(因为《学衡》的创办宗旨就是要宣传您的思想理

---

① 王国维(1877—1927),字静安,号观堂,浙江海宁人。早年研究哲学、文学、曾在通州、苏州等地师范学堂讲授哲学、心理学。1907年起任学部图书局编辑,从事中国戏曲史和词曲的研究。1913年起从事中国古代史料、古器物、古文字学、音韵学的考订,尤致力于甲骨文、金文和汉晋简牍的考释,主张从地下史料考订文献史料。1925年任北京清华学校研究院导师,除研究古史外,兼作西北史和蒙古史料的整理考订。1927年6月2日在北京颐和园投水自尽。

② 梁启超(1873—1929),字卓如,号任公,又号饮冰室主人。广东新会人。清举人。与其师康有为倡导变法维新,并称"康梁"。戊戌政变后逃亡日本。辛亥革命后,出任袁世凯政府司法总长。1916年策动蔡锷组织护国军反袁;后又组织研究系,与段祺瑞合作,出任财政总长。"五四"时期反对"打倒孔家店"口号。晚年在清华学校讲学。

③ 赵元任(1892—1982),字仲宣,江苏武进人。哈佛大学哲学博士。时任北京清华学校研究院导师。后任中央研究院历史语言研究所研究员、语言组主任,清华留美学生监督处监督,美国夏威夷大学及耶鲁、哈佛、加州等大学教授。1960年退休。

④ 李济(1896—1979),字济之,湖北钟祥人。清华学校毕业留美,哈佛大学人类学博士。时任清华学校研究院讲师,后任中央研究院历史语言研究所考古组主任。1948年去台湾,任台湾大学教授,中央研究院历史语言所所长。

念和儒家学说。)

请允许我为摘译您的作品表示道歉。我曾以为向中国人民尽可能多地翻译您的著作是我的神圣责任(如梅光迪先生等一样),我确信您会像爱自己的同胞那样热爱他们。我躺在床上,痛心于(自1921年以来)不曾汲取您那天使般的智慧源泉给予中国人民,他们忽视自己的民族传统,正在被同出一源的所谓"新文化运动"和布尔什维主义的邪说处于毁灭之中。我怀着近乎宗教式的热忱做这些事情。即使您因我译登了这许多而责打我,我也乐意接受您的惩罚;但我必须这样做,我才在将去世时无愧于心。啊,敬爱的老师,您是否能理解和原谅我?不管怎样,让我示您以三点保证:(1)不论何时我翻译了您的任何作品,我从不曾忘记给您寄上载有译文的刊物(译前都告知过您)。(2)所有这些译文都是由我本人极其小心谨慎并尽量精确地翻译的(例如,刊于《学衡》第38期上的《论欧洲和亚洲文化》,或刊于《学衡》第32期上的《民主与领导》的绪论)。甚至那些由其他译者署名的译文,实际上是在我的指导下工作并经我亲自全部校订,所以实际可被认为我做的工作(例如,刊于《学衡》第34期的《文学与美国大学教育》第一章)。(3)在中国,除了梅光迪、胡先骕君和我本人,没有人会想着去翻译您的著作。即便给予报酬,也没有人愿做这事。几乎无人会接受您的思想理念。只有一些儒家学说的忠实信徒,自愿接受您的教导和指引。我的老师,这是令人悲哀的真相。如果在中国还有其他人有兴趣翻译您的著作(可能会翻译得多么糟糕),中国就不会像现在这样陷入物质和精神衰败的深渊!除了《学衡》的专栏,我从没见过任何关于您的思想的讨论,您的名字的出现。没有,绝对没有。请别担心人们错译了您(即使竟然有这样的事情发生,您可以期盼至少一名您在中国的追随者,在您得知此事以前,即已提笔为您辩护和纠正)。您听到的谣言,可能是一些中国留学生匆匆一瞥《学衡》上我的译文就跑去跟您报告,又不充分指明来龙去脉。但是由于这样的谣言,我恳请就此向您保证作非常充分的陈述,并再次为此和其他的事请您原谅。

在我所有的工作和努力中,最令我感到痛苦的是,在我们的朋友中间缺乏合作者,以及仁人志士缺乏进取之心。我不能叙述所有的情况。但我们首先期望来自梅光迪君的佳作。您能否帮助我们经常督促梅君给我寄来他为《学衡》所写或译的文稿。

我们的朋友中,(1)楼光来君作为华盛顿中国公使馆秘书刚去美国,(2)张歆海博士将在国立北京大学任教,他钦佩约翰·莫列① 并是胡适博士的一位关系密切的同事和朋友。我们彼此很少见面。(3)汤用彤君将在天津南开大学任教。

致以亲切问候和最恭敬的保证

吴 宓敬上
1925 年 8 月 2 日
中国北京,清华学校

---

① John Morley 约翰·莫列(1838—1923),英国政治家、作家。

七

Tsing Hua College
Peking, China
December 2, 1925

Dear Professor Babbitt:

I trust my letter of last July had duly reached you through Mr. H. H. Hu, though I was afraid the emotional outbursts contained in that letter may give you some offense. If so, I know you would kindly pardon me; and please do give me advice and instructions from time to time, as you are the one living wise man to whom I can look up for intellectual guidance and the conduct of life.

I regret that none of the Chinese students at Harvard is taking your courses and receives the same benefit as Mr. May & I have received. And I regret also to learn from a letter from some booksellers in America that your book *Literature and the American College* is now out of print. I beg you to see to it that all your books and Mr. More's books will be reprinted to sold, so that many people as well as my friends (to whom I intended to present the book) may have the fortune of reading them.

Has Mr. Paul E. More published anything since his *Christ of the New Testament*? Please do suggest to me recent books which you think I must read and which I may also translate and publish in the *Critical Review*. The *Critical Review* is being carried on as usual. We only regret that Mr. K. T. May has not sent us any contribution, nor any suggestion. I hope you will kindly speak to him once more and urge him to do it.

What do you think of Jean Carrère's *Les Mauvais Maîtres*, which I read in Translation—*Degeneration in the Great French Masters*? Can you name many books like this? —books which we can draw upon in our literary battle and campaign for ideas?

Mr. Y. T. Tang is teaching at Nankai University, Tientsin; Mr. K. L. Low is now secretary in Chinese Legation, Washington D. C.; Mr. Yin-koh Tschen will be here very soon as a Research Professor at Tsing Hua College. H. H. Chang is now professor at National University of Peking, and I see him once a week. The recent political developments in China have been very unfortunate in having made the radical and Bolshevistic elements triumph and come to the top.

With the most sincere Christmas greetings to you and Mrs. Babbitt, and others of your family.

Yours respectfully,
Mi Wu

亲爱的白璧德教授：

我相信我7月通过胡先骕君转交您的信已经及时收到，不过我担心信中流露的激昂情绪可能对您有所冒犯。如果真是那样，我知道您会宽厚地原谅我；并请一定时时赐教，我期望从您这位健在的智者那里得到智性的指南和人生的引导。

我感到遗憾的是在哈佛的中国留学生中，没有人像梅君和我研修您的课程从而如此受益。我从美国书商们的一封信中得知您的《文学与美国大学》现已售罄,对此我深感遗憾。我恳求您务必保证您和穆尔先生所有的书将会重印发行,这样,我的朋友们(我将赠给他们此书)以及许多人将有幸读到。

保罗·E.穆尔先生自他的《新约全书的基督》之后,有无出版新作？请一定指教新书哪些必读,以及哪些可以翻译并发表在《学衡》上。《学衡》运作正常。我们只是遗憾梅光迪君既没有提供任何稿件,也没有任何建议。我希望请您再和他谈谈敦促他做此事。

您对让·卡瑞埃 Jean Carrère 的 *Les Mauvais Maîtres* 看法如何？这本书我读的是英译本《法国大家中的堕落》。您能否多多开列类似的书单？我们可以从这些书中汲取思想观点运用于我们的文学论战和运动。

汤用彤君现在天津南开大学任教；楼光来君现在华盛顿特区任中国公使馆秘书,陈寅恪君很快就要到达此间,担任清华学校研究教授。张歆海现在是国立北京大学教授,我每周和他见一次面。近来中国政局由于激进分子和布尔什维克分子的得势,而变得极为不利。

向您和白璧德夫人以及您的家人致以最诚挚的圣诞祝贺！

您恭敬的
吴 宓
1925 年 12 月 2 日
中国北京,清华学校

八

Tsing Hua College
Peking, China
July 19, 1927

Dear Professor Babbitt:

I beg to present to you one of my best friends, Mr. Ping-Ho Kuo, who is coming to Harvard to study under you, and Mr. Paul E. More, and the other great teachers. Mr. Kuo was graduated from the University of Hong Kong, and has been professor of English Literature (as my successor) at Northeastern University in Mukden. Mr. Kuo is also one of the most important members & writers of our *Critical Review*, founded by Mr. Mei. He has translated 4 or 5 Dialogues of Plato into Chinese. He has read all your books; and also books written by Messrs More, Sherman, and the other Humanists. He is entirely one with me & Mr. Mei & Mr. Tang in belief, sympathy & taste. He has studied Greek for years; and his preparation for Western Literature is far in advance of me in 1917 or 1918. He is already your worshipping disciple before he has met you; and I can avow for his remaining a staunch follower of your humanism all his life. Please receive him as a student & give all the favour & wisdom that are in you. Please instruct him and advise him as to his program of study for the three years to come, during which time he is holding a Fellowship in Literature given by Tsing Hua College as a result of a nation-wide competitive examination. I must add that Mr. Kuo is also a good Chinese scholar—as good as myself at least.

I have asked Mr. Kuo to tell you all that concerns myself, my school, my friends (your Chinese disciples after Mr. Mei), and the *Critical Review*. He can furnish you with a detailed & vivid story, and also an account of the affairs & conditions in China. Among your students here, Mr. K. L. Low is now professor of English in Tsing Hua with me. (Mr. Yin-koh Tschen is Research Professor here); Mr. H. H. Chang is now Vice-President of Kwang Hua University, Shanghai (recently married a girl who was Professor of English Literature at Southeastern University); Mr. Y. T. Tang is now returning to Southeastern University as Head of Department of Philosophy. I am well, and have had by this time two children (daughters). I always keep in mind your ideas, principles, instruction, & above all your character and example. I am only sorry for not having written you oftener; but I hope you would pardon me.

I thank you very much for having sent me the copy of *Humanist & Specialist* (Brown University Lecture). More chapters of *Literature and the American College* have been translated since I wrote you last time. Please tell Mr. Kuo whenever you feel there is a certain book or article * that I should read or translate into our language for the *Critical Review*; and Mr. Kuo will provide me with a copy at once. Especially, please let me know whether you and Mr. More have published any book during the last three years.

With sincerest wishes for you & Mrs. Babbitt and Mr. Drew, I remain,

Yours faithful student & disciple,
Mi Wu

\* We were translating the article *The Socrates Virtues of Irving Babbitt* in the June number of the *New Criterion* before the school closed.

亲爱的白璧德教授：

我恳求介绍我最好的朋友之一——郭斌龢①君给您，郭君将来哈佛师从于您和P. E. 穆尔教授，以及其他杰出的教师们。郭君毕业于香港大学，曾任沈阳东北大学英国文学教授（作为我的继任者）。郭君也是梅君创办的《学衡》最重要的成员和撰稿人之一。他用中文翻译了四五篇柏拉图的对话录。他已读完您的全部著作，并读过穆尔先生、薛尔曼以及其他人文主义者的作品。他在信仰和品味上与我和梅君完全一致，而且意气相投。他已学习希腊文多年；他的西方文学功底远远超过我在1917或1918年的水平。他虽与您未曾谋面，却对您顶礼膜拜，堪比弟子；我可以断言，他将毕生是您的人文主义坚定不渝的信徒。请接受他为弟子，并给予他您所有的智慧和关爱。请教授和指导他未来三年的学习课程。在此期间，他持有通过全国范围的选拔考试获得的清华学校给予的文学研究生奖学金。我必须补充的是，郭君也是一位优秀的中文学者——至少像我一样好。

我已请郭君告诉您所有关于我自己，我的学校，我的朋友们（您自梅君以后的中国弟子）以及《学衡》的情况。他能提供您详细生动的报告，以及中国事务和情况的描述。您在此间的学生中，楼光来君

---

① 郭斌龢（1897—1987），字洽周，江苏江阴人。香港大学毕业，美国哈佛大学文学硕士，英国牛津大学研究。历任东北大学、青岛大学、中央大学、浙江大学、南京大学教授。

现在和我同是清华的英文教授(陈寅恪君是这里的研究教授);张歆海君是上海光华大学副校长(最近刚和一位东南大学英国文学女教授结婚);汤用彤君现在回到东南大学任哲学系主任。我很好,现在已有两个小孩(女儿)。我经常牢记您的理念、原则、教导,尤其是您的品德和榜样。我很抱歉未能更经常给您写信,希望您能原谅我。

我非常感谢您寄给我《人文主义者与专家们》(布朗大学的演讲)。自从我上次给您写信,已翻译了《文学与美国大学》的更多篇章。任何时候您觉得有哪本书或哪篇文章*我应该读,或为《学衡》翻译成中文,请告知郭君;郭君会立即提供一份给我。特别是请告知我在过去三年中您和穆尔先生是否又有作品问世。

向您和白璧德夫人以及德鲁先生致以最诚挚的问候。

          始终是
        您忠实的学生和信徒
           吴 宓
        1927 年 7 月 19 日
         北京清华学校

\* 在学期结束前,我们正在翻译刊登于《新论衡》杂志六月号的《欧文·白璧德的苏格拉底美德》。

## 九

Tsing Hua University
Peking, China
Feb. 28, 1929

Dear Professor Babbitt:

I am most grateful to you for your sending me copies of *Forum* & Merciar's book on Humanism in America (the last has not arrived yet). I have followed with great interest & satisfaction the recent progress & extension of the Humanistic Movement both in Europe & America. I am eager to come to you once more, to receive new inspiration & instruction from you & from Mr. More; also to meet those young friends & disciples of yours (like Munson & Forster) who have been doing much in propagating and making effective your teachings. I have written to Mr. K. T. Mei about the details. May I here humbly ask you help in procuring for me any kind of position in America (preferably in Cambridge, Mass.) which will enable me to live there & also to support my family in China (one hundred dollars gold per month is needed for supporting my family & my father's family), either as Chinese Instructor at Harvard or any kind of literary work? If the project is successful, I will be sure to see you (which is my greatest fortune & pleasure) this coming August or September.

With best wishes & highest regards to you & Mrs. Babbitt, I am, my dear master and teacher,

Yours very sincerely,
Mi Wu

亲爱的白璧德教授：

我非常感激您寄给我《论坛》杂志和马西尔论美国人文主义的书（后者尚未收到）。我怀着极大的兴趣和满足感，关注人文主义运动在欧洲和美国的进展。我热切希望再次来到您身边，从您和穆尔先生那里得到新的启发和指导，同时会见您的那些年轻朋友和弟子们（如孟森和福斯特），他们为传播并实践您的学说做了大量工作。我给梅君写了信详述及此。我是否可以在此请您帮助我在美国谋求一个不论何种的职位（最好是在马萨诸塞州的康桥），使我可能维持生计并养活我在中国的家人（需要月薪一百美元以供养我和我父亲的家庭），不论是哈佛的汉语讲师或任何类别的文学工作？如果这项计划成功，我肯定会在今年八月或九月来拜见您（这对我是最幸运和愉快的事）。

向您和白璧德夫人致以最美好的问候及最崇高的敬意。

您非常诚挚的
吴 宓
1929年2月28日
北京清华大学

十

Tsing Hua University
Peking, China
July 10, 1930

Dear Professor Babbitt:

I beg to send my sincerest regards to you and Mrs. Babbitt and to inform you that I am leaving for Europe in August to spend my furlough year there, receiving as much money each month as a Tsing Hua student in America. I intend to stay at Oxford for half a year and then to be in Paris for most of the time. Please do kindly give me instructions as to what things for me to try to get, what people to see, and what books to read, with reference to the wisdom and the cause of Humanism that you are teaching us. Please give your letter to Mr. Ping-chia Kuo; he will send it to me. I have prepared enough manuscripts for the *Critical Review*, and a friend will edit it during my absence.

Yours respectfully,
Mi Wu

I have not yet received the copy of *Humanism and America* from the booksellers.

亲爱的白璧德教授：

请允许我向您和白璧德夫人致以最诚挚的问候,并告知您们,我将于八月离开这里前往欧洲休假一年,享受相当于清华公费留美学生每月的待遇。我打算去牛津半年,之后大多数时间在巴黎。请一定赐教,就您教导我们的智慧和人文主义事业方面,我应努力去寻求什么,拜见什么人,以及读什么书。请将您的信交给郭斌佳①君;他会转给我。我已为《学衡》准备了足够的稿件,一位朋友将于我不在的时候编辑。

吴 宓敬上
1930 年 7 月 10 日
北京清华大学

我尚未从书商那里收到《人文主义与美国》一书。

## 十一

Berlin, August 15, 1931

Dear Professor Babbitt:

On the Eve of leaving Europe for China, I write you with feelings of awe & contrition. For, during the year past, as I was in Europe, I was very frequently thinking of coming and receiving new instructions & new inspiration from you in America—and I have never come! I intended to write you about so many things to have your sanction and enlightenment—and I have not written until now! You were so kind

---

① 郭斌佳,生于 1906 年,字歘周,江苏江阴人。上海光华大学毕业,留学美国哈佛大学,习历史,获博士学位。1933 年回国,任光华大学、武汉大学教授。

as to give your books to me once more ( I had received *Democracy & Leadership* in 1924 from you, & this June I again received from you, through Mr. Ping-chia Kuo, your *Masters of Modern French Criticism* etc. ) ; I ought to have written you at once to express my gratitude. But the books are the least thing I should mention & thank you for, you are the Teacher of the whole world; to you, all humanistic men & youths of both East & West look up for inspiration, or guidance, & for personal peace & comfort. You are especially the Teacher of the Chinese, next to the American disciples & students. Our work in China, during the ten years past, has simply been to translate & to disseminate your wise & healing messages to the people of this degenerate & blindly-striving nation. Without you, our work would be of no value, & our life would be of no meaning. You and Mr. More are the only great & true teachers of today: this is the only lesson I have learned during my one-year stay in Europe. Here in Europe, there are scholars & professors in abundance; but there is no great teacher & true thinker. After having been your ( & indirectly Mr. More's) disciples, we are like those who, once having a vision of God, would not live contented a life of the Earth, and would have no other gods!

That the "New Humanism" movement has been making great progress & conquest in America during these last years, is a cause of great encouragement for us. I am heartily sorry that I could not come to America & meet Mr. Norman Forster etc. as you once wished. But I hope Mr. Mei will talk to Mr. Forster etc. & plan out a program of mutual aid & communication between the Humanistic fighters in America

& those in China. For my own part, I have been reading very carefully such magazines like the *Forum* & the *Bookman* for articles & news relating to Humanism. I have also purchased & read the books written by Humanistic champions & greatly profited by them. Whenever I could, I always summarized & translated the chief ideas of such new books & articles for the Chinese reading public through the *Critical Review* & the *Weekly Supplement* (Literary Review) of the *Impartial*. I am going back to China now, & upon my return, I must work with unabated energy & increased zeal, to advance & propagate the Humanistic ideas & way.

Mr. Ping-Ho Kuo is a great student, a great worker & a great friend. With his help & cooperation, our work in China for Humanism & the Chinese tradition will be much easier. By the way, I had met & talked to Mr. T. S. Eliot in London last January; he said he was not so much far away gone from your teaching as people thought,—indeed he agrees with you (as he said) much more than he felt convenient to acknowledge.

With humblest regard & sincerest prayer, for you & for Mrs.<br>Babbitt, I am, Sir,<br>Yours obedient disciple<br>Mi Wu

Address: Tsing Hua College, Peking.

亲爱的白璧德教授：

在离开欧洲回中国前夕，我怀着敬畏和悔悟的心情给您写信。

因为过去的一年,我身在欧洲时,经常想来美国得到您新的教导和启迪——而我没有来！我想写信给您以得到您的鼓励和启迪——而我直到现在才写！您是那么仁慈,又一次赐给我您的著作(我于1924年收到您寄的《民主与领导》,今年六月又通过郭斌佳再次收到您的《法国现代批评大家》等);我本应立刻写信给您表示感谢。不过在我应提及并感谢您的事中,书最不足为道。您是全世界的导师,东方和西方所有的人文主义者和青年,都渴望从您那里得到灵感、引导以及个人内心宁静和安慰。除了美国的信徒和学生,您尤其是中国弟子的导师。过去十年间,我们在中国的工作纯粹是向这个衰亡和盲目抗争中的国家的人民翻译和传播您智慧和治愈心灵的讯息。没有您,我们的工作将没有价值,而我们的生活将没有意义。您与穆尔先生是当今仅有的杰出的真正的导师:这是我在欧洲游学一年间的惟一收获。欧洲不乏学者和教授,但没有杰出的导师和真正的思想家。在成为您的(以及穆尔先生间接的)弟子之后,我们就像那些见过一次上帝的人那样,既不再满足尘世的生活,也不可能再接受其他的神灵了！

新人文主义运动过去这些年在美国取得的巨大进展和成功,极大地鼓舞了我们。我由衷遗憾没有能来美国,如您曾希望的同诺曼·福斯特君等见面。但我希望梅君能同福斯特君等谈谈,并制定一项美国和中国人文主义志士们相互协助与交流的计划。至于我自己,我一直非常认真地阅读《论坛》和《读书人》这类刊物关于人文主义的文章和新闻报道。我也购买和阅读人文主义斗士们写的书,受益匪浅。任何时候只要可能,我就经常概述和翻译这些新书新文章的主要思想,通过《学衡》杂志和《大公报·文学副刊》介绍给中国读者大众。我现在即将回中国去,一回国我一定马上全力以赴地以更大的热忱去促进传播人文主义思想和道路。

郭斌龢君是一名优秀的学生和工作者,一位真正的朋友。有他的帮助和合作,我们在中国人文主义及中国传统的工作将轻松很多。顺便提一下,去年一月在伦敦,我会见了艾略特(T. S. Eliot)先生并和他交谈;他说他离您的学说并没有像人们所想象的那样远——事实上(他说)他赞同您的学说,只是不便公开承认。

致以谦恭的问候并为您和白璧德夫人诚挚地祈祷,我是,先生

您顺从的门人

吴 宓

1931年8月15日

柏林

通讯地址:北京清华大学

# 致明德社<sup>①</sup>社友

一

51 Weld Hall

Cambridge 38, Mass.

February 23, 1920

Dear Member:

It is very sad that the first letter we write you this year should be related to the death of the President of our Fraternity last year.

The sickness of Tsaou began on Saturday, Feb. 7. It was a very mild case of influenza. The next day he entered the Stillman Infirmary of Harvard University. Wu too was sick and stayed in the same ward with him. When Wu got out on February 12, Tsaou was near recovery and looked very well. After a few days his case developed into pneumonia, but not serious until the morning of February 18th, when, at the appearance of dangerous symptoms, one surgeon and three special doctors were summoned to treat him. He was at once operated upon, and some fluid was let out of his system; but he did not respond to the operation. In the afternoon Chen called and his pulse then rose to the height

---

① 明德社为北京清华学校学生于二十世纪一〇年代自发组织的社团,于1920年停止吸收新社员。

of 168 and he breathed "very unsatisfactorily" in the words of the nurse. The doctor remarked that Tsaou was struggling desperately. Chen stayed there the whole afternoon until supper time. After supper Chen went again, learned that he was improving, his pulse had reduced to 140 and breathing was "more smoothly". The reverse came at 10 o'clock; and at about 12 o'clock the doctor declared that he was "without the slightest hope" and at 12:35 Tsaou breathed his last. Wu and Ta Li, as well as Chen, were there for some time; but could not see him. Mr. S. M. Nieu with the doctor's special permission, attended Tsaou for the last several days, and through him Tsaou gave out his last statement: "I am miserable, very miserable; I could not carry out my mission." No word was said concerning his family. Thus he was gone!

On receiving the telegraph instructions of Dr. Phillip Sze the next afternoon (Feb. 19) we, together with some friends at Harvard called in the undertaker. Tsaou's body was embalmed and placed in a steel casket with a glass cover, to facilitate the future probable transportation to China. On Saturday (Feb. 21) 2 pm, a funeral service was held in the First Congregational Church, Cambridge; about 100 American and Chinese friends attended. After Service Tsaou's remains were conveyed to the Mt. Auburn Cemetery and deposited in the vault for the time being. In addition to the many floral wreaths, we presented one in the name of all members of our Fraternity, costing ten dollars (Each one of us is to give half a dollar for the cost of the wreath; please remit to us at your convenience).

On the evening of February 19 a dozen of Tsaou's good friends in Boston met together at Wu's room and decided on the following measures: (1) In view of the fact that Tsaou's family is poor and that his brothers need money for education, we friends are to raise and solicit a fund to aid the bereaved family. A committee was formed, with Mr. T. K. Ho(何德奎) as chairman. At the meeting fifteen persons pledged a sum of $120. The money, when collected, shall be presented to the family; the family shall be left to decide whether the money be used for the transportation of Tsaou's remains home or for the education of his two brothers. (2) Tsaou has left a good collection of valuable books. The best way of disposing of these books seems to be bequeath them to Nankai College, Tientsin, and in return, to ask Nankai College to either (a) grant scholarships to Tsaou's two brothers or (b) to present a suitable sum of money to the family. We shall write to the family for its opinion on this measure; while at the same time we shall write to Nankai College for a tentative discussion of the precise terms of the above plan. (3) Tsaou's typewriter, table lamp, and chair are to be sold. All other personal effects and souvenirs are to be sent to his family.

We are sure that every one of our Fraternity will be eager to help Tsaou's family in a financial way. The committee under T. K. Ho will write you very soon, explaining the precise procedure of the contribution. We will start right now the work of soliciting from Tsaou's friends whom we know outside of our Fraternity.

Yours,<br>
(signed)<br>
Mi Wu   President<br>
Hung-Chen Chen   Secretary

P. S. We have during the last one month received letters from most of our members. The execution of all the business consequented by the present calamity is going to keep us extremely busy for some time. Therefore we shall not write the customary monthly circular letter to you. Personal information will be postponed till the next month. However, one thing we wish to report: a majority of the members have agreed on the policy of discontinuing at once the introduction of new members to our Fraternity.

亲爱的社友：

令人悲痛的是，今年写给您的第一封信，将与我们明德社去年的轮值主席去世有关。

曹（丽明）君的病始于二月七日，星期六，是很轻的流行性感冒。第二天他住进哈佛大学的斯蒂尔曼医院。吴（宓）君也因病住在同一病房。二月十二日吴君出院时，曹君已近康复，看上去很好。几天后他的病转成肺炎，但直到二月十八日早晨，情况并不严重；当危险症状出现时，一名外科医生和三名专科医生被招来会诊，立刻做了手术，并进行抽液，但手术对他无效。下午陈（宏振）君前往探视，而曹君脉搏旋即加快至每分钟168次，护士说他呼吸"非常困难"。医生说曹君在拼命挣扎。陈君整个下午都待在医院直到晚饭时间。晚饭后，陈君又去医院，听说曹君有好转，脉搏已降到每分钟140次，呼吸"更加平稳"。10点钟病情急转直下；大约12点钟时，医生宣告他"毫无希望了"，12点35分曹君停止了呼吸。陈（宏振）君和吴（宓）君及李（达）君留在医院一段时间，但不能见到他。刘树梅君得到医生的特别准许，在最后几天陪护曹君。曹通过他留下遗言："我痛苦,非常痛苦,我无法完成我的使命。"没有留下有关家人的话,他就这样走了！

第二天下午(二月十九日),收到(清华留美学生监督)施赞元医生的电报指示,我们会集在哈佛的一些朋友,招来殡仪员。曹的遗体经过防腐处理被装进一具有玻璃盖的钢棺中,以便于将来运回中国。星期六(二月二十一日)下午两点,在康桥公理会派第一教堂举行了曹君的丧礼,约有100位美国和中国友人参加。丧礼后,曹君灵柩即被送到奥本山公墓寄放所暂时寄放。在众多的花圈中,我们以明德社全体社员的名义送了一只,价10美元(花圈费每人分摊0.50美元,请你们在方便时汇给我们)。

二月十九日傍晚,曹君在波士顿的十几位好友在吴君处会议,议决以下措施:(1)考虑到曹君家境贫困,两个弟弟学费需钱,我们朋友们将筹募赙款帮助丧失亲人的家庭,为此成立了一个委员会,举何德奎①君为主席。到会的15人当场认捐120元。赙款募得,将交付曹君家人,由他家决定用来移运曹君灵柩回国还是用于两弟的教育。(2)曹君留下一批很有价值的书籍,最好的处置办法似是将其遗赠给天津南开大学(南开大学已聘曹君为教授),而作为回报,请南开大学(a)发给曹君两弟奖学金,或(b)赠一笔适当数额的钱给其家属。我们将就此写信给家属征求意见;同时也将致函南开大学,探讨以上计划的具体条款。(3)曹君的打字机、台灯和座椅将出售,所有其他个人物品和纪念品将送交家属。

我们相信,每一位明德社社友都会慷慨解囊,热心相助。以何

---

① 何德奎(1895—1983),浙江金华人。清华学校毕业留美,哈佛大学工商管理学硕士。曾任上海工部局会办,上海市副市长。

德奎为首的委员会将很快给诸位写信,说明捐款的具体程序。我们将开始向本社以外的曹君友人募捐赙款。

主席　吴　宓(签字)<br>
书记　陈宏振(签字)<br>
1920年2月23日<br>
维尔堂51号<br>
康桥38,马萨诸塞州

又及:在过去的一个月里,我们收到了大多数社友的来信。履行丧事的所有职责将使我们异常忙碌一段时间。因此我们将暂停每月按惯例给诸位写寄通信。个人信息的通报将推迟到下一个月。此外还有一事需要通报:即大多数社员赞成立刻停止吸收新社员。

二

51 Weld Hall<br>
Cambridge, Mass.<br>
May 20, 1920

Dear Friend:

Nearly three months have passed since we wrote you last time. We ought to have written you much earlier and much oftener. But busy work and natural laziness have kept us from doing our duty. We know you all are anxious to hear about our Fraternal friends; for the lack of information, we can offer you no excuse; we only ask your pardon and hereafter we will try to write you regularly once in two months.

During the last three months, we have received nice letters from all of you. We have these letters carefully filed and preserved. But we regret that owing to the lack of space, in this circular, we can not transmit to you the full contents of those letters. We are obliged to omit the expressions of sincere and firm friendship and good wishes, as well as many wise and useful remarks. The best we can do is to make extracts, and even in so doing, we have to put in only concrete materials and to put them in a concise and dry manner.

( Ⅰ ) The late L. M. Tsaou 已故曹丽明

( ⅰ ) The Question of Burial: Tsaou's body is still in Mt. Auburn Cemetery. Soon after his death, Professor Norton A. Kent, of Boston University, a good friend of Tsaou as well as of the Chinese students in general, offered to have Tsaou buried in a piece of beautiful ground belonging to his own family and to promise to take care of the tomb afterwards. We wrote a long letter to Tsaou's family on February 25th, 1920; and two weeks later, in conjunction with the Harvard Chinese Students, we wrote another letter; in both letters we communicated Prof. Kent's offer and asked for decision and immediate reply from Tsaou's father. The Chinese Educational Mission had received instructions from Peking to the effect that Tsaou be buried here in America; but we decided not to do anything until we hear from Tsaou's family directly and explicitly. To date the reply of the family has not yet come to us, we think that it will come very soon and that in all probability Tsaou's body be buried here, that is in Prof. Kent's ground.

(ⅱ) The Contribution to Tsaou's Family: Mr. T. K. Ho here reports that up to this day he has received about $350 as the fund to be presented to Tsaou's family by his friends. This amount includes a contribution of $10 from most of our Fraternal members and notably $100 from C. C. Lin 凌其峻. The 知行学会 of New York City has been soliciting and receiving contributions independently; and we think they must have accumulated an equal sum. All these funds shall be remitted to Tsaou's family in the near future, with a list stating the name and amount of contribution of each person.

(Ⅱ) K. L. Hsueh 薛桂轮, 字志伊   We have received a letter from Hsueh written at Tientsin, China, on the 27th of January, 1920. After he returned to China, Hsueh had travelled through many provinces, extending from Mukden to Hupeh, to investigate into the actual conditions of mines. On January 16th, 1920, he was married to Miss Sing Lin 林荀(B. A. Wellesley) in Tientsin. He is now engineer of the Grand-Canal Conservancy Bureau at Tientsin. He had gone to Tsing Hua College and met our Fraternal members there (They were all eager to hear from you). Hsueh's present address is 天津法界西开华利里六十三号林公馆转交.

(Ⅲ) C. C. Hsu 许震宙, 字罗云   For the last half year, C. C. Hsu has been in Wisconsin (instead of Iowa) studying Sheep Husbandry. His present address is: 303 N. Park Street, Madison, Wis.

(Ⅳ) H. C. Tung 董修甲, 字鼎三   In March, Tung joined the oratorical contest of the University of Michigan, his subject being "Asiatic KULTUR".

(Ⅴ) L. Shen 沈履,字莩斋  Shen had joined Y. M. C. A. Service from Chinese laborers in France; but he will not sail for Europe perhaps until July. For making arrangements with Y. M. C. A. he had taken a trip to Washington in late March. On his day back to Chicago, he visited New York, Boston and many other cities. He was with us here in Cambridge during April 4th – 5th.

(Ⅵ) K. C. Chang 张可治,字志拯  K. C. Chang left Pittsburg and came to join us here in Cambridge on April 10th. Since April 16th, he has been working as Draftsman in Sturtevant Machine Company of Hyde Park, Boston. He comes to see us on every Sunday. His present address is:7 Walter St., Hyde Park, Mass.

(Ⅶ) Ben. C. F. Cheng 郑健峰  Since early March, after the attack of fever, Cheng had been taking a rest in a fine country place. His present address is:Meadows Sanatorium, Seattle, Washington.

(Ⅷ) C. C. Lin 凌其峻  Lin is very busy in his various duties. He will take up studies again after summer in advanced ceramics. His generous contribution of $100 to Tsaou's family testifies to the strength of friendship and attachment among our Fraternal members.

(Ⅸ) Mi Wu 吴宓,字雨僧  Wu has been engaged by the Peking Teachers' College to be its Instructor in English and Head of the Department. He will certainly go home and assume the teaching duties in July 1921. He is going to graduate this June; will stay at Harvard for the year 1920 – 1921. His address will always (even next year) be:Weld Hall, Cambridge, Mass.

(X) H. C. Chen 陈宏振,字君玉　About 10 days ago , H. C. Chen won the 2nd prize in the elocution (Recitation-Oratorical) contest of Harvard University, award $20. He has also been elected secretary of the Harvard Chinese Students' Club for the year 1920 – 1921.

As to the other members of our Fraternity than those ten mentioned above, they all have been doing and feeling very well. We have no outstanding and concrete facts about them to write down in this circular; but we wish to repeat their message of fraternal well-wishes to every one of you. Hoping to hear from you very often.

              Yours,
             Mi Wu　吴　宓
             H. C. Chen　陈宏振

P. S. At Tsaou's funeral service held on February 21st, 1920 we presented a wreath costing $10.00 in name of our Club. Each member should pay $0.50. Please remit your share of $0.50 to Mi Wu at your early convenience.

亲爱的朋友：

  自从上次与诸位通信已经过去近三个月了,我们本应更早些、更经常给您们写信,不过因工作繁忙,外加天生怠惰,我们未能尽责。我们知道诸位都急于得知明德社友的消息；音信稀少,我们没有借口可找,只请求诸位原谅,以后我们会尽量固定每两个月去一次信。

在过去的三个月里,我们收到了诸位的美好来信。我们已仔细将这些信件存档保留。但由于篇幅有限,我们抱歉无法将这些信全文转达给诸位。我们不得不略去许多金玉良言,以及诚挚牢固友谊和良好愿望的表达。我们只能尽量节选,即便如此,也只能将具体材料用简明和直截了当的方式表述。

(Ⅰ)已故曹丽明

(ⅰ)安葬问题:曹君灵柩仍寄放在奥本山公墓。他去世后不久,曹君和中国学生的好友波士顿大学的诺顿·A.肯特教授即主动提议,曹君可安葬于为他家所有的一块美丽园地,并且答应今后照看墓地。我们于1920年2月25日写了一封长信给曹君家属,两星期后,我们与在哈佛的中国学生又联合写了另一封信,两封信都转达了肯特教授的提议,请求曹君的父亲作出决定并迅速答复。中国留学生监督处已接到北京指示,大意是曹君在美就地安葬;但我们决定在直接明确得知曹君家人的意见以前,不采取任何行动。曹家至今还没有回复。我们想回信会很快到达,曹君极可能将安葬于此间,也就是肯特教授的园地。

(ⅱ)捐给曹君家属的赙款:何德奎君报告,截至今日为止,他已收到曹君友人捐给他家的赙款约350美元。这笔款项包括我们明德社大多数社员每人捐的10美元,及凌其峻君捐的可观的100美元。纽约市的知行学会也在自行募集赙款,估计他们应已募集到同样的数额。所有这些款项将于最近汇给曹家,并附上每位捐款人的姓名和所捐数额清单。

(Ⅱ)薛桂轮,字志伊  我们收到了薛君1920年1月27日从中国天津写来的一封信。他回到中国后,曾到多个省旅行,从奉天(沈阳)到湖北,调查矿产的实际情况。1920年1月16日,他与林荀女士(威斯利女子学院学士)在天津结婚。他现在是天津大运河管理局的工程师。他曾经回清华学校并会见了那里的明德社社友(他们都非常渴望得知你们的消息)。薛君现在的通讯地址是:天津法界西开华利里63号林公馆转交。

(Ⅲ)许震宙,字罗云　过去半年,许震宙在威斯康辛(不再是衣阿华)研究绵羊养牧。他现在的地址是:威斯康辛州,麦迪逊,北花园街303号。

(Ⅳ)董修甲,字鼎三　董君于3月参加了密歇根大学演讲比赛,题目是"亚洲的文明"。

(Ⅴ)沈履①,字茀斋　沈君参加了基督教青年会组织的为在法国的中国劳工服务;但他可能要到7月才乘船去欧洲。为了与青年会进行安排,他曾于3月底去了华盛顿。在返回芝加哥途中,他访问了纽约、波士顿和许多其他城市。4月5日至6日,他在康桥我们这里。

(Ⅵ)张可治,字志拯　4月10日,张君离开匹兹堡,来到康桥与我们在一起。他从4月16日起,在波士顿海德公园的司徒芬机械公司任绘图员的工作。

(Ⅶ)郑健峰　郑君发烧以后,自3月初开始,在一处幽雅的乡间休息。他的地址是:华盛顿州西雅图草地疗养院。

(Ⅷ)凌其峻,字幼华　非常忙碌于他的各种职责。夏季过后,他将

---

①　沈　履(1896—1981),字茀斋,四川成都人。清华学校1918年毕业留美,威斯康辛大学心理学硕士。哥伦比亚大学研究教育学。曾任上海浦东中学校长兼大同大学教授,中央大学师资科主任兼南京中学校长,浙江大学秘书长,清华大学教授、秘书长,四川大学教授兼秘书长。

继续研习陶瓷工艺。他对曹君家人100美元的慷慨捐赠,证明了友谊的力量和明德社友之间的感情。

(Ⅸ)吴宓,字雨僧 吴已被北京高师聘为英语讲师及系主任,并将于1921年7月回国赴教职。他将于本年6月毕业,1920—1921学年将留在哈佛。他的地址将一直是(明年亦是):马萨诸塞州康桥,维尔堂。

(Ⅹ)陈宏振,字君玉 大约十天前,陈宏振获得哈佛大学演讲术(朗诵—演讲)比赛的二等奖,奖金20美元。他并当选为哈佛的中国学生联谊会1920—1921年度的书记。

除了上述十位明德社友,其他社友都近况良好。我们这次通信没有关于他们突出和具体的事情可写,但我们愿重复他们对诸位兄弟般良好的祝愿。希望很快听到诸位的消息。

您们的

吴　宓(签字)

陈宏振

1920年5月20日

维尔堂51号

康桥38,马萨诸塞州

又及,1920年2月21日曹君丧礼举行时,我们以本社名义敬献的花圈,费10美元,每位社友应交0.5美元,请将诸位分摊的0.5美元尽早汇给吴宓。

三

51 Weld Hall

Cambridge, Mass.

November 10, 1920

Dear Member:

We are very sorry that during this year of 1920, we could not have sent out more than three circular letters to each of our Fraternal friends. Certainly we are much to blame; and hereby we beg your generous pardon. Ever since the beginning of the summer vacation, we have heard very little from most of you; we do not receive from many of you the necessary information to make up the content of our circular letters—a fact which contributed to our negligence. Allow us to entreat you earnestly that, next year, you will send in your information to the new President and Secretary very regularly once in two months, especially when any of you has changed your place or residence and mail address.

As this is fated to be the last circular letter of our Club this year, we are obliged to ask you to elect a new President and a new Secretary to take up the work of our Club from January 1st to December 31st, 1921. Following the usage of our predecessors, we beg hereby to recommend Mr. C. Liu (刘庄) for President and Mr. H. H. Tung (童锡祥) for Secretary of the Club. Although any of our members can do the work as well as the others, we yet make such recommendations, because (1) Chicago is the central place and adapted to quick communication of information; (2) both Mr. Liu and Mr. Tung are among the oldest members of the Club and are noted for their zeal and ability for hard work; (3) the officers of the Club, we think, should not be always in Boston nor in any other one place. At any rate, upon receiving this letter, please immediately send us your vote, either voting for the persons here recommended or for any other persons as you like. But send in the vote at once, please.

Please record the following new addresses in your notebook. For those men whose addresses are not given below, please use the old addresses which we gave you last spring. Also, please send in your present address along with your vote.

1. Cha, Liang-chao   Apt. 11, 507 West 124th St., New York City
2. Chang, Ko-chi   203 Harvard St., Cambridge, Mass.
5. Cheng, Chun   (Returned to China in August, 1919)
6. Cheng, Ben. C. F.   4231 15th Ave., N. E., Seattle, Wash.
8. Hsu, Chen-chou   303 N. Park St., Madison, Wis.
9. Lin, C. C.   Box 443, Schenectady, N. Y.
13. Tang, C. T.  
17. Tung, H. C  } 2600 Etna St., Berkeley, Ca.
16. Tu, Simon C.   Lowry Hall, Columbia, Mo.
19. Wang, S. C.   (Returned to China, July, 1920)
22. Yeh, C. S.   64 Oxford St., Cambridge 38, Mass.
23. Yu, Chsi – Lan   Apt. 63, 140 Clarmont Ave., New York City
24. Liu, C   Care of Mr. H. H. Tung, Chicago

As stated above, we regret that we can not give much personal information of our members. The list of new addresses shows you which ones of them have changed their college or their work. We know, for example, Messrs H. C. Tung and C. T. Tang are doing good work among our countrymen in California, in addition to their studies; but we are ignorant of the exact nature of their work as well as the result obtained there from. The residence at Schenectady denotes that Mr. C. C. Lin is, for some months since, the Research Ceramist in the General Electric Company. And you can guess at the rest and be assured that they are working splendidly in their respective fields. Here in Cambridge, we have no less than four members: in addition to ourselves, Mr. K. C. Chang is taking Mechanical Engineering at the Massachusetts Institute of Technology while Mr. C. S. Yeh is studying Advanced Physics (Research on X-ray) at Harvard.

However, we wish to relate a few words about the late Mr. L. M. Tsaou, our former President. His body was duly interred in Newton Cemetery, Newton, Mass. On the 17th of June, 1920. The lot of ground was donated by Professor Norton A. Kent of Boston University and is situated in a beautiful flowery garden, well cultivated and well cared for. A granite tombstone was set up in his memory. The contribution to his family was all collected and sent to the Tsaou brothers in Shanghai in last July, amounting to 506 taels silver. Mr. Tsaou's two brothers are still studying at Nanyang College in Shanghai; the elder one is working as Assistant-proctor at the same time, while the younger one is taking Railway Administration course in the College Department. They and the family wished to extend their deep sense of gratitude to all of Mr. Tsaou's friends through us; and we take this opportunity to convey the message to you.

We welcome into our midst one of our Fraternal members, Mr. C. Chiu 邱椿, who came to the States two months ago, being a Tsing Hua graduate of the class of 1920. Mr. Chiu is studying Education in the State University of Washington. His address is: Mr. C. Chiu, 4024 Pasadena Place, Seattle, Wash.

Wishing you all well, and once more apologizing for our negligence in the service of the Club, we remain

Yours Fraternally
(signed) Mi Wu
H. C. Chen

亲爱的社友：

我们感到非常抱歉,我们在1920年只给社友们发出三封通信。这当然主要是我们之过,在此我们恳请诸位海量包涵。自暑假以来,我们很少得到您们大多数人的消息,从您们那里得不到必要的信息作为通信的内容,这也是造成我们服务粗疏的一个因素。请允许我们恳请诸位明年定期每两个月一次把自己的信息发给新的轮值主席和书记,尤其是当你们任何人更换地方或住所及通信地址的时候。

由于这封信肯定是我社本年的最后一封通信,我们不得不请诸位推选一位新的轮值主席和书记来接管1921年1月1日至12

月31日的社务。遵循前任的习惯做法,请允许我们推荐刘庄①君为本社主席,童锡祥②君为书记。尽管我们的每一位社友都同样胜任此职,我们作此推荐是由于(1)芝加哥处在中心位置,便于快速交流信息;(2)刘君和童君是我们社的元老成员,并以勤奋工作的热忱和能力著称;(3)我们认为明德社的职员不应总在波士顿或任何其他一处。无论如何,接到此信后,请立刻寄来您的选票,不论是选举在此推荐的人或是你乐意选的任何别人。不过,务必立即寄来选票。

请在您的笔记本记下以下一些新的地址。至于那些没包括在以下地址中的人,请使用去年春天提供给大家的地址。也请将您目前的地址随选票一起寄来。

1. 查良钊　纽约市124街西507号11号公寓
2. 张可治　马萨诸塞州康桥哈佛街203号
5. 郑　重　(1919年8月回国)
6. 郑健峰　华盛顿州西雅图西北15街4231号
8. 许震宙　威斯康辛州麦迪逊北花园街303号
9. 凌其峻　纽约州斯克内克塔迪443号信箱
13. 唐崇慈 ⎫
17. 董修甲 ⎭ 加州伯克利埃特纳街2600号
16. 杜　卿　密苏里州哥伦比亚劳里堂
19. 王善佺　1920年7月回国

---

① 刘庄,生于1897年,字次乾,四川德阳人。清华学校1916年毕业留美,芝加哥大学文学博士。曾任江西省政府统计室主任。
② 童锡祥,字昌龄,四川南川人。清华学校1917年毕业留美,芝加哥大学经济学博士。曾任国民政府经济部次长。

22. 叶企孙　马萨诸塞州康桥38牛津街64号
23. 余泽兰　纽约市克莱蒙特街140号63号公寓
24. 刘　庄　芝加哥童锡祥君转交

如上所说,我们遗憾不能提供更多社友的个人信息。从新的通讯录中,诸位可看出他们中的哪一位变更了学校或工作。比如我们知道,董修甲君和唐崇慈君研读之馀在加州我们的同胞中表现出色;但我们不了解他们的具体工作性质以及所取得的成果。凌其峻君住在斯克内克塔迪,这意味着几个月来他已就任通用电气公司的陶瓷研发师。而其他人,您们则可以推测并肯定他们在各自的领域中工作出色。在康桥,我们这里有四名社员,除我们自己之外,张可治君在麻省理工学院学习机械工程,而叶企孙君在哈佛研修高级物理学(研究X射线)。

不管怎样,我们想说几句关于已故前任主席曹丽明的话。他的灵柩已于1920年6月17日安葬在马萨诸塞州牛顿市牛顿公墓,墓地为波士顿大学的诺顿·A.肯特教授所捐赠,所在园林遍植花木,修整良好。曹君墓前立了一块花岗岩墓碑。捐赠他家的赙款506两银子已于7月间全部集中并交付给曹君在上海的弟弟。曹君的两个弟弟仍在南洋公学读书;大弟在学习的同时担任学监助理的工作,小弟在该校系里学习铁道管理课程。他们和他们的家人希望通过我们向曹君所有的友人表达他们深深的感激之情;我们借此机会转达给您们。

欢迎又一位明德社友加入我们,邱椿君两个月前从清华学校毕业来到美国。邱君现在华盛顿州立大学学习教育。他的地址是:华盛顿州西雅图帕萨迪纳坊4024号。

祝愿您们一切都好,并再一次为我们对明德社的服务粗疏表示歉意。

您们诚挚的

吴　宓(签名)

陈宏振

1920年11月10日

维尔堂51号

康桥38,马萨诸塞州

四

51 Weld Hall

Cambridge, Mass.

Dec. 20th, 1920

Dear Member:

In this fourth and last Circular Letter of the Year 1920, we beg (i) to send you our Christmas greetings; (ii) to inform you of the results of election of the offices of our Fraternity for the year 1921; (iii) to furnish you with a complete, up-to-date, correct List of Addresses of the Members of this Fraternity; (iv) to convey to you information about some of them in particular; (v) to apologize for our negligence and inefficiency as officers of the Fraternity during the year 1920. Few words may suffice to express our well wishes and our excuses; and, of the above five items, only (ii) and (iv) need further explanation—as follows:

(ii) Most of the members have sent in their votes and declared for Mr. C. Liu and H. H. Tung to be President and Secretary-Treasurer respectively of the Fraternity for the year 1921. But Mr. H. H. Tung declined the office because he had already too much work to do as President of the Chicago Chinese Students' Club, and recommended Mr. L. Shen to be Secretary-Treasurer. As we are sure that you will be eagerly glad to have Mr. L. Shen as you do Mr. H. H. Tung for that post, and as time does not allow further consultation, nor are such formalities at all necessary—we hereby proclaim that Mr. C. Liu has been duly elected President, and Mr. L. Shen Secretary-Treasurer, of our Fraternity from this day to the 31st of December 1921. For whatever business of the Fraternity or information concerning its members, please write to Mr. Liu and Mr. Shen. Please also send in your Membership Fee for the year 1921 ($1.00) to Mr. Shen at your early convenience.

(iv) From the recent letters of our members, we hereby present the following condensed extracts and concrete information:

(3) Chi Chen...During last summer vacation, visited Ann Arbor, Chicago, etc., and worked in California Beet Sugar Factory. Since October, carrying on advanced studies at Stanford University, Ca. Shall probably go home next summer.

(8) C. C. Hsu...Earnestly hopes that our members should write many private letters to one another, apart from the Circular Letters of the Fraternity.

(9) David S. Hung...Came to America last September from Tsing

Hua College. Now taking Civil Engineering course at the Rensselaer Polytechnic Institute of Troy, N. Y.

(13) Paul S. Meng... During last summer vacation worked for a farm in Virginia; travelled in that State and spoke for China in twenty rural towns.

(15) C. T. Tang... Now works as Editor of a Chinese daily paper and teacher of a Chinese School in San Francisco, while attending the University of California.

(17) Simon C. Tu... Elected member of Phi Beta Kappa, last April; and of Alpha Zeta Pi, the honorary society of social sciences, last September. Will receive A. B. and B. S. in Education, next April, then attend Columbia University.

(19) H. C. Tung... Now working as the General Executive Secretary of the Chinese National Welfare in San Francisco; Editor of "the Far Eastern Republic"; at the same time, attending University of California, for M. A. degree. Will probably go home next summer to be the General Secretary to the Paul Wise Co. in Shanghai.

(20) H. Y. Wu... Last summer for three months was Assistant Physician in the Pennsylvania State Sanatorium at Cresson, Pa. Will graduate in June, 1921; and will still stay two more years in America as interne in some hospital.

(27) S. C. Wang... Since September, is Professor of Agriculture in the University of Nantung, and superintendent of Cotton-Planting, of Nantung, China.

With best wishes for Christmas and New Year,

Yours fraternally
(signed) Mi Wu
H. C. Chen

P. S. At the funeral service of the late Mr. L. M. Tsaou held on February 21st, 1920, we presented a wreath in name of the Fraternity costing $10.00. Each member should pay $0.50. So far we have not yet received that $0.50 from you. Please kindly send that amount to Mi Wu at your early convenience, so as to close our whole account for the year 1920.

## Complete List of Addresses of Members of Min-Teh Fraternity

(Revised December 20th, 1920)

I. In U. S. A.

1. Cha, Liang-chao — 528 West 523rd St., New York City
2. Chang, Ko-chi — 203 Harvard St., Cambridge, Mass.
3. Chen, Chi — Box 55, Stanford University, Palo Alto, Ca.
4. Chen, Hung-cheng — 24 Weld Hall, Cambridge 38, Mass.
5. Cheng, Ben. C. F. — 4231 15th Ave., N. E., Seattle, Wash.
6. Chiao, Wan-Hsuan — 311 Murry St., Madison, Wis.
7. Chiu, Chun — 4024 Pasadena Place, Seattle, Wash.
8. Hsu, Chen-chou — 303 N. Park St., Madison, Wis.
9. Hung, David S. — 374 Congress St., Troy, N. Y.
10. Lin, Chi-chun — 129 Furman St., Schenectady, N. Y.
*11. Liu, Chuang — 5757 Drexel Ave., Chicago, Ill.
12. Lu, Mo-Sheng — 1208 S. University Ave., Ann Arbor, Mich.
13. Meng, Paul C. — Davidson College, Davidson, N. C.

|  |  |  |
|---|---|---|
| ** | 14. Shen, Lee | 923 E. 60th St., Chicago, Ill. |
|  | 15. Tang, Chung-Tzu | 2600 Etna St., Berkeley, Ca. |
|  | 16. Tsao, Ming-Luan | 208 Waldron St., W. Lafayette, Ind. |
|  | 17. Tu, Simon C. | Lowry Hall, Columbia, Mo. |
|  | 18. Tung, His-Hsiang | 92 M. D. Hall, University of Chicago, Chicago, Ill. |
|  | 19. Tung, Hsiu-Chia | Chinese Welfare Society in America, 519 California St., San Francisco, Ca. |
|  | 20. Wu, Hsin-Yeh | 226 South 38th St., San Francisco, Ca. |
|  | 21. Wu, Mi | 51 Weld Hall, Cambridge 38, Mass. |
|  | 22. Yeh, Chi-Sun | 64 Oxford St., Cambridge 38, Mass. |
|  | 23. Yu, Chsi-Lan | Apt. 59, 110 – 112 Morningside Drive, New York City |

Ⅱ. In China

|  |  |  |
|---|---|---|
|  | 24. Cheng, Chun | (Care of K. L. Hsueh) |
|  | 25. Hsueh, K. L. | 天津法界西开华利里63号林公馆转交 |
|  | 26. Tuan, Mo-Lan | Tsing Hua College, Peking, China. |
|  | 27. Wang, Shan-Chuan | Department of Agriculture, University of Nantung, Nantung, China. |

Ⅲ. In Japan

28. Chu, Ko-Juan

\* President of the Fraternity for the year 1921.
\*\* Secretary and Treasurer for the year 1921.

亲爱的社友：

在这第四封信也是1920年的最后一次通信中，请让我们(i)送上圣诞祝贺；(ii)通报明德社1921年度工作人员选举结果；(iii)提供一份截至目前完整、准确的明德社友通讯录；(iv)传达部分明德社友的情况；(v)为我们在1920年担任明德社工作人员期间工作粗疏、效率不高表示歉意。这些言辞已足以表达我们的良好祝愿和我们的歉意。另，关于以上五点，仅第(ii)和第(iv)点需进一步说明如下：

(ii)大多数社友已投票并声明推举刘庄君和童锡祥君分别担任明德社1921年度轮值主席和书记—司库。但是童锡祥君婉辞此职，因为他作为芝加哥中国留学生联谊会主席已有太多的工作，他推举沈履君担任书记—司库。我们确信您会与童锡祥君一样乐意如此安排这个职务，时间不允许进一步商讨，再走形式也无必要——在此我们宣布，刘庄君当选明德社轮值主席、沈履君任书记—司库，职责自即日起至1921年12月31日。今后任何明德社务方面或有关社友消息的事，请写信给刘君和沈君，也请您尽早缴纳1921年社员费1元。

(iv)根据社友们新近来信，我们提供以下摘要和具体信息：

(3)陈　器——暑假期间访问了安阿伯、芝加哥等地，并在加州甜菜制糖厂工作。自10月起在加州斯坦福大学继续高等研究。可能于明年夏天回国。

(8)许震宙——热切希望除了明德社通信，我们社友彼此间应多写个人信件。

(9)洪　绅——9月从清华学校抵美，现在纽约州的特洛伊市伦斯勒理工学院学习土木工程课程。

（13）孟保罗——暑假中在弗吉尼亚一家农场工作，在弗吉尼亚州旅行并在20个乡镇作关于中国的演讲。

（15）唐孝慈——现担任旧金山一家中国日报的编辑和一所中文学校的教师，同时在加州大学研究。

（17）杜　卿——4月当选美国全国优秀生联谊会会员；去年9月当选社会科学荣誉学会会员。将于明年4月获教育学的文理双学士学位，然后赴哥伦比亚大学深造。

（19）董修甲——现在旧金山任中国福利会秘书长；《远东共和国》编辑，同时在加州大学攻读文学硕士学位。可能于明年夏天回国，任上海保罗·魏斯公司秘书长。

（20）吴兴业——去年夏季有三个月在宾州克雷生宾夕法尼亚州州立疗养院任助理医师，将于1921年6月毕业，并将留在美国的医院实习两年。

（27）王善佺——自9月起，任南通农学院教授及中国南通植棉场高级主管。

致以圣诞节和新年的最好祝愿

　　　　　　　　　　　您诚挚的
　　　　　　　　　　　吴　宓（签名）
　　　　　　　　　　　陈宏振（签名）
　　　　　　　　　　　1920年12月20日
　　　　　　　　　　　维尔堂51号
　　　　　　　　　　　康桥38，马萨诸塞州

又及:在1920年2月21日曹君的丧礼中,我们以明德社名义送花圈,费10美元,每位社员需付0.5美元,但我们至今未从您们那里收到此款,请尽早汇寄吴宓,以便结清1920年的全部账目。

## 明德社全体社员通讯簿
### (1920年12月20日校订)

Ⅰ.美国

1. 查良钊　　纽约市西523街528号
2. 张可治　　马萨诸塞州康桥,哈佛街203号
3. 陈　器　　加州帕洛阿尔托,斯坦福大学55号信箱
4. 陈宏振　　马萨诸塞州康桥38　维尔堂24号
5. 郑健峰　　华盛顿州西雅图,西北15街4231号
6. 乔万选　　威斯康辛州麦迪逊,默里街311号
7. 邱　椿　　华盛顿州西雅图,帕萨迪纳坊4024号
8. 许震宙　　威斯康辛州麦迪逊,北花园街303号
9. 洪　绅　　纽约州特洛伊,国会街374号
10. 凌其峻　　纽约州斯克内克塔迪,费尔曼街129号
*11. 刘　庄　　伊利诺伊州芝加哥,德雷克塞尔街5757号
12. 卢默生　　密歇根州安阿伯,南大学街1208号
13. 孟保罗　　北卡罗来纳州戴维森,戴维森学院
**14. 沈　履　　芝加哥,东60街923号
15. 唐崇慈　　加州伯克利,埃特纳街2600号
16. 曹明銮　　印第安那州西拉斐特,瓦尔特朗街208号
17. 杜　卿　　密苏里州哥伦比亚劳里堂
18. 童锡祥　　芝加哥芝加哥大学M.D.堂92号
19. 董修甲　　加州旧金山加利福尼亚街519号

20. 吴兴业　　加州旧金山,南 38 街 226 号
21. 吴　宓　　马萨诸塞州康桥 38　维尔堂 51 号
22. 叶企孙　　马萨诸塞州康桥 38　牛津街 64 号
23. 余泽兰　　纽约市晨边路 110—112 公寓 59 号

Ⅱ. 中国

24. 郑　重（薛桂轮转交）
25. 薛桂轮　　天津法界西开华利里 63 号林公馆转交
26. 段茂澜　　北京清华学校
27. 王善佺　　南通,南通大学农业系

Ⅲ. 日本

28. 瞿国眷

\* 1921 年明德社轮值主席。

\*\* 1921 年书记兼司库。

# 致吴芳吉[①]

## 一

碧柳弟鉴：

日昨得七月朔日阴历书，慰悉。《湘君》内容确是甚佳，宓曾以分赠同社梅、柳、胡[②]诸人。梅未看；胡为江西派之诗所拘囿，实不足与论诗；柳公则力赞《湘君》中之诗之佳。《学衡》之诗坛，恨为胡君所霸占，故其所选，无非此三四江西人之诗，令人烦厌唾弃，即社内，若柳公，若宓，皆深以为憾。而目前无可奈何，请仁观下一二期《学衡》之文苑，更有令人致恨之事在，盖由胡之强制执行，宓争持不过所致也。

以《湘君》与《学衡》比较，各有所长。约而言之，《湘君》主创造，《学衡》主批评；（兹所谓主者，乃材料偏重较多之意。）《湘君》重文艺，《学衡》重学术；《湘君》以情胜，《学衡》以理胜。《学衡》之不完备之处，及其缺谬种种，惟宓知之最悉，然知之而不能改善之，又不敢以语人，是为憾也。倘能合《湘君》《学衡》之人才为一，去每种之魔障，存二者之精英，由我等同心人主持之，则必有奇光异彩，而远胜于今日之情形。然实事上竟不能为也，哀哉！

---

[①] 吴芳吉（1896—1932），字碧柳，号白屋吴生，四川江津人。清华学校肄业。曾任上海中国公学、西北大学、成都大学教授，长沙明德中学教员、江津中学校长。作者清华同学、知友。

[②] 指梅光迪、柳诒徵、胡先骕。

宓现正设法为《湘君》表扬,今均不述,如有所成,当以其成绩相告,以求省事。

读来书所言各节,便欲论述平日之所蕴蓄以复,然如是则下笔千言,实恐无时,则止。惟述一二语,弟记之,他日再读宓所为文,则可与之印证也。

(一)来书谓君子与恶魔战云云,……宓民国三四年,在《清华周刊》所作文,有起句云:

"天下古今,只有君子与小人之争、是非之争、利害之争,其他如新旧、南北、自由保守等皆浮表之虚名,随缘以假定者耳。Plato's Doctrine of Ideas 其精意即在此。Plato 又分别 Knowledge(真知灼见)—Philosophic insight(可比为<u>本性</u>),Opinion(人云亦云)—Impression of senses(可比<u>旗帜</u>)。"

又 Plato 之 Dualism $\begin{cases} 在每人之内心中,Good \& Evil 常交战。\\ 在全宇宙亘变之期,Good \& Evil 亦常交战。\end{cases}$

Plato's Dialogues 之精到完备,实可云世界中第一部大书,古今各派各项之学说事理,无不早论及之而下确断焉。一生能专研究此书,必成大哲也。

(二)宓日记中所谓"安着副歹心肠,则无处不见神见鬼"者,乃指浪漫派人之病,非所语于我辈也。如美国 William Dean Howells 所作名小说 *A Modern Instance*,一对情人结为夫妇,某日,夫穷困中得三十元之金钱,喜极,持归以示妇,途中满怀希望,归家,妇适外出,希望顿冷,转为仇恨。又因细故,终至仳离。原其始,皆由妻之偶出,夫之用心过度也——可为证也。

弟之来书,以后皆请用"白屋用笺",盖久已以铜钉装订成册,可随到随编也。宓无一定之信纸,今晚则所有信纸均罄,哀哉！为之罉然。

宓常觉昔日所交之友,终不能再得。此后即交得论学论文之高士硕学,然欲求如 弟与宓以及 王复初①兄等之推心置腹,情性相合,决不能也。故于天人②旧友,亦多有"今友非故友"之感。即如汤锡予兄,别仅一年,此一年中,宓写去美国之信十馀封,长均六七千言,论人述事,琐细极详,得复甚少。宓为 锡予兄谋校事,办杂务,劳苦甚多。又代为预备同居各项,用心周到,世中决无第二人。乃 锡兄到家后,来一函,曰:"在宁,承招待,谨谢,并扰郁厨,尤感。其实在此一宿,在家吃二餐耳。……"云云。下即言 家母嫌房价贵,不愿同居。宓近四十日来,所遭之事,皆尘务俗事,繁琐卑污,一一处理,劳苦烦厌。又以家庭多故,愁苦异常,为数年所未有,曾屡函 锡予述之,而均置不复。乃日前宓又函 锡予,请其即长年住我家(伊不挈眷来),一切由我供备,不取分文。内人亦极殷殷之诚意,尚有许多诚恳之言语、精细之布置。写此函,亦费我二三小时。又有顾泰来君,汤之密友,与宓交较浅,甫归自美,困,以快函求贷于汤。宓接函,立即以二百元汇去,然后以函转汤。后又去二函,而汤始终不复我一字。呜呼,宓生平热诚太过,近年尤力学做事周密精详(为人为己皆然),此其所食之报也。昔

---

① 王正基(1889—1964),字复初,陕西郃阳人。北京高等工业学校毕业,留学美国麻省理工学院。曾任国民政府审计部长。1949年后任全国政协委员。作者陕西宏道学堂和美国弗吉尼亚大学同学、知友。

② 指清华同学1915年冬所组织之天人学会,最初发起人为黄华(叔巍,广东东莞人),会名则汤用彤所取。会之大旨,除共事牺牲、益国益群外,欲融合新旧,撷精立极,造成一种学说,以影响社会,改良群治。又欲以会员为起点,造成一种光明磊落、仁心侠骨之品格;必期道德与事功合一,公义与私情并重,为世俗表率,而蔚成一时之风尚。会员前后共三十馀人。创立伊始,理想甚高,情感甚真,志气甚盛;惟历久涣散,此会遂消灭于无形。

在清华,有苦则函述于友,今茫茫此世,竟无一人愿听我之述。

(1922年)九月五日晚　宓上①

二②

圣诞日函悉。此间乐天书局现愿代售《学衡》,宓与约定办法,每售一册,大洋二角五分以二角归我,以五分归彼。该书局又愿代售《湘君》,宓前已分散净尽,仅馀一册,自存,今已付该局作样本。见片后,乞即寄上五本或十本《湘君》来此,由宓经营代售,但愿以若干为该局报酬,乞自定示知。又该局云,如愿减价售出,例如九折,只售三角六分,则易售出云云。如何统乞决示。

宏度③日前来此,匆匆一面,馀容细陈。即请

日　安

宓上(1922年)十月二十日

---

①　作者多年后,于落款处以红笔加注:1922 民国十一年　壬戌　南京。
②　此信写于明信片之背面,收信人姓名住址书于明信片正面:长沙明德学校吴芳吉先生碧柳。
③　刘永济(1887—1966),字宏度,号诵帚,湖南新宁人。曾入上海复旦公学、天津高等工业学堂、北京清华学校学习,后退学从况周颐、朱祖谋学词学。曾任长沙明德中学教员、东北大学、武汉大学教授,武汉大学文学院院长。

## 三

宏度兄  
　　　同鉴：  
碧柳弟

　　兹奉上考题,乞检收。常识测验题,已无存本。此种年年更换方法,今年所询,多系博物理化之事。

　　顷有极痛苦之事,即《湘君》第一期所载宓之日记,发表后,大为人讥刺,友朋之讪笑及规劝,尤不要紧,而本校之男女学生读而评之,殊令为教员者觍然无立足地。尤其甚者,上海有一般人,近专与宓寻隙,《新文化运动之反应》一文,受痛攻,犹可说也;至《写实小说之流弊》,而亦受人痛攻,则冤矣。而此辈得读《湘君》中之日记之后,乃又作数长篇,将宓讥笑唾骂,至于极地,刻薄尖毒,轻儇佻巧,甚至将宓之父母及妻子,亦污辱痛詈之,实令宓痛愤无以自容。夫此日记,乃秘密之秘密者也,比之家信,尤当秘慎,传观之举,所以信服诸友者至深。乃不意　碧柳竟为登之报端。即欲登报,日记中材料,论学纪游者甚多,何乃专取此二段登之,且其中涉及当代名人、常见之友朋者,极多(东南大学同事某某二君,即在其中),实贾祸招尤之媒。而今遭恶少之刻薄,累及父母妻族,则尤痛心者已。碧柳当日亦曾虑及此乎?

　　今拟请于《湘君》二期中登一本社启事,文大略如下:"本刊第一号中所登吴宓君之旅美劄记,系录自友朋私函中者,且吴君毫未闻知,本社未得其允许,径即发表,故对于吴君,殊深抱歉"云云。又此后所有诗文稿件,非得宓允许,不可擅登。宓之信函,只为示知友,勿示外人。

　　又第二期《湘君》中,乞勿登《五月九日感事赠柏荣》一诗,因此诗亦易遭人攻击也。呜呼,宓非畏人骂,苟学理主张之骂,我所欢迎。若至于儇薄轻笑,甚至辱蔑我之父母妻室,形容刻画,此比刀剑,尤为残忍,此间之学生皆读之矣。谓攻我之文。我之脸面何存?风骨何在?念此几于逃世入山,不再见人。　碧柳固出无心,以为决不害事,焉知其致此耶?虽然,亦由　碧柳失检,而不测度人心世情。今宓悔之何及哉!即请

日 安

宓上

(1922)十一月七日晚

四①

接读来书,为之黯然。东南大学附属中学之主任即校长廖世承②君,清华同学也。其国文教员穆济波③君川人。与　弟幼同学相识,其人耳聋,人尚诚笃。乃现今汤锡予兄之房东。前者穆君言该中学缺一国文教员月薪自七十元至百元,钟点不甚多。宜以碧柳荐之。盖　弟之《新群》及新诗已甚驰名,且穆君谓此处欲得一有精神之人。故宓曾言之于廖

---

① 此为作者1923年1月22日晚与吴芳吉信之第二页,第一页于"文化大革命"中被查抄后失去。

② 廖世承(1893—1970),字茂如,江苏嘉定(今属上海)人。清华学校毕业留美。哥伦比亚大学教育学硕士。曾任东南大学教授兼附属中学主任,光华大学副校长兼附中主任,中央大学副教授,暨南大学教授,湖南蓝田国立师范学院院长。1949年后,任上海师范学院院长。

③ 穆济波(1892—1978),字孟默,四川合江人。成都高等师范学校毕业,曾任教于东南大学附中、西北大学、第四中山大学、四川大学、四川教育学院、重庆女子师范学院。1949年后,任西南师范学院、西南军区师范学校教授,四川省图书馆副馆长。

君,并以《湘君》一册呈览。大约穆君亦曾进言,今日闻穆君告锡予兄,此事亦内定,该校决聘 弟云云。前因恐未必成,故未告,详情容再探悉。此实至幸之事,弟得休息免病,一也。不必回乱离之蜀,二也。得与宓等共处,三也。大约自暑假后起,无论如何,何时请,即何时来,不必迟疑谦逊。穆君之意殊可感,宓窥穆君恐为极新派之人,惟其于 弟厚,眷念旧情,故将来通函及初到时,对穆君宜和洽诚恳,不必急争宗旨也。先此报闻,馀续详。乞暂勿令一人知之,俟确定后再宣泄。

十四元之邮汇票,竟为人窃,何胜愤慨,使《湘君》吃亏,宓殊愧也。

(1923)一月二十二晚　宓 上

## 五

宏度兄  
碧柳弟：

正月十三日庄士敦①先生来函,节录如下:

I have shown the 湘君季刊, which you kindly sent me, to the Peking members of the Burns Society (or rather the St. Andrews Society) which annually celebrates the birthday of the Scottish poet, and they are delighted to know that some of his poetry

---

① 庄士敦 Sir Reginald Fleming Johnston(1874—1938),英国人。大学毕业后,考入殖民部,历任香港政府官员及威海卫行政公署长官。1918年被溥仪聘为英语教师。回英后任伦敦大学汉文教授。

has been considered worthy of translation into Chinese. ①

今索《湘君》之裨君,当为求阅 Burns 之诗之故。尊处如能觅得《湘君》第一期一册寄与之,则幸甚。宓之复函,已以《湘君》之详情告之矣。

东南大学附属中学托宓代拟高三级《文学概论》学程之纲目,并代定教科用书。宓为拟就,并指定刘永济著《文学论》(乐天书馆代售)为教科书,且盛称此书之善。若彼照办,诚佳事也。不尽欲言。

宓 叩

(1923 年)二月九日南京

## 六

碧柳弟鉴:

今晨接此间附属中学主任廖茂如君由其原籍来函,兹呈 阅。弟可否即刻动身来此,赶三月五号上课。乞一面从速料理出发来宁,一面先正式函复,俾将来函转示 廖君,作为定局。此席逐鹿者有人,迟恐生变,乞即决然来此。廖君诚心借重,学生仰望,穆君云。天人同志群集,宓亦拟久安于东南,有百利而无一害。望即勿迟疑,甚盼。宓家中楼上有二室,木器床桌等俱全, 弟可奉 父母挈妻子挤居,

---

① 我已将您惠寄给我的《湘君》季刊,向彭斯社(或确切地说圣安德鲁社)的北京成员们展示,该社每年都纪念这位苏格兰诗人的诞辰,他们欣悉他的若干诗篇被认为值得译成中文。

不虞住宅为难也。如不满,尚可迁。

又宓曾荐宏度、柏荣与奉天东北大学任国文国史教员,尚未得结果,俟后告。骨凡①回沪,在下关晤面,以后再来。即请

刻 安

速复

宓上

(1923)二月二十一日

七

碧柳弟鉴:

屡奉 手书,至为欣慰。事忙意恶,逐未即复。顷复得 来示,询假款与《湘君》事,宓以为前次复函,曾已提及,想系记忆之误。宓固爱《湘君》,然假款百元,则非力所能到。缘宓每月薪资,奉汇沪寓约五十元,兰寓约五十元②。阳历过年后,每处已各汇去百元。加以舍妹在此学膳衣各费,本学期仅一月,已去五十元,则宓之家用,亦已有限,房租为一大项,此外零用,甚事节俭。宓回国以后,未添补一袭之衣,小衣均捉襟见肘,他可类推。夫宓岂敢比 弟艰苦卓绝,然在留学生中,则独一无二之寒士,自奉之薄,莫得其比也。此乃实情,故其不能以百元贷《湘君》也,非虑其不能偿还也,实目前无力举出此数也。尚其谅恕,且有狂愚之言,幸毋疑而怒斥之。即宓

---

① 吕国藩,后改名昌,字谷凡,又字骨凡,上海人。作者1921年春在上海圣约翰大学预科学习时同学。曾由作者介荐,入天人学会。后经商。

② 时作者生父芷敬公寓居上海、嗣父仲旗公寓居甘肃兰州,作者每月须分别汇款两处赡养。

意我辈志业高远,而大病在不能结团体,夫《学衡》既有中华书局之印售,又有㓐之经营琐务,专待同志之作文寄稿而已。虽其初发起之时,由于此间诸人,然其后诸人不尽力作文,大权尽在㓐手,故《学衡》者,亦即　弟与　宏度兄、柏荣①兄之《学衡》也。苟　弟及二兄能以文稿诗篇等多多寄示,或自撰或代收。则《学衡》亦即《湘君》,固二而一者也。今乃另起炉灶,别树一帜,徒费双方之心血时力,于筹划款项、办理琐务之中,此不经济之甚者也。于是《湘君》则缺印费,《学衡》则乏稿件,力分而势孤,势薄而名不著,谓不为国人所知。果何谓哉?苟能就此间已成之局,以《湘君》并入《学衡》,同心戮力,结为一体,凡《学衡》有须改良之处,　弟及二刘兄,尽可详明揭示,㓐当竭力推行,而《湘君》之白话歌谣等,不甚合《学衡》旧例者,固新派诸报所欢迎,岂患无发表之地哉!故以《湘君》合于《学衡》一层,实㓐所认为最善之办法、最大之计划,而敢斗胆请于　弟及二刘兄者也。然无力借款,则与此意初无关。即黄叔巍、汤锡予诸兄,均谓早应如此。所以渴望　弟及二刘兄离湘外出者,即望合为一团体,而不独树《湘君》之一帜也。㓐荐二刘兄于奉天,已得复,并无成望,原系热心之杨成能君,从旁汲引,并非当局向㓐征求人才也。而不幸已为　谢祖尧兄所闻。日前　祖尧兄来函责㓐破坏明德之现局,并述　胡公②之生平,词严义正,情深语急,㓐读之感愧无地,已复　祖尧兄,谓此后誓不设法汲引　弟等三人外出,即有良机,亦必先商之　祖尧兄云云。已允诺　祖尧兄,誓当如此办理,谨闻。　弟及

---

① 刘朴(1894—1976),字柏荣,湖南宁乡人。1916年毕业于北京清华学校。曾任长沙明德中学教员,东北大学、湖南大学、重庆大学教授。

② 胡元倓(1872—1940),字子靖,湖南湘潭人。留学日本。曾任留日学生监督。1903年在长沙创立明德学堂,曾在北京、汉口先后创立明德大学,1926年停办大学部,致力于中学之发展。为第一届国民参政会参政员。

二刘兄,对宓此函所言以《湘君》合于《学衡》一层,望即妥商详复,为盼。如是则宓在此虽不得意,亦决久留,以维持《学衡》于不坠。清华虽以厚薪聘请,不愿往也。然使人才星散,胡先骕君今秋游美,柳君亦有辞去东南教席之意,缪①、景②毕业他去。独力难支,腹心兄弟,皆另有所经营,则宓亦不得不废然矣。惟 弟与二刘兄实图利之。

梁、谢③二君到此后,谅有函直接报告见宓及在此旁听情形。据云,见汪剑休所登广告,谓汪之诗集中之《桃花源》剧,已为宣统师傅英人庄士敦译成英文送往欧洲宣扬,云云。庄原函仅云,接到《湘君》,未及尽读,已读《桃花源》一剧,颇为有趣,以吾平日甚喜陶潜之诗与其为人也。如此而已。其好名谬妄如此,固属可恶可耻,而吾人由此更当慎重,免为所累,而授人以口实矣。

柏荣兄代征曾重伯先生之诗, 宏度兄函陈友古君,结果如何,乞速进行。 宏度兄之词,已尽登,乞速续寄。不尽一一。即请

近 安

宓上

(1923)四月六日

《努力周报》《清华周刊》所登胡适拟国学重要书目,不知见之否?谓如何,乞示。

---

① 缪凤林(1898—1959),字赞虞,浙江富阳人。1923年毕业于南京高等师范学校,入南京支那内学院,从欧阳渐习佛学。同年秋赴东北大学任教。后任江苏国立图书馆印行部主任,中央大学史学系教授兼系主任。

② 景昌极(1903—1982),字幼南,江苏泰州人。南京高等师范学校毕业,南京支那内学院毕业。曾任东北大学哲学讲师、教授,成都大学、中央大学、武汉大学、安徽大学教授,江苏泰州中学、扬州师范学院教员。

③ 梁 镇、谢羨安,湖南人,时甫自明德中学毕业,碧柳荐至南京东南大学旁听。

## 八

碧柳弟鉴：

　　孔子诞日示悉，又接柏荣函，述弟苦状，为之恻然，现决于本月底薪金发出时（有时迟至下月初），即以百元邮汇上（如果因军事而邮汇易失误，即请来函阻止）。前宓曾允助树成①以百元（半年），旋于开学时见到刘次乾（庄），据云树成已得清华半官费，如照旧作工，亦可勉呈学费，惟树成略染浮华，不愿劳苦，故求助于诸友，诸友多未之应，而宓不助之亦尽无妨云云。次乾之言当可信，故宓拟不助树成矣。两两相较，则弟远较树成为苦，此何待言。此百元如何用之，自由主裁，惟宓意，处今之世，蜀乱亦亟，老人归乡，未为上计，后此隔离，见面为难，远道乱耗，尤为惊心，反不若同在一处之可以安慰也。湘乱乃一时之事，即此后弟转赴东北、东南附中，亦未必不能成，容徐图之。若然，则随所适而携家去可矣。送之归蜀，恐非善策也。尚祈酌之，宓言或昧于实情也。……又祈摄身休息，勿太劳苦，勿为无关系之牺牲，至盼。

　　请告柏荣，函示奉悉。刘树梅母寿序，柳先生甚赏之，决登入《学衡》二十四期，更望多寄，以备选登。恕不另复，一切感感。

　　请告宏度，赐书已悉。在此不知危苦，宓一生庸庸多厚福，视诸兄有愧矣。平日读书作事甚忙，实将一切忘却。故人处危乱中，亦只脑中略留片影而已。下年或另为图谋，届时再商各方。

　　陈寂词收到一首，即奉上，恕不另复。……《湘君》第三期如缓

---

① 何树成，重庆江津人，吴芳吉之内弟，1917年由家中出钱，友人资助，随清华学生一同赴美留学。后在美娶一犹太女子为妻，终不回中国，且与家中书信断绝。

出,请以 兄等三人之文先赐登《学衡》(声明预录)可否? 此请

近安

宓上
(1923)十月二十三日

## 九

宏度兄
碧柳弟:

呜呼,人事无常,志业多舛。顷者,东南大学已决定将工科、政法经济系及西洋文学系裁撤。所有教员,一个不留。大约今年暑假即实行,此事已经当局明白证实,势在必行。其表面理由为节省经费,实则另有用心。经此变后,与吾人同心同德之士,几于悉行驱逐,而此校只馀科学实业家之教员,与市侩小人之执政指校务者而已。现迪生等诸友,均各另谋枝栖,亦不思奋斗留连。宓尚未定投奔之地,大约惟有奉天之一途耳。一身啖饭,二百元月薪,尚可谋得;宓所深忧者,即恐《学衡》本部解散,诸友分离汩没,而新得之位置不便于宓办理《学衡》也。又恐中华(书局)鉴于此变以为我辈势力已全消,不肯续办。奈何奈何!以我辈同人在校之精勤奋励、学问名望,亦足自豪,而乃轻轻一网打尽,全体遣散,世事之艰难奇幻,有如是哉!

昨日下午,又与穆济波君谈甚久,得悉附中校详情。碧柳来,该校甚欢迎,且必可浃洽,若再添荐一教员,则不可容。于以知宓望宏度兄之来,殆不成矣。碧柳来,大约月薪八十元。他人七十元,此系优待。若在补习班或他校兼课,则尚可得三十元之数,规定时间,每周只十二小时,补习班三小时,他校尚可有暇。薪资每年以十三个月计

算,今年七月初至明年七月底。一向无欠薪之事。国文教员分二派,廖主任则欲援引非南高毕业派,而减除南高毕业派。以上皆穆君测度之词,宓拟乘间即与廖主任言之,平日极不常见面。谅必成功。惟碧柳来而宓去,殊可憾耳。不尽。

(1924)三月十六日晨　宓上　南京

(一)《国史读本》此间有售者,十二册,一匣,一元八角。宓已购一部,以为可购也。

(二)陆懋德著《周秦哲学史》甚佳(七角五分)。宓已购一册,稍缓寄　阅。

十

宏度兄
碧柳弟：

前月下旬,叠奉　手书,以西洋文学系将裁之故,殷勤慰勉,感甚感甚。宓每有不快,辄得友好如　公等如此关怀亲切,自念此身一日在世,当黾勉从公,以报诸友矣。宓于三月下旬,卧病约旬日,缺课满一星期(疟)。月底起床,又赶忙发出《学衡》二十九期稿。及本月初稿发,又赴上海五六日,故至今乃克上复也。

西洋文学系及其他二系见前取消之说,学生质问校长,校长云,"外间虽有此议,然必不能实行"云云。故一时或又不至取消也。奉天东北大学汪[①]君闻此消息,又来函敦聘,情意至为恳切(月薪奉大洋330元,合现洋约270元。此间以火灾扣薪充捐,宓每月实仅得198

---

①　汪兆璠,字悉铖,辽宁复县人。北平汇文大学毕业,美国密歇根大学教育学硕士。时任东北大学文法科学长。

元。），缪、景二君亦劝驾，宓虽暂婉谢却之，而意殊忐忑，颇有欲往之意。为个人发展计，似宜即往奉天，一、汪君之见重。二、"宁为鸡口"。三、薪丰。惟所虑者，（一）恐《学衡》受损。（二）宓去则梅孤掌难鸣，校中必乘机而裁西洋文学系也。然在此，则亦有不快，所以然者，（一）《学衡》同人之在宁者，除一二人外均视《学衡》如无物，为因彼等而留此，实无裨《学衡》。（二）梅对于西洋文学系及校事，殊敷衍，只知游乐逍遥；宓虽佩梅之才学，终不乐与共事。谓共行奋斗。故宓既为梅而留此，梅殊不谅，亦不自振奋也。此宓近日志忐难安之故。无已，只有暂不想一切问题。勉作《学衡》之事而已。 二公将何以教之，或者，俟暑假中再详细面商。不尽。

碧柳不来南京，亦殊佳，宓并不十分劝驾也。

宓 顿首 （1924）四月十日 南京

碧柳前函言，已在钞誊文稿，望速即寄下俾登《学衡》三十期。
如 二公能各自另作一篇，则尤盼感。
陈友古处，乞 宏度兄代催，速撰文赐下。其他可设法之处，亦请用力。
朱（祖谋）况（周颐）词，当可补，并增索。祈勿忧。

### 四月八日自沪归宁作

绿杨城郭旧如新。小别归来万象春。
绕屋桃花红满树，靓妆士女笑迎人。
幽居久爱江南好，远志终伤塞北尘。即本函所言之事。
慰我劳生成静适，重朝乐事叙天伦。

## 十一

宏度兄  
碧柳弟 鉴：

顷接 碧柳五月七日 函，欣慰。惟移家回川，他日再出，不更费事耶？此间事仍未解决。顷始知校中之意为省钱，拟合并后，将英语教员之劣者裁汰数人，而以宓等授彼等原授之英文，于是文学教授则不补缺，文学学程只留一二，西洋文学从此绝矣。

弟之行止，须俟七月间方能决。奉天函来，不甚满意，似不宜前往。武昌师范大学，顷正改英语系为外国文学系，黄仲苏君招宓前往，未定。拟于沪宁二地就事，便于维持《学衡》也。附上张尔田①词，乞 宏度兄检收。此请

日 安

弟宓 启  
（1924）五月十一日晚 南京

二月间汇上《湘君》第一期售款十四元四角，究收到否？乞下次来函时明示。

---

① 张尔田（1874—1945），字孟劬，号遁堪，浙江钱塘（今杭州）人。清举人，曾任刑部主事、知县。入民国，任清史馆纂修，北京大学、北京师范大学、中国公学、光华大学、燕京大学教授，哈佛燕京学社研究。

## 十二

宏度兄  
碧柳弟　鉴：

宏度兄十月初二日、碧柳初六日　函示，均奉悉。　宏度兄吉期谅已过，恭贺恭贺，惜未能亲临致庆。宓诗书写极劣，若　碧柳为代书之，则善矣。

宓近安好，清华虽已约定，然此间则尚未言辞，拟待至学期将终时，然后决定，届时辞却一方可耳。去住各有利弊，不易审决。细思之，或者，暑假后再往清华，最为中道。将来或即如此。

宓到此后，无日不谋荐　公等（柏荣亦在内）来东北教课，俟有成时再告。如果东北决聘　公等，则宓决长留此，不言清华矣。到清华，亦欲荐　公等去，此宓之大希望也。

《学衡》乏稿，正值交涉续办，故尤须内容丰富，著译精粹，方足见重于人，故望　二公速尽力撰著并力促柏荣、绍周、友古、复庵诸兄速一同撰著赶紧寄下，如围城望救兵也。望　二公速代函以上诸　兄，催促之。又柏荣代钞　曾公之诗，望速以钞出者寄下，勿延，为感，不尽急盼之情。

《东北文化月报》总编辑杨成能君，已由宓等三人介绍，正式加入学衡社，为社员。宓曾以《湘君》二期，赠大连诸中日诗人文人凡数册，并请其以彼等之《辽东诗坛》寄　公等，以互相吟诵观摩。兹又有特恳之二事：

（一）宓若到清华，系"协同改订中文部国学部课程"事，殊忧陨越，不得不叩求　公等（柏荣在内）之助。拟恳　公等各撰"大学国学课程表"及"上表之内容及细则，及教本"及"国文教授法"及"评今之治国学者"等题各一篇,每人每题各一篇。俾宓得用为锦囊,悬之肘后。 公等最好作为正式文章,先在《学衡》上发表,则一举两得矣。《学衡》有材料,宓有内援、有主张。

（二）请将 二公历年所编之国文讲义、古文选本等各班各种,完全赐我一份,俾作参考,指导宓。此份(愈多愈佳)请即由邮直寄至北京清华学校古月堂卫士生①先生收,为要,但须完备。如需购买,宓愿出资于明德,不论精粗美恶,愈完备愈好。望 碧柳即为我办此(卫君处宓已接洽妥当,彼明白寄来之意)。

又《醒狮》周报,乃宓订阅者,命该社以一份长期寄碧柳,可与学生共阅也。 此请
近安

宓 叩
(1924)十一月二十五日
奉天 东北大学

宓诗中两可不决之字,乃求 二公为决定,即以为准,非永久不决也。碧柳《远足》诗,极佳,我殊喜慰。

## 十三

碧柳弟：

前上一函,谅达。前者东北大学欲聘国文教授,宓以 弟面荐

---

① 卫士生(1899—1990),字澳青,浙江衢县人。东南大学毕业。美国哥伦比亚大学、纽约大学哲学博士。曾任英文《北平新闻》主编,河南大学、重庆大学、中央大学、浙江大学教授。1949年后,任中南教育部顾问,武汉市人民政府参事。

于汪君,渠已允,且愿出厚薪,逾时,忽命宓此议作废,此一事也。昨晚宓作英文长函,上清华曹校长①,力荐柳、刘宏度、吴碧柳三公为清华大学明春成立之国学教授,并各系一小传,称颂甚至,而自谓立言得体,且看结果如何,此又一事也。宓之去留,将以荐人之成功属于某方决之。须知宓无日不谋荐　公等。若荐成功,万望勿却步,以使宓白费心血也。宓劝清华以160元聘　碧柳,所求非奢,望其成耳。呜呼,宓心碎矣。

《学衡》之末日将至,中华又来函欲停办,宓商之柳公及缪、景二君,再与中华交涉一次,一切条件照旧,但每月由本社津贴中华印刷费五十元,否则加为六七十元。(由众捐出,再向社外募捐,乞早图之)。如仍不肯,则决停办,已作成广告,备登36期。吾作此广告,如废帝之草受禅诏,如拿破仑之退位书,……以上办法,乞遍告湘、鄂学衡社员。。②并征求切实意见。。及援教奋斗办法。。呜呼,吾力尽矣。此交涉或可成,本期需稿,望速约同刘、刘、陈、徐、向诸公,速速撰文赐下。　曾公诗乞速钞示为盼。倘终归失败,当谋卷土重来之计,仍祈　诸公预筹明教。附上《清华周刊》文一篇,乞登阅。不具。

宓顿首<br>(1924)十二月二日<br>奉天　东北大学

---

① 曹云祥(1881—1937),字庆五,浙江嘉兴人。上海圣约翰大学毕业,美国哈佛大学商学硕士。曾任伦敦大学经济学院研究员,驻外使馆秘书、代理公使、外交部参事。时任北京清华学校校长。

② 作者作书,偶有双圈,表示重要。

## 十四

宏度兄、柏荣兄、碧柳弟均鉴：

在奉天临行,接 三公书,并附文稿(如《学衡》续出,自必登载),备悉一一。宓偕缪、景等,乘海舟,于前日抵沪。在海舟中,作诗二十首,今钞上。此诗之托兴,原于回忆宓民国六年《太平洋舟中杂诗》及碧柳去年《海程杂诗》二十首,故有比较今昔之意,然皆浅陋,以视 碧柳杰作,瞠乎远矣。

《学衡》事,定必设法续办。请 公与宓同时异地,各自努力,在此办理结果,容续报。宓一己之所恳求于 三公者,不外(一)清华国学课程编制计划(宜详确)。(二)宓之修学方法国学(宜简切),读书次第及所读书之名及版本。(三)三公所编印之《讲义选本》宜全备及著作等。以上三者,请多多寄示。函寄上海。二月一日以后,寄清华。书直寄清华卫士生君代收。(告碧柳)陈君衍任为河南财政厅长。现宓在沪,尚有二旬馀之勾留,馀详诗注,不尽一一。即请

春 安

宓顿首

(1925)一月八日

上海西摩路时应里五百三十九号

## 十五①

各件均悉。北上一切甚为顺利,惟忙甚。所办清华研究院事,不久即将章程寄上,阅之可知一切,不赘。荐寅恪为研究院导师,校中已聘,薪资400元;但函电已去月馀,而寅恪不复,奇极。

《学衡》续办,稿件缺乏。二月未发稿,已间断两期,心急如焚。望　公等速速撰著。"词录"此间所存甚多,且即缺"词录",亦不妨事。望　宏度兄速撰长篇寄下,勿但寄"词录"而止。

碧柳回川,万不可行。。今拟每月由宓个人出六十元(或八十元),特聘　碧柳居清华园,专编《学衡》,并撰著,并可自己作诗。未知可否？宓欲自杀,变血肉为文章,而不能。故愿专聘　碧柳为此事,未知　碧柳肯否。。《湘君》已停,《学衡》正办,　碧柳一月间允为《学衡》作文,近来函,则曰"无暇为《学衡》作文",何严分界限如此,使我心痛。总之,勿认《学衡》为宓一人之事,《学衡》停版,宓即投身窗外水池中耳。望速寄文章来,馀另详。托钞曾重伯、王先谦等件,何亦竟无成功,望　三公日日在意,当思《学衡》每月需67,000之稿。至于宓之生死苦乐,可以不问,宓生不能感动朋友,维持一小小杂志,何颜苟活哉！……

(1925)三月十七日

---

①　此件系明信片,收信人姓名住址书于正面:湖南长沙明德学校,刘永济、吴芳吉、刘朴先生同阅。

## 十六

碧柳仁弟：

半载围城，千方百计，不能通信。今闻解围，急作此函，又恐一时汇兑仍不能通，欲接济而无从，故特商由清华陕西同学唐得源①君，函请其 尊兄（住西安城内）心源先生代投此函，并以现款若干元，就近面交 弟收用，请即付给前途亲笔收条寄京，宓当如数以款拨付唐君得源。 弟目前第一要事即设法来京，路通即行，一切面叙。

尊府大小均安，已屡汇款前往，足敷度用，可请释念，不尽欲言。

吴 宓②手启
（1926）十一月十二日

吴芳吉，字碧柳，年三十岁，四川省人。西北大学国文教授。去年九月到陕，旧住西北大学教员宿舍内。 如寻访不得，可探寻西北大学办事人王来庭、杨励三（祥荫）诸先生询问，便知。又有西北大学国文教授穆济波君，有家眷同住，亦四川人，与吴君同乡，常相往来，亦可探出消息也。

此信如能妥实送交 吴君，实感 大德。

---

① 唐得源（1903—1992），陕西西安人。1929年毕业于清华大学教育心理系。曾任西北农学院院长，陕西省人民政府参事，陕西省教育学院兼职教授。

② 落款处盖有吴宓印章。

## 十七

碧柳弟：

顷获十月二十五日快函，并同时得到四月八日、五月一日、五月二十一日各函，欣慰无量。吉人天相，诚有之矣。诸端心情，诉说不尽，但言一二，以其最切要也。

（一）尊府自　伯父以下，均平安，常有信来。宓但以"弟居西安，决无危险，只以战事，书信不通，敢必其不至有意外"告之。半载以来，共汇去款170元，并屡禀　伯父，但有困难，即请来函言明。此后家用，仍可由宓一力担任，请释念。

（二）弟此刻宜暂静居，并竭力探听道路情形，一俟道通，即取道山西来京。万千情事，须俟面商。湘不可往，回川亦宜俟来京之后。试略言其故：盖京汉路已中断，即回蜀必由海道，由沪溯江，一也。湘局大变，　宏度已受奉天东北大学之聘，现已离湘赴沪，取海道北上。　胡公赴粤，故湘不必往，二也。骨凡久已不在汉口，虽在沪营业，而踪迹无定，故汉不必往，三也。宓急欲与　弟面谈一切。前因后果，均非详谈，不可。归川省亲，固系急要，然既已出险而信能通，初不在短时间之迟速，况即回蜀亦须来京乎？四也。山西平靖，陆行甚易。外出无论赴何处，由山西来京，实为惟一平安之途，五也。

宓现在京已另租住宅，胡徵①亦居焉。　弟来正可长住，计划一切。《两吴生集》赶即校订出版。此半年中，除回川一次外，馀时

---

① 胡　徵(1907—1976)，字彦九，湖南湘潭人。胡元倓之幼子。上海音乐专科学校器乐系毕业。曾在中国科学院图书馆、中国民族音乐研究所工作。

均宜居京。暑假后就事否,届时再定。宓尚有其他文章著作之计划,均俟面谈,尤非长居一处不可,故来京实惟一之途径,道通即行。

宓久欲汇款与 弟(已撰多函,均未得达),千方百计,均不得达。 尊处如能寻得由京汇款至秦之法(由相识之人拨付),即乞示知照行。

仲旗公月前函云,由甘赴陕,已函请其到日访寻 弟并接济。如获见 仲旗公,则甚善。又曾托石仲麟转寻其弟觅 弟踪迹。其弟亦陷围城中者,终莫达也。

诸相识故旧均好。中华欲停办《学衡》,虽力与交涉,此次恐难维持矣。《学衡》停后,可专办纯粹创造文学之刊物, 弟任诗,宓任小说,如何?

附笺呈 仲侯①,可请送交。

宓上(1926)十二月二十七日

## 十八

碧柳弟:

丙寅冬月初四日 函及《壮岁诗》节录,并悉,至慰。昨上函,谅达。自春夏以来,所寄西安之函及明片,无虑二三十,殆皆为途中所焚毁,是以不到耳。宓急于汇款前来,俾 弟可速来京,不待校中发款。惟各种汇兑均不通,拨转亦无法。弟处如能寻得汇款或辗转拨款之法,即祈示知,立即照办。

---

① 胡文豹(1891—1958),字仲侯,号潜龙,陕西三原人。作者之表兄及诗友。北京民国大学毕业,久任中学教员及政府职员。

仲旗公在西北陆军第七师(师长马鸿逵)任参议,本年阳历十一月云即入陕,自后即无来谕,未知何在。已早由宓禀知,到陕即访寻弟, 弟亦可设法探听其所在。如在陕,见面,则来京旅费可得矣。又如能得少数之费,能行抵太原①(或山西某县,邮汇能通之地),即住该地等候,一面飞函来告,宓即汇款至该地接应。总之, 弟须在邮汇能通之地,宓便可汇款来也。

宏度已离湘,谷凡不在汉,京汉路中断。由山西来京,实为惟一途径,务祈取此途。到京面谈后,再定回家之计,要要。

宓上
(1926)十二月二十八日

十九

碧柳弟:

连上各函,谅达。今日奉到冬月初七、十四日快信,又阳历九月三日诗函,又致谷凡一函,均细读悉,至极欣感。 弟得与吾父仲旗公相见,尤为吾生想像所能及之一大幸事。宓违侍膝下,已十三年馀,不知何日可以聚处,读 弟诗及函,恨宓不得身在其间也。

奉天之事,暂作罢论。缘东北近顷已聘定 宏度,并已汇旅费往矣。又聘林损②。而昨日 宏度来电,欲以此席相让于 弟(此自

---

① 作者于此处有旁注:到太原,可往访山西大学文科学长张贯三(籍)先生一谈,述宓之意,或可假得旅费。
② 林损(1870—1940),字公铎,浙江瑞安人。少时随陈黻宸读书。曾任北京大学、东北大学教授。1934年回乡。抗战爆发后,在家从事著述。

是　宏度好意），询宓主见。宓即复请　宏度前往。理由如下：（一）东北聘刘非聘吴！此席不能私相授受。（二）刘柏荣到奉后，曾荐去湖南之国文教员三人，故今者　宏度之席，并非继承　弟之遗缺，二者可云毫无关系。（三）　弟未必能如期到京到奉，不可误人之事。（四）湖南局势大变，　宏度在彼不能一日居。（五）　弟须在京久住，宓有肺腑千万言相告，且须回蜀。（六）宏度到奉，月薪二百八十元月以二三十元助弟家用，宓再出此数，则　弟半年中不就事亦无妨。（七）如急须就事，俟　驾到京宓另有办法。奉天对　弟聘约，早已取消，此时不便即提起。故奉天一层，　弟可暂勿置念。目前　仲旗公既在西安，　弟即随同暂住亦佳。俟道通，即来京。至于来京旅费（居秦度用亦然），可就　仲旗公处请领，缘汇兑极不便。　弟欠樊款，可俟到京后再筹还，先领足路费即可。若　仲旗公手头拮据，乞来电谕知，宓当直汇款至兰州家中，如此转拨，实为两便。宓不幸支用繁多，诸友欠宓项极多，而值岁底，《学衡》整份，须付中华六百元之数，颇不易筹付，然　弟家中，必由宓长期完全接济。乞放心。宓谨掬心血相告曰，宓平日事忙，通函惟谈事务，所有种种心情思想、种种事业计划，均未为　弟倾吐。此次　弟到京，务祈予我以机会，使得尽情一谈，则虽再有奇变，死亦无憾。且　弟若与宓长处，则对于两人文学之造诣、精神之进修，均有极大之功效，不但刊印《两吴生集》之一事也。即　弟经济方面，宓亦有计划，俟面商定夺。

宓居清华，物质之享受确丰，精神实亦烦苦，一切须面谈乃悉也。尊诗似不必费神钞寄，统俟他日一处细读。附上追怀　姑丈①诗，

---

① 陈涛（1866—1923），字伯澜，陕西三原人。1889年乙丑科举人。康有为门人，曾参加"公车上书"。久客粤督幕府，后在北京政府财政部任职。能诗，著有《审安斋诗集》及《审安斋遗稿》。

阅后乞交 仲侯存阅。宓另有稿。《学衡》停办,无可挽回,此中关系,亦俟面详。 宏度亦正离湘赴沪。(柏荣在奉,一文不肯助 弟家。刘靖波亦在东北。)谷凡行迹不定,诸函均俟缓寄。不尽,即请
岁 安

宓上
(民国)十五年十二月三十一日晚十一时

另附上 仲旗公禀一纸,乞转呈。

## 二十

碧柳弟:

诸函及片,均悉。七月十九日(阳历,下同)始接到 敬电。同日又奉一函(内有宓旧诗一纸)。惊悉 伯父大人仙逝,而适在弟抵家之前一日,殊为伤痛。尚祈节哀达观,一切付之天命,勉力后来,显亲行道,是所望于 弟者。丧葬之费,从何筹出,宓拟即汇款以作奠仪而苦于邮汇、银行汇均不通。将来外出旅费,能设法筹得否?但可借贷,即径为之。万一奉事有变,得钱不多,宓当分负偿还之责,以代此日汇款。

外间情形,分述如下:

(一)时局则南北东西相持,或可望和平解决,而绝无此胜彼败、甲盛乙灭之事。北方局势反较四五月间为稳固,京中较前更安谧。而东北大学尤不致动摇,故望仍遵照旧约,前来任教。即万不得已而迟期,亦祈先期径函 汪公,当无妨碍,见得我之本心不欲旷职也。若有特别变故,宓当有电来,否则祈专准备赴奉。即使

东北不便停留,他处亦易代谋,总以出来为惟一之策,不可留蜀。出来以携眷为便,一切细酌。宓自谓为身谋、为友谋,皆极忠,决不若他友之以一己之意气感情武断一切,望 弟信我之言。他人报告新闻,多不确,一切后来自可证明。

(二)宏度母病略愈,现已返奉天,夫人亦居奉。郭斌龢(洽周)考清华留美专科,取第一名,一二旬内即赴美,从白璧德师受业矣。

(三)京中安谧,清华稳固,故宓决长留清华。柳、汤、梅(光迪,已回国)约宓赴改组后之东南大学任教员,已决然辞谢。即使清华以内部风潮而乱,宓退出清华之日,则决赴东北大学,与 弟等同处。

(四)所谓内部风潮者,略言之,即旧制高等科二三年级生,秘密运动今年提前出洋(距毕业尚有二年、一年。校章,非毕业不得出洋),甚至请托军界要人,向外交总长说项。及事闻,大学部学生起而反对,而教授十馀人,亦连名发宣言反对,宓为主要之一人。又评议员开会通过议案,反对此举,而宓为评议员之一。此事一二日内,将由外交总长判决,殆将不成。然彼高二三级生,以此恨宓等甚,辱骂威吓,无所不至,甚至欲以刀杀叶企孙①,围之至六小时之久,始得脱险。故若此事终不成,则恐彼等向宓等报仇泄忿,诸人非隐避不可。宓拟逃往奉天,住二三星期,暂避学生之锋,藉此可与宏度等一聚。若彼等竟得出洋,则大学部必起而驱逐校长,校乱将益不可收拾。此皆由庸人自扰,非缘时局。宓之逃避与否,此一二日即见分晓,容续闻。

---

① 叶企孙(1898—1977),上海人。清华学校毕业留美,哈佛大学物理学博士。曾任东南大学物理系教授,久任清华大学物理系教授兼系主任及理学院院长,中央研究院院士。1952年改任北京大学教授,兼任中国科学院数理化学部常务委员。

（五）《学衡》五十九、六十期稿尚在中华，正在印刷中，而一月以前，中华忽停业，近则有复业之消息。续办即不能，仍望此二期可出，作一结束，且西安诸诗均在此二期中也。

（六）光午①于六月中旬南下，实为失计。盖王静安先生及宓为之说项，已将其月薪增为六十元，而彼贸然径去，且以不来之意露出，于是谋继任者不一其人。光午寄所有书物于胡徵处，及到南京，则湘乱不能归，君南不在宁，困于宁，则求宓函柳、汤为之位置，不知东南用人必党，而库空如洗，实不如清华之安闲丰裕也。彼之去也，并未告宓谓决定不来，而告他人；他人告宓，故宓作诗送别，已钞呈矣。

（七）胡徵仍在艺专校，此君精明有馀，而忠勤不足，又出言过刻，性气过傲，为宓办家事，亦多失败之处，均因其任性所致。宓则不与计较，一切听其主张，经费亦就其所提出者，如数拨付，从不阅账，故与宓尚相洽。然此融洽，乃宓细心谨慎之结果，非如鱼得水之友道乐趣也。

（八）王静安先生之自沉于颐和园，实为近今一大悲事。其详情俟他日细述。匆上即请
礼　安

宓上
（1927）七月三十一日　京寓
此函勿存，阅后付丙。

---

①　周光午，字卯生，湖南宁乡人。上海中国公学肄业。曾任清华学校研究院助理员、重庆清华中学教务主任、江津聚奎中学校长。

## 二十一

碧柳弟:

丁卯六月十三日及二十一日函均悉，弟虽极力为我开脱，然实负疚于 伯父大人在天之灵矣。此函到时，或已 动身外出，故不详写，极简括言之如下：

（一）务须速即携眷外出。

（二）由川至沪旅费，可借贷于故里亲族（外边至川汇兑不通），定二三月内偿还。

（三）到沪可见季龄、泗英①、谷凡等，由沪至奉旅费，彼等可代筹。

（四）必赴奉，东北虚席以待，情深义重，万不可失约。 宏度现偕眷居奉，望 弟往。 弟课已托宏度、柏荣等暂分代，勿以迟到为虑，能行即行，毋延。

（五）时局日日变化，如有友留 弟在宁、沪任教员者，万不可就，理由后详。请从忞言，定无失误。

此外，可以报告 弟之杂消息如下：（1）暑中清华风潮现始平息，而忞等稳固，可无忧，特两月馀光阴枉费耳。（2） 仲旗公已辞原职，在西安家居，拟路通即携全眷来京。（3）光午在南京汤、柳公处，任大学某职。周淑楷亦在宁。（4）《学衡》续出事恐难望，现决先印诗稿，已竭力积款，俟 弟到东北之日，即可在京付印。一切

---

① 刘泗英（1896—1995），别号怀园，四川南川人。日本法政大学毕业。曾任四川省参议员、中国青年党中央常务委员兼秘书长、国民政府经济部顾问。1949年去台湾，任"总统府"顾问。

(经费、事务、校对等)决全由宓任之,其他俟　弟到此之后再议。匆上即请

近　安

宓上

(1927)八月十八日(阴历七月二十一日)

此间尚有　弟妇昔寄　弟函一封,容后奉交。

## 二十二①

碧柳弟:

接读八月二十九日　片,知已抵成都,甚慰。昔韩退之作诗,以李杜生并世而不获常聚为憾,我二人正复似之。故宓闻　驾赴成都而不来奉,辄懊丧万分。虽然,成事不说,但图后会而已。今既到成都,可即竭力宣传吾道,交纳良友,一载居留,收效正非浅也。诸种情形,祈时　示知。发薪金按几成,抑可领现款?亦祈详告。成都友人,宜往访者,(一)李思纯哲生②,骡马市一百零七号。(二)庞俊

---

① 此函上方,作者有眉注三则。其一:前者宓筹划迎　仲旗公全眷至京,双方一切整备,正拟起行,只差数日,而奉晋战起,消息完全隔绝矣。其二:仲侯、湘如将赴榆林,西安无事可为。其三:诗稿拟在此另雇人钞录一过,再谋出版。但宓诗仍宜选汰。

② 李思纯(1893—1960),字哲生,四川成都人。留学巴黎大学治文学史学。能诗。曾任东南大学西洋文学系教授,久任四川大学、华西大学历史系教授。1949年后任四川省文史馆馆员。

石帠①,少城,西胜街二十四号。至向仙桥君,夙闻 泗英等言,亦甚表同情于《学衡》者也。

《学衡》五十九、六十期排版早完,正在赶印,不日即出版。届时当寄十馀册来。续办事仍未定妥,不日再告。总之,我辈如能集款,多给中华津贴,则必可续出;宓之所以靳靳于金钱经济者此也。

此信已过重,故不多写,容续详。昝君函到此已久,原封已毁,宓已另复一片去矣。此君书法工整可爱。京中一切均好。

宓 复上
(1927)十月十八日

## 二十三

碧柳弟:

始吾闻 驾赴成都,而不北来,失望之馀,颇为痛苦,故所上各书,不免词旨严厉激切。继思 弟居成都,可以宣传吾道,结纳良友,亦正有益。而 宏度、柏荣书来,均以 弟赴成都为合理,宓已释然。前此切责之词,殊多过分,幸其恕我。而宓之用心,仍恳见谅耳。总之,宓终信 碧柳之不来东北,为临时变计,若谓 碧柳回川之日,已决定不再北来,数月来所谓来奉云云,皆饰词以欺我,吾不敢信,亦不忍信也。

---

① 庞 俊(1895—1964),字石帠,祖籍四川綦江,生于成都。曾任成都高等师范学校、华西大学、光华大学成都分校、成都师范大学、四川大学中文系教授。

现时在蜀,宜尽心尽力,树誉而交友。至于明春行止,随时商酌再定,但仍盼与宓计议,勿弃宓而独行。须知宓之所为,无非为碧柳谋、为诸友谋、为吾道谋,岂有利用碧柳之心?为此言者,幸勿谛听①。

今寄上数月来所作诗,祈改正寄还,俾钞入稿中。《学衡》1—50期每部十元,邮费在内。之销售,仍属重要,祈尽力推广。销得一份是一份也。五十九、六十期不日即可出版。弟诗稿,宓已命人钞写,以备印行,馀续布。

(1927)十月二十三日②

## 二十四

碧柳弟鉴:

丁卯九月十八日 片示,及以前各函,均悉。往事不说,痛心实甚。哀我此情,无人能喻,惟望 弟能解悟而已(尚有种种,俟他日面谈)。下学期东北续聘之事,宓可完全负责,必成。即预支一月薪金,汇蜀以作路费,亦可办到。惟凡事须有一定计划,万不可中途变更,失信于人。约来而不来,宓既心痛,又不能对 汪公,故今与 弟约如下:

(一)在 弟一方,无论如何须赶阳历二月二十日以前到奉。此中包含之事如下(1)成都不必待至学期终,托故辞职(勿言往奉,但云居京著述)。

---

① 此段上方,作者有眉注:胡徵之皮袍一件,留柏荣处者,顷已函请寄京,此徵之意,因其需此故也。

② 信尾无落款,盖有吴宓印章。

（2）路费不足，或家人病不能行，则须一身外出。命绍勤随后送眷来。到彼间可长聚，不同行，何害？犹我二人今春入京之先后分途也，乞勿拘泥于此。（一身路费所需甚少，在汉在沪，可向亲友零贷）。

（二）在宓一方，负责与汪公交涉，续聘必无变更。三月一日起授课，决不迟到一日。如欲借支一个月薪金充路费，乞电或函示，即办，必成。相隔千里，必行事互相呼应，万不可一方中途变计。前此 弟之变计，无论有理无理，皆致宓异常痛苦，后此如再变计①，则早请杀宓为是。凡久无函来之时，则以前此之函所言者为定，已成不变。如有更变，必走告。例如今春归时，奉已聘定，夏间久无函来，然亦无函取消，则是原约具在，何用迟疑忧虑？此以往之失，今后勿犯。

尚有二事须告，（一）东北校长　王永江公逝世，想不影响学校。即有，他日可为　弟另谋。南京必可成。勿虑。（二）清华顷又有风潮，曹校长将去，梁（新会）将为董事长，其党为校长，人未定②。此请

日　安

宓上
十六年十一月九日

----

① 作者久后于此处加有红笔旁注：而又变计矣！
② 此段上方，有眉注三则。其一：　仲旗公早欲来京，而夏间以女病，又畏天热，不速行。其后经宓力催，乃决即携眷来京，咸备行装，即日登程，乃值奉晋战已起，西安尚不知路断，今者信音不通，　仲旗公及眷当已到山西，进退不得，又无法汇款接济。急杀。……此则顾虑小节，行动不速之害也。其二：路费一层，如　弟愿到奉后担任偿还，则宓尽可向银行代借，不假手　汪公（预支月薪）亦可。其三：胡徵皮袍，已由柏荣寄宓交徵矣。徵索，故寄。

## 二十五

亲爱之碧柳弟鉴：

以前各函所言种种，均取消，以此函为准。《学衡》续办已成功。中华已续订约一年，惟条件为（一）年出六期。每两月一期（二）每年给该局津贴六百元。每期百元（此款由宓独任，有人自动捐款者欢迎）。（三）馀悉仍旧，今决以全力办《学衡》，改良内容，但孤立无助，故望 弟急速来京。路费足①，则携眷；不足，则独来，随后命绍勤送眷。此来专为伴宓居京同办《学衡》。其益有三：（一）同居甚乐，而切磋大有裨 弟之创造伟大之诗之正业。（二）《学衡》内容可望精美，此其关系甚大。（三）弟可不以上课改卷而消磨其宝贵之光阴与精力。至若 弟之家人生计，宓愿负全责。盖 弟如能与宓切实合作，则宓有种种方法，二人同作稿，投《国闻周报》，月得四篇，而不间断，则按月可得百元，此百元悉以归 弟，以其中三十元，为 弟在京零用，以七十元赡家。外此尚可另图作稿得钱之法，只须 弟来切实与我合作。二人同心，其利断金矣。望勿迟疑为幸。自思平日过于谨慎，过于周细，今后当求恢宏而有决断，藉可担当正事。结果如何，先以此一年卜之，而其成败之枢轴，全在吾 弟矣。弟热心人，能无感动于中乎②？

中华函云，五十九期日内即出版，附闻。行止如决，祈飞示。

---

① 作者于此处有眉注：只求得到南京，便可见柳、汤、周君南吕谷凡诸人（均在南京），不愁无旅费到京矣。

② 此信第二页上方，有眉注二则。其一：请访李思纯（骡马市百零七号）索其《昔游诗》一卷，为《学衡》之用。其二：又请访庞俊（少城，西胜街二十四号）告以《学衡》事，索诗，备登。

现胡徽忽转学赴沪,京宅孤危,故拟迁居,与君衍之家为邻,藉图照应。日间更以此忙碌。

顷接 胡步川①兄函,已另复。五十九期出版,即寄胡,俾得读《围城诗》也。胡诗留登61期。一切待 弟来,望飞行,勿延。

宓匆上

十六年十一月二十一日

宓言出必负责任, 弟可放心。

来函均寄清华为要。

## 二十六

碧柳弟鉴:

近日心境极为郁苦,欲为 弟细述,而苦无暇。只屏除一切感情,简述要事。②

(一)东北大学 王 公永江殁后,继任校长,现由奉天省长刘尚清氏兼任。 汪公于 王公逝世之日,即呈请辞职,未准。但不知能久在此位否。总之, 王公既殁, 汪公决难再得如此专任之上官,恐终不能如前之自由行事。故 柏荣等均颇岌岌自危。前曾以 弟事函 汪公,而久未复,恐其中必甚困难。故 弟到东北就事,殊无如何之把握也。

---

① 胡竹铭(1892—1981),字步川,浙江临海人。南京河海水利工程学校毕业。1922年应李宜之先生召,入陕西开创水利事业,曾任西北水功试验所所长、渭惠渠管理局总工程师。1957年后,调任水利电力部水利史研究所所长。

② 此段下方,有作者以红色墨水笔所书:历寄近作各诗,请改就寄下,俾钞入稿中(今附一篇)。

（二）中国大局，姑且不论。清华近日方有大风潮，结果，曹校长必将去职，继任未悉。观于此次风潮中两方所用之诈术及暴力，令人不寒而慄。今之学校，难乎其为乐土，宓在清华能栖止至于何日，亦殊难预言。万一宓不得已而去清华，则当只身他适以就事。故就目前情形论，弟宜暂勿辞成都之事。满此一年，徐作后图。东北既不能往，则携眷来京，殊忧资用无出。宓心无他，实愿通财，然以　家中各方之催款及支配，在力实困，不得不明告　弟。

（三）然宓确信　弟若能在京，与宓同居半载，则宓之所怀抱，及所知西洋古今大诗人创作功之方法，可悉以语　弟，其于　弟一生正事（即创作伟大之诗）必为益极大，宓之受裨，更不必言。故宓实望　弟一人即速来京。盖　弟一身在此，宓定可供给费用，即他处有职事，一身亦易行动，不缘家累而中止。而家居蜀，则用度省，月寄数十元归，足支持矣。且　弟一人外出，有职事而费用足之后，可绍勤送眷外出。相隔三数月，不为晚也。樊君为　弟一人筹旅费，当更易之。

（四）胡徵忽决赴沪（上海）就学，旬日即行，宓京寓遂至孤危，无人照料。现正在陈君衍表兄宅之近邻，觅屋而迁居，俾宓寓中可求　姑母等日常照料。彦久与宓，情感甚洽，从未失和。然此固由彦久聪明，而亦宓大度包涵，诸多事件，知而故作不知。彦久对于其兄（牧），诸多欺瞒隐蔽愚弄之事（经　牧指出，彦久自承不讳），　弟倘知之，亦必气愤，厌其情薄。彦久对宓，亦略有之，然其事较轻微，宓概作不知（然自写于日记中）。　弟平日只谓宓责人过度，毫不容恕，此只知其一而未知其二也。彦久作事常任性，而态度则冷傲。只以其任性之故，致宓寓中各件，多费冤钱，然宓概不计较，一一听从。　弟只知宓平日计算精密，刻苦节缩者，仍未尽知宓也。详情他日再为　弟言之。究极言之，彦久聪明多才干，其病在流于刻薄而寡情，重权术而轻礼义。又于学业颇怠荒，此聪明人之通病。窃谓我辈（弟与宓均在内）所以不可及者，在既聪明而又忠厚，既博识而又多情，既高尚其志而又刻苦勤学。他人之能如我辈之兼斯二者，殊少见也。然而世界如此，人情如此，我辈乃极苦矣。我不负人，公私大小事均然，故苦。

（五）《学衡》五十九、六十期，久不出版，令人急杀。十月初中华来函，言排校早完，即日赶印。今十一月底中华来函，则云"急须付印之书甚多，故何日出版，不能预言"云云。反复无信，气死我辈矣！

（六）《学衡》续办，宓已无法可设。日昨胡先骕到京，始谓彼系同志可以畅谈。彼见面乃大责宓，谓"宓年来一人独擅，将《学衡》弄坏，内容偏于抱残守缺、为人讥笑。今急宜停刊，俾可在南京另行组织，而《学衡》之名既污，不可复用，宜另改名，不可用'学衡' 字样"云云。宓答曰："另行组织，极赞成；停刊不劳费力，已自停矣。"呜呼，宓于《学衡》事，不敢居功；不图最初发起之同志，乃加罪如此之甚也。甚矣，作事之难，而人志之易灰也！

（七）友朋星散，在京真感孤寂。胡徵去矣，光午去矣，泗英去矣， 柳公不在此，李思纯早已回川。即姜忠奎①、李沧萍②等，亦均不在京，绝少可谈之人。

（八） 仲旗公在陕，未起程。顷已得 谕，拟道通即来。

（九）《两吴生集》，已交人钞写，决在此付印。惟有两层，（一）如 弟能以此事完全交宓，由宓细心校订，负全责，则不必待

---

① 姜忠奎（1897—1945），山东荣成人。北平大学国文系毕业。曾任中州大学、北平大学、山东大学教授。1940年复任北平大学及国学书院教授，日伪政府多次强命其出任伪职，不从。1945年2月18日被日军宪兵队逮捕，惨遭杀害。

② 李汉声（1897—1949），字沧萍，广东潮安人。1923年毕业于北京大学。曾任北京大学、北京女子师范大学、岭南大学教授，广州市教育局长。

弟来京,即可付印。(二)印费先由宓垫付,如宓困难,望　弟他日助筹印费,或以印诗稿,同告贷于相知之友,如何?

宓上

十六年十二月十九日

## 二十七

碧柳弟:

久盼音书,顷接丁卯十月十九日长函并诗,慰悉,欣悉。兹极忙(见下),故以最简单之文字,言之如下,诸祈心照。

(一)《学衡》续办成功,已与中华立约,明年出六期,给中华津贴 $600。此款由宓筹付,惟望同人助稿,现正编六十一期。五十九期已出版,六十期正付印,不日寄上。

(二)宓现兼任《大公报·文学副刊》编辑(阳历元旦出第一期)每星期一期,每期约10000字。又须为《国闻周报》撰译长篇文字,每月二篇。　现正撰作第一期稿。　兼此诸役,宓之劳忙可想见。故宓急需友助(初办时,投稿者少,全须自撰,尤苦)。　《大公报》及《国闻周报》月给报酬及公费$200。宓拟以其中$100与景昌极,约景来京专助宓办此事,尚未得复。至于投稿人之酬金及其他杂费,均于其馀之$100中开支,宓所得当可有$50,适足垫《学衡》津贴中华款耳。　该副刊出版之日,即寄上。　弟之赴成都诗一段,已全登入第一期矣(宓编该刊,暂不出名)。

(三)以此种种,故宓望　弟赶速来京。为事实之便利,最善之法。　弟一身(或偕樊君)见此信后,即日登程,而留绍勤随后送眷前来。此实上策,理由如下:

1. 宓望　弟来,至急。　弟可即登程,且可速行。

2. 家眷随后即来,相差只一二月,并非久别弃置,无伤感情。

3. 弟到京后,再觇机缘,在何地教授(京—奉—宁)均尚未定。俟定,然后移家,则家可免几次播迁,而省费。

4. 移家费巨,恐不易筹(樊君几无此力)。 弟若先出,在外筹款,宓愿助 弟筹款。从宓策,则三个月以内,家亦到京矣。若以弟之法行之,恐半年外,家仍在蜀, 弟亦在蜀羁留,憾何如之(仲旗公留陕,不得出,又无事。财困,而汇兑不通,不能接济,双方急煞,悔不速行,可为近鉴)。

(四)目前请先以诗、文稿,自撰,并征求于友人者,多多寄下。以备《文学副刊》材料,切盼(一星期出版一次,其急忙远非昔比)。

(五)弟所见李宜之之令妹,是否其义妹(非嫡妹。家在蜀,原系蜀人,久居秦中)李凤运女士(鬵仪,湘如之同学,陕女师又北京女高师毕业),此女宓于七年前见之,又于二三年前见之。宓当时颇恋恋其人,久拟介绍与童季龄为妻,并自下决心,必进行绍介,而未得缘。如是此女,望 弟办成此事,了吾心愿。要要。

(六)光午不以《新群》交宓,而胡徵乃以《新群》一册弃置破字簏中。行后,心一觅得之。彼等何无情乃尔!

《两吴生集》,非待 弟来不能编印。柳公序已作成,在此。

清华又有风潮,校长即去职令人不安。哀哉,依人为活也。

宓上

十六年十二月十四日

## 二十八①

顷接成都大学来电,请宓勿招 弟北上,并请宓电劝 弟留该校。情词恳切,故即发一电,文曰:"成都大学转吴芳吉鉴,请受聘留蜀。"盖因(一)东北聘 弟暑假后,此期不能设法。(二)此半年移家居京,所费颇巨,筹亦不易。(三)成都校及学生好意,不宜决绝冷淡。故弟仍以此学期留教成都大学为是。暑中北来,并无不便之处,诗文稿,望多寄。忙甚。《文学副刊》十栏中之九栏,皆宓一人手笔。

宓<br>十七年一月十日

## 二十九②

旬日前,成都大学来电,请留 弟。宓即复一电,请 弟留蜀。所以然者,以东北欲 弟暑假后前往,而在京又未谋得位置也。就教书得钱论,似以留成都半年为佳,其他情形,则非宓所知,故望 弟自决。无论如何,宓皆欣然赞同也。宓同时编撰《大公报·文副》及《学衡》,劳苦忙碌,不堪言状。印《诗稿》事,非待 弟来不可。诸友不特不助文稿,且在京居住者,亦不自购《大公报》阅看,要宓送,不送则不阅。人之冷漠,乃如此哉!

吴 宓

---

① 此短简无上款,录自一纸片。
② 此信录自纸片,无上款;落款以吴宓印章代。

## 三十

碧柳弟：

两星期前，复成都大学一电，文曰："成都大学转吴芳吉鉴，请受聘留蜀。宓。"此电并非顺从该大学，与之敷衍，实乃宓对 弟之真意、之私言。今接 弟腊月初一日函，及初八日成都龙泉驿两片，沉思之下，遂于今日（阴历正月初三日）再上 弟处一电，文曰："四川江津县德感镇吴芳吉，留蜀勿出，宓。"电意详释之如下，请 弟即决然受成都大学之聘，仍留该校，勿外出。至暑假中乃移家外出，不必急急。至宓之如此主张，理由如下：

（一）宓之盼 弟来京，其一理由为编印诗集（非 弟来，不能审定），然既已久迟，亦不在此半年。其他则为感情上之理由。然他日长久同居，固亦不必急急。彦久虽去，寓中得锺令瑜女士（名佩怀，广东蕉岭人）同居，一切无虞。《大公报》及《学衡》亦易维持。 弟不来无害，但盼常寄稿耳。①

（二）东北 汪公已明告宓，愿 弟暑后来。此学期不能聘。故此半年位置无着落。与其在京闲居而困，何如留成都，每月总有收入。

（三）成都大学上下情谊如此殷拳（始非宓所知），舍之径去，于是非利害均不合。我辈原冀以圣道正理教人，以广被为贵，西南多

---

① 此处上方，作者有眉注：前托介绍李凤运（鬐仪）女士与季龄为妻，返成都后，请即进行。柏荣以妹相托，然私意刘妹远不如李女。为忠于季龄，请用宓言，不必令柏荣知之也。

士,岂可令之向隅? 张公①既愿修改条件,从优另聘,正宜允之,以答其情,而食其利;弃之而去,则此路绝于吾党之士矣。

综之,早出无利,留成都有益。故宜即允聘,过年后仍返成都。一面暗中筹备暑假外出,俟到五六月间再决行止,此时暂勿声张。此半年中,一切或有变动。宓处情形,未知如何。 仲旗公来京,亦未知何日。一切容随时函陈。清华校长已易严鹤龄。《学衡》续办,款由宓筹付。望 弟寄文稿及诗。此请

潭 安

(民国)十七年阴历正月初三日②宓上

(有函均寄清华)

## 三十一③

碧柳弟:

昨日上一函,今日接奉此电,宓意仍昨函之意,即如下:

(一)请决即移眷东出(愈速愈妙),到京后再谋职务,一切容面谈。

(二)路费分两截筹之,第二段(由沪到京)可勿虑及。既到沪,可由宓汇来。

(三)第一段(由川到沪)路费所需若干,如樊款有望,或在川可自筹借,祈即为之。

---

① 指成都大学校长张澜。
② 即1928年1月25日。
③ 此信书于当日所收吴芳吉电报下方,电文为"家居候示出,吉"。

（四）如在川无法，请即电宓，文曰"北平清华园吴宓，汇□百元，在家专候。吉"并填明确数。宓接电之日，即邮汇上（接电之日，定必如数汇来，即不足，亦可在此筹借如数）。但　弟必在家守候，免款到落空。

（五）馀容续详，所怀万端，未罄。——贺泗英母寿诗，祈寄下。

宓上
十七年三月二十七日

## 三十二

碧柳弟：

顷接闰二月二十二日函，悉。兹附函邮汇上壹佰圆，乞收用，并望常作函述说实情，如有困难，当再续汇。万千心情，言之不尽。简说之，宓但望　弟速外出，速来京。仍以一身先独出为佳（移家费太大）。留绍勤他日送眷。　弟一身来，到京可住宓宅，现已移入沧萍之旧宅居住，不在按院胡同矣。食用一切，由宓供备，外此宓当按月负责筹汇六十元至江津为　家中用度。　弟如能助宓办事，合二人之力，作文售稿，必可足两家之用。此指　弟未得教职而言。教职当徐图之。若宓一人，劳忙不胜，虽欲多作稿而不能也。

清华一月之中，两易校长，前途变化方多，学校根本且成问题，众皆惴惴，虑衣食落空。宓独安谧，决于教职失却之后，以作文售稿自活。顾蕞尔一身，公私各方兼顾，惟恐因增劳而致疾耳。

外出需路费及家用共若干，祈示，即筹汇。路费只求到上海，访黄华，即可得接济也。人事无常，汪公去职已详前。前途多塞。去此几无可授课之地，乃实情。心劳身困，郁伊难言。即请近安。

十七年五月二日　宓上

祥曼顷已授室。

前所寄诗,务祈改正寄下。泗英母寿诗,尤要,另无存稿。

## 三十三①

弟仍当速速外出,到京后一切面叙。专待驾到,即印诗稿。印费不愁,我可筹谋,惟需　弟自任编校耳。如果一切太平,在京觅教职亦可有望。外则(一)广州已函托李沧萍。(二)广西已函托陈柱。(三)南京已函托柳、汤为　弟谋,将来不愁无立足地也。宓终日劳忙,惟苦无时读佳书,及从事己之真正著作,常引为深憾云。

蒙文通君稿一卷,已到。聚奎校歌二件,已送登《国闻周报》。不尽。

宓上
十七年五月十六日

阳历四月八日函悉,邓公助四百元,甚慰。

## 三十四

碧柳弟:

顷接三月二十三日快函,及另寄成都大学敦聘旧函一束(容后

---

① 此短简书于纸片,无上款。

陆续寄还),阅后细加考虑,行衡轻重,斟酌彼此,觉 弟之决就成都之聘,实为正当。盖宓昔年之邀 弟赴奉赴秦,彼时宓适处可以活动之地位,各方主持校务者,多系旧友,或且知交,时机顺利。而宓亦深具事功之热心,苦为全局之筹划。其邀 弟出,为作事也,为实际计也。若今则异是。近今宓一己虽尚处丰裕闲适之境,而各方情势大殊畴昔。 弟亦稔知,不烦详述。即如清华虽属乐土,而远方改组此校,已早有呼声。日来奉军出关,京中政局递嬗,学校教育,自必变革,宓之一身且未必有安顿处,何能更为 友谋?(苟如去年春之情形,则思想陈旧之人,且须逃避他方,欲静居而不能。王静安先生何故自杀乎?①)然宓犹邀 弟外出者,乃欲作退步办法,闭门读书,卖文为活。家庭享用,必不如前,而学问事功,或可有增无减。其望 弟来,不过相依为命,共尝艰苦,一室同读,从事于学问之切磋,其邀 弟出为读书耳,为理想生活耳。至于实际,尚未筹有办法(本月薪金不能发出,其他情形不具述)。且以彼时 弟已辞成都,该处且以殴杀校长闻, 弟又深致不满,决不返旆,故宓坚邀。今既如此,自以仍就成都之聘为正当,幸安心努力,毋虑宓之不赞同也。

成都大学方面,不必以此函所言之实情告知,但云"宓因鉴于该处之诚意,已允碧柳返成都",勿云宓前途已穷也。清华始终无聘碧柳事。宓邀非公事,乃系私意,成都大学方面误会,但可将错就错,不必告以实情。今后当就学问之事、应读之书,与 弟多多通函。今望 成都大学先

---

① 此处上方,作者有眉注: 王静安先生临殁时,以韩偓、陈宝琛之落花诗,为人书扇,自明其志。今值 王先生殁后一周年之期,因此兴感,遂作《落花诗》八首。陈寅恪评云"如将词句修饰若干处,便为佳诗"。今另寄上,乞 弟为我修饰之。现时境遇感想,一切在此诗中矣。

办左之三事,何时与提起, 弟可自酌之。

(一)该大学(如尚未购)宜以十二元,由宓处购《学衡》1-60期全部。

(二)《大公报》社论极佳,不仅《文学》,该大学宜直向天津本馆订阅《大公报》全年一份,十元馀。

(三)《国闻周报》常有宓等之作,每署假名。零寄费事,可劝该大学订阅一份,每年约□□①。

虽然,宓之理性,虽主张 弟就成都事,然感情上不无失望痛苦,所望(一)与 弟切磋共学,细述宓研究之所得,与 弟互相质证。(二)共为文艺之创作,以宓一生之经验,助 弟成为中国二十世纪之大诗人。(三)刊印《两吴生集》……等等,悉难如愿矣。念人生朝露,已见二毛,况世乱方殷,祸福无定②,即不必言作学论道,晤面谈心亦不知何日,能毋凄然? 弟来函有"雨僧骂我一场"云云,因之不快。夫宓生平好为朋友主张,乃缘热心过度,即是太患情多,因失望而痛苦。 弟亦明悉,今乃不曰失望痛苦而曰骂,则是宓乃一无识无行之村妇耳。心一不了解我,亦常以"骂"字加诸宓,见此字即痛。此心不蒙曲谅,诚可痛伤。望以后勿再用此字。近校中已放假,众皆昕夕旁皇不定,宓则着手细读《论语》与亚里士多德之书,极为镇静,诸希心照可也。

树成在美有正当营业,并非荒唐,其家勿宜招之归。反□□③心纷而苦也。

十七年六月初四日　宓上

---

① 信笺为虫所啮,缺字。
② 此处上方有眉注:宓一切不挂心,惟《碧柳诗稿》全部在我屋中,诚恐遭乱而损灭,念此殊耿耿耳。
③ 信笺为虫所啮,缺字。

## 三十五①

**清华园即事**

此局不知何日变，安居长恋旧巢深。
少年歌哭留春梦，堆眼丛残见苦心。
有浊有清多伴侣，宜晴宜雨好园林。
尘昏八表人情恶，茅屋空山未易寻。

右诗一首，乃最近作（七月一日），乞笔改寄还，以备入稿。

宓平日本多悲观，近今尤甚。右诗及《落花诗》所写，尚未尽其情之十一也。试略述所苦（极简约，请推参之）。

一、清华行将改组，然接收者何人，校长何人，均未定，有郭秉文、罗家伦诸说（最近趋势，校长一席，将为凌冰矣）。内部已因此而党争暗潮纷纷矣。明哲保身，不问外事，正不吾许也，哀哉！

二、处此乱中，每星期仍编撰《文学副刊》约 7200 字，又兼编《学衡》，一己但以勤苦工作自慰自安。然助我之人极少，且各有不满意处，须竭力对付，无他术，曰"自己吃亏"而已（此殆曾文正公之秘诀）。

三、南京诸友如　柳、汤等，毫不谅宓之勤苦情形，而过事责难。（一）则曰，雨僧不肯到南方来，不与我们亲近，令人失望。（二）则曰雨僧近常尊孔，殊为可惜。（三）则曰雨僧太不活动，株守清华，实属非是。……而宓则自叹曰：（1）我按期以《文学副刊》分寄柳、汤诸人，而皆从无一字之评赞，来函直不提起，遑言寄稿相助。

---

① 此信为作者手书，未写上款。

(2)我之尊孔,并无异于昔之主张,亦即 柳、汤诸人之主张,何得以此鄙我?(3)我株守清华,苦心危行,尚能办《文学副刊》而续编《学衡》;苟我舍此他往,一身遭际不可知,二刊皆早停矣。(4)南京诸公,久不来函。我屡函,又不复。且毫不告我以南中情形,又从未为我谋位置、来招我,但责我以不肯前往投奔,岂清华真是逆党污地,不可驻足耶?彼改组后之东南大学,内部之风潮,乃如是之惊人;我往,于公于私,何益耶?

四、黄节先生,就广东教育厅长职,及沧萍,均有函招往,但只云"前来一游,俾得 承教",而不告我以其计划及情形,我遂不肯轻往。——盖我至粤,教育行政官非宓所愿为,教授位置且不如清华,往何益?徒牺牲《学衡》与《文学副刊》耳。若欲得我之理想及见解,则何不细读《学衡》与《文学副刊》乎?故虽诸友均欢迎宓速即南游,而宓终决不往。众皆讥宓为冷淡而不活动。宓之苦心,谁其知之?

五、清华如退出,则每月可藉《大公报》之酬金 $150 以自活,而闭户著作读书,不胜于终日奔走应酬闲谈乎?

结论(一)真知我爱我者,须知我之志。(二)能助我行我之志,方是我之真正朋友。(三)欲知我,请细读我之著述;宴会晤谈,均无益也。

此函云云,并非以感情要挟,劝弟外出。请再明白陈说,即宓主张 弟留蜀宜赴成都大学。宓所陈者,感情而已。至论事实,则清华局面未定,宓一身不自保,何敢强 弟舍已成之局而外出,况宓今者毫无可作事之机会,为友谋亦难。就事实论,吾宁愿 弟之不外出耳。至若感情之苦,则无人可喻矣。

有所著作吟咏,祈随时写寄。但得一份,便可立登《文学副刊》,而宣示于诸友好,不必待石印之后乃寄也。

二刘将离奉返湘,但仍未定。奉天局面仍旧,校中经费无忧。张作霖氏殁后,捐九百万为教育费,故该校尽可照旧。宓已劝二刘勿迁转。时事无须述说,宓悲观之深乃过昔年,不知何故。不尽欲言。

宓上

(民国)十七年七月十一日

前寄庞俊(石帚)之《学衡》各期,均为邮局退回,云已迁。祈代查其现今住址,示下。盖宓急欲以《学衡》五十九期寄之也。

## 三十六

另函一纸,作成未发,乃得阴历五月初九日 来书,甚慰。兹更简复如下:

(一)前云汇款＄100,乃谓倘 尊处得成都巨款,可汇百元至沪,以助宓急,非为叔巍也。盖宓本月薪不能领得,而若《学衡》津贴等仍须支付,故有是言。但思成都款未必能致送,即致送,恐亦非裕,急债甚多,则此百元可不必汇,弟可斟酌为之。宓亦当另筹划,决不希望此也。

(二)弟之不能外出,宓完全谅解,前函已详。惟 弟于宓似仍有误解,盖宓决不以 弟之不出为弃我,决不以 弟之不来就我为忘恩负义。宓之望 弟出,乃为二人之公益,兼为 弟计,非为宓谋。然而事实与感情不得不分。我之赞成 弟留蜀者,乃事实也;其心中不无依恋者,感情也。事实既已一再说明(即劝 弟留蜀)则感情发泄,当亦无妨。简言之,宓之望 弟外出者,(1)欲与细论文学创造之法,俾 弟得以最经济而正当之途径,成为中国第一大诗人也。(2)欲印行《碧柳诗集》也。(3)欲 弟多识京沪之良友也。(4)欲告　弟以西方学说之精要,及今日形势之变迁,而定吾人立言作事之方案也。独居孤处,亦可勉强进行,然意苦气馁,今日奋斗,明日不知此身在否。盖环境愈难,刺激愈深,到不能支持之际,则咄嗟之间便可自了残生矣。此最近之决心也(此中无悲观乐观可言,亦无是非可言,乃不自主者也)。宓现今只有工作,无一快乐,所见所闻,又多伤怀。

(三)此外宓对　弟之忠告如下:

一、轻视道德、重视文艺。道德不必我来维持,诗文则非我不能大成。求个人之快乐,而勿拘礼教之末节(Divorce 乃今世常规,如教员辞职然,并非大错,尽可为之,并可劝人为之。不必再如前函所言之自苦情形)。

二、轻视事功,重视诗文创作。所谓事功,如改良学校、招聚同志以及挽回潮流皆是。非以馀生精力,专注于诗文,则难企大成,精力不宜再分。

此外零星消息,(1)宏度丧母,仍在东北大学。(2)柏荣惟钱是图,不必招致。(3)光午在南京月薪百元,已移眷往,必不肯从你我游。(4)心一述我要离婚云云,实无此事,宓固主张离婚,但我自己决不实行(因悲观之故)。(5)宓近来极悲观,一切事皆无兴趣,勉强工作而已。

十七年七月十一日①

---

① 此信系吴宓手书,未落款。

## 三十七

碧柳弟：

会晤无期，徒劳想念，万千心绪道理，无暇诉告，兹惟论印诗集事。《两吴生集》亟当印行，年复一年，念及急愤至不能寐。（世事愈乱，人命短促，意外之遭，更不可知。不能速印，则恐他日吾身不及为此，而终无人为此。）此集一出，全国知 弟者多，陈铨①（清华四川学生， 弟曾见过数次，明日离此出洋）甚佩服 弟之诗，近撰长评一篇，登载《文学副刊》三十期以下，祈注意。陈君所论，不必尽从，无足介意。盖陈君自言撰此篇之大目的，为使世人知 弟诗，故征引特多。（其意可感。彼且愿用真名，以示钦服之诚。）为益无限。惟所难者，（一）弟不在此。（二）宓事太忙。试思每星期《副刊》，再加《学衡》，且有校课、家事、友事，况无光午等一人相助。（三）印费难筹足。本月薪金未发，然清华或不致更变。今再四思维，窃以为实行速速印成出版为要。形式美观与否，尚非最重要之事。即有错误，再版改正。本此原理，拟定办法如下：

（一）由宓负责编理， 弟以全权付我，全稿不再寄阅。如有疑难之处，当专函询 弟。 尊处有未编集中之诗，请速寄来。编次及校对，由宓细心竭力为之。如有错误，乞 恕谅，而俟再版改正。

（二）印版字体及装订形式、纸张等，均照《学衡》——为省钱也。每期《学衡》120面，约近七万字，印千余份，需费300元。 尊稿去冬书记钞写，开账云六万字，宓稿半之，故按此计算，需印费四百五十元。

---

① 陈铨(1909—1969)，名大铨，字涛西，四川富顺人。清华学校毕业留美，奥伯林大学文学硕士。德国卡尔大学文学博士。任教武汉大学、清华大学、西南联合大学、中央政治学校及上海同济大学。1952年后，任南京大学教授。

（三）决交中华代印——印局至为狡猾，难于应付，况宓更无暇日夕走催，不如中华较为可靠。印聚珍版更贵，即我二人去年在京所定形式，亦太贵，且议价亦无标准，不若一切照《学衡》之有定而易为也。印成交中华代售，我等亦可自售。

（四）自《学衡》六十四期起，照曾重伯、黄晦闻诗集例，每期登入《白屋吴生诗集》数卷。每卷各自分断。登完之后，即以原版印《两吴生集》。此有两利：（1）以原版印，则排版费可减少（只须新排弟民国十三年以后诗及宓诗，馀均用原版）。（2）恐中华嫌麻烦，不愿为吾人印诗稿（无利可图）。今如此办法，到时可言（此时暂不说明）此乃提出《学衡》材料而另印单本者，且给印费。中华必不至推却。我且可以《学衡》交谊强之也。　如此计算，将来印费300元当可足，此宓力所能任，不需求人者也。

（五）在《学衡》中按期登出后，　弟即可据以校对。将来印《诗集》时，某页错误多者，另排版，加资。某页错误少者，则仍用原版，但列入勘误表。

（六）按此计算，至迟明年夏间必出版矣。而经费宓一人可担任之，不需更待也。

（现今《学衡》，直成宓一人之局，胡先骕等不闻不问。况每期由宓出100元，故印入　弟诗集，虽胡等反对，宓亦不管也。　柳公等不至反对。）

以上办法，请细察之。如荷　同意，即祈　示复。宓自信有二长处，（一）能下苦做事。（二）能按期实行。故印诗集事，如宓负全责全权而不求人，必可有成，否则遥遥无期。但望　弟以编校处置之全权付宓，有不及函商或不必函商者，径由宓办理，如此则成事较易。他友如有以经济助者，自然收受，印时亦可声明致谢。　弟当以为然也。

惟尚有一事，请　弟平心静意，细思，判决，明白赐复者，即宓之诗稿究当印入与否,抑单印　弟诗问世是也。　弟诗之价值,已为知者所公认,尤为宓所深知。若宓之诗,则宓之感情经历固系之,然殊无特长,又未工稳,篇幅不多,成就未宏,是否应印布,尚为问题。宓尝以询诸多友生,先自言拟不印己诗,以窥其真意。有谓宜合印者,大率深知我等之关系,而有私谊者。而谓宓诗不当印者亦多。如陈铨君即是。故宓殊未能决。即合印,决置　尊诗于前,而附宓诗于后。望　弟审思而明断之,是为至盼。馀另详。此请

日　安

宓上
十七年七月十七日

## 三十八

碧柳弟:

阴历七月十三日　片示,及以前各片(及印诗),均悉。清华罗家伦①已就校长职,杨振声②(《玉君》作者)为教务长。罗君颇欲励精图治,校众似皆悦服。宓尚未见罗氏,但闻其内定之名单,仍聘宓为教授,且增月薪四十元,宓大可安之矣。开学在双十节后。

---

①　罗家伦(1897—1969),字志希,浙江绍兴人。北京大学肄业,留学欧美。时任清华大学校长。旋任武汉大学教授,中央政治学校教育长,中央大学校长。为中国国民党第四、五届候补中央执行委员,六届中央执行委员。抗战胜利后,任国民党中央党史编纂委员会副主任委员、主任委员,台湾"考试院"副院长,"国史馆"馆长。

②　杨振声(1890—1956),字今甫,山东蓬莱人。北京大学毕业留美。曾任北京大学、武昌大学、中山大学、燕京大学、清华大学教授,青岛大学、山东大学校长。1952年改任东北人民大学教授。

《南游诗》仍未印出,印出后即寄上十馀份(共只有四五十份),乞注意细阅。并请代赠李思纯、庞俊等人各一份(以上二人万勿遗漏),馀由弟分配。

欲知诗中事实,须俟手写之稿,有详注(未便公布)。此份在光午处,已令其转寄 弟阅。阅此详注后,方能明白一切。

今拟寄上之各份中,有一份,由宓自加圈点, 弟先勿启看。另取一份,以 弟意图点之,然后再看宓所自评点者,两相比较,必有趣味,请如我言行之。 弟所圈点之一份,仍寄宓阅为要。

《南游诗》之所注重者在神韵,此为宓所最短欠之成分,今则注意及之。又请注意看其全篇之结构章法完密而情思一贯。至此诗之精神,则系一庄严理智之人,暂作闲适,而以感情自怡自慰。词外纸背,尚有另一人在也(此人系全诗之线索)。

弟不作文科主任亦佳。不作主任,少烦苦,又不得罪上下。况我辈之声名地位,决不在此类之官衔也。

请极力推行吾道,并力劝人订阅与我等有关系之三种志报(名不烦举)为要。

樊生橓远昨来见(宓令其在城中候我,彼偏来清华)得悉 弟处情形,甚慰。惟樊君自云,携八百元外出,此时只剩得四百元(以二百元与其三兄)。彼又云,甚不欲入校读书;拟干事,亦无事可干。大约在北京逍遥游耍一二年,便回蜀在家坐吃安享云云。彼又索《学衡》数册去。宓以为此人恐无望,境遇太佳故也。 弟之辛苦一生,不必论矣。即以宓昔年之崭露头角,且家况尚非极窘,而当宓初到清华时, 子敬公且不欲以每年二百元给我为学费。宓之苦虽为 弟之百分之一,亦是艰难中来。而如樊生者,乃……呜呼,天之生人,何不均?孰得孰失,可喜亦可伤也。

《文学副刊》务请注意细看,小大靡遗,为要(虽短条,常有深意

存焉)。此请

俪 安

宓上

十七年九月二十七日

## 三十九

碧柳弟：

十二月二十八日短函，暨以前各函，并《自叙》等，均收到。

宓近大病，生一月之久，为多年所未有。

新会梁公，昨日溘逝。近惟感于人生之短促，寿命之无常，欢会之难图，著作之未就。其他一切，皆不系心。

宓对 弟之意见如下：

(一)蜀既居之不安，尽可早日外出。外出以直来北平为不变不挠之目的。 弟到以后，宓对弟家用一项，自有办法，不必先事筹划。

在此宓当助成 弟对于诗之创造之伟大工作(多年有心，未克实行)。

《两吴生集》刊印经费，宓已筹有办法，只以宓极忙，无暇校理。弟来可即付印。[1]

十八年正月二十日

---

[1] 此信今残缺，仅留存一页，下佚。

## 四十①

久不获  来书,殊念。今日李天一君来见,其人彬彬有礼,而钦服  弟甚至,备述在成都受业情形。宓当与开诚谈四小时之久,并款以午餐。似系可造之才,当出樊生上矣。

弟《诗稿自叙》,极佳,已登《大公报》,当已见。其中别诗人为三级:(上)世界之创造者,(中)社会之同情者,(下)自己之表现者……。宓之诗,在中下之间(尤属于下);若  弟则由中而早进乎上矣。此宓所以有极远大之希望于  弟,而愿  弟专重作诗,其他皆小视之,不必十分自苦,而损大业也。

嗣后  弟对宓如有何意见,尚希直陈。宓当能虚衷听受爱我者之言。若间接讽喻,或反致误会,以彼此之实在情形均未悉,而思想感情亦不获诉说,但以简单之道理判断,固有屈枉,而以不实之传闻惊骇,尤可不必。总之,宓常恨未得久与  弟处,则不特诗之事业有进,而一切均可细谈互证,此事之无可如何者耳。

前曾屡上函,未蒙复示提及,究竟得寓目否,抑为人截止毁灭耶?《诗稿》刊成乞速寄,在《学衡》中仍拟印入,以求全备。

宓上
十八年三月九日

---

① 此系明信片,无上款。收信人姓名住址书于正面。

## 四十一

碧柳弟：

宓已与心一双方议妥，并已正式离婚。自九月十五日起，在《大公报》及《申报》宣布。详情容后细述。总之，决无负于心一。此事在宓精神上已极痛苦，而经济上物质上压迫，尤不能堪。弟如苟念平昔之情，及宓平日待友人之厚，希望在此危急之顷，设法筹款，经济上加以援助，并盼速复。

（一）宓与心一离婚条约，除宓按月仍付心一及小儿用费外，须于目前一次整付五千四百元，未付之前，迟一日，则计算一日之利息付心一。请弟注意。

（二）宓毫无储蓄，家累又大。王善佺①忘恩负义，农场之二千五百元已等于干没②。欲向《大公报》预支稿费，又遭拒绝。宓筹款无方，痛苦忧急。平生所号称朋友，所谓道义之交，所谓理想人物者，而今安在？——请问 弟是否此中之一人？

（三）宓有款一千五百零五元，暂存胡徵处。曾告徵：（1）此款请代存银行，长期存款，不得提用。（2）此款不可借与别人。……及离婚后，宓即以正式函达心一，言黄华处有宓一千五百元，此款今即正式拨交心一，为应付五千元之一部。又函黄向徵收取此款。乃顷接黄函，只收取得八百〇五元。谓碧柳由徵处取去七百元云云。此事不惟增加宓经济之困难，且使宓对心一丧失信用，对离婚

---

① 王善佺（1894—1988），字尧臣，四川石柱人。清华学校毕业留美，乔治亚大学科学硕士。时任东南大学农科教授。在清华学习期间长年受作者资助。

② 作者久后于此处红笔加注：幸已收回。

添加枝节,使宓痛愤已极。不图 弟之所以助我爱我者乃至如此(想胡徵不至私用此款,以 弟取去为骗宓之语)。

(四)假如 弟未取用此七百元,则请速来函声明,并即函胡徵,质问其假名之罪。

(五)如 弟确曾挪用此七百元,当知 弟对于此事,为世间无行之大罪人。因(1)宓扶助 弟如是之久, 弟到此日能自立时,何反累宓,何忍害宓?(2)未得宓允许,何可以款私相授受?(3)在平时,何不向宓言?(4)既得款,何不函告宓?

(六)今要求于 弟者如下,务恳速行。(1)速即由成都电汇七百五十元来此。五十元为利息,因宓未交心一五千元,迟一月须付心一利息五十元也。(我不问 弟何法筹款,但见此信之日,必须筹集汇来——电汇)。(2)去年由渝汇沪之一百元,今不问其下落,请 弟速即筹出百元,邮汇宓。(3)此外望 弟在川设法筹款借给宓用,以便速付心一。以后就薪金所入,按月拨还。(4)速函心一,声明挪用七百元之事,宓并不得知。故宓之以一千五百元拨付心一,并非有意骗她——此事 弟须负道德上之责任。

(七)又宓最恨者,即 弟此去(离平后)不来一信一片。而宓在《学衡》中已为 弟(《诗集》)登广告,稿发已久,而代售《诗稿》之书店名,尚不示下,致该期稿久不能付印,而宓为此事悬心,此苦谁其知之?匆上即请

日 安

宓上
十八年九月二十日

## 四十二

碧柳弟：

　　日前快函谅达左右，宓望该款至为急切，弟无论如何，望即商之学校或自己筹借，于见此信片后二十四小时内，将八百元，外加应付心一利息，电汇宓收，是为至要。

　　六十七期《学衡》因候 弟诗集广告多日（未知托何书店）故迟出，然不久即出。

　　近顷虽不无悲凄，而心境较平静，悔早不自振拔也。此请

文　安

宓上
十八年十月二日

有诗先寄来登载，为盼。

## 四十三

碧柳弟：

　　迭上各片函，谅达。在上海所取款700元，去年退还之款100元，外加利息（转付心一）40元，共八百四十元，望即赶速筹集（不上课、不吃饭，先办此事），于见此片后一日内，即行电汇北平宓收，至为切盼。此事是 弟妄取之咎，理应速还，不能以空言巧语搪塞。

　　弟对此类事，与宓见解全异，亦不细辩。宓多年为 弟饥寒忧；哪知不饥不寒时，且忍如此残虐而累宓也。今后一切如恒，惟彼此

银钱交涉,须按法律商业常轨。此片催汇款,幸勿等闲视之。人生道德,即不离此等事。馀不尽,即请

吟安

宓上
十八年国庆日

## 四十四

碧柳弟：

屡上函片,谅达。

（一）前各函所言之款＄840务恳速即汇来,倘学校藉故推诿,则 弟当自己设法筹借,速速汇来。缘宓急欲与心一签订正式离婚契约,非将全款交足不可,此事不了结,则宓之痛苦难释。望念平日之友情,并识自己之责任,速汇款来。宓一生谋为 弟助,而不意 弟当我最困难（物质）最痛苦（精神）之时,不告而取,与宓以精神上极大之打击。近者 弟且不与我书；我屡上函,亦不一复。岂欲效法世俗市侩式之对付手段耶？知 弟当不至是。宓为此事,受了多少气苦,即信亦写来若干封,何乃置之不理耶？

（二）顷接胡仲侯（文豹）兄自三原家中来信,悉于今年四月扶湘如柩自榆林归至三原,乃悉其 母夫人已于正月间弃养。今其 父又病,而丧乱危迫,拟于携家中旧藏字画,来北京售卖。又因宓曾函言 弟可在四川为谋教席,以赡其生活,故望 弟速即切实进行。仲侯求事甚切,又仲侯拟向宓借二三百元为目前养 父偿逋及出外路费。宓因离婚将款提空,不能应 命。不知 弟能假以百元（但使作外出路费）或为谋定教席,预支路费,直接汇交仲侯,则幸

甚矣。此事宓全以托 弟,为仲侯谋之(通信处:陕西省三原县东关石头巷胡德厚堂,胡文豹仲侯先生)。

(三)《学衡》及《文学副刊》需 弟之诗文及长篇著作,祈速撰寄。——宓之离婚,不过宓生涯中一件事,虽离婚,并非一切全变。 弟等何可以此弃我?

(四)沧萍(广州省政府民政厅秘书李沧萍汉声)来书嘱致候,并索《白屋诗集》。又其他向宓求购者甚多。望速寄若干部来此,备宓代销。又望 弟直接寄赠沧萍一部,住址见上。

(五)宓忙如常,但以离婚事,人财两困,亲友俱疏,殊无人能慰我助我。——然宓仍勉自振作,为吾人之理想事业奋斗。外此则乘 黄节先生今年在清华授课之便,宓于是研读《诗经》,乘暇每日读一章,惜 弟不在此,不能指示我。

树坤近来好否?不尽。

宓手上
十八年十一月十一日

四十五

碧柳仁弟:

奉函,欣悉。

(一)在上海取去七百元,只还来五百元,尚欠二百元。值宓急需,望速汇来。

(二)去年春 弟由渝汇沪之百元,一面清查,一面请另以百元火速汇给我。即查不出,弟应另偿我百元。

(三)因 弟私取我款,致我多付心一利息五十馀元,应归 弟偿我。望速汇来。

（四）《白屋吴生诗集》我处仅有见赠之一部，而各方汇款来购者甚多，不能应付。望速寄《诗集》若干部来，速速。

（五）前函为胡仲侯在川谋教职，盼速进行，并赐复。

（六）宓之离婚，决非错误，亦非违悖道德。此中关系及理由，俟后面述。今后 弟与诸知友，应(i)就实事帮助心一。(ii)在远大志业事功上，与宓合作（如《学衡》及道德文艺等）。勿以责辱宓为帮助心一，亦勿专责宓而对于公共之理想事业均不肯尽力，此则误矣。至于宓之后来，宓应自主张，诸友不必代为决定。宓再婚与否，或与某人婚，均我之自由。倘我与某人相爱而结婚，有反对者，我只有与之绝交而已。此请

日　安

宓上

十九年一月初九日

## 四十六

碧柳弟：

黄华兄来函，知　弟汇款＄200已由彦久交黄，在沪所取之＄700已还清。感甚。彦久之责任亦完。惟1928年春　弟退还宓款＄100由渝汇沪者，宓终未收得。此款＄100今　弟应自筹出还我。又因　弟私取沪款之故，致令宓多付心一月利约六十元，又加多出汇费，　弟应补偿我＄60，合计　弟尚应速还我一百六十元整。平生感情交谊事业志节，均如旧不变，且从今益密，但另是一事，此区区银钱过节，专为一小事，应即解决，勿牵入一处。知

弟必能谅此心,希速即日以一百六十元由邮直汇宓收为盼。勿再俟宓函催也。宓已令新月书店以《白屋诗集》50部寄来,存宓处代售,以应需求。此项售款,当汇还 弟。 弟之＄160祈先速汇我,勿混淆。

东北(大学)悉铖(汪公)已复昔日原职。宏度决留。 弟万一成都失职,则可直接函汪,定邀礼聘。但蜀如可留,不必遽去。一切自酌。

对于心一, 弟可尽力援助,宓并感激。惟关于宓事,宓今后一切,当凭一己之感情及见识而决定。诸友态度如何,宓一概不问,苟强来干涉,只可以对付世人之方法应之。又前为仲侯事托 弟,不知有成否?

宓上
十九年一月十八日

《学衡》及《大公报》皆盼寄稿来。

## 四十七

碧柳弟:

在欧曾寄函,未获 赐复,甚念。宓于日昨归抵旧京,仍住清华,任事如昔。在沈住三日,与宏度、洽周兄畅谈极欢。并与旧日大学当局汪、吴诸公①饮宴。旋至天津,访陈逵②君于南开。该校黄

---

① 指汪兆璠(悉铖),吴家象(仲贤)。
② 陈逵(1902—1990),字弻猷,湖南攸县人。美国威斯康辛大学研究员。曾任北京大学、北平大学女子文理学院、南开大学、浙江大学、中山大学、云南大学、暨南大学、复旦大学教授。1949年以后,在军队系统外国语学院任教。

钰生①君文学院长求国文教授,宓急以 弟荐。黄君等极佩仰,即发电与 弟。宓归至北平,又发一电劝驾。务恳排除一切,赶速北来。该校同时并聘 宏度, 弟此来不特与 宏度同事,且可与宓常晤聚,则私人情谊、公共志业及诗之创作,均利益无限也。

南开情形极类明德,校费有限,而办事人笃于情谊。其月薪二百四十元以邀 弟者,在他校固不为多,在南开则为最优之薪,足表敬意,至祈注意。

与 弟暌离日久,急思会合。对于史诗创作,亦可裨助。又此间欲购《白屋吴生诗集》者多,新月书店已无。望在蜀中取该书三十或四十部寄下,宓可负责代售完结,所得款仍以奉 弟也。

望 弟北来,故不详叙。望即发驾。即请

近 安

宓上

二十年九月十二日

## 四十八

碧柳弟:

奉 复书,极为失望痛苦,盖不下于乙丑年 弟之不就清华教席时。诚以 弟为诗人,宜以作巨诗、振民志为专业;修县志,办中校,其事小,桑梓之谊,何如天下国家之重?窃谓 弟权衡之间,实

---

① 黄钰生(1898—1990),字子坚,湖北沔阳人。清华学校毕业留美,芝加哥大学教育学硕士。曾任南开大学教授、秘书长,西南联合大学师范学院院长。1946年复任南开大学教授兼秘书长。

误取其轻重大小,匪特感情痛苦失望而已也。南开一席,已归他人,因宓接　弟函后始知不就(弟倘电复宓,即可另荐人),已迟了半月急荐他友(一)刘宏度(二)潘式①均已太晚,恨恨。

东北事变,诸友均逃来北平,宏度居北平宣内国会街十一号戴宅。且均困。　弟在此,尚可助宓共撰文于《大公报》及《学衡》,一方提倡吾辈之志业,一方振起国魂于兹危难之际。而竟不来,使我痛伤。

弟何竟失去十五年前之脱落飘忽之壮气耶? 五十元,居此,每月作一篇文,亦可得之。再者,吾父　仲旗公九月中到南京(宓尚未及省谒),现任监察院秘书。仲侯依君衍在上海银行债权团办事,得薪殊微。馀不一一。即请

文　安

宓顿首
二十年十月初四日

---

① 潘　式(1903—1966),字伯鹰,号凫公,安徽怀宁人。北方交通大学毕业,游学日本。工诗词,善书法,擅写旧体小说。早年任职国民政府机关。1949年后任上海文物保管委员会委员、市政府参事。

# 致庄士敦[1]

December 30, 1925

Dear Mr. Johnston:

I am very thankful for your letter of the 27th inst., which gave me great pleasure and satisfaction. Truly I had gone to Mukden to teach in the Northeastern University there (which university is the best in China on point of strict discipline and of diligence of students in study). I came to Peking last spring to be connected with Tsing Hua College, where since summer I have been Dean of the Research Institute for Chinese Studies. I have little liking for administrative work of any kind and feel no interest in the so-called Chinese Studies as it is being pursued at present—wherein we avoid all philosophical discussions of the great moral ideas of our ancient sages and wisemen, with their important bearing upon the problems and policies of present-day China, and wherein we do nothing but making dry and useless researches or heaping groundless and harmful attacks upon our valuable tradition. The reason of my coming to Tsing Hua was to find comfortable living in a peaceful school where I could devote all my available time and energy to the work of the *Review* which had been met with your kind approval. Since my arrival here, I have always been anxious to see you, but in

---

[1] 此函据作者所存底稿翻译。

the frequent political changes and disturbances I did not know where to look for you. My Christmas card was an attempt to locate you, and I am glad that it had achieved its end. What I want to say now above all is that before you leave China, and next time when you should be in Peking, please do not fail to let me know so that I may call on you at whatever place you happen to stay (you can reach me by telephoning to Tsing Hua College E. 3000). At such a meeting, you might find a little grateful consolation for all your "Pro-Chinese" sympathies, and I shall have an opportunity to explain fully our views and experience in editing the *Critical Review* to you who feel so much interest in it.

Please understand that I, and some of my good friends, do more than agreeing with you in your comments upon the Chinese situation. We are perhaps even more pessimistic and bitter than you, should we express ourselves fully. I only regret that we are not courageous enough to be outspoken in our speeches and writings. It is not merely the lawlessness of the students, it is a general moral degeneration of our people that is the root and cause of the present troubles and disappointing phenomena. The China of the 20th century is different from the old real China as far as could be. But we are not merely conservative, we love all that is good and true in the teachings of Confucius, of Buddha, of Christ, of Plato and Aristotle, and even of men like Edmund Burke. Because of such a love, we can not but be severe toward the lawless and ignorant men that we find before us. We oppose to New Literature, to Bolshevism, to Anti-Christian Movement, to the illegitimate and machinated demonstrations of the students and citizens, etc., from the same motive and with the same set of reasons (Though we condemn Militarism and Imperialism, we do this in a quite different spirit). We believe that the basis of government and of political greatness is moral character, and that all attempts at the reforms of laws and institution are wellnigh fruitless. We readily agree with the view that enlightened absolute monarchy is just as good as real democracy for China and for any nation; the question is merely one of practical feasibility and of real benefit to the people. We see that for nations as for individuals, there is the firm and inevitable law of Nemesis which states briefly. No nation can be saved from moral ruin, and every great empire must collapse as soon as the moral fibre of its people is broken. This is what we are eager to remind our people of, and equally eager to bring to the attention of the men of West. We differ, on the one hand, from the superficial nationalistic agitators and, on the other hand, from the Romantic dreaming pacifists as influenced by the teachings of Tagore and of Tolstoy. We want ethical society and moral government; but we want above all a sound and realistic view of human life. Dualism of Good and Evil is our central belief in ethics and religion; in politics the right exercise of authority and control by the aristocracy of intelligence and character would be our ideal.

Anticipating your kind sympathy and better advice, and hoping for the pleasure of meeting you in person, I remain,

Yours very sincerely<br>
Mi Wu

亲爱的庄士敦先生：

非常感谢您本月27日的信，我甚感快慰和满足。

我确实曾赴奉天东北大学教书（这所大学在治学严谨和学生勤奋方面，为中国最佳）。我于去年春天到了北京清华学校，今夏以来担任国学研究院主任。我不喜欢任何行政工作，而且对目前从事的所谓国学研究不感兴趣，因为它避开了所有对古代圣贤和哲人伟大道德理念的哲学讨论，却将目前中国的问题和政策作为重要方向，而在那方面，我们只是做些枯燥无用的研究，或是对我们宝贵的传统进行大量毫无根据并有害的攻击。我到清华的原因是想在一所平静的学校找到一种舒适的生活，使我得以利用所有可用的时间和精力，编辑承您嘉许的《学衡》。自从我抵达这里，就一直渴望见到您，但是在不断的政治变迁和动荡中，我不知去哪里寻找您。我的圣诞贺卡就是想要找到您的所在，我很高兴它达到了这个目的。现在我最想说的是，您离开中国以前，下次来北京时，请务必让我知道，这样我可以在您逗留的任何地方拜访您（您可以打电话到清华学校找到我，分机3000）。这样的一次会见，将为您带来一点对您那"亲华"情的愉快慰藉，而我也将有机会向您充分说明我们编辑《学衡》的观点和经验，因为您对《学衡》是如此感兴趣。

请理解，我和我的一些好友所做的，远远不止赞同您对中国形势的评论。如果我们能充分表达自己的感受，我们也许甚至比您更加悲观和愤懑。我只遗憾我们在言论和写作中不够大胆和直言不讳。当前问题及令人失望的现象，根源和缘由不仅仅是学生们不守法，而是我们人民一种普遍的道德衰退。二十世纪的中国，与以前真正的中国全然不同。但我们不仅仅是保守，我们喜爱孔子、佛陀、基督、柏拉图和亚里士多德,甚至像埃德蒙·伯克①这样的人的教理中一切美和真的内容。由于这样一种喜爱,我们只能严厉对待我们面前不守法和无知的民众。基于同样的动机及同一套理由(虽然我们谴责军国主义和帝国主义,我们口是心非,自相矛盾),我们反对新文化,反对布尔什维主义,反对反基督教运动,反对学生和市民非法暗中策划集会游行,等等。我们认为政府和伟大政治的基础是道义,而所有法律和体制改革的尝试都几乎没有结果。我们乐意认同这样的观点,即开明的绝对君主制同真正的民主对中国和任何国家都一样好;问题仅仅在于实践的可行性并使人民真正受益。我们看到不论对国家或个人,都存在牢固和不可避免的因果报应法则,它简要自明。没有国家能从道德沉沦中得救。一旦人民道德沦落,任何强大的帝国必然倒塌。为此我们急切提醒我们的人民,并同样急切引起西方人的注意。我们一方面不同于肤浅的国家民族主义的煽动者,另一方面,我们也与受泰戈尔和托尔斯泰学说影响的浪漫梦想和平主义者不同。我们所要的是伦理社会和道德的政府,但我们首先要的是对待人类生活的健全和现实的观点。我们在伦理道德和宗教信仰方面的中心信念,是美德和邪恶的二元论。在政治方面,我们的理想是权力的正确行使,并由一群具有智慧及品德的精英分子掌握。

期盼您善意的支持和忠告及与您会见的愉快。

您十分诚挚的
吴 宓
1925 年 12 月 30 日

---

① Edmund Burke 埃德蒙·伯克(1729—1797),英国政治家。

## 致李思纯①

一

哲生兄：

片示悉。汪典存②君（已赴东南）先后交下师范大学之项共四十九元，已收领。如续有，当代存。

尊况如何，作何消遣，诸祈详示，以慰思念。《仙河集》印专书，正在校刊中，年内必可出书也。诸事统乞尽力。近作诗文，尤盼。《学衡》诗录现由黄节先生之高足李沧萍君（粤人）担任选辑，以继兄后，自57期起。

弟一切如恒，顷京寓独立，移按院胡同，与林损君同寓。日昨得一女，拟名学文。

陈寅恪、楼光来均已到清华上课矣。

此请　归安

府中均候

弟　宓顿首
（1926）十月一日

---

① 两函复印件均由李思纯（哲生）先生孙女李德琬女士提供。
② 汪懋祖（1891—1949），字典存，号影潭，江苏苏州人。美国哥伦比亚大学教育学硕士。曾任北京师范大学、东南大学教授，苏州中学校长及国立东方语言专科学校校长。

**赋赠陈寅恪**七月七日

经年瀛海盼音尘。握手犹思异国春。
独步羡君成绝学，低头愧我逐庸人。
冲天逸鹤依云表，堕溷残英怨水滨。
灿灿池荷开正好，名园合与寄吟身。

## 二

哲生兄：

久别深思，末由宣达。三年前，奉到　伯母大人讣文，拟为联或诗，以代叩奠。适是时昆明空袭正亟，卒未能成，亦未修函唁慰，正如1938年之对　泗英，至今耿耿，伏祈　谅恕。承询鄙况，至感。今秋入蜀不果，明年七八月，必率小女学淑来成都，止息燕京，可以畅叙也。

兄诗，唐音正宗，所造深宏，弟夙所爱读，敢祈　钞示一二。忆　兄于癸亥（1923）秋，由法国归抵南京相聚，是年中秋同度，弟有诗，见拙集卷五。今忽忽二十年，至癸未（1943）中秋矣，故录所作一律，虽不工，惟　兄能知其诗中之意耳。

弟　宓上
（1943年）十一月一日

### 癸未中秋

金陵廿载忆前时，宴罢移灯对写诗。

襁褓女婴今太学,飘零妻友各天涯。<sub>心一仍在上海,依宓表兄以居。</sub>

衔山日射云光美,<sub>垂老回忆少壮情事,辄觉其美丽精彩。</sub>下阪车飞<sub>幼闻祖母辈言,人愈老,愈觉时过之加速。</sub>马力衰。<sub>吾属马。</sub>

佳节长存明月好,水流花谢自兴悲。

## 致吴定安①、何树坤②*

定安伯父大人  
树坤贤弟媳　同鉴

十一月四日、十日函,均悉。西安围解,然豫陕间仍有战事,故信不通。碧柳在西安城中安居无恙,务请放心。吾　父仲旗公现由甘入陕,定可访寻招待碧柳。请专候宓之报告,万勿听信他人或报纸之传说。

今随信汇上三十元。请收到即明白函复。前又请刘宏度兄以宓存款四十元由湖南汇上,谅已接到,目前当可支持。以后有困难,请再示知。此请

近安

宓上  
(1926)十一月三十日

光午附言:汇款只能汇到江津,不能到德感场,请往江津领出。

---

① 吴定安为吴芳吉父亲。  
② 何树坤(1895—1960),女,重庆江津人。1914年5月与吴芳吉结婚。  
* 此函原件为吴芳吉长子吴汉骧所提供。

## 致刘永济、刘朴

宏度兄、柏荣兄：

柏荣兄七月一日　示悉。碧柳函附上。四川万不可往。（一）则川局不定，纸币大折扣。（二）则碧柳为本省人，又系天真放浪，故为师生所喜。我辈往，恐受歧视也。宓意今世方乱，万不可见异思迁，当忍辱全痛，株守旧地。至职位已失，万不得已时，再谋他投，慎勿发之太急。恐未及旬日，两方情形又变也。故宓意　二兄宜仍在东北。东北不可留之时，则函　柳公在东南谋之。政治不必谈，各地学校情形，纷乱异常，清华亦一言难尽。众知友皆促宓南游沪、宁、粤谋事，宓终不往，惟日夕收心敛志，勤苦逾恒，独力编撰《学衡》及《文学副刊》稿，坐待局势之变。即退出清华之后，亦拟闲居一二月（《文学副刊》有百馀元之收入）或即以《文学副刊》为主体，在京中任何学校兼数点钟之课以自活，不思进取矣。

附函请交　黄学勤君。　二兄仍离奉他往，即祈　飞片示知通信地址，要要。

弟　宓上
（1928）七月七日

仲弥已返京，尚得意。详情不能述。

# 致胡 适①

适之先生：

在平聆　教，甚畅。　驾想已抵沪。《学衡》整部六十册，已分五包由邮挂号寄上。按照社中发售章程，六十册连邮寄费总价大洋十二元整。如蒙　惠款，不必汇下。请派　仆人就近送交上海敝友黄华律师收。缘弟欠黄君小款，正可以此抵补，彼此均省事也。附名片一，请照此片送去。

前在东兴楼席上，谈辜鸿铭君轶事，彼用以挽张勋联语"荷尽已无擎雨盖，菊残犹有傲霜枝"。此二句乃苏轼诗，彼借用之确甚妙也。

专上即颂
文 安

弟 吴 宓顿首②

---

① 胡适(1891—1962)，字适之，安徽绩溪人。上海中国公学肄业。留学美国康奈尔大学及哥伦比亚大学。1917年回国，任北京大学教授；参加编辑《新青年》。1928年，任中国公学校长兼文理学院院长。1931年任北京大学文学院院长、教育系主任、教授。1938年任中国驻美大使。1942年任行政院最高政治顾问。1945年任北京大学校长。1948年当选中央研究院院士。1949年春赴美国。1958年任台湾中央研究院院长。1962年在台湾病逝。

② 作者于落款处未注明时间，据《吴宓日记》，此信当书于1929年2月初，北平东兴楼宴聚后数日。作者1929年1月28日日记有云："七时许，偕陈(逵)君至东安门外大街东兴楼，赴温源宁君招宴。客为胡适、周作人、张凤举、杨丙辰震文、杨宗翰、徐祖正、童德禧禧文，共十人。胡适居首座，议论风生，足见其素讲应酬交际之术。胡适拟购《学衡》一整份，嘱寄其沪寓。上海极司非而路49甲，电话27712。又拟刊译英国文学名著百种，请宓加入云云。"

# 致王文显[①]

June 17, 1930

**Mr. J. Wong-Quincey**

Head of the Department of Western Languages & Literature

Dear Mr. Wong-Quincey:

I have been teaching here without interruption since February 1925 (that is, for 5 years and half). According to the regulations passed by the Senate, I beg to apply for furlough and fellowship privileges for the year 1930 - 1931. I intend to go to study at Oxford, England, and to travel during the holidays on the Continent. I submit a plan of study below, and shall be much obliged if you will kindly bring this matter to the Dean of Arts and to the Senate for consideration and approval. I may point out that our students are now receiving a monthly allowance of $100 (instead of $80) while studying in England, and I understand I shall be given the same amount as the student because it is a case of necessity. The Senate resolution of course implies this extra $20 for England while it legislated $80 for fellowships on the European continent in general.

I intend to leave China in August and to be at Oxford when the

---

[①] 王文显(1886—1955),字立山,祖籍江苏昆山,生于英国。时任清华大学西洋语言文学系主任。1937年迁居上海,任教于圣约翰大学。上海沦陷后,定居美国。

term opens. I propose to study mainly Classical Literature and the Humanistic Tradition in Europe. This, besides preparing me for better teaching of the course of Classical Literature in Tsing Hua, will also equip me for writing a history of Chinese humanism and propagating the humanistic spirit in our country. I also propose to take some courses in Romantic Poets over there to make me a better teacher in that line.

As a supplementary work, I would like to look into the present state of Chinese studies, the interpretation and reception of Chinese culture, the translation of Chinese books of art and literature, etc., in Europe, especially in such places as Paris, Leyden, Frankfurt and Cambridge.

I shall render a report and submit my writings during this one year of study and travel to the Senate at the end of my furlough period.

          Thank you for your trouble, I am
          Yours sincerely
          Mi Wu(吴宓)
    Professor, of the Department of Western Languages and Literature

王文显先生

  西洋语言文学系主任

亲爱的王文显先生:

  我自1925年2月以来在此连续授课(即5年半),按照评议会通过的规章,我申请在1930—1931年度休假和进修。我计划去英国牛津研究,并在假期中到欧洲大陆旅行。我提交研究计划如下,并请将此事转呈文学院长和评议会考虑批准。应指出,我们在英国学习的学生现时每月公费100美元(而非80美元),我了解由于情况所需,我将受到(留英)学生同等数额的待遇。评议会规定之意当然是,留学欧陆学生普遍为公费80元时,为留英学生额外增加20美元。

我打算于8月离开中国并在牛津开学时到达。我准备主要研究古典文学与欧洲人文主义传统。这不但能为我更好地在清华教授古典文学课程做准备,也将有助于我撰写有关中国人文主义的历史和在我国宣扬人文主义精神。我也拟在英国研修几门浪漫主义诗人的课程,以使我更好胜任这一领域的教学。

作为一项补充工作,我将在欧洲,特别是巴黎、莱顿、法兰克福和剑桥等地,了解汉学的现状,中国文化的阐释及被接受的情况,中国文化艺术书籍的翻译等等。

休假结束时,我将向评议会提交一份报告及这一年研究旅行中的作品。

谢谢您费心,<br>
您诚挚的<br>
Mi Wu(吴宓)<br>
西洋语言文学系教授<br>
1930年6月17日

# 致浦江清①

一

江清仁弟：

十四日下午到哈，旅途甚适。到此手续亦已办妥，准明日下午乘长途火车西行矣。

昨晚甫电　尊处，今晚即接奉复电，喜慰之至。文曰"……日金已见，当代存。如要电汇，请示知"。既知此款未失，实觉万幸；此款未知遗失忞屉中，抑在稻孙②先生桌上？忞于十三晨车到山海关时即觉察，然犹俟到哈后，取来行李，两箱中大索，不得，乃始电弟。其时已以带在身边之美金$420 支票，在此间花旗银行兑现，并换成日金（兑换颇吃亏，然所关甚小）以¥720 还付陶君③，馀款购车票。所欠陶君之数，尚有美金$80，俟到巴黎还付与他。总之此款可不需用，请　弟为我保存，留为明年忞回国后在北平之用，不必汇来。其保存之法，可仍用日金，存在正金银行。此次在此急

---

① 浦江清（1904—1957），字君练，江苏松江人。1926 年毕业于东南大学，由作者荐为清华学校研究院助教。1929 年改任清华大学中文系助教。后任长沙临时大学、西南联合大学、清华大学教授。1952 年改任北京大学教授。

② 钱稻孙（1887—1966），浙江吴兴人。自幼旅居日本、意大利等国。曾任北京大学、清华大学教授，兼北平图书馆馆长。抗日战争期间，任伪北大文学院院长、校长。1949 年后，在人民卫生出版社任编辑。

③ 陶燠民（1904—1934），福建闽侯人。清华大学哲学系 1929 年毕业留法，入巴黎大学研究哲学。1934 年病殁于瑞士医院。

遽兑换,美金＄360元,仅兑得日金￥724.5,而还陶君款,又以美金一元仅当国币＄3.40计算。故此￥720日金,宓还陶君作价为国币360×3.40即＄1224元。故如果他日能兑成国币1224元,则宓可自慰。然以美金原值论,未免吃亏。虽然,此款未失宓已矜为意外之获矣。

此款寻获之详情,弟自然有函报告。如果系吴延增最先发见,而以呈报　弟知,则见财不取,此仆之忠诚可嘉:乞先以言嘉奖之……

诸人均候,恕不一一。

(1930)九月十六晚十二时
宓自哈尔滨北京旅馆上

## 二①

九月二十四日,行抵俄京莫斯科,沿途一切安适,再三日即到巴黎矣。在哈尔滨奉　回电后,曾寄一函,嘱以日金代存正金银行,谅达。《欧游杂诗》已成十二首,俟后写寄。

诸友均候。

宓　手启

---

① 此为作者1930年9月24日发自莫斯科之明信片,致北平清华大学浦江清先生。

## 三①

江清仁弟：

十月五日由伦敦寄上挂号函并《欧游杂诗》1—16首，想已收到，并付刊矣。到牛津，又寄一片，谅亦接到。到此后，生活虽好，然甚感孤寂，在中国尚有 弟等谈心，在此则无。望多寄书来为幸。

今寄上昨日所作诗(《牛津欧战纪念诗三首》)并记，祈细加校阅，即付刊登。宓意拟登《文副》②文苑(一期登完)，尚有几首，日内即寄。每次所寄者，一期登完，各系小题。明年回国，再整理合刊于《国闻周报》中及《学衡》中也(凡寄来之画片均保存)。

请将宓诗所登之《国闻周报》一期，及每期《文副》(由现时起)均命吴延增寄来与我。大公报馆未寄《大公报》与我，然不必催，我并不要看《大公报》，只要看《文副》。

弟请勉力为之，宓明年回国后，于公私各方，当竭力筹助，定使 弟1931—1932能游欧洲，详情后告。总之，以美金计，出国150，回国150，在巴黎每月38，伦敦60，牛津50，已足用(俭省办法)。

宓欲赠 弟以书。愿得何书，乞示，即购赠。

清华时事，有关宓者，亦望示知。

请以《学衡》68期一册，寄王兆俊君，如下，Mr. C. C. Wong(王兆俊)，Naval Attache, Chinese Legation, 49 Portland Place, London

---

① 本信上方有作者以红墨水笔所书眉注：Confidential for you alone.
② 指作者自1928年1月起所主编之天津《大公报·文学副刊》。作者1930至1931年游学欧洲期间，请浦江清代理主持编务。

W. C. 1, England. 王系东南西洋文学系学生,常看《大公报》,且注意《文副》,对宓颇殷勤。

《学衡》23期如有(柜中),祈寄一册与宓,俾面呈Murray(Gilbert)①教授。

宓在此(每日上课平均三时)完全系学生生活,同学友人有(一)刘咸②(二)郭斌龢:郭与宓甚洽,同志同道,对离婚亦谅解。郭君旬日内即回国,任东北教职,其希腊文字工夫固深,即希腊哲学与历史,亦造诣极佳,可佩之至。

到此后,即函电毛君③(美洲),促其来此(其来此,居此一年,回国之费,均已足)。宓到巴黎曾接其函,情意颇殷切,乃屡招不来,继接复书,乃谓(一)明年二月以后,美国之奖金有继续之望,如是,到六月始来。(二)与宓为朋友,如来,恐有人讥评。(三)彼个人极需要婚姻,惟不能与宓婚,因恐人说"宓是为毛离婚",对心一亦不忍。劝宓最好与心一复合,或求陈仰贤④为妻,……云云。彼一方不肯来,一方又另函宓,言心神不安,极感孤寂,约宓去美洲一谈。

以上情形,与宓以极大之痛苦,盖宓此次为毛君一切预备完妥,实至可惜此一年居欧之良机会。至于陈仰贤,宓近半年中,心实爱

---

① Gilbert Murray 默里(1866—1957),英国古典学者。1908年任牛津大学希腊语钦定讲座教授直到1936年退休。作者在牛津留学时,从其受业。

② 刘咸(1901—1987),字重熙,江西都昌人。时在牛津大学研究人类学。曾任山东大学教授,上海中国科学社编辑部部长,《科学》杂志主编,暨南大学理学院院长。1949年后任复旦大学教授,上海自然博物馆筹备主任、学术顾问。

③ 毛彦文(1895—2000),女,浙江江山人。时在美国密歇根大学学习。后为熊希龄夫人。曾任上海复旦大学、暨南大学教授,北平香山慈幼院院长,浙江省临时参议会参议员,北平市参议会参议员,台湾实践家政专科学校教授。

④ 陈仰贤,女,Barbara Chen,原名素一,泰国华侨。时肄业北平燕京大学。毕业后回泰国,为苏迪夫人。

陈,然以对毛有约,愿始终其事(郭君仍主持旧道德之说,力劝宓,如不与旧妻复合,当必与毛结婚,不可别图)。但毛屡次使宓失望,宓今所忧者,不在不能得毛,而恐得毛之后,我心反不爱毛而爱陈,或其他虚想之女子也。 弟将何以教之?陈处屡寄画片,未多言词,明年回国,当可看见也。①

## 四

江清仁弟:

前蒙赠诗"应有新诗似雪莱",今作成关于雪莱之诗,呈 政。自谓比前此所寄上者为佳。请 弟校阅后即行发表,不必请商黄师。或登《国闻周报》,或登《文副》,祈 弟全权决定,总以速速登出为要;图画均祈保存,以备异日重刊之用。

三首中,以第二首尤佳,盖言之有物,而评论皆有所本也。然此三诗所以比前作为胜者,因有个人感慨之故, 弟等皆知宓之离婚,比于雪莱之处置Harriet②,实远胜过,而宓此次出洋,妄自拟雪莱之游欧陆,而冀现在美洲之某君之为Mary Godwin③也,……乃如斯错误!如斯失望!宓到英国后,与某君函电往复数多次,千方晓谕,促其来欧,而某君迄不肯来;彼函中所言,一方自谓痛苦百端,急需婚姻,又另无恋爱,一方则谓决不能接受宓之爱,决不肯嫁宓,其惟一之原因,则为宓离婚前早有关于彼之谣言,畏人讥评,若

---

① 本信未落款。作者于信尾上方书有发信时间:Nov. 12, 1930。又通讯处:Mr. Mi Wu  2 Tackley Place  Oxford, England.
② Harriet Westbrook 为雪莱初娶之妻,于雪莱与Mary偕逃后二年投河死。
③ Mary Godwin 雪莱之第二位妻子。

嫁宓更是坐实此谣言,即来欧亦不啻为此谣言火上加油;彼之女友(恐皆教会式之 old maid)屡来忠告,劝其慎重,勿受宓骗;故决不能爱宓,亦不便来欧,云云。……为惧谣言,几有不敢与宓同一洲之情形,以视 Mary Godwin,其相差为何如耶?宓此一年之浪漫理想之梦,业已破碎无遗,在此除读书作诗外,无可消遣,无足慰情;至其间经过之刺戟与痛苦,更难以尽述,亦不必述(若在中国,尚可与弟等诉说)——此函请转交陈仰贤君一阅,勿示他人;有谈者,可略言"吴、毛事已完结"。不尽。

一、请以《学衡》41、68 期各一册寄宓,又以 68 期寄王兆俊(详前)。

二、请告曹宝华①,彼所要之书均有,请汇款来,当尽款而购之(*Iliad* 及 *Odyssey*,各值国币约三元;馀可类推)。

三、请以雪莱诗另钞一份(注除外),投登《清华周刊》,说是宓所投寄者。

1930 十一月十七晚　宓上<br>注意新迁寓址

五

江清仁弟:

兹再寄上《游莎翁故乡》诗三纸,又画片五张,祈速即发刊,画

---

① 曹葆华(1906—1978),原名宝华,四川乐山人。时在清华大学外文系学习。1939 年去延安,在鲁迅艺术学院任教。1944 年起,在中共中央宣传部翻译马列主义经典著作。1962 年调任中国科学院外国文学研究所研究员。

片仍保存。此诗早已作成,因查日本教授之汉名,久未得,今始获知,乃以寄上云。

以前所寄之诗(此为第四次)登出后,祈将该期《国闻周报》及每期《文副》,均令吴延增寄我一份,盼切。又前曾寄上《Christina Rossetti 新传》一册(挂号)未知赶得上纪念否?其内有事略及图画多张,可以供《文副》用。其书则请代存,为宓自有。宓欲赠 弟书,务祈直言所心爱者,当为寄赠。

凡清华琐事,国内友朋,若其与宓有关系者,务祈多多告我,在此虽适,殊患寂寞,又渴思西客厅①之生活也。

宓移寓 63 Walton Street, Oxford 请注意。

宓下学年定必助 弟游欧(此一年则请尽力工作,勿消极,一切俟面述),居此久者,省钱之法甚多。在伦敦每月十镑可足,在牛津十二镑可足;不做正式生,不需多钱,宓虽带来礼服,在此直无用处。

郭斌龢君明日离此回国,即赴东北教授:宓已嘱其得便到北平与 弟一谈,详述一切。注意!

宓对于美洲之友,业已失望:彼实是好人,但太重实际与世情,思想物囿,不能期其浪漫。因之益觉燕京之友之可爱,可为文人知己。 弟有何意见,祈秘示。

1930 十一月二十四日　宓上

---

① 作者 1925 至 1937 年居于清华园工字厅之西客厅,庭前紫藤压棚,后临荷花池,因自命名其住所为"藤影荷声之馆"。

## 六

仰贤女士,并转　江清弟①:

一、此诗即登《文副》(今后希望每期皆有一点)。图画无论全登与否,皆祈妥为保存,且勿与他件混乱。

二、此中所言 Andrew Lang 之 *Scott*② 一书,今另寄　仰贤处,望二公暇时读之,其上有宓……

三、宓因恐　江清弟信多事乱,故凡无关《文副》之件,常分寄仰贤处,——总之,凡寄上之物,皆望　二公分别代为保存感。

四、此篇③述 Scott 印刷公司失败,为友偿债之事,宓实自感王善佺君之农场之役。江清弟知之。

五、此篇又述 Scott 之为人,及其绿衣女之爱,宓实自感 Miss M 之 adventure,今晨接 Miss M 最后复电云"Come England impossible, Farewell."宓之三年之梦已满,或者不需二年即可走出(参上文)。宓现甚达观。此事终无结果,在宓并非损失,而对 Miss M 殊太可惜。彼之他友,何能比宓!宓自知与 M 并不适合,然一向为 M 而爱 M(现仍在理想中,有恋恋之意),一切尽力做到,自谓此爱(在理想方面)实有价值也。　M 之为人甚好,所患在不读书、不通文学,故太重实际,作无谓之谨慎。其惟一之办法,即要宓到美洲 Ann Arbor,当她之熟友一群人之面,而结婚,以为如是则无危险,而坚执不

---

① 作者于此处有旁注:务乞面交,勿令遗失!
② Andrew Lang 所撰 Scott 略传,书名 *Sir Walter*: *Literary Lives Series*,1906 年出版,伦敦 Hoddor & Stoughton 书店发售。
③ 指作者之《爱丁堡司各脱纪念塔》诗,尤指其中之第二首及全诗后记。

肯未婚来欧。宓已走了九十九步,而却不肯赴美(但屡促 M 来欧即结婚)遂至破裂或停顿,——然宓之不肯赴美,亦因对 M,已有不满之故。

1931 —月六日　宓上<br>(此函乞勿示第三人)

c/o Mr. C. H. Liu
63 Walton St.
Oxford, England

七

仰贤女士
江清仁弟：

　　兹再寄上《欧游杂诗》三篇(馀续寄)祈代裁代粘。至乞丐所写诗七纸,又印成者二片,祈　仰贤代我保存。

　　《欧游杂诗》材料甚多,未及修饰完成者尚有,今只有分期登,最好每次《文副》皆有一篇。有长有短,　弟可酌择,不必拘定次序(佳者先登)。至于杀青编列,须俟宓回国时矣。

　　用过之画片,及未登之画片,务祈保存勿失。因已离该地,即不能再购也。

　　宓行将遨游,而行李须极简单,故所有物件,随时分别寄上　二公。凡寄上者,无论何物,统祈为我慎重保存,勿令散失。最好每类另置一处,感叩!

　　《欧游杂诗》材料极富,然难得一贯,必须以自己强烈之感情,为全诗之骨干及精神,宓原望 M 为勉强合于我之理想,至少,我实际上得了 M,自己身体精神觉得舒畅,以 happy love 为全诗之骨干及精神(宓此诗第一段布局,即预备如此者),今知不能。对诗损失甚大。无已,只有注重怀古写景,偏于客观的叙述方面,然缺乏自己之感情,则愈作愈不能动人。是故 M 在婚姻上其所负宓者尚小,而其使宓作诗困难及失败,M 之罪实甚大也(此惟 公等二人了解,M 不能了解)。

宓此诗极力写实,不说空话。又每首之起句最用心。起句佳者,全篇亦佳。成比例。

请告朱保雄,每首均录《清华周刊》,为要。

1931 正月七日　宓上

## 八

仰贤女士转　江清弟同鉴:

寄上各诗,祈分别登载。窃意,一连三首,及注序极长者,可登《国闻周报》,较短者则登《文副》,免占篇幅过多。一切惟 弟酌之。将来全诗作成,多则 200 首,少亦 100 首(今已寄上及登出,共40 首)。须回国一年后(June 1932),全诗方可完成也(届时决自出巨资印单本)。

顷见《文副》,Christina Rossetti 纪念——甚好。惟 *Up - Hill* 一诗,有张荫麟译,在《学衡》56 或 57 期中,署名崔锺秀译,实张君译——似可登,(未见登)。

日昨寄上《牛津大雾》诗,有二稿,顷思之,初稿实较佳,决用初稿为是。

请办以下各事:

一、以《学衡》68期一册寄王兆俊 C. C. Wong（王兆俊）Chinese Legation  49 Portland Place  London W. C. 1。

二、以杨译拜轮 *Childe Harold* III（由《学衡》68期扯下）；

李思纯《昔游诗》（五古，由《学衡》65期内扯下）；①

《十八家诗钞》（宓玻柜中有）之第一二册（曹、陶、谢、鲍、杜、韩五古，李白不要）；

小本《辞源》上下册。

以上各件，寄宓——如下住址：

Mr. Mi Wu

  c/o American Express Co.

  11 Rue Scribe, Paris (IX$^e$), France.

零钱均记宓账。——宓为求作诗之成功，不惜资本，近购牛津画片，费近两镑云（另寄，祈代存）。

（1931）一月十日　宓（牛津）

## 九②

江清仁弟：

久欲作函，因事忙心苦而辍，——宓之痛苦，直非笔墨所能述说万一。伦敦城中七百万人，而无一人我可向他或她倾诉。我将气愤郁苦而死，我将疯狂。我所辛苦筹备，此生不能再得之

---

① 作者于此两行文字上方有眉注：宓床头之木架下层，有《学衡》分类本，其中文苑类，诸件齐备。可命吴延增寻取。

② 本信之首作者有注：Confidential。

golden year,业已变为极苦痛、极黑暗之时期。我现惟急盼此一年之光阴,快快度过,快到七月初十日(每夜临寝,辄屈指计算时日),俾我可以回到中国,可以仍旧住在我的幽静舒服之西客厅,虽死亦乐!

我所倾慕崇拜喜悦之西洋,乃是理想中,过去的(历史上的)西洋,即如理想的天主教,希腊哲学,Spirit of Gentleman, Spirit of Chivalry 以及文学艺术等,只可于书本中、博物院中,及自然人造之风景建筑物中得之者。

至于实际之西洋,身心所接触之西洋,如同火锅,实不堪一日居,远不如中国,更勿言清华。科学发明,人生益烦闷,现各国惟事制造战具及促进航空。而一社会中,每人各度机械之生活;其精神如蜂窠,各不相谋。除办事应酬外,至晚各归其室,大楼六七层乃或三四层,每层十馀室,每室一人,静伏其中,同居者经年不交谈一语,——此种生活组织,快乐何存?

至于宓个人之痛苦,尤有特别原因,此苦不能告人,只君知之最切,再则陈女士,——其所以致宓之苦者,即□□□①女士也!

关于宓与□□□女士之交涉,尚有数事(some facts),为弟所未知,宓曾告陈女士, 弟询陈女士便知。得知之后,请 弟细思评判,我为□□□谋,是否已尽全力?□□□之报答我者,是否有情,是否合理?

简言之,与□□□讲爱,其致我之苦,譬如以利刃砍入有节之湿木中,砍不下去,而刃深陷牢夹,拔之不能出。

□□□既来函电允婚,而宓千方百计,函电招其来欧,终不肯来,——总是坚执要宓去美洲结婚。既不肯来,则应与我断绝,许我

---

① 原信如此。

自由,但又不断的来函诉苦,说她"已碎了的心再碎";责我为君毅①第二,弃了她;又说她受骗,说世上决无爱情。

我深信,我虽牺牲至死,亦不能感化或说服她。照我以前所计划,且已办到者,只要她肯照行(即来欧),则两人皆已快乐,岂不甚妙。乃她偏无情无理的坚执不来,弄得她苦,我亦苦,岂不可叹可伤之极!我若到美,定可得她;但我嫌她太无情无理了,我实不能强迫我如是的屈服,去美洲。

我用感情去感动她——我极真切极恳挚之情,已表示完了;我又用理智去说服她——我早已说明她游欧之种种利益,使她身心健适,即不婚亦当游欧;况来欧必可结婚,而在欧结婚,理想事业实均便利。此类信函,写了不下百封,数十万言,而□□□仍不悟。她反说"太理想,决办不到";又说"我有我的事业及 career,岂可以为你进退";又说"到欧必为亲友注意,成婚尚可,如不成,则为人所笑。"试问,我为她离婚,受同志友朋如彼责斥(固是好意),她何不想想。

她来函说,身心不宁,我当负责。我说,你来欧,自然身心一切满足,——她却又不来。试问我有何法?她真是 Dog in the manger (见《伊索寓言》)。她真是"既不能令,又不受命,是绝物也"。

我真悔陷入情网;我不料她愚顽至此。她反始终不自承认"冷淡无情",总责我"不了解女子心理"。她总是拿责任来压我;决不肯做件如我意之事,使我心爱她。

---

① 朱君毅(1892—1963),名斌魁,浙江江山人。毛彦文之表兄、未婚夫,后与毛解除婚约。清华学校 1916 年毕业留美,哥伦比亚大学哲学博士。历任东南大学、清华大学、北京大学、北京师范大学、厦门大学教授,国民政府主计部主计官兼统计局局长。1949 年后,任上海财经学院教授。

我现时如不婚她,则负薄幸之罪;且亲友(尤其心一等)必笑我离婚等等,为彼费力,终不为□□□所接受。

如竟婚她,则是自欺欺人;盖□□□不特不合文学精神理想,且事实上亦不思帮助我、慰藉我。即不另思理想之女伴,只求一身清静,经济不增负担,从此常年独身,住西客厅,专做文章、读书,——即此似亦办不到,她又来相扰不休。我真不知如何是好?

弟如何劝告我?

我此一年,不图败坏至此!婚姻落空,恋爱失败;又未多读书,作诗亦 mood 不合,而游览交际,亦皆无心、无兴趣。——如此机会,何可再得?回国何以对心一,何以对碧柳,何以对凫公等友人之关心我与□□□之前途者?

(1931)正月二十四晚伦敦客寓　宓上

十①

江清仁弟:

明晨离英,匆匆书此,内容乞秘之(详情面述)。

一、Oxford 之中国文系无希望,Soothill 亦老朽昏庸,且卑俗,故不能为弟谋。

二、London University 之 School of Oriental Studies 有中文系,教

---

① 作者于信首有注:Confidential。

授为Bruce①(著译有Chu Hsi 朱熹等书,清华Lib.有之,可一阅),其人俗鄙(曾访晤),本年三月退职,已定。该系有Assistant(中国人)一职,月薪20镑,至此足用,职务甚简。曾任此职之林君已回国(因在大学上课太多,而旷职,被斥)。今年任此者,为周辨明,昔为清华教员,现为厦门教授,其在欧情形与宓同,故其任期只一年,今夏回国矣。

三、在此见庄士敦,屡谈,极洽。与上言之中文系有关系者(庄之友人)已内定,将于本年三月,公举庄继Bruce之职(Professor of Chinese)。庄与宓甚契,曾畅言一切。庄以人才询,宓举荐三人,并开名单留存:(一)陈寅恪(二)浦江清(三)张荫麟,且详告以三人之价值。庄谓彼若继任,而能如己愿,下学年必聘任浦君为Assistant一职,或聘为Lecturer。又如庚款中之文化教育一项,如能实行,庄必视己力之所至,聘陈、浦、张来此讲学,并聘宓来英讲学(此庄君之美意,未必能成)。

弟若被聘来英,其条件届时再商,总之,英国情形,可括以二语:(一)凡职事,非有Social influence 不能得到(人才常以此被厄);(二)就职后,只要你自己奋发,证明你有学有才,条件待遇不难改善,且机会极多(此层为中国所不及)。此刻宜预备二事:(一)练习英语演讲。(二)预备一种专门演讲材料,例如Lectures on 元曲,或Outline History of Chinese Literature(只搜材料,到英后整理未迟)。

四、庄君给我五十元支票一纸,今暂不寄来。此款为续订《学

---

① 卜道成Joseph Percy Bruce 约瑟夫·珀西·布鲁斯(1861—1934),英国浸礼会教士。1887年来华,在山东传教,曾任齐鲁大学校长。1925年回国,任伦敦大学汉文教授。著有《朱熹及其著述:中国理学入门》。

衡》,并购任何中国新出之书(彼购书极多,《大公报》《新月》etc. 均订有)之用(凡书宓认为可购,即代购)。

又请查《学衡》发寄簿,饬吴延增速续寄《学衡》与庄。住址如下(请钞存):

Sir Reginald F. Johnston,

4 Eversfield Road,

Richmond, London.

五、在庄处见《海藏楼诗集》(近二三年中所印)系赠送,不公卖,每部二册。祈为宓觅得一部存之。

又见广告《右任(于)诗集》新印,一元,乞为我购一部,存之。

又见新印《人境庐诗集》,乞为我购一部存之。

六、叶慈①君(此彼之汉名)Colonel W. Percevel Yetts 系伦敦大学 Lecturer on Chinese Art & Archaeology,即庄之友,而拟举荐庄之人。相见,甚欣遇。叶君即编辑 Eumorphpolus Collections of Chinese Painting & Sculpture Porcelain etc. 之 Catalogue 之人(《文副》曾述及)。叶君现正研究一碑,中有若干字,尚不能辨认。某夜,叶宴 Maspero(法人)及宓,共研究。M 及宓为指出若干字,尚留阙文。宓言浦君能为解之(宓意在荐　弟来,故云)。又言陈寅恪必能。故叶命宓以该碑照片及叶之释文寄上。望　弟(并求助　寅公 etc.)为之辨认,将所有阙文(及误解之字)一一写出,并详释,赶速连同原件寄回叶君收。住址:

---

① Walter Perceval Yetts 沃尔特·珀西瓦尔·叶慈(1878—1958),英国人。原为英国远东舰队外科医生,来华后对中国美术发生兴趣。1913 年任英国驻华使馆代理医师。次年回英,继续研究中国美术及考古学。1932—1946 年任伦敦大学中国美术及考古学教授。

Dr. W. Perceval Yetts,

4 Aubrey Rd., Campden Hill,

London W8

万不可迟误(叶曾偕宓往观 Eumorphpolus Collection)。

Maspero 竟不知陈寅恪!

七、曾与 T. S. Eliot 谈宴,又曾与 Laski①, Russell②, Graham Wallas③ 宴。宓之结论如下:来欧与人谈西洋文哲学,终不为人所重;彼等偏见,以为我们不懂什么。但若来欧与他们谈汉学,或中国文学,或中国哲学,或考古,或美术,或磁器,或方言,总之,能谈中国学问,必为人重视,而成大名。宓意浦、张二君均应走此路。

附地下电车图,祈珍存。

1931 正月二十七日,伦敦　宓上

此后,函寄 American Express Co.,11 Rue Scribe, Paris 转交。

## 十一

江清仁弟阅后祈转仰贤女士同鉴④:

在伦敦曾上函,谅达。该函中奉托　江清弟数事(补碑文,寄

---

① Harold Joseph Laski 拉斯基(1893—1950),英国政治学家、教育家。伦敦大学经济政治学院名教授。

② Bertrand Russell 罗素(1872—1970),英国哲学家、数学家、逻辑学家。

③ Graham Wallas 华莱斯(1858—1932),英国教育家与政治学家,伦敦大学政治学教授。

④ 此处作者有红笔旁注:此函原拟寄　仰贤转江清弟,嗣因附夹之件过多,恐辗转遗失,故直寄　江清弟,然后以此正函交　仰贤一阅,为盼!

书,etc.)均关重要,想已分别办理(如未,祈速办)。宓一月二十八日渡海离英,游比国三日,吊滑铁卢战场,形势已不可睹矣。一月三十一日,至巴黎,访凌其垲①君,即住其所寓之埃及旅馆 Hotel d'Égypte,46 Rue Gay – Lussac,Paris 5ᵉ,France(但 君等寄函,仍寄美国运通公司,当日即可转到 c/o American Express Co., 11 Rue Scribe,Paris 9ᵉ,France),每月房金 390 francs(内 30 为热气管)。吃饭,每餐约 6 francs,每日不出 15 francs。此普通学生在巴黎之生活标准,比之英国为甚廉矣。秦善鋆君每月(一切在内)仅用 800 francs(每 francs 合国币约二角,可推算)。交费 100 francs,即可尽听巴黎大学所有之课,关于此间教育及留学生情形,拟回国后再为众述说,或作文公布,兹仅为 君等述说宓个人情况而已。

宓到此后,即在 Alliance française(学校名)注册上课,每月学费 190 francs,每日二小时正课,专授法语,为默写会话读音等。宓杂众中,重享学生生活。该校专为外国学生而设,学生以美国人为多,而十之七皆女子。教室中,触耳皆美国女子之燕语莺声(英语、法语);触鼻皆香粉气;触目则艳妆浓抹(此法国俗,英美不尽然),时开其手中之小奁镜,以理发缋面。宓亦尝至巴黎大学听 Legouis② 教授讲 Philip Sidney's *Defense of Poesy*。③ 教室中,学生约七八十人,而女生居四分之三,其情形亦有类 Alliance 者,然此乃法国生活之表面,而非其里。法国女生,其美之观念实胜英美,但游乐场所,以及妓女等之丑劣,则不堪入目。惟女学生多美者耳。

---

① 凌其垲(1905—1933),字爽轩,号梦痕,上海人。作者清华同学友凌其峻之弟,1923—1924 年曾在南京从作者受学。1930 年毕业于巴黎大学研究生院,获哲学博士学位。回国后,任中央大学哲学系教授兼注册部主任。
② Emile Legouis 埃米尔·勒古伊,法国学者,著有《英国文学史》。
③ 英国作家菲利普·锡德尼之《诗辩》。

宓到此已近一月，法语进步殊少，然比初来此时则胜过，大率每日上午上课，下午游览或读书，又曾看戏数次，此外无多可述。近顷心情，较趋冷淡。到巴黎后，接美洲函，意欲来此，宓即去电及函邀请，结果却又不来，谓"本欲前来，旋接宓函，似对彼非尽满意，出之勉强，故又止"云云。此君太多疑，夫宓感情固亦有起落，然每次电邀，皆出以真情及决心——而她则仍不肯信。宓力尽神疲，无法可施，只得听之自然。宓与美洲关系，终非晤面不能决定（倘由晤面而证明，她实对我有情，前此乃由双方误会，则我为忠于恋爱，决不负她，即有绝世美人，宓为理想计，亦仍始终玉成美洲之局。——如证明不然，则决不勉强结合），然彼迟疑不来，恐将因循而终无结果，殊可伤叹。

宓现时心情大非昔比，简言之，即悲观而冷静。浪漫之心情，兴奋之勇气，皆几于无存。回国后，仍于文章书籍中寻慰乐耳。因意衰情枯，故诗亦未有续作，只可于日记中略记游踪，并随处搜购画片，备回国后暇时补作。

馀事分述如下：

（一）江清弟寄来书一包，内《辞源》二册，《十八家诗钞》四册，李思纯诗 etc. 一册，《文副》一束，今日奉到，感感。宓在外国，却极思故乡及故友，望　君等有暇多赐音书，盼祷。

（二）《大公报》最近已由馆中直寄巴黎，甚好。知　念，特闻。

（三）《文副》内容甚佳，拙诗未能多登，宓极谅解。知因篇幅拥挤，仍望得间选登，尤以篇幅较长者为要（尊选甚是）。[①]

---

[①] 作者于首页末尾有注：此函二纸，已写成待发，乃接二月六日来函，故多删改，以红笔为记。

（四）昨谒伯希和①，其人乃一精明强干之人，又系一考据学者，宓不喜之。彼初见宓，极冷淡。宓乃自陈为《学衡》编辑，彼略重视。彼疑《学衡》已停，宓告以未。继宓又言　静庵先生及陈寅恪兄，彼对宓乃敬礼有加。然彼之工夫，纯属有形的研究，难与语精神文艺。彼视《清华学报》《述学社国学月报》为有价值之杂志，彼以李济、董作宾为上等学者。……末后，彼询　寅恪兄住址，宓具以告。宓又书　江清名，并细陈　弟之关系（静庵先生，寅恪兄）及造诣。

弟下年到此，与之面谈，必可 impress him，但求职事则必无望，可断言也。（英国方面之希望，详前函，有消息再告。）

（五）宓对江清出洋事，意见如下：（ⅰ）初到外国，人地生疏，居处隘，书籍散，不如在国内研究之便利。故如　弟所拟研著之《中国文学史》或《元曲方言研究》，最好在中国即秘密作好，勿令人知。到英或法国后，再加以在此所得之材料，略为增改，不多费时力，然后在此提出公布，假为在此作成者。或在此（如《通讯》）以西文发表；或用为博士论文。总之在中国作成再出来，实上策。（ⅱ）英语须练习公开演讲及会话（假定伦敦职事有望，否则不必）。法语在中国宜多记单字，将不规则动词（Conjugation of Pouvoir, Vouloir, Savoir, etc.）变化，熟记能背。到此时，矫正发音，练习会话，则有水到渠成之功。

宓意，若英国事不成，在此无职薪，则　江清弟今年不必出洋，而在国内从事著作；于1932—1933再出洋。婚姻问题，最好今年解决。——在欧美甚感觉男女关系之强烈及迫切；故或带爱人同来，

---

① 伯希和 Paul Pelliot 保罗·佩利奥（1878—1945），法国汉学家。曾从著名汉学家沙畹、高第学汉文。通汉、满、蒙、藏、阿拉伯、波斯等多种语言，研究中西交通史。高第死后，负责主编《通报》。

或寄情于远地之知心妻,或在此得便求爱,三者必行其一(宓则均不得行)。

(六)请向中华代购第一至七十期《学衡》整部三部。第一部寄庄士敦,第二部寄叶慈(均伦敦,住址详前函)。第三部寄伯希和 Professor Paul Pelliot, 38 Rue de Varenne, Paris VII$^e$, France。寄出之日,函宓知,并以实需邮费(连中华寄平邮费)若干示知,再由宓在此开发票,向彼等收款。凡寄宓函件,所用邮费,均另开一账,由宓自担任。

(七)以后《文副》可不必再寄来,因《大公报》已源源而来。代毛女士(美国)订之《大公报》,二月底期满,可不必续订。

(八)陶燠民君求　弟费神代寄三书来此,可寄宓收——

(ⅰ)《戚林八音》(系中国琴谱)

(ⅱ)*Latin Grammar for Beginners*(名未确)

此二书为陶君自有。陶书在宓处者,放在一小书架上(吴延增知之),原置稻孙先生室中,今或在宓室。此二书即在其内,令吴延增寻取。

(ⅲ)《闽方言考》——叶俊生著(此书请<u>代购</u>一册,费记宓账)。按叶为陈衍弟子,1925年投考研究院,曾呈此书为成绩。Lib. 有之。

(九)附函请分别代为付邮(欲　弟知其内情,俾资接洽)。

(十)《学衡》68期一册,请寄伦敦王兆俊(此层今知已办矣)。69期以后不必再寄,因王君只要看 *Childe Harold* III 译本也。

1931 二月二十五日　宓自巴黎上书

## 十二①

江清仁弟：

前复一函，谅达。顷见《文副》某期，排在星期二，不知系一次偶然，抑常常如此？宓因昔欲攀附圣伯甫，故特选星期一，且读者以习惯已成，遇星一必寻《文副》看，故宓甚望将来仍能恢复星期一之旧例。惟　弟便中图之，迟速无关系也。

《大公报》由馆中寄巴黎者，忽到忽辍，《文副》不能全见，故仍望饬吴延增续寄《文副》。仍接前次所寄者，俾得通睹。

《学衡》69、70期，得到后，祈寄一本来此。

宓不日即游意国，旅行团之期程附上存阅。在伦敦托办之事，谅已办。

美洲方面，毛君函称已决意嫁宓，惟因双方未见面，不免各有怀疑，故规定于六月初（本学年完后）来欧，面谈之后结婚。如届时一方有不满意，则尽可不必勉强，仍为知友。……此办法宓甚赞成。宓一向极力催毛君来欧，因欧洲生活丰美多趣，而毛君则屡函电邀宓赴美，谓彼可于六月来，不能早来，因恐万一谈后不婚，亲友皆笑彼来欧见宓，而婚事不成，对Mich.学校方面（又有校中津贴关系）亦无可措词，故决于六月初来，非冷淡也，云云。宓现已赞成其六月初来之办法，已不再催。

宓之态度，如与毛君面谈后，为彼此倾倒，且适合，即在此结婚同归。如不适合，则决与毛君为友以终。而宓亦不再找任何女子。宓近来对此事已甚冷淡。毛君方面，已成不可解之缘。故若毛君不成，即

---

① 此信共两页，作者于每页上方皆以红笔注有：Confidential。

从此止步,常居西客厅,以诗文著述自娱,亦实佳事,此为宓最近之真希望。至陈仰贤君虽有可爱处,然彼实适于为友而不适为妻者,且其人爱叶君极坚且痴,任何人不能动其心,况宓乎?况又有心一与毛君之纠纷乎?得一美满之知友,胜于得一贤妻,宓记 吾父昔年之训,故对陈君今后决不进行,亦决不存丝毫爱之之心,但如昔而为友。

弟为我知己,敢竭诚以告,俾共心印,——馀续详。

1931 三月十五日　宓

## 十三

江清仁弟:

宓今晨离此,游意、瑞二国,准于四月二十日回到巴黎。回国期在七月中,能早便早。《文副》事仍望鼎力维持,详情俟回国再议。

宓近日意绪不佳,毛君事殊无结果。宓于三月上半月,去三电,彼约定六月初到此面谈,又忽于三月十五日来一电云"am yours forever"……宓即又去函电,催其速来,谓"若不在此同度此美丽之春光,不如不婚"。彼遽来电绝交。如斯反复,令人难受。此一事也,陈君仰贤处,宓决无意思。盖彼爱叶君极至,决难转移。吾恒为失恋或被弃之女子忧,不知,彼失恋或被弃之女子,反不要我们离婚之人。世事之不平甚矣。惟陈君终在寻常女子之上,回思去年春夏间,与 君,与 叶君与陈女士等,在清华、燕京往还之乐,决难再得。宓归后必不可再有此境界,哀哉!哀哉!此又一事也。……宓因将游瑞士,曾函吕碧城女士,欲往访论文。因素赏其词,故于函中赞美之。乃彼误会,且不知宓为如何人,而以宓为上海报馆中无聊文人之流,对彼有所求或慕色,或贪财,有所利之,来函盛气侵凌,宓甚为懊丧。此又一事也。总之,世间人(尤其今之中国人,无分男女)总是把人看做坏人,而真正好人乃蒙欺侮、冤屈。又世人作文作诗,都是说假话。其文中所表示者,与其人之心性行事大相径庭。惟有吾人,要<u>文行</u>一致,因此自苦而见恼于人。难哉! 至于女子多情者真不易得,其他不论,无怪叶君辈终日痛骂女子,如何如何。

昨闻潘式(凫公)被捕,解沈,未知生命如何? 祈探查,示知。请即据 君已知者而速复我。

又已出版之《学衡》,请各寄一册来(巴黎 American Express Co.)。又《文副》仍望续寄一份,宓看了仍带回。请嘱吴延增把宓之衣服取出晒于日光中。宓归来十之八九仍住西客厅。在外旅行奔波,收拾行李,诸皆自办。回想仍是西客厅为世间最安乐之地,既便工作,又可休养消遣。颇悔年来一切多事,徒惹麻烦。然<u>不安本分</u>亦是人性,我亦不免,奈何奈何!

匆此即请日安,不尽。

1931 三月二十八日晨巴黎,宓上

## 十四①

江清仁弟:

《学衡》71 期,收到。但 69、70 期未见,如未寄,请即寄。

英国 Colonel Yetts 顷来书,述二事:(一)庄士敦君,业已正式被举为伦敦大学汉文教授。宓当即去函接洽,容后告。(二)催问前托宓

---

① 信首空白处,作者书有大字之注:此函之目的,在求 弟即日直接复叶慈函,并寄回原件,要要。

代求 弟疏解之碑文,如何?盼速复……。按此事关系重要,望弟速即直接函复叶慈君,勿稍迟。

闻清华校长已委吴某,名未详。确否?已就任否?

宓近日在 Genève 访寻 Byron, Rousseau, Mme de Staël 古迹甚多,画片尽购。明年教授编稿,均多新材料矣。可向学生中微露此消息,俾彼等知我游对功课有益。

宓与毛君事,一再反复,恐无结果,归来仍决住西客厅。

宓一腔热情,无所施用;生平到处能得极上等之男子为我之倾心投胆之友;而对平庸之女子,且多失败,难矣哉!然宓现时心境极乐且平,归来不婚亦毫不苦;即婚,但为妻而求妻,当亦不难,惟为毛君惜耳。她哪能再得我这样的人,为情人、为丈夫!(此非自夸,乃实情。)

1931 四月十八晚 Genève
宓顿首

归来拟以一年之力,完成《欧游杂诗》。又小说归来即着笔,新得灵感极多。

寄件仍由巴黎 American Express Co. 转。

## 十五

20, April 1931

江清仁弟:

今寄上卢梭诗三首,注三纸,画两张,祈检收,并恳从速刊登《文副》(并嘱朱保雄登入《周刊》)。画二张如嫌多,可登甲;甲有 duplicate,此片不必索回;乙则无同样之副本,故乙请代保存。(尚有诸多画片,容带回面示。)

昨寄上 Chillon 诗一首,画数张,谅已到(该画至望保存勿失)。

昨又函请速复 Yetts 君,并寄还原件,谅已办。

凌其翊君,为宓极亲爱之友;其人深研哲学,并通法国文学,已与约定,回国后在此二方面为《文副》助力。宓又托凌君亦撰文一篇,评杜威,俾为杜威专号之预备(此件至望努力)。

弟办《文副》一年,声誉鹊起,诸友均来函称赞不已,且以知人之明锡宓;此皆 弟学力有素,宓与有荣,感慰之情,不可言宣。

宓大约七月回国,迟到八月,以某种缘故,迟早不能自主。但《文副》下年(1931—1932)决仍恳 弟续行主办,一切与今年全同。宓愿任西洋文学一部分,计字取酬;外此全权全责仍与 弟;宓当以个人之全力为助,至对报馆方面,名义上宓任弟任均可。宓决以全力经营《学衡》,且决着手著长篇小说。为此,恳弟勿辞贤劳,对《文副》可作永久计划。至于暑假中,如宓归迟而弟须南归省亲,则最好(如宓1928往事)预备预发四五期之稿,而后南行;或托可靠之友代发。

此祝日安。

宓(Genève)

## 十六

仰贤并转江清仁弟同鉴:

前寄(一)Chateau de Chillon(二)Rousseau(三)Mme de Staël 诸诗(附画),均在瑞士所作,谅收到。今寄上《湖景总叙》一诗(并记)一画,祈与前诗速即刊入《文副》,感感。

自回到巴黎后,每日在巴黎大学听讲,并读书,于是遂未作诗,然材料甚多,归来即可补成之也。

日前观演《茶花女》剧,好极,且观众(尤其女客)深为感动,满场欷歔。关于此件,宓另有文一篇,日内写寄备采。

日昨接美洲毛君函,谓其　父病重,家人促归,原拟六月来欧,但必宓能确定"到欧必结婚,且婚后必能相爱",则来欧,如不然,则拟由美直回中国,请宓审决云云。宓复函(实出真情),谓一年已尽,宓心情大异于前,此刻宓心境极超脱,为婚为友,向前向后,无所不可,无论如何均满意,均可行;惟婚事,最好见面后,久处细谈,乃决定,方为正妥办法;如不来欧,亦无妨,他日在北平就职后,自可常常晤会,云云。盖此时宓之身心,确比前此半年馀为健爽;同时,深悟人生各事之须出自然(自然方是真),不可丝毫勉强;而毛君之迟迟其来,殊使宓失望,此时即来欧,一切促迫,亦无佳趣;故如此复毛君(未来如何,惟在上帝之圣心中而已)。弟等深契关怀,故以相告,祈勿为外人道,恐尚有变化也。

在此游中所识美国女士,宓甚觉其人可爱,然中国情形太糟,美国富厚,相去天渊;况宓之身世实况如此,即无其他因缘,恐亦不敢作非非想;故仅为友往还,将以友终。此层亦祈勿为外人道。

宓七月内必可抵北平,为　君等述说欧洲风物(并带回画片),引为乐事;仍必住西客厅,祈为注意。(新校长到校,有何变化,对吾人无妨碍否?)

下年《文副》决请江清弟续编,一切如今年例;而宓除编《学衡》外,决从事小说之著作。祈江清弟代为搜购二书:(一)《海外缤纷录》(巴黎为主),上海卿云书店出版,八册。(二)《留欧外史》(德国为主),上海美的书店出版。以上二书请设法寻求,俾作参考。

上次函请速复叶慈君 Yetts,并将原件(佛碑)寄还,望速办,勿再一日迟。

《大公报》近来常到,《文副》惟寄有宓诗者,俾有二份。《学衡》

请勿寄来,因不久即回国(大约仍由 Siberia)。诸友均代候。

又前托代购(一)《于右任诗集》(新印),(二)《郑海藏诗集》(非卖品),(三)重印《人境庐诗》(如有价值,则购;否则,止)。……不尽,即候 日 安。

(清华人传说宓在此学跳舞,其实尚未学也。吾人讲爱情,妓女则决不接近。)

1931 五月五日晚　宓上

## 十七①

江清仁弟：

昨上一函,谅达。宓虽欲早归,然以种种关系,恐不能赶到。

弟暑假回家,请勿候我,只须预先编成《文副》四五期之稿,送交报馆, 弟即南归。以后仍由 弟接办,俟 弟返清华后,再与宓面谈,届时交代诸事,不迟。宓在外国,当勉力撰成文稿数篇,不日寄上,以助 弟预编四、五期之劳忙困难而已(最好七月编稿,八月回南)。

兹有诸事奉托,条列如下,祈速办,勿稍延——

一、为叶慈君代购《八瓊室金石補正》(另纸详),挂号速寄彼收。寄叶君家中,住址请钞存。此件速办,先寄去勿延。

二、配齐《学衡》1—74 全一部,邮包十二册一包挂号,寄伦敦大学东方学院图书馆(住址见下)钞存。

---

① 作者于信笺空白处有红笔注：庄君及叶君均有英金数镑交宓。宓拟带回中国,再细算。今所办各件,其费均请 弟代垫,俟宓归后计算清偿。

（注）配齐之法,先令吴延增查明旧藏各期,参看六、庄君一层。然后向中华半价(六十九期以下,六期)购其缺期,补齐。俟1—74全到,然后寄出。

三、为该学院订《大公报》,全年一份,由现时起,命报馆直寄该学院,地址如下：

The Library,

London School of Oriental Studies,

Finsbury Circus, London, E. C. 2

England

四、叶慈君函二纸,请一阅,——彼编 *Annual Register*,需用中国书报,请 弟一细思,尚有何种报章杂志,可以寄彼——如有即请代购寄。《国学论丛》,可请其赠寄伦敦东方学院一部——可寄叶慈君(家中)收。

1930之《大公报·文学副刊》,但如无多馀,则不必勉强。如能理出一份,请寄叶慈君(赠)。

五、为庄士敦君订《大公报》全年一份,由现时起。住址如下——

Sir R. F. Johnston(庄士敦先生),

4 Eversfield Road, Richmond Surrey

London, England

六、庄君之《学衡》,已有1—74全部,无缺,可不必再寄。——如果 弟处已经寄了几期与庄君,则当函庄君将此重复之数期转交叶慈君,付伦敦学院。而 弟寄伦敦学院时,即将此诸期扣去,抽出,勿寄。(参看二条)

1931 五月二十九晚一时　宓上(巴黎)

## 十八

江清弟：

一、按照来函所述，宓为弟抉择，暂不出国为是，因（一）助教（伦敦）未定，且职微薪薄，不甚值得。不如在中国，乘今授此课，将《中国文学史》著成，他日即以此书英译或法译，则出国一次，可得博士，以为应世之利便。（二）恋爱婚姻，亦是极重要之事，应即解决，其要点，以多看细选为主，应重 object 而轻 method，即如有合意之女子，不拘何种方法。应多托人介绍，以貌美心和为要，不必求其学识之高。苟不能决，则到外国，男女之爱及欲之刺戟及暗示极强，此一年甚为难过。（三）下年《文副》拟仍恳 弟主持。宓个人可以助力及改良之处，容面详。

二、庄公继任，助教事尚未定，但宓最近已荐陶燠民君，并由宓出旅费，使陶君日内即赴英一见庄公，且为后地。理由：（一）陶君带来之钱已完，急需职事，否则不能度日，必须暑假回国。比较缓急，弟可暂不出国，而陶必得事，否则须回国，故宓改荐陶。（二）庄公云，校中要此人教北京官话，发音正确，此为第一要件，——而陶君此层较弟胜任。（三）庄公云：浦远而陶近，愿先与陶面洽再定，故使陶往。

三、《欧游杂诗》，日内即再写上。但大部分须俟回国后补作。旧作已寄上而未登者，请均登出。

四、宓行程如下：六月下旬离巴黎，赴德国游历。七月中由德国起程，约八月十日以前可到北平。但弟要南归，则最好先预编成《文副》四、五期稿，送交报馆，南归期内，概不更动，弟回清华后续编（宓拟不接收——即接收，亦俟九十月面商再定，弟先续办下去），不必候宓。

五、September 在 Leyden，有 18th International Oriental Congress①，欧洲之汉学家皆到，或劝宓到此会，代表中国。初拟赴会，但思（一）清华恐不喜宓续假须十月十日方可回校。（二）弟盼宓为《文副》速归，而郭君等亦盼宓为《学衡》而速归，故决即归。今后拟注重个人著作，为《文副》多作长篇专文，且着笔小说。

六、毛君忽来忽不来，宓心情已变，甚爱西洋女子，未必能得，故颇偏重于<u>不婚</u>主义，一切容面谈。

七、附上谢康②（在此所识）诗，附画，乞裁决：如可登，则登之（注明自巴黎投稿，说明无酬金）；如不可登，请由弟用编辑部印章，直接挂号寄还，勿由宓转交，因朋友面子难为情也。总之，不登，则速寄还勿压。

1931 六月八日晚　宓上（巴黎）

---

① 9月在（荷兰）莱顿大学，有第十八届国际东方学大会。
② 谢康(1901—1994)，字永年，广西柳城人。时在巴黎大学和法兰西学院研究，为国民党中央宣传部驻欧宣传委员。1937年获巴黎大学文科博士学位。曾任广西省政府编审室主任，中央政治学校、广西大学、海南大学、香港珠海大学、台湾东海大学教授。

# 致卞慧新①

## 一

尊稿在敝处搁置已久,两奉 手书,而未奉还,我之咎也。盖以尊作内容切实而文辞渊茂,初拟登载,故遂收存。乃因《文副》篇幅拥挤,每期又有类似新闻式之稿件,不得不即登,以是愈待愈久,愈觉无以对 足下。今其书二版既出,更使 尊作失效。惭惶之馀,只有如 命奉还。

通信地址离校后倘蒙见示,不久拙作诗集出版,当奉赠一册,以酬雅意。即颂
学 安

吴 宓顿首
二十二年十二月十四日

## 二②

统读各篇,诗情极富,诗意甚深。源远则流可长,本立则末自

---

① 此为作者寄还清华大学学生卞慧新投登《大公报·文学副刊》稿件时附加识语。
卞慧新(1912— ),字伯耕,又字僧慧,天津人。清华大学历史系毕业。曾任天津社会科学院研究员。
② 此为作者对卞慧新所作《病中吟》诸诗之评语。

易,苟时读诗而时作诗,格律词藻易进步也。

尊作多为宋人诗体,间以汉魏六朝今拟劝　君细读熟读黄晦闻师《蒹葭楼诗》,我愿助　君释疑,并互论。若夫宋贤之诗,愚最爱陆放翁,试读其《剑南诗钞》扫叶山房石印本看能合脾胃否？馀容随时面谈。

吴 宓
二十六年四月十五日

### 三①

全诗极好,五六句箴规,语意尤高而挚。原诗已正式录入诗册中,故以原稿奉还。

暑中如暇,可单独,或偕张志岳②君同来我处(临时先以电示)。来时最好在下午五时,叙谈之顷,即在我处晚饭,并同散步。任何日均可。

宓顿首
二十六年六月二十九日

君之字,是否即僧慧,抑另有字？

---

① 此信书于卞慧新《白云一首呈　雨生师》诗笺。原诗为:白云苍狗委皇天,孤愤难消忧思煎。耿耿衷怀能自谅,涓涓逸口总相牵。千秋事业须为计,百岁精强肯浪捐。终古北辰常不改,操舟坚定济危渊。
② 张志岳(1911—1993),江西余干人。清华大学中文系1938年毕业。曾任中学教员,浙江大学中文系助教、讲师,长春会计专科学校语文教员,哈尔滨师范学院副教授、教授。

## 致燕耦白①

始奉 尊函,见其字迹工整,词意诚恳,即已感佩。继得 复片,告我尊址,弟曾屡次草为复函,均未能就。固缘事忙心苦,亦因别有伤心之事。缘《文副》发刊数载,虽外间不乏赞赏之人如 君者,而本报馆当局,则殊不喜之。今秋《文艺副刊》《图书评论》等先后出版,究其内容,似已暗取《文副》而代之(即名义亦重复,不能并存),弟已心知《文副》命必不久。适于此时,君乃函劝出三百期纪念刊。夫以临危垂死之《文副》,而庆祝之胡为者。弟既感 盛意,益为《文副》潜哭。在我只有如旧努力编辑,静待其变。果也,十二月二十九日,弟正在撰作《第七年之本副刊》一文,忽奉 报馆快函,云:"顷经社务会议议决,《文学副刊》着即停办,特此奉达"云云。弟于三百十三期稿中,特撰《文学副刊停刊宣言》一短文,将 报馆来函悉照原文录入,未敢着评语,意在使世人知《文副》之停,非由编者怠惰,乃由 报馆之威命。又附函祈求必登此宣言。次日,又去一函,重申此请。乃元旦刊出,此文竟未予照登,另由馆中撰《本报启事》说明停办。其下三条,乃弟原文之末段。……弟之编《文副》,乃因与 张季鸾先生有乡世谊,且昔年赞佩张君之社论,曾于弟所编之《学衡》中为文以揄扬之,故张君邀弟编《文副》,不计报酬(即如

---

① 燕耦白为《大公报·文学副刊》热心读者。从信封及邮戳看,作者此信系民国二十三年一月三日,由北平清华园邮局寄发天津河北省立法商学院蔡睿夫先生转交燕耦白先生台启者。

此信为保定沈君于2003年11月从邻居家丢弃的旧书中发现,辗转通过《保定晚报》《光明日报》记者向作者家属提供了该信复印件。

《文艺副刊》酬金较《文副》为高），不理世情，悉心工作，克勤克劳；不意突遭此结局。其中真因，弟尚不知。观元旦日《本报副刊改定启事》，则胡、杨、傅等诸君皆嫉恶《学衡》，因之嫉弟者。之见重于《大公报》，其弟之被摈之原动力乎！

辱承惠爱《文副》，敢布腹心。万不可与外人道。他年如到北平，甚盼　赐一面。文字知己，无任神驰。即请
学　安

大公报文学副刊编辑部<br/>吴　宓顿首<br/>民国二十二年<br/>十二月三十一日

## 致周煦良①

近日甚忙。奉　示,准一月二日下午四时趋赴　尊约,不误。此请
煦良兄　岁安

　　　　　　　　　　　　　　　　　　　　　　弟　宓顿首

近撰《空轩诗话》,凡数万言,拟印入《诗集》,故忙。

---

① 此数行书于"国立清华大学用笺",盖有"中华民国二十三年十二月二十九日"印戳。
周煦良(1905—1984),安徽东至人。留学英国爱丁堡大学。曾任暨南大学、四川大学、光华大学、武汉大学、华东师范大学外语系教授。1958年调上海市哲学社会科学学会联合会,1962年起任中国作家协会上海分会书记处书记和上海文联副秘书长。

# 致钱基博①

子泉先生尊座

拙集②印成，曾提前以一册寄交　锺书，知已收到，携上海舟矣。今已正式出版，敬奉一册求　教，因省邮转之繁费，故不寄书而寄券，饬人持券至南京或上海中华书局即可得书。

先生乃宓夙所崇敬之人，屡蒙　惠赐各书，均经细读。拙集今望切实　指正，并惠赐提示，俾增多读者。自《大公报·文学副刊》被人破坏而停刊后，虽有主张，无由刊布。而国势日益危急，所需于真正之道学以救世者亦日益切，宓《诗集》虽叙个人情志，而于民族精神及文章本旨，于卷末附录中，三致意焉，或以儇薄视之，误矣。惟　先生察之。专请

近　安

吴宓顿首
民国二十四年
八月三十一日

---

① 钱基博（1887—1957），字子泉，江苏无锡人。曾任北京清华学校国文教授，南京第四中山大学中文系教授兼主任，无锡国学专修学校教务主任，光华大学文学院院长，浙江大学、华中大学（后改为华中师范学院）中文系教授。
② 指《吴宓诗集》，上海中华书局1935年5月出版。

## 致陈 绚①

### 一

宜珍贤妹：

连日畅谈，至为快适。拆视　赐还之书包，得白色袜带，知妹急欲还书之意，实在此物，深感周密。以　妹待我情意之厚，既感且愧，恐难报答。辄申二义，祈　鉴察曲恕。

（一）我之心情境遇，业已陈述。虽对　妹敬服已极，然我既决意不再结婚，故迟早终不能以婚姻报答　知遇。至于恋爱，尤为不合情理之事，所不当爱者却曾爱之，所极当爱者今乃不爱。有爱无爱，出乎自然，一二分钟可决。我不能以爱情奉献于　妹，自知甚明，历久恐亦难改。

（二）彼此以友谊及兄妹之情，往还谈叙，对我固极有益，惟见面太多，谈话过劳，事务工作，静息休养，皆嫌不足；对其他友朋接洽周旋之时间，亦难分配。故今请与　妹约，每星期三下午课毕，在城中会晤。外此，非有急要之事，祈　勿赐教。……②，留待后日面谈。平日不送物，不写信，亦不复信，不电谈，不……③，几若不知

---

① 作者致陈绚信四通，乃王克司先生自北京潘家园旧货市场购得，复印给家属者。陈绚，女，字宜珍，福建闽侯人。陈总（岱孙）之从妹，毕业于燕京大学哲学系。后为姚从吾夫人。
② 信笺破损，缺字。
③ 信笺破损，缺字。

世间有此人存在,如是方可永为好友。 妹能如此,感激实深,乖僻之讥,所不敢辞。(本星期日,宓另有事,恐终日不在清华。近来宓时间精力费于 妹者较费于任何人者为多,然已尽其所能为,过此实难矣。)

二十四年十月初十日晚十时 吴宓

## 二

绚妹:

昨晚谈甚畅,我始诉我之情况,惜 驾遽去。……今日能否再晤?如可,祈晨间再来此。今日清华全体游西山,此间极静。 君来此较便,盼切。我今日似真有病,但我一切实不自知。 君能来,务祈来。即要入城,可由此乘汽车去。……请赐一字复。即请晨 安

宓顿首<br>二十四年十月二十六日<br>七时一刻,尚未穿衣。

## 三

绚妹:

师范大学将宓课改排于星期五 3—5 时,故再与 君改约如下:
一、本星期三下午三时,如君到青年会西餐室,即可晤谈——但宓四时汽车回校。

二、如星期三不晤,则准于星期五下午五时一刻,去市场葆荣斋楼上会见。宓下课即来。

三、我星期四不入城。 妹照右而行,无需复信。

宓顿首

二十四年十一月十五日

## 四

宜珍贤妹:

昨晚在燕京某宅便宴,席间闻人谈及燕京历史研究生陈统君于前数日病逝。以意度之,必是 令弟。何胜伤悼!窃思 妹忧患重经,心情郁苦,更遭此变,何以支持?家中二老,谅必十分伤怀,而侍慰之责,愁烦所聚,皆在 妹之一身。宓不知何以解慰也。……

日前匆匆未及晤谈,晨间送函,更嫌唐突,终乃未能远遁,勉强羁留于此,随众周旋,而烦闷逾恒,矛盾已极。但以 妹本身之苦如此,宓更何敢向 妹诉说,诸希 恕谅而已。

此祝

日 安

宓顿首

二十五年五月初五日

# 致靳文翰[①]

文翰学友：

顷将　赐赠　尊翁　仲云先生《居易斋诗词集》十馀卷,披读一过,数日毕事;沉博绝丽,感慨苍凉,欣佩莫名。窃以古今诗人,可分主观、客观二类。主观者重抒情,而情不离己,故词必清简,所作亦弗能多。客观者重写物,而物缘于境,故学必丰富;然后游踪所到,举凡山水云石、城殿寺井,均与典籍所记、志乘所载,诸多历史事实、风流梦影,合而为一,灿烂缤纷。于是其所作,匪特能精,且可多也。

统观　仲云先生所作,似属于客观一类。其学之富,艺之精,用典之工,造句之妙,前此不恒见,今后更希有矣。　仲云先生之身世及游居地域,年月前后,集中昭然可见。其史地之经历可云甚广,后之人恐无此学,匪特不能作,且亦不能读此类诗也。近读孙师郑(雄)《郑斋感逝诗》若干卷,亦有此感。今之"学者",难与言"国故"矣。然全集之作,情志不匮,旨意分明,怀抱芬芳;偶增序跋,言之尤为明显。读竟低徊神往,则于主观诗人之所长,亦未有缺也。

一. 卷八,十七页,《虞姬》诗、序,云云——读之增感,深为同情。

二. 卷九,《榆关集》,序、后序——岂但可备史乘,抑且实写生活,情与意并真挚。时宓方在沈阳。

三. 卷十三,《旧京集》序,三页,《致游君书》——此种观点及态

---

[①] 靳文翰(1913—　　),河南开封人,1937年毕业于清华大学研究院,1942年获加拿大多伦多大学法学硕士学位。回国后,任清华大学研究院研究员。1949年后,先后任圣约翰大学、复旦大学教授。多年从事世界史及文化史的教学和研究。

度,洵为中正,宓极赞成。至若旧京之山石地址,我所深恋。集中往还酬唱之人物,亦不乏素识,尤令我流连也。

四. 卷十五,《入洛集》,一页—— 仲云先生系光绪丁酉拔贡。按吾父 仲旗公(名建常)亦丁酉年拔贡(自是未上进于功名),籍隶陕西泾阳,是则宓当以 年伯敬称,尊为前辈也(吾 父任监察院参事,二十一年春,亦由宁赴洛,至冬始返宁,适同时,恐未相识)。

五. 卷十五,十七页—— 仲云先生庚子入秦,宓则侍 父与 先祖母赴沪。又二十三页之毛俊臣,亦 父执友。

六.《北征集》十六页——丁酉拔贡,见上条。

七.《诗馀》一卷,六页——南京鼓楼二条巷——我于民国十至十二年,居此巷二年。所居周姓二层楼房,在巷内东口路南第一家,未知今尚在否?九页,同。

其他读时所感,不及尽记。拙作《吴宓诗集》一册,敬求 仲云先生切实指教。持券可向南京中华书局取书,费已付。书中卷三,有吾 父像。集中地域人事,可与《居易斋集》中互相印证之处甚多,惟学薄文劣,为可惭耳。

足下如有 作见示,尤欣盼。读《居易斋集》,知 贤郎亦早能诗也。专此即颂

吟 安

吴宓顿首[1]

---

[1] 此信落款处虽未书写信日期,但信笺首页盖有吴宓印章及日期戳记:中华民国贰拾五年五月拾九日。

# 致陈 逵

一

弼猷：

正要写信,忽奉 来书,极慰。兹汇述诸项,祈心照,勿宣于外。——

(一)自竺公长浙大之消息传出后,张其昀(晓峰)①与景昌极君即来函敦聘宓,宓亦知变换环境之好处,但以种种理由(详下),决定仍留清华。但立即函张,言 陈逵兄如何如何之好,务祈留其在浙大云云。张复函云,已言之于竺公矣。宓希望 兄能留在浙大,此一局也。

(二)四月初消息,四川大学聘张颐(真如)为文学院长,杨宗翰将回北平,仍主师大外文系云云。又闻胡适且将取消北大哲系,而退除汤用彤、贺麟二教授云云。闻任鸿隽已到平(宓未见),仍住西城察院胡同。

(三)宓以种种感触,对于道德、名誉、爱国、民族主义、改良社会、共产、革命 etc. etc,一体厌恶,痛恨。对于家庭、朋友、种种关系

---

① 张其昀(1901—1985),字晓峰,浙江鄞县人。东南大学史地部 1923 年毕业。曾任商务印书馆编辑,中央大学、浙江大学、中央政治学校教授,浙大史地部主任、文学院院长。1949 年去台湾,先后任中国国民党总裁办公室秘书组长,国民党中央宣传部部长,行政院政务委员兼教育部部长,中央研究院评议员,国民党第九、十、十一届中央常委,"总统府"资政,国民党中央评议员兼主席团主席。

人,一体忘怀漠视。宓今所爱读者,为 Shakespeare's *Timon of Athens*①,等一类文章。宓最恨人称宓为"韩愈""曾文正"或《学衡》编者,《忏情诗》作者,etc.。今社会中人,绝不察各人个性,及以往历史,而只责我与心一离婚之不合道德,不责 M 女士之甘为 gold-digger②,而反说宓为"始乱之而终弃之",……总之,今社会中人,无情又无识,不智,不仁;可恨,不可怜,我们若为反抗(as a protest)社会而自杀,已不值得,悔不于十五六岁起,即作<u>大恶之人</u>,则今日必快乐又享美誉也。

(四)心一住教场四条五号,来函云云,当转告。宓亦不常见心一,因见面虽亦和平,而宓内心之痛极深,反促起自己之不快也。

1936 五月二十九日 宓顿首

<h2 align="center">二</h2>

粥猷:

示悉(附函已送交)。关于心一事,宓今变为消极,即一切听其自然。又曾与 姑母等商谈,均谓"在宓可一切不必过问,在心一居北平对她本身实较便利"。故宓今决不问不思,即听心一居平。至学淑宓甚望其住校内(贝满),此初非为心一南迁计也。宓原拟南下省 父(南京),随到沪杭,与 兄一谈叙。乃以兴致不佳,欲行又止,且又须阅留美考英文卷,九月一日即补考(上学期),故遂不动,吾 父不久或将来平云。承 示"凡事勿太细心",此宓一生

---

① 莎士比亚之《雅典的泰门》。
② 毛(彦文)女士之甘为掘金者。

失败之因,今已明白,然已太迟。记前者有一次函中曾提及宓在平喜爱一女子,今其事已无望,主因此人年太幼,仅19¾岁,自然之障碍无可挽救也。……宓近读苏东坡诗,不合本性,然如反面之药也。……

宓顿首<br>1936年八月十七日

## 三①

弼猷兄:

梁宗岱夫妇过此　知　兄情形。岱甚进步矣。病床奉到《狷馀吟草》,匆匆一读,极欣佩,容后详批复。三月中,弟挂号寄上《墨西哥抒情诗》一册,究竟收到否?下次来函请明言之。

闻　兄龙性难驯,近复有离去浙大,幸被汉主追回韩信,不胜忧急。伏劝　兄今后(一)专以自作之诗,发泄理想及感情。(二)应坚信理想永存于大宇宙全体事物之中,而(三)不求理想实现于当前小环境中,故对于校事,应绝对不干涉,不议论,对国事亦勿为激切之言,对一切人要和气,宽恕。再读弟致宏度函中三幸之说。

"新墨西哥"集名似不妥,诚夔笔名亦然,盖欲隐反显,求藏弥露。故愚意不如直曰"抒情诗集",陈逵作,否则另想雅名。

兄往昔任性,到处结怨,负谤之处太多,而不知走来走去,来到

---

① 此信为收信人陈逵剪贴于其所作《新墨西哥抒情诗集》卷首,落款及时间均被剪去,据《吴宓日记》,此信当写于1939年仲夏。作者为陈逵诗集所作之跋,附录于后。

天涯海角,把持学校,充任院长、系主任者,仍是平、津那一般人,"无处避烦忧",只有随遇为安,力行忍让耳。

### 陈逵《新墨西哥抒情诗集》跋

全集境真、情真、理真,富于诗意,可谓真诗,是作者所独到。但旧诗格律,及造句遣词,颇多未合之处,此如美玉光辉内蕴,虽欠雕琢之功,正自可喜。平生深信"先具诗人之天性,再有诗人之生活,然后乃可作诗"。若此集作者,吾久推为中国今时之雪莱 Shelley,以其人似,今见其诗,亦谓似雪莱之短篇矣。世之知雪莱、爱雪莱者,当亦必知陈逵、爱陈逵,而有取于此集也。

一九三九年三月　　吴宓

云南　昆明

[附录]《狷馀吟草》总评:陈逵乃真诗人,其诗亦佳诗也。多情善感,遭遇痛苦,不合于世,或且愤郁以死,然后方能产生血泪结晶之诗,此陈逵诗之独擅胜处。至其工力技术,则每册更有进矣。

# 致梅贻琦①

一

**President Y. C. Mei**

National Tsing Hua University

March 26, 1937

My dear President Mei:

Having been teaching in Tsing Hua continuously for 6 years (1931 – 1937), I beg to apply for the privilege of a year of furlough in 1937 – 1938, to be combined with a scholarship and travelling expenses for studying for a full year in Europe (also in 1937 – 1938).

The purpose of my study in Europe is two-fold:

(1) To interview the famous scholars & teachers, and to read the new & inaccessible (in China) books, on the subject of Classical Literature & English Romantic Poets which I have been teaching in Tsing

---

① 梅贻琦(1889—1962),字月涵,天津人。美国伍斯特大学学士。1915 年入清华学校任教,先后任物理系主任兼教务长,清华大学校长,长沙临时大学、西南联合大学校委会常委兼主席。1946 年复任清华大学校长。1949 年赴巴黎参加联合国教科文组织会议,1950 年任华美协进社常务董事。1955 年去台湾,任教育部长、原子能委员会主任委员,新竹清华大学校长。

Hua as my specialty.

(2) To study seriously moral philosophy; & to observe and examine the life and people of Europe, especially with regard to their principles and motives of actions in both private and public life—with a view to preparing myself to write a book entitled 文学与人生 ( *Literature & Life* ). This book is intended to be an original work of new humanism, of moral theory and practice. It would really explain and reconcile the religious and moral teachings of both the East & the West, and with the scientific and naturalistic views. It would embody the wisdom of history and tradition, but apply it imaginatively to the facts and conditions of contemporary actual life. It will ( I hope ) provide a vital inner basis for the New Life Movement, and contribute to the moral and spiritual regeneration of our people. The book may take shape and be published a few years after my return. This is perhaps the greatest service I could do to China, in my humble capacity. And to do this, I need, not only to study and observe the West more conscientiously, with a plan & purpose; but also I need to live quietly and away from China, far and long enough, so that I could be free, detached & clear-sighted in working out my conclusion.

My plan is to go to Europe by the ocean-route in August 1937; to visit all the important countries, but to reside chiefly in Paris & London, for serious study and writing. I may add that my working out of a moral theory is to be based, not only on abstract ethics and metaphysics, but also on the direct sympathetic comprehension of actual life in various countries—so that, politics, labour, family, music and painting, etc., are all within my field of study and observation. That is why I do feel that I need a year of study and residence in Europe.

Yours faithfully<br>
Mi Wu　吴宓<br>
Department of Foreign<br>
Languages & Literature

国立清华大学
梅贻琦校长

亲爱的梅校长

鉴于我在清华已连续授课六年(1931—1937),我请求于1937—1938年享用休假和游学资助的待遇,赴欧洲旅行和研究一年(1937—1938)。

我赴欧洲研究有两重目的:

(1)访问著名的学者和教授,阅读(在中国)无法得到的有关古典文学和英国浪漫主义诗人的新书籍,这些是我在清华所讲授的专业课程。

(2)认真地研究道德哲学;并考察研究欧洲的人民和生活,特别是有关他们的个人及公共生活中的行为准则和动机——希望为我将写作《文学与人生》(*Literature & Life*)一书做准备。此书意欲成为新人文主义、道德理论和实践的独创性作品。它将以科学的和自然主义的观点真正阐述和协调东西方宗教及道德教义。

它将体现历史和传统的智慧,但却富有创造性地运用于当代实际生活的现实及环境。(我希望)它将为新生活运动提供至关重要的内在基础,为我们的人民道德和精神上的新生作出贡献。此书可能于我回国后的几年内完稿并出版。这也许是我以自己的绵薄之力为中国所做的最大奉献。因此我不仅需要根据计划和目标更加专注地研究和观察西方,我还需要长期远离中国,安静地生活,得以自由、客观和清晰地得出我的结论。

我计划于1937年8月由海路赴欧洲,访问所有的重要国家,但主要常住巴黎和伦敦,以进行认真的研究和写作。我想补充说明的是,我将作出的道德理论不仅建立在抽象的伦理学和玄学的基础上,而且基于对不同国家的实际生活直接且亲身的感觉。因此,政治、劳工、家庭、音乐和美术等等,均在我研究和考察的范围之内,正因为此,我切实感到需在欧洲居住研究一年。

您忠实的
吴宓　Mi Wu
外国语言文学系
1937年3月26日

二

梅校长并转评议会钧鉴:

按宓任教清华,已逾十有八年。自1930—1931休假赴欧洲游学,归后迄今,连任教课,未尝休息者,已十二年(1931—1943)。兹依拟本大学教授休假研究规例,请于下学年度1943—

1944休假一年。拟住居昆明或赴他地,此一年内,当将所编已油印,且分发学生。就之英文《欧洲文学史大纲》*Outline of the History of the World's Literature*① 再加修订,印成书籍出版,并将《文学与人生》讲义,续作完成。敬祈　核准,无任感幸。此请
公　安

文学院外国语文学系　教授
吴　宓上
三十二年三月十五日
北门街七十一号

二②

梅校长钧鉴:

　　查宓下学年度,已蒙　学校允许休假在案。惟顷细思,又拟下学年度暂不休假,仍照常上课,其理由(一)今陈福田君③休假,Winter④亦回美国,联大外文系教授较少,主要功课多缺,倘宓不休假,可授《欧洲文学史》(必修)、《中西诗之比较》(选修)二门,

---

　　① 作者在西南联大所授"欧洲文学史"课程,后改为"世界文学史",以其实际内容包括东方各国文学史,故其讲义定名"世界文学史大纲"。
　　② 此信有梅贻琦批复其上。"复:即照尊拟办理,当于系务补益更多。　足下热心维持,尤深感佩。　琦廿七。"又有冯友兰所签:"冯七、廿八。"
　　③ 陈福田(1897—1951),广东东莞人。美国夏威夷大学学士,哈佛大学硕士。清华大学外文系主任。时回檀香山休假,由吴宓任代理系主任。
　　④ Robert Winter 罗伯特·温德(1886—1987),美国人。美国芝加哥大学文学硕士。曾任美国西北大学、芝加哥大学教授。1923年来华,任东南大学教授。1925年由作者荐,任清华学校外文系教授。1952年改任北京大学教授。

对系中及学生当不无补益。(二)宓既承 钧命,不离昆明,一切生活如旧,且承 命代办清华外文系事,须指导新旧研究生数人学业,则在宓实与在校上课无异,故宁欲他年再休假,或可出国研究或在国内完全休息。(三)原拟出版《欧洲文学史英文讲义》事,不休假亦可缓缓进行,且修订此书,同时重授此课,正可相辅而为之。以上理由,谨请 准宓下学年度暂不休假,仍照常上课。至宓已领用之出版费、旅费六千元整,既不休假,理应退还。又本年三月二十日所借 校款一万元,已还六千元,尚欠四千元,以上共万元,当勉于半年内还清。如何之处,敬候 钧裁。已先奉商系主任陈福田君,蒙其认可。即请

日 安

外文系教授 吴 宓①上<br>(1943)七月二十六日

## 四

梅校长钧鉴:

按查本校外国语文系专任讲师李赋宁②君,于去年十二月请假回西安省亲,李君为故水利专家李协(仪祉)先生之子。李协先生兴修渭惠等渠,造福国省无限。其殁时(二十七年三月)赋宁方随校由湘迁滇。盖自二十六年秋至今,赋宁未尝一日离校,终岁勤学,师友交誉。去年六月赋宁在昆明大病一次,其寡母

---

① 作者名下盖有吴宓印章。
② 李赋宁(1917—2004),陕西蒲城人。清华大学研究生1941年毕业,留校任教。1946年赴美国耶鲁大学研究,1948年获英语语言文学硕士学位。1950年回国,任教清华大学。1952年改任北京大学教授。

思子綦切,故召还。行时,除向联大、清华外文系主任请假得许外,并以所任教课,托吴达元①、吴宓、王佐良②三君分授。每月薪津自十二月起由王佐良代领,全数分给代课之三君,各得三分之一。其留美预备班课,则托杨周翰③代授,薪津亦全归杨君领得。

赋宁回家本年一月初,始到家。后,适值母病,未忍遽离。本年三月,即拟回校销假,复以旅费难筹,函求设法。宓遂于四月一日、十四日两次由昆明汇去万元,并为代办在渝乘飞机用之学校证明书及私人有力请托函,同时寄去。但中原战事遽起(四月十七日),五月二十二日宓接赋宁西安来电云,"款俱收到,即设法首途。现交通极困难,能否抵滇,尚未可卜。宁。"该电未详月日,但赋宁急欲回校之心,则昭然若揭。而交通之困难,在今西安危急,军事运输与居民疏散,情形可以想见。

窃查李赋宁纯厚勤敏,为清华外文系近年毕业生中最有成绩与希望之人才。陈福田主任与吴达元教授素极称奖。其平日授课任职亦至忠勤。此次回籍省母,请假虽稍久,而课未尝缺,亦未支领分文薪金。决非偷懒取巧、旷职自私者所可比。且今正在冒危险、历困难,奔回学校,不日即可赶到。宓谨　呈报实情,以备　钧核。此请

---

① 吴达元(1905—1976),广东中山人。清华大学研究生1930年毕业留法,入巴黎大学、里昂大学研习法国文学、比较文学、拉丁文学。1934年回国,任清华大学外文系教授。1952年转入北京大学西语系任教,先后兼任法语教研室主任及副系主任。

② 王佐良(1916—1995),浙江上虞人。清华大学外文系1939年毕业后留校执教。1947年赴英国牛津大学研究英国文学。1949年回国,任北京外国语学院教授、顾问,兼中国社会科学院外国文学研究所研究员。

③ 杨周翰(1915—1989),原籍江苏苏州,生于北京。北京大学外文系毕业,留校任教。1946年赴英国牛津大学研究英国文学。1950年回国,任清华大学外文系副教授。1952年转入北京大学西语系任教授。

日安

　　　　　　代理外文系主任
　　　　　　吴　宓①上
　　　　　　三十三年六月九日

## 五

月涵校长钧鉴：

　　辱蒙　三校委五月九日、六月十五日两次　赐函慰留，敦促返校。又奉　冯芝生兄六月十八日　手书，转达　尊意，并深感激。清华福利金、美国援华会款分配情形，蒙　晓示以在昆明之人为限，盖为救济昆明物价之特高，而非平均分配，惠不及宓。此层既已明悉，宓不敢复有丝毫芥蒂，惟祈　恕其前函语意之矜直而已。惟关于宓之行止，及本学年不得已暂不回联大之事实及理由，谨为　钧座恺切详陈，伏望　鉴察。此为叙说私情之函，恳勿示人，亦　勿存案。

　　按宓赋性愚直，平生尚感情，重道德；而对人处世，素乏权术，自矢忠勤，而时落他人圈套，使攻讦我者有所借口。然以　钧座在清华二三十年之关系，一切当蒙　洞鉴深悉，岂复敢有所曲隐。前此于1940年、1942年，虽有赴浙大就任外文系主任之意，两次均荷慰留。　谕以"但期清华旧日同人，他日偕同北归，在今不致星散"云云。宓动于感情，遵即勿去。此乃旧事。若夫宓去年九月底休假离昆明来蜀之时，实决拟今年暑假返联大授课供职，绝无丝毫在外流连及

---

① 作者名下盖有吴宓印章。

瞻顾旁趋之意。如小女学淑已入联大肄业。宓北门街71住室,仍出租保留,室中书物陈列如平日。昆明友生,悉以一年再见为约。且已先告浙大知友,言决回联大。外出迄今一载,此意始终未变。惟历经各地,省亲访友之事已略如愿,独武汉大学尚未往,而该校刘永济(文学院长)、朱光潜①(外文系代主任)诸故友,至情可感,苦苦招邀,必欲宓往该校讲学一年,或至少半年其望宓承乏补缺之意轻,因外文系尚有朱光潜、陈登恪②、戴镏龄③、孙家琇④等教授。又已新聘陈逵。而欲聆宓之主张学说之意重。授课全令自择,钟点不拘。学生春假回蓉者,亦来谒求邀。宓私意,区区乃荷该校师生见重,在宓固应奋勉惕厉,然亦可认为联大、清华之小小光荣,故最后六月中决欲前往。然宓对 钧座及联大外文系主任、学生之预约"必归",两班(三、二年级)合班之《欧洲文学史》必修功课,今年待宓讲授,尚有研究生事实上必需宓归,无可逃免,而宓在外一载,亦颇倦游,动极思静,又恒思念小女学淑及昆明相知友生,心情上亦渴欲归来。此时又有燕京之挽留,与川大之送来聘书聘为国文系研究教授,按全年致薪,授课半年,二三小时即足。而武大又自动提出以下之办法,

---

① 朱光潜(1897—1986),笔名孟实,安徽桐城人。香港大学毕业。留学英国爱丁堡大学、法国巴黎大学,获博士学位。1933年回国,曾任四川大学文学院院长、武汉大学教务长、武汉大学文学院代理院长,主编商务印书馆《文学杂志》。1949年后任北京大学教授,中国科学院哲学社会科学部委员。
② 陈登恪(1897—1974),江西修水人。北京大学外国语文系毕业,留学法国。久任武汉大学外文系法语教授。
③ 戴镏龄(1913—1998),江苏镇江人。英国爱丁堡大学文学硕士。1939年至1953年在武汉大学外文系任教。1953年后,在广州中山大学外文系任教授,"文化大革命"后期,曾被调整到广州外国语学院,后又回中山大学任教。
④ 孙家琇(1914—2001),女,浙江余姚人。燕京大学英文系肄业。美国米尔斯大学文学士,蒙特霍留克大学文学硕士。1939年回国,历任西南联合大学外文系讲师,武汉大学、金陵大学、南京戏剧专科学校教授。1949年后,任中央戏剧学院教授。

即宓倘受武大聘,或以联大部聘教授而由武大借聘一年之时,武大可令宓上学期授6—8小时课,下学期私许宓再到成都,兼川大、燕京课。如是,则此一年中宓授课钟点微增,而可兼得三校(二校全年、一校半年)之薪津。经济上自比在联大一年为裕。以上事实,非谓宓即可以利诱,为多薪而留蜀,但亦可见诸校对宓公私均竭全力顾全之热诚美意矣。

六月中,宓处以上三层矛盾情形之下,宓本心仍欲回联大,一、本职之责任。二、对系中及学生之诺言。三、女儿及朋友之感情。但武大又必须一往讲学,一、不能令友失望,蒙厚待,应有以报答之。二、已允诺前往,不可失信。不必全年长期。经宓深思苦计,乃得一折衷两全、轻重兼顾之办法,即如下:

(一)宓在联大(清华同)不请假、不离职,部聘教授不移动,本年在联大领十二个月薪津,授全年课,并指导研究生。但请外文系将宓应授之课均排在下学期其《欧洲文学史》之前一段英国文学史,本已由李赋宁授,至十一月完。故此门只须将宓十二月、一月之钟点,后移至下学期,馀功课更易移改。准宓于寒假时回到昆明。

(二)上学期宓在武大讲学,但不受聘、不领薪,只取少数之旅费及讲学费。

(三)燕京及川大完全辞谢,聘书即日退回。

右之办法,宓私意联大当必允许,且欣愿宓回校,而授完全年之功课无缺,故宓一面于六月二十九日函上联大文学院长冯芝生兄、外文系主任陈福田兄,亦以私人情谊,详陈宓之实情,恳求 体察允许,一面宓即通告武大,且退回川大全年聘书、燕大半年聘书。宓函中并求 福田兄为接洽美国军车,备寒假回昆。又恳 福田兄设法助宓将宓西洋文学书四箱,存浙大者,系1942年运去者即运回昆明,供弟及同人阅读。更可见宓在联大、清华,有终焉之志。……乃其后七月中旬

奉到　芝生①院长七月六日复函,谓与系主任福田兄商议结果,按福田兄始终未复宓函,其事当由福田兄决定为多。恐有人讥评,此办法不可行。如宓必欲去武大,即请向联大请假一年,毋庸于寒假回昆明云云。宓得此复函,不胜痛心失望,盖(1)系中若必要宓授课,何以不可如此排课通融?(2)宓心系联大,急欲早归,今乃推之使远,令必于一年后回校。(3)宓极欲保存联大、清华服务不断之记录,今必欲使之断。(4)倘宓只重钱多,今年便在外兼三校课薪,何必请回联大?——况宓在联大领全年薪,在武大只(少数)领旅费、讲学费,亦如芝生兄去年春在成都讲学之取费,而远逊福田之历年兼职兼薪,何以论者专攻击宓乎?(5)按上次福田休假,1943 七月离校,1944 十月底回到昆明,在外(休假)共十五六个月,宓此次休假,去年助办完系中公务,于 1944 九月底离校,即使宓 1946 一月回校,在外亦只十六个月之久,其休假与福田同,不为更长,况宓拟于下学期补足全年之课,丝毫不缺乎?且进而疑为,有人了解宓之性情,利用宓之弱点。故意欲激怒宓,使宓一愤而改图,以后不再回到联大、清华,又以法律事实为言。按宓去函是朋友私情,故一切直陈。今若故意打官话,说"宓上学期既不在联大,却要领联大薪,是贪多。"——不知,只此一份部聘教授每月薪津,宓不在武大,而在联大领。只为要联大名义不断,并非领双份薪津也。(联大数目较大,亦是实利较优。)严冷窘逼,使宓今欲早归而不得,若不然,何以不提修改办法?例如(1)命宓于十一月底回校,在武大只讲学两月,或(2)命宓在联大请假(不领薪)半年(上学期)。徐徐离去联大、清华,彼绝无逼宓使去之形迹,而结果则致宓离去。试看清华 1937 以前外文系之旧教授,今尚留者,有几人乎(中西人皆同)?

**前此更有一事,使宓思及寒心**。1943 年七月,钧座准　福田兄休假回美,宓诚心顾念系中无人,故自动愿将宓已获之休假改迟一年,留校助办系务。当时宓全出善意,曾蒙　钧座嘉奖,乃宓往告福田(以为彼必感激喜欢),福田反甚怒愠,徐

---

① 冯友兰(1895—1990),字芝生,河南唐河人。北京大学毕业,留学美国哥伦比亚大学。曾任中州大学、广东大学、燕京大学哲学教授,清华大学、西南联合大学哲学系教授、文学院院长,北京大学哲学系教授。为中央研究院院士,中国科学院哲学社会科学部常务委员。

冷冷曰："如此，人家看来，是我硬将你赶开，夺取了休假之权利了"——宓大惊，徐思《捉放曹》陈宫、曹操想法不同。福田或反疑宓有意乘机求　校长之宠，而乘其离职，我则留校，竭力布置，以夺其系主任欤！故在此时，既只许宓以二途，倘宓（1）不去武大而即日回联大返昆明，则不但失信于武大，且必为福田兄所极不喜。近日微闻外文系中，有小小事故，且闻福田已上辞呈。若宓忽于此时，变更方向，急回昆明（证以上述1943之事）福田兄必更疑宓乘机回校活动，欲继彼为系主任矣。然则只有（2）去武大而向联大（清华）请假一年矣。此种不得已之苦衷，务求　钧座鉴察，宓虽一向屡与本校院、系函商，对外迄未有所决定。直至此最后之时与势，方始于七月十七日函上教育部高等教育司，言"已奉到联大文学院长冯函示，联大准宓请假一年，故今请即将宓部聘教授薪津，由本年八月至明年七月，按月改汇交武大发给宓，并同时函联大、武大两校，知照"云云。如此，仍是借聘之意，宓仍以联大资格去武大，而未尝签署武大寄来之聘书。日内宓当另作短函公函上复三校委先生，以备　钧座批阅　存案。此函叙说私情，只为声明宓决无远引或脱离联大、清华之意，今年之请假一年，亦实由于不得已，初心非不欲早速回昆明也。

此函多逾分或言重之处，敬待　训诲，并恳勿留存、勿示人，为幸。不尽，即请
道　安

吴　宓①上
民国三十四年七月二十八日　成都
拟八月七日——十五日之间，往乐山，请赐函仍寄成都燕京大学。

---

①　作者名下盖有吴宓雨僧印章。

# 六

西南联大校务常委 梅 蒋① 张② 三先生钧鉴：

叠奉本年五月九日（合字6621）、六月十五日　尊谕，命于休假期满即行返校授课，自应恪遵，惟国立武汉大学盼宓前往讲学之意甚殷，曾一再呈请　教育部，并函　本校，请求借聘一年在案。其后宓奉到　本校文学院冯院长友兰七月六日航函，谓与外国语文系陈主任福田商议结果，可准宓请假一年，前往武大，云云。已于七月十七日，由宓函达教育部高等教育司鉴核。今更遵照冯院长函，谨向本校请假一年，伏望照准给假为幸。敬请
崇　安

外国语文学系　教授
吴　宓③上
三十四年七月二十八日　成都燕京大学

---

① 蒋梦麟（1886—1964），浙江余姚人。美国哥伦比亚大学哲学博士。曾任北京大学教授兼总务长，第三中山大学（旋改浙江大学）校长，国民政府大学院院长、教育部长，北京大学校长，西南联大校务委员会常委，行政院秘书长，中国农村复兴委员会主任委员。1949年去台湾。

② 张伯苓（1876—1951），名寿春，天津人。北洋水师学堂毕业。1904年在天津创办敬业学堂，后改名南开中学。1919年创办南开大学。曾任西南联大校务委员会常委，第一至第四届国民参政会主席团主席，考试院院长。

③ 作者名下盖有吴宓雨僧印章。

## 七①

梅校长、潘教务长光旦兄、冯院长芝生兄、陈系主任福田兄钧鉴：

按宓于八月七日函上　左右，言宓本学年决回联大、清华授课，并赶于开学前到校等情。邵循正②教授回昆，又托面陈详情。当时计划，拟于九月初，伴护陈寅恪兄，乘飞机直返昆明，行李则托人带运。宓正在竭力布置中。而事有不幸者，本月九日晨，宓在院中滑跌，伤右胯骨，自后，大雨连绵，异常潮湿。宓左乳上一寸处，乃生一疽（carbuncle），甚痛楚，左胸肿胀，延及左腋外臂端，急往就外科名医清华校友阴毓璋③君刀圭疗治，间日出脓用药，现疮口大如小酒杯，脓管集注，状如莲蓬，瘦骨形销，精神疲敝。每日遵医嘱在妹丈罗清生④教授家中卧息，不断以热水橡皮袋按置胸前疮上。又得罗宅女眷调护，当可逐渐就痊。但据阴医言，宓疽痊后，尚须静养，数月内断不能作任何方式之旅行。阴医谓，当有函直达　钧处，说明。而尤困

---

① 梅贻琦于此信上写有批语二则："潘、冯、陈先生阅。　琦九、三"及"吴先生请假一年，应通知联大并停止发薪津（自八月起）。　琦九、九"。又有潘（光旦）、冯（友兰）、陈（福田）签阅时间。

② 邵循正(1909—1973)，字心恒，福建福州人。清华大学政治系习国际法与国际关系，清华大学研究院习历史。巴黎法兰西学院、东方语言学院又德国柏林大学研习蒙古史。1936年回国，任清华大学历史系讲师，长沙临时大学、昆明西南联大历史系专任讲师、副教授、教授。1945年任牛津大学访问教授。1946年冬回国，仍任教清华，曾兼历史系主任。1952年任北京大学历史系教授兼中国科学院近代史研究所研究员。

③ 阴毓璋，字玉章，山西太原人。清华学校1926年毕业留美，约翰·霍普金斯大学医学博士。时在成都行医，后任南京中央大学教授。

④ 罗清生(1898—1974)，广东南海人。清华学校1919年毕业留美，堪萨斯州立大学兽医学博士。历任东南大学农科教授，中央大学教授、农学院院长。1949年后，任南京农学院教授、副院长。

难者,则抗战忽已结束,交通转移方向,由蓉直达昆之飞机,今实无望乘坐。陈寅恪兄,已改计,缓后由港再行赴欧。宓大件行李既无法托人带运回昆,若自带行李,乘邮车或公路车,绕道重庆、贵阳,则劳苦繁费,在今病中,尤视为畏途。且即不遵医嘱,冒死遄归,恐到昆上课,为期已太迟,奈何!奈何!

风闻联大十一月底,即结束第一学期,而复校北迁,至迟亦于明年四月离滇云云。宓再四踌躇,只以病疽甚重,一时不能旅行,于万不得已之中,今仍恳 钧处,准宓在联大、清华请假一年,或半年,今仍留成都养病,病愈后,即在燕京授课。明春或仍赴武汉大学讲学,则行李就近全可带去,嘉州山水,亦得登涉。明春随武大东下长江,兼览巫峡之胜,抵武汉后,火车直抵故都,既便且速。届时回到清华园中,追随 左右,服务 本校,当不至迟期误事也。宓一再反复,殊深愧歉;然疾病侵袭,实非得已,至祈 鉴察。清华聘书,签就附呈。联大系中,本年既已改《欧洲文学史》为《英国文学史》,则仍命李赋宁君讲授更无问题。又宓既在联大请假,当然不敢支领联大薪津,惟宓前已将燕大、川大、武大聘书一概退回,俟得 复谕后,方可再与燕大商洽。最近一二月中,实未领得任何学校分文薪津,仅仍可寄寓燕大文庙宿舍而已。

疮痛,屡作屡息,乃成此函。不具,敬请

道　安

吴　宓[①]上
(1945)八月二十六日 成都

---

[①] 作者名下盖有吴宓雨僧印章。

## 八

梅校长暨光旦、莆斋、芝生、企孙诸兄钧鉴：

敬启者宓今欲应武汉大学之聘为该校外国文学系主任，谨向本校辞职，伏祈鉴许。

按自三十四年春以来，武汉大学曾三次致送聘书，宓均谢却。该校文学院长刘永济兄清华民元肄业为宓三十年旧交知友，招致极殷。今春宓至乐山该校讲学，校长以下甚致敬礼，非宓有何德能，悉缘　母校之光。本年六月，刘永济兄来蓉游居一月，日夕晤叙，宓犹未从其言，仍决心回清华供职，故于七月一日呈寄下学年应聘书，并函商北归各事。辱承　莆斋、企孙两兄于七月八日函复乃最近复以朱光潜兄之提议，该校又复来聘，宓实难再却，且斟酌各种实际情形，故决定往就。盖国内肄习西洋文学之人数本不多，清华外文系教授在今于各门功课尚尽足分配。而武大外文系虽今春已聘定陈逵、郭斌龢、田德望，值兹复员，人事更易，仍患不足。故拟先往应其急，并为之充实整理。一也。宓一生成就悉由　母校之栽培。每至他校，竭其绵薄，固亦不啻代表清华为中国教育界服务。况武大教职员中亦多清华校友。二也。目前时局及交通尚多困阻，　母校开学之期不免延迟，而宓精选之西洋文学书籍四箱今在重庆者，联大既不能代运，失弃可忧。今宓就武大职，则武大有专轮特供校用者，可将宓四书箱以及过重之行李由渝运至武昌校中。三也。联大由昆明代运之书物，祈准暂存清华园中，他年或可望再来亲取。

以上皆宓改就武大之理由，然衷心惓惓对　母校及故都、名园依恋无已，只以校章所订，宓已连续离校二载，两年中皆有清华聘书聘约未断，但未在校授课。故今（第三年）不敢言请假，径恳准宓辞职。谨将聘书呈还。又按企孙、莆斋兄七月八日复示函中所言各条,宓既辞职,今皆可置不办。惟(三)赵世昌先生代做木箱垫款,祈即示知确数,以便早日汇款偿清。此外宓五月间所领李赋宁在昆明代领清华旅费二十五万元,是否须退偿?按武大只给宓旅费十二万元。此数乃与由乐山到武昌之全体教职员相同,未予增给(以上可证明)。又小女吴学淑以教职员子女资格多领旅费十万元,今是否亦须退偿?按宓为清华连续二十年之教授,发款时宓尚有聘书,但三十五至三十六年度,今辞职即非教职员,不知应如何算法?

以上并请 核示遵行。又还都或还乡或称复员补助费,武大规定不给其所发以三十四年九月该校教职员名单为准,新聘者不给(可请其证明)。则宓可否由联大或清华以已往之资格领得一份,抑各校教职员皆有,使宓独向隅?究应如何办法之处,亦祈指示遵行。

宓现定八月二十日离成都,在重庆住陕西路75贵州银行严经理处。九月初到武昌国立武汉大学。 复示请改寄为幸。专此敬请

道 安

吴 宓上
三十五年八月十日 成都华美女中

## 九

月涵校长钧鉴:

宓于八月二十日离成都,八月三十日由渝飞汉(书籍四箱,一衣箱、一铺盖卷,均交武大驻渝办事处,代运至武昌该校。另有书物两大包,由成都直寄。以上均须九月底或十月初,方可到武昌)。

次日到武汉大学,即奉读八月二十一日昆明 钧示, 命仍设

法回清华任教。　垂爱关切,感慰莫名。按宓以北京为今生之故乡,而清华母校,学于斯,长于斯,二十馀载,尤为情感梦魂之所系恋,无日不思北归。他年且当毕命于此园校,方合素心。况宓近年心境日益超脱平静,但思尽力教课,馀时休养自适,完成其著作,则在今清华外文系务,有　福田兄主持,宓得为一闲适而受学生尊礼之教授,正为宓理想之环境,岂不愿即速北归? 更承　明示本学年外文系教师缺乏,　促命即返。故宓奉读　钧示,怦怦心动,即欲寻求飞机,径由鄂飞平,回母校供职。盖迄今未签武大应聘书,亦未领用旅费。但事实上有二种困难,不能即引去。(一)宓来武大,乃由文学院长刘永济兄弘度所招致。今　刘兄适回长沙家中,宓到此尚未得与晤面,未可不辞而别,便忽引去。(二)如上言,武大代运及邮寄在途宓之书箱及行李,九月底或十月初始可到武昌。若宓决然径去,谁为接收,谁愿为转寄? 宓今年不径回清华,其大原因,为四书箱无法运平。五月间,曾与　芝生兄屡函商求,云无可助力。因此,遵　命考虑之馀,谨拟如下之办法。敬祈　明示,祗遵。

　　(壹)准宓在清华请假一学年。照章程"第三年,不许请假,只可辞职"。然如萧公权①、赵人儁②,在成都九年矣,今年犹承　命回校。况宓曾随校播迁,只不过异路缓归者乎! 下学年三十六年八月必回校。旅费二十五万元当遵章退还。

---

　　①　萧公权(1897—1981),江西泰和人。清华学校 1920 年毕业留美,康奈尔大学哲学博士。曾任教南开、东北、燕京等校。1931 年任清华大学政治系教授。抗战期间居成都,执教于光华大学、燕京大学、四川大学。1947 年任政治大学教授。1948 年任台湾大学教授。为中央研究院院士。1949 年任美国华盛顿大学教授,1968 年退休。
　　②　赵人儁,生于 1899 年,字守愚,浙江兰豁人。美国哈佛大学博士。抗战前任清华大学经济系教授,抗战期间在成都四川大学、燕京大学任教。抗战胜利后,复任清华大学教授。

（贰）准宓在清华请假一学期，准于三十六年二月初，回到清华供职。薪金由二月一日起领。（届时 酌给少数由鄂到平旅费，或二十五万元径免退还，均候 示遵。）宓在清华应授之《英国文学史》及《文学批评》《文学与人生》等课，可加倍钟点每星期十二小时或更多。于第二学期内授完全学年之课。不减材料，亦不缺钟点。如此，对清华全年职责已尽，而只领清华半年之薪津。决无取巧或图多得收入之意。 如此，则在武大拟不就系主任，而专力加倍钟点，半年授完全年之课，以此报武大（在武大，亦只领半年即六个月之薪津）。

用（壹）法，固可从容北归；用（贰）法，则宓于十月初收到书籍、行李后，可随时设法寄运至平。或俟明年一月，轮船火车交通较便利时，自己全部携带回平。书箱事，甚望母校助力。

总之，宓之迟迟北归，以书籍、行李无法带运为主因，而武大外文系今年师资之空缺，尤远过于清华。宓前函云，武大已聘定之郭斌龢、陈逵、周煦良，今均已别就，不来。仅田德望已到校，顾绶昌将来校，旧教授去者又有数人。凡此陈说商量，均非为私利，一非负气，二非求财。谅为 钧座之所洞鉴也。专复，敬请

道 安

吴 宓①上
三十五年九月二日
武昌国立武汉大学（用吴宓名，为便）

---

① 名下盖有吴宓印章。

十①

月涵校长尊鉴：

九月二日　钧示航快命宓"务请于明年二月返校"，于十月七日奉悉，自当遵办。伏念宓本年归返清华，实出诚心；其后八月初激于朋友感情，为助其一时之急，而来武大。回念清华，至切瞻依。近复闻陈嘉②留居苏州，系中又少一教授。宓焦急之馀，益深歉疚，寒假后回清华授课，在宓定必如约。闻陈福田兄尚未回平，系务由吴达元君代理，祈　钧座转知系中，宓亦当另函福田、达元。请将宓应授之课，钟点加倍，全排在第二学期，寒假后计《英国文学史》六小时二年级必修，原全年三小时。此外则《文学批评》全年二小时，半年四小时。《英国浪漫诗人》同上以及本系必修选修任何文学课程，除《莎士比亚》及《戏剧》外请随便指派，宓均愿担任，且愿每星期共授课十二小时，藉补半年未到之愆。以上功课，经系中派定后，似可由系中宣布，列入课程表，颁示学生，以符合全年计划。又四年级毕业论文，宓亦愿如往年分配数目，担任指导学生三四名撰作毕业论文。此可由系主任代为派定学生，命该生等于第一学期开学后，即与宓通信商洽，立即开始读书选材，不必待至下学期也。至宓下学期寒假后回校授课，所希望于　母校者，则　母校当视宓暂来武大为由蜀返平复员行程濡滞，此乃实情，宓之衣物行李，及前由昆明运去之书四箱，由武大专轮由渝运鄂，直至

---

①　此信函有梅贻琦批语。"雷先生、陈先生阅"又"复：聘书再寄，请接受并准于下学期（三月中）返校。琦十一、十四"。

②　陈嘉（1907—1986），字子嘉，浙江杭州人。清华学校1928年毕业留美，耶鲁大学文学博士。曾任武汉大学、浙江大学、西南联合大学教授。抗战胜利后任中央大学外文系教授，1949年后任南京大学外文系教授兼系主任、外国文学研究所所长。

日昨方抵汉口，尚未起卸。而临时短期为武大帮忙。此半年乃向清华请假，并未脱离母校，而中断二十二年之连任教授资格。至若清华对连任教授，随校复员者，所给与之待遇与权利，宓自当一体享受，不能因此半年而稍存歧视，钧座及校中同人，谅以为然。可否请母校仍将宓本学年聘书寄下，并 赐宓准假半年之 钧函为凭，俾宓可以遵照行事。以宓生平之廉直，今兹云云，并无在两校兼领双份复员费及复校旅费回到清华后，仍拟领清华此各项费。宓在武大仅领由蓉到鄂旅费十二万元，此外并无其他津给。有案可查。前领联大回平旅费二十五万元，已于十月四日呈还。或双份支薪将来至北平后，武大某月止薪，则清华下月起薪。之意，且请假而不支薪，宓在民国三十四至三十五年度亦已如此也。专上，敬请

崇安

吴 宓上
（1946）十一月四日①

---

① 日期后盖有吴宓印章。

## 致姚从吾①

宜珍贤妹诗,昔曾读过。此作甚高雅,仅易数字,以求合律。

宓附候　俪安

(1937)五月二十日

---

① 此数言书于姚从吾来函末尾,未书上款。姚函谓"雨僧先生:兹送上宜珍习作之诗,呈　正。　先生为吾人友中之师,幸不　吝教诲也。幼稚浅陋之处,尚乞　赐谅。此非有他,仅略见弟夫妇在艰苦中,意兴尚不恶而已。刻已函告宜珍矣。伊亦当以弟之此举为然也。专此即颂早安!　末学弟姚从吾敬上。五月十日晚。"

姚从吾(1894—1970),河南项城人。北京大学1920年毕业,北大文科研究所国学门研究生。1925年留学德国柏林大学,研究蒙古史及史学方法论。曾任北京大学历史系教授兼系主任,河南大学校长。1949年后任台湾大学教授。陈绚(宜珍)为其夫人。

# 致潘光旦[①]

一

光旦教务长：

本年八月起，清华外文系，据 F. T.[②]未行前宣告：已聘定张骏祥[③]（现在重庆国立戏剧专校任教授）为教授，F. T. 且曾告公超[④]为排功课。但张骏祥君迄今尚未得到聘书，日昨托友辗转向宓私询，究竟此事如何？如据 F. T. 对系中同人所宣告者，则校中应速发给张骏祥聘书[⑤]。祈公查明办理，是幸。

弟　吴宓留上
（1940）七月一日

---

[①]　潘光旦(1901—1967)，上海人。清华学校1922年毕业留美，哥伦比亚大学理学硕士。时任清华大学教务长，西南联大教授。1946年任清华大学教授兼图书馆馆长。1952年改任中央民族学院教授。

[②]　即陈福田，时任清华大学外文系主任。

[③]　张骏祥(1910—1996)，江苏镇江人。清华大学外国语文系1931年毕业，美国耶鲁大学硕士，习戏剧。长期从事编导工作。曾任南京戏剧专科学校、上海戏剧学校教授，上海电影局局长、中央文化部电影局局长。

[④]　叶崇智(1904—1981)，字公超，广东番禺人。英国剑桥大学文学硕士，法国巴黎大学研究院研究。时任西南联合大学外文系教授兼系主任。1941年后，改任国民党中央宣传部国际宣传部驻外办事处处长，国民政府外交部司长、常务次长，外交部长。1949年去台湾，曾任台湾驻美"大使"。

[⑤]　潘光旦在作者信笺上批示："张先生聘书可即发，其薪水即呈请校长批定。光旦，七、一。"　梅贻琦批示：即发。"副教授340元。琦，七、一。"

## 二

光旦教务长吾兄：

示悉。俄文教授事，李宝堂君，弟曾闻郑之蕃先生谈述，知其人甚好，似宜此刻即进行聘定。至北大方面，刘泽荣临行，曾向公超荐一音君（一向在哈尔滨中东路任事，与刘略同，为刘之友）。然此特初步介绍，公超即托刘去函致音，然音是否愿来任教授，完全在渺茫之中。公超十八日飞港后，旋即因家事到沪。恐回滇尚须时日，不宜久待。如早聘定李君，较为妥洽。即将来李、音俱到，亦甚好，因俄文方见重于学生也。如何？尚待　钧裁。

再张骏祥之聘书，日前已送上，请校中直寄，谅荷　交办矣。何日得暇，祈示。拟趋访闲谈，但不必急急也。

弟　吴宓顿首
（1940）七月八日

## 致陈福田

March 15th, 1943<br>Monday afternoon

Dear F. T.:

Upon further consideration, I have written ( & herewith enclosed) my formal application for furlough for the year 1943 – 1944. In asking your favour of bringing this up to the Tsing Hua authorities concerned, I wish to assure you that I would be most unwilling to cause you & the Department any inconvenience in finding enough teachers for the next year's courses; & that in case you & the Department should find my teaching service really indispensable towards the close of this semester (say end of June), I would be willing to postpone my furlough actually for one year then—after my privilege has been granted now when the Senators sits in discussion.

Yours ever faithfully<br>Mi Wu

亲爱的 F. T.:

经过进一步的考虑,我已写就(随信附上)我1943—1944年度休假的正式申请书,在请您帮我将此提交给清华有关当局时,我希望向您保证,我将最不愿意造成您和系里为下学年课程寻求足够的教师之任何不便;万一您和系里至本学期末时(授课至六月止)认为我的授课确实必不可少,我将愿意在评议会讨论通过我的休假申请之后,推迟实际休假一年。

          您永远忠诚的
          Mi Wu 吴 宓
        1943 年 3 月 15 日
          星期一下午

## 致杨树勋①、李俊清②

杨树勋并转李俊清两位仁弟同鉴：

本年刘文典③教授讲吴梅村诗、元遗山诗，弟等宜往听。吴梅村诗，树勋弟已读过。今奉上宓之《十八家诗钞》一册，中有元遗山诗。按元诗以七律为最佳，今所钞选，尽是七律。兹宓更就此册中所有者，再为精选一次，作成目录如下，祈照宓所选各篇，另用纸本，将其诗一一录出，作为自己读诵，及上刘文典先生课之用。大约刘先生所讲者，当不出宓所选诸首之外也。计开：

卷二十五

| | |
|---|---|
| 页二十上　横波亭　一首 | 参阅《吴宓诗 |
| 二十一下　楚汉战处　一首 | 集》卷二插画 |
| 二十三上下　歧阳　三首 | 《审安斋诗集序》 |
| 二十四上下　壬辰十二月……事　五首 | |
| 二十四下　癸巳……出京　一首 | |
| 二十五上　梦归　一首 | |
| 二十五下　甲午除夜　一首 | |

---

① 杨树勋，湖南长沙人。西南联合大学外国语文系1944年毕业。应征至空军任翻译官。曾任台湾省政府秘书，后在私立逢甲大学兼教英文。

② 李俊清(1919— )，河北河间人。西南联合大学外文系1944年毕业。应征入空军，任美国军事顾问翻译。1949年去台湾，任东吴大学英语系教授。

③ 刘文典(1889—1958)，字叔雅，安徽合肥人。两度留日，曾在孙中山处任秘书。1916年起，任教于北京大学、安徽大学。1929年至1943年，任清华大学、西南联合大学教授。其后入云南大学文史系任教。

二十六下　卫州感事　二首　第二首何以应改作何似
二十九下　出都　二首　第二首——参阅《吴宓诗集》卷十三,页二十一《凤城一首》(第六句入耳,应改作刺耳。印版之误)
三十五下　郁郁　一首

以上共十八首,元诗之精华在是矣。(另有《论诗绝句》七绝,亦重要。)

按古人读书,皆注重钞书。盖手钞方见用心,且可久为吾有也。今若钞此十八首,已于元诗一家,得其大要矣。若刘先生不讲者,宓当为　君等讲,但必先钞方可讲也。此祝
日　佳

吴宓顿首
(1943)三月十三日

又,钞时,连注钞。

# 致李俊清

## 一①

此诗并前作,均佳。所改处,请细玩索。

韵尚有一二处错。

照顾前后,重字、重句、重意,皆宜避。

君诗进步甚速,宜更努力。

## 二

写下《见赠》诗②,已粘贴壁上。《自咏》诗及　玉照,则珍藏箧中。《写意》诗已改就,交沈师光③君带上。嗣后有作,仍希　送来。此函颇有古拙之美,然安排未妥贴之处尚多,《文选》仍须熟读也。

入班受训后星期日是否有暇,甚欲于阴历年节时,与　贤兄弟畅饮叙谈也。先此奉约,不宣。

---

① 此系作者为李俊清1943年4月28日呈交所作《拟孔雀东南飞一首并序》之批语。

② 指李俊清《谨赠吴雨僧夫子陕西泾阳》诗:握瑜怀瑾本儒家,茹古涵今吐万华。奏曲微伤和韵寡,执戈力挽古风斜。愁看明镜芳时逝,苦盼嘉禾蔓草遮。扬历上庠成锦句,先登彼岸莫兴嗟。

③ 沈师光(1920—　),女,福建福州人。西南联合大学外文系1944年毕业。在行政院善后救济总署工作。1949年后在上海商业系统工作。1957年被划为右派,下放上海锅炉厂当工人,1975年退休。1979年改正错划。后被《英语世界》聘为编辑委员,并参加翻译《简明大不列颠百科全书》。

俊清仁弟（不宜写隽清）

吴宓顿首
（1944）一月六日

信封附还，仍可再用。

## 三

俊清仁弟：

昨又失迎，为歉。附上复 邓君函，祈便中转交。此次 弟出国远行，原当祖饯，并资欢叙，奈以近两月既无兼职收入，又多意外支出，以致阮囊羞涩，借贷又平生所不欲，思之心伤。只有俟他日 荣归，再补此缺憾而已。

昨午莫泮芹①先生告我，彼将于八月十日或十一二日飞成都（且命宓代办系中阅卷定榜各事），十月间出国讲学。美国不知 弟曾赴其家（江底巷五号）见过否？诸公皆飞黄腾达，独宓蛰居且不获休息，为人作嫁，亦觉凄然。不尽，即请
行 安
俊澄②大兄同此奉候。

吴宓顿首
（1944）八月九日下午

---

① 莫泮芹，广东台山人，美国哥伦比亚大学哲学博士。曾任北平师范大学、北京大学、西南联合大学外国语文系教授。1944年赴美，任洛杉矶西方学院中文教授。

② 李俊澄（1907—1997），河北河间人。陆军军官学校毕业。曾在空军笕桥航校和部队服役，后任空军第五军区司令部副官长。1949年随军起义后，参加工作。

## 致吴学淑、李赋宁等

一

学淑①→(转)赋宁→顾元②→铭传③、鲸石④、佐良仁弟→⑤毛子水⑥兄同鉴:

别后一切顺利,日日大晴。(九月)二十三晚宿平彝。二十四晚宿晴隆(旧名安南)中国旅行社。二十五晚抵贵阳,一路承健源服侍照料,使宓异常安舒(琰妹注意)。健源虽少,实甚老成,能事,且长于交际。"a good mixer"异日必有成就。为文辉兄贺,且致感谢。——到贵阳(文铮注意)由贵阳招待所柜房,电告谢鸣雄君,立派杜景沼君来迎接,将宓与健源接至其所居住之启明印刷厂。屠石

---

① 此处有旁注:转苏蘉妹及琰妹等。
② 顾 元,女,江苏无锡人。生于1918年。西南联合大学外文系1943年毕业,留校任助教。1946年到南开大学英语系任教。1949年调任开滦煤矿总军事代表翻译。1960年至解放军技术工程学院任教。
③ 俞铭传,安徽南陵人。生于1915年。武汉大学外语系毕业,清华大学研究生毕业后任西南联大外语系助教,北京大学西语系副教授。1954年任《人民画报》编辑。1957年被划为"右派",发往外地中学教英文。
旁注:又德锡贤侄,颉弟。
④ 李鲸石(1915—2002),天津人。北京大学外国语文系1938年毕业。先后在西南联大、贵州大学、北京大学任教。1952年后久任北京农业大学教授。
⑤ 旁注:又林文铮兄。
⑥ 毛 準(1893—1988),字子水,浙江江山人。北京大学习数学,德国柏林大学研究史学、地理。历任中山大学、北京大学、西南联合大学教授,北京大学图书馆长。1949年去台湾,任台湾大学教授。

鸣君亦居此(谢夫人章蕴芳赴渝),则晚饭已整待。又以甚宽适之一室,让与宓等居住。

二十六晨,健源自出。宓已得函,遂先访严景珊①、周叔昭②夫妇于余宅(学淑:请持此函,示教务处严灵先生)。叔昭病已大好,无殊常人,特有时欠活泼耳。旋李振麟③贵大外文系教授亦至,于是景珊、振麟陪宓谒财政厅长周寄梅师,蒙留在贵州银行同午饭,即命贵州银行钱经理作介函二封,而命景珊为宓办乘车。下午,二人陪宓游公园观画展。宓回启明与健源别,而宓独至余宅,景珊、叔昭请家宴。适叔昭之五妹叔娴由桂林一路至,绍良亦与宴。绍良(富水路四一四号安华贸易公司)下午已见过。……仍回启明宿。

二十七晨李振麟陪乘公路局汽车至花溪,并请早午合饭。即至清华中学,见关懿娴④。校长唐宝鑫⑤以下,热烈招待。11—12为全体学生演讲,释清华校训。正午,再午饭。一切极似昔年之清华。下午李振麟陪至贵州大学,见潘家洵⑥,访陈逵,贵大新聘教授适

---

① 严景珊,浙江余姚人。燕京大学社会学系毕业,曾在南开大学经济研究所工作。抗战胜利后赴台湾,从事银行工作,卒于台北。

② 周叔昭(1908—  ),女,安徽东至人。数学家、诗人周达(字梅泉)之第四女。燕京大学社会学硕士。抗战胜利后赴台湾,从事儿童文学创作。

③ 李振麟(1914—1992),山西太原人。清华大学研究院肄业。时任贵州大学外文系教授,后任上海同济大学德语系、复旦大学英语系教授。

④ 关懿娴(1918—  ),女,广东南海人,西南联合大学外国语文系1943年毕业。时任贵阳清华中学教员。留学英国,归国后,在北京大学信息管理系任教。

⑤ 唐宝鑫(1914—2001),后改名宝心,北京人。清华大学经济系1936年毕业,次年入清华研究院。抗战时期,创办贵阳清华中学,并任校长。后赴美留学,获加州大学(伯克莱)硕士学位。久任天津师范大学外语系教授。

⑥ 潘家洵(1896—1990),字介泉,江苏吴县人。北京大学毕业,英国牛津大学研究。时任贵州大学文学院院长。1946年回北京大学任教授。1954年后任中国科学院文学研究所,中国社会科学院外国文学所研究所研究员。

进城,仅见其夫人及三子女。洵等同来清华中学,诸人(约十人)共宴宓。晚,步月,至花溪公园,在草地,讲《红楼梦》。师生均到宿清中。萨本栋夫人黄淑慎(邵可侣君之妻妹)亦在此任教。一切极整洁。

二十八晨偕李乘马车回城。甫抵寓,即又赶至巴西酒店,赴联大毕业同学约九人之公宴(西式早餐),由杜景沼君主领。旋景珊来,陪宓至北门外邮政总局,见吴帮办超明(其子吴树炽在联大外文系二年级,学淑可与谈及),取得介绍函。再至贵州公路局订短程单。是日正午,赴文通书局谢六逸①(《日本文学史》)等请宴,由张君川②介绍(君川由浙大来接宓,二十七夕已晤)。请宴在 Carleton Café(西餐,每份 440)盟友之所集也。同席遇熊佛西,方导演《家》剧,虽健谈如昔,而颇劳悴忧郁矣。夕再往公路局,知车坏,明日无车。是晚,谢、屠二鸣公请宴于五羊大饭店,极似昆明之冠生园(四人,有杜景沼,费 $1400)。仍宿启明。

二十九日,在启明同君川早饭,乃再访邮局吴帮办,求乘邮车至遵义,蒙允。即至汽车管理股(西门外),见何股长建祥(杭州人)。先是宓来筑之日,鸣公在《民报》中为登一新闻,又连日登宓之诗。故在筑往访之人,虽生人,亦皆知宓名,而得便利甚多。此时,邮车次日本只有一空位,宓与君川须分两日行,适何股长谈及,其女何开玲小姐(联大一年级),明日来昆,一时无处寄宿,宓自请函学淑,为之在女舍中暂求空铺安置,并为招待。何股长

---

① 谢六逸(1896—1945),字无堂,贵州贵阳人。日本早稻田大学文学士。曾任上海暨南大学、复旦大学教授,商务印书馆编辑。时任贵阳文通书局编辑所副所长、大夏大学特约教授,并在贵州大学兼课。

② 张君川(1912—1999),山东惠民人。清华大学外文系 1934 年毕业。时任浙江大学外文系副教授。1949 年后,任上海戏剧学院、杭州大学教授。

遂请一客（订车之人）来，与之面商，以其票改让，宓与君川遂得同行。

是日在启明午饭，并休息。晚宓请鸣公等（共六人）在五羊大饭店留别宴，而鸣雄初到，即潜存款于柜上，致又变为鸣雄再请宓矣！是晚君川亦宿启明，同一大床。

以上，天气皆大晴。以下则日日阴雨。

三十日，阴，雨。晨六时，偕君川至汽车股（即邮车站），何股长亲来照料（其女同时另车来昆）。宓与君川均坐前台（司机旁），极舒适。上午8:30开车（车票，两人，共约一千五百元），下午四时到遵义　即投住郭斌龢家（君川亦居此楼上）。龢夫妇以彼之居室，让与宓住，有男女仆，一切极舒适。每晨，供宓以大肉面加鸡蛋二枚。每餐为加馒头，并红烧肉豆腐等，亦时有鸡。在此半月，郭夫人将宓之羊皮袍等，一一亲手缝补完密，小衣亦命女仆洗濯，极可感。

十月一日（中秋）上午，郭兄陪宓拜客。由下午起，纷纷来回拜并请宴，致宓极感应酬繁忙，谈话多，极疲倦，而亦无暇写信到昆明（乞谅）。盖宓之友好，在浙大，乃当朝，而非在野。故不但校内（竺校长来拜访，请宴并陪聆演讲）纷纷请宴。即校外人士，如社会服务处主任等，亦特请宴。又有酒精厂长汤元吉（译歌德等人之剧本）邀至其厂（郊外风景极好）一宿。在此共演讲三次，一为浙大文学院学生（校长以下均到）讲《文学与人生》（一多）。二为（晚间）应外文系学生会之邀，在社会服务处，公开讲《红楼梦》，听者拥塞。在酒精厂亦讲《红楼梦》一次。又赴张君川所授之戏剧班及现代文学班学生邀茶会，二次，略谈而已。讲师张志岳特自永兴（一年级，分校）来，陪宓半月，来路九十公里，费数千元矣。梅光迪兄与李今英夫人，住近邻，示我以 *Irving Babbitt: the Man & the Teacher* 一书

(1938)。读之,极欣慰。谢文通①夫妇,均好。所传"神经病"云云,全属子虚。此间学生,颇用功。教授亦多勤慎笃学之士。书籍不比联大少,但无外文系之书耳。宓书均收存,未散出。教授月得(平均)四千至七千元(米在外),物价较低。天气则阴雨时多,在此无日不阴雨。……

现定于明日(十月十三日)乘花纱布管理局车($1620)赴重庆,同行张孟闻教授(复旦,生物)精干,熟悉,必可助我一切,不足忧矣。

赋宁弟寄来三快函,内件均悉,甚感。但今后如第二三函之内容,均可不必寄来。以后油印石印品不必寄,求写字、作文者不必寄,则省事较多。别后甚以学淑为念,望一切小心。昨见浙大外文系三年级女生韩莲静,云与学淑在贝满、伪北大同学,去年春,在宝鸡街中尚遇着云。

宓出门之第一日下午,汽车中,风极猛,穿篷内而过,致将宓之帽(hat)吹去,又将一帕亦吹去。失帽颇不便,尚未购(贵阳一帽$6800)。伞已破,在遵义购一同样之伞,$170。此行因处处依赖朋友,又受款待,故所费(so far)极少。又所带之大小各物,无一不证明为"有用",且"必需"。……倚装匆匆,不尽欲言,即祝 近安。其馀一切友生,均代问好。

1944 十月十二日下午五时

宓 手书 遵义郭宅②

---

① 谢文通(1909—1995),广东南海人。燕京大学政治系毕业。1933 年获美国加州大学(伯克莱)文学硕士学位,1935 年完成《莎士比亚戏剧评论》博士论文。1936年回国,历任河南大学、西南联合大学、北京大学、浙江大学、中山大学外文系教授。

② 此处盖有吴宓印章。

此信请保存又传观。

## 二

学淑→赋宁→并转诸相知友生同鉴：

十月二十八夕，写上蓉字第二号平函①，颇有郁郁不乐、悔来成都之意。按此乃一时之感情，少顷即改变。日来对成都一切印象已转好。对燕京尤喜欢，无复丝毫悔怨之心。你们可放心。

请续前述说：宓二十六晚到成都。住唐炳亮家。唐炳亮教授为宓购（1）上好油纸伞＄350，（2）Nugget黑皮鞋油一小圆盒＄250，（3）本年八月出版成都市详细地图，＄30。均于二十七晚送来。

二十七日访陈寅恪。下午至血清厂罗宅，见王、罗两家人，知宓之黑纸箱德国制已破坏，箱内衣物多霉湿。当由湘月表弟妇为宓刷拭整理。其绸衫等亦均染污，已付洗染店浣濯，费四百元但恐难复原洁白，终多污斑。此箱及衣物之损坏，实为宓最感不快之事，而亦人谋未臧之咎也。……二十七日傍晚，萧公权来马宅访晤，相见甚欢，以《宓诗稿》授之。越日，公权作七律诗二首赠宓，甚佳（另录）。在马宅晚饭。晚，空袭警报，早寝。夜中大雨。

二十八日（星期六）雨。马宅早饭。8:00访四川大学校长黄季陆②兼四川省党部主任委员于文庙前街六十六号本宅，甚宏阔约定下午

---

① 此信于"文化大革命"中被抄后失去。
② 黄季陆（1899—1985），四川叙永人。美国盛斯灵大学政治学硕士。时任中国国民党四川省党部主任委员，四川大学校长。1950年后，任台湾"教育部"部长、"总统府"国策顾问、"国史馆"馆长、国民党中央党史科编纂委员会主任委员、"总统府"资政。

赴该校。即乘其汽车至状元街33 四川矿业公司访陈兆祊(秘书)字行健,高陵籍,清华外文系1934级毕业。留柬,即回马宅。约11∶00陈兆祊来,邀宓出,雨已止。计宓到成都一星期,雨时极少——仅昨夜及今日上午雨,馀均阴或晴,而无雨。步行至祠庙街在大众食堂请宓便饭,费$500。

成都街市宽中路及人行道,各为昆明正义路之二倍。而平,且无深泥及石砾。即雨时亦易行走。其各街各类店铺,均陈设整洁,货物排列极美观,如售鞭炮者,以炮排束为菊花式及八卦式之圆平块,色相间。桌椅拂拭无纤尘。市肆中人亦有礼貌,颇似北京。一般人安适而富足,自乞丐、洋车夫、舟子以上,莫不长衫,衣履整齐。决不见如宓等在昆明之长衫一再加补缀而褪色者。大小饭馆,座位均宽敞雅洁。肴馔糕点,无论贵贱,均细美而精巧。其价仍较昆明为廉。总之,若为生活之舒适计,则宁居成都,不返昆明矣。尤使宓喜悦者,即所有大小新旧商店及公署机关,其牌匾题字,均工整合法,具欧、赵、颜等各体之美,决无昆明粗恶丑怪及简笔怪体,"託托徵征误,妄以云为雲"等情形,在成都绝未之见。至于旧文化之深厚,学校中均授文言,能诗词书画者之多且佳,更远非云南所可及者已。……

以上乃多日前所写。近二星期中,以应酬忙碌,竟无暇写信。恐你们悬盼,急欲将信寄发,而日复一日,今(十一月十二日)另改办法,从简叙述,不复作日记体。……

自宓到成都半月馀,仅十月二十七夜、二十八日(至午止)雨,馀仅阴,未尝雨。近数日则上下午全晴,日光朗照,晨夕多雾,且甚和暖。二十八日下午黄季陆校长,以其汽车邀载至四川大学,参加全体学生总数四千人,到者五六百人。集会。黄校长训话,命宓坐台上,向学生介绍。宓仅说"客气话"数句。在川大见外文系主任罗念生①及教授或讲师石璞、李梦雄夫妇(石为李之妻,皆清华1933外文系毕业)、饶孟侃②、谢文炳③诸君。又见他系教师中之清华校友周辅成④、朱延丰⑤等。而最亲洽者,则李思纯,哲生昔东南外文系同事,学衡社友,其诗又宓所最欣佩也。学淑生一岁时,哲生甫回国,在南京家中住。李任川大师范学院史地系主任。其二子多读旧书,著作斐然。均治国史。黄建中离明为师范学院院长。以上二人均曾请宓在其家午饭。哲生并请宓每次去校,均在其家午饭。其夫人亦殷勤招待。哲生对心一及学淑殷殷询问,谓淑去年在蓉,彼初未知,旋闻,已去,未及照顾,云云。是日仍乘黄校长汽车归。

在马鉴⑥季明先生家,住八日。觉其一家融融泄泄,有中国旧家

---

① 罗念生(1904—1990),名懋德,四川威远人。清华学校毕业留美,哥伦比亚大学、康奈尔大学研究院习文学,雅典美国古典学院习希腊戏剧与艺术。曾任四川大学、武汉大学、湖南大学、山东大学、清华大学外文系教授,中国科学院文学研究所、中国社会科学院外国文学研究所研究员。

② 饶孟侃(1902—1967),字慕陶,江西南昌人。清华学校1924年毕业留美,芝加哥大学研究。曾任青岛大学、武汉大学、复旦大学、暨南大学、安徽大学、浙江大学、中央大学、西北联合大学、四川大学、中国人民大学、北京外交学院教授。

③ 谢文炳(1900—1989),湖北汉川人。清华学校1923年毕业留美,芝加哥大学文学硕士。曾任安徽大学、厦门大学、暨南大学、四川大学教授,四川大学副校长。1958年被划为右派,1979年改正错划,任四川大学校党委顾问、外文系教授。

④ 周辅成(1911—2009),四川江津人。清华大学研究院1936年毕业。曾任四川大学、金陵大学副教授,武汉大学哲学系教授。1949年后,任北京大学哲学系教授。

⑤ 朱延丰(1906—1969),字汉新,安徽萧县人。清华大学历史系毕业,入研究院研习。英国牛津大学研究近代史,法国巴黎大学研习欧洲史。曾任东北大学、中央大学、四川大学、中山大学教授。1942年当选立法院立法委员。1949年去台湾,后兼任台湾师范大学及东海大学教授。

⑥ 马鉴(1882—1959),字季明,浙江宁波人。美国哥伦比亚大学硕士。久任北平燕京大学教授。1936年改任香港大学教授。太平洋战争爆发后,到成都燕京大学任教授。1946年复去香港大学任教。

之诗书文雅,兼新式教会西士之敏细整洁。自马太太以下,皆早起,各尽其职。子女辈亦皆彬彬有礼。八子女,惟最少之二女在家。每日三餐,饭食精美。宓所住一室,原系马彬小姐去年在燕大毕业之居室,特让宓居之。马鉴先生今年六十二,精神极健。其在燕大,助梅贻宝校长 昨方回到成都 综理内外,协和员生,早作夜思,兼治本末。一方能尊重寅恪等之品学,一方又能不惜劳苦,尽心校务,使宓钦佩,窃叹联大未见此人也。

二十九日,星期。至王、罗宅,命定江甥陪导宓出。访钱穆①,久谈。孔祥瑛在,已有子,四龄。穆遂请我等在小天竺街之江湖(Tip-Top)西餐。午饭此盖为"盟军友人"常至之地。下午访吴蔼辰,讷孙父未遇。游观街市,见售锁等物者,均拂拭光亮,排列整洁。又观煮丝缫丝及织锦纺线之工作,Golden Threads 极可赏玩。成都百物之佳,且较廉,惜不能悉带回昆明以赠亲友耳。是晚,马家宴客,中餐西吃。

先是二十八日上午,马鉴先生介绍宓晤识燕大各部办事职员及教授等,其中有英文系主任 Miss Grace M. Boynton②,宓略谈及学淑留联大,又为详述梦家、萝蕤赴美等情。包为 Winter 之旧友,今已发斑白,闻多病,将回美国长期休息矣。

十月三十日(星期一)代理校长马鉴先生,邀宓至燕大纪念周,宓坐台上,仅说数语之客气话。燕大学生共四百人,2/3 为平津来

---

① 钱 穆(1895—1990),字宾四,江苏无锡人。时任华西大学、四川大学教授。1946 年任昆明五华书院兼云南大学教授。1948 年任无锡私立江南大学教授。中央研究院院士。1949 年赴香港,创办亚洲文商专科夜校,后改新亚书院,任院长。1965 年转任马来西亚大学教授。1967 年去台湾,任文化大学教授。

② 包贵思 Grace Morrison Boynton,格雷斯·莫里森·包因顿(1890—1960),美国公理会女教士。1919 年来华,久任燕京大学英国文学教授。1951 年返美。

者,悉操北京语,整洁而有礼貌。燕大校内地域极小,然洗刷洁净,地无微尘。办公各组,均聚于一楼,接洽甚便。

在马宅午饭后,即乘人力车($80)至川大上一课。按宓在川大共有课五小时。此后星期一不再来,惟于星期二来川大上二课(1—3p.m.)。星期三来上二课(1—3p.m.)而已。川大虽校长命为宓备办一切,然办事松懈,奉行不力,致终未为宓觅得一室,宓遂每日来去,并未在川大住宿。其后周辅成君(哲学副教授)愿以其一室床帐被褥书案咸备。于每星期二供宓住宿。宓得之,亦尚未利用之也。川大学生四千人,有名无实。校长但夸房屋之多,且甚宏丽,不减昔之燕京。员生之众,教授及教员共五百人。而不问内容。宓来此上课,颇感如昔年在清华时,每星期五,到城内师大等处上课也。宓在川大授课二门,外文系《英国浪漫诗人》二小时,中文系《世界文学史大纲》二小时,学生前者(英语)少而后者(国语)多。

宓旧识之四川诗文朋友,多在川大任教或兼课,如蒙文通、庞俊、石屝彭举等。庞俊君曾宴宓于陕西街"不醉无归小酒家",此地最名贵之酒馆,每菜五六百元,然并不佳。又有初识之四川文学朋友,请宴于其家,则肴馔至为精美。其生活之优美舒适,殆非我等毕生所能望见者矣。蒙文通曾导宓访渭南藏书兼刻书家严谷孙先生,遂见其侄严庄敬斋夫妇及谢树英奚若及金博士之友夫妇。庄留午饭,畅谈。此外琐事不悉记。

十一月二日(星期四)始在燕大上课,学生热心听讲,且整洁有礼貌,宓甚喜之。宓授二课,均在中文系,《世界文学史大纲》二小时,晨8:30—9:30,《文学与人生》二小时,多人旁听,学生又请宓于星期六下午2—3另讲一小时(不重复)以免听者向隅。

以上乃初来及十一月十二日所写①，其后因事忙，遂未能续写。近日寇入黔境，传闻其意欲进攻昆明，未识联大同人亦忧急否。愚意总宜镇静，切不可自扰，尤须藉此自验处危乱之工夫。宓数年来，恒在较为平安之地，然往来迁动多出无心，初未尝有比较计算、趋吉避凶之意，特自然所致，以此深感　天恩也。

前者学淑来函十一月二十日语甚悖谬，使宓气苦多日。兹已另函知照　赋宁，命　赋宁自本年十二月份起，每月代发给学淑用费七千元整。连公费可有八千元矣。学淑得此，当可较裕，但无论如何，需钱可向父请增月费，不应径取宓之西服而毁坏全套②。盖他人之片纸破衣，亦不宜取用，应绝对的尊重他人之财产权，并应尊重宓之财产权。世间为父者，有卖其子女得钱自用者矣，而宓岂其人哉！学淑衣箱在宓室中一年，宓未尝不告而取其中一物，更勿论陈毓善等之衣箱，寄宓处，宓决不擅取其物。此为做人之根本道理，决非宓自私。夫宓一生刻苦，以道德自励，以感情自豪，其爱学淑，亦已甚至。赵紫宸③兄知之，钱学熙④兄知之。学淑南来途中，宓恒每夜祈祷其平安，日记可复查。即去年八月宓不能去成都，函谕淑自决行来滇止，留蓉并云"你喜欢如何，便如何。经济（用钱多少）可不必管"云云。

---

① 此段上方作者有眉注：此下，十二月四日所写。　勉仲兄事忙，请由此读下。

② 指学淑于1944年十一月初禀告作者，已取其牛津西服上衣，自制外套。

③ 赵紫宸（1888—1979），浙江德清人。东吴大学毕业，美国万德比尔特大学社会学学士。曾任东吴大学教授、教务长，燕京大学教授、宗教学院院长，英国牛津大学客座教授，中华圣公会会长。世界教会协进会六主席之一。美国协和神学院聘为客座教授，未就。1949年后，参加发起中国基督教"三自"爱国运动。

④ 钱学熙（1909—1978），江苏无锡人。自学英国文字学。抗战前研究翻译《大学》、《中庸》、《孟子》等。抗战初期，在四川璧山，为熊十力译《破破新唯识论》。1938年在上海光华大学任教，后回无锡隐居。1943年赴昆明，任西南联合大学外文系专任讲师、副教授。1946年任北京大学西语系教授。

至淑到昆明后,宓直接间接为淑所用之钱,又岂仅每月所给之月费而已哉!况宓平日一身极为节俭,而得钱以便多汇与心一及各方,其给淑之钱不多,乃望淑由辛苦艰难中,学得善用财之道,不惟增长自己之才力,且先苦后丰,终身感觉舒适。且与他人之子女比,亦有尚比淑所得更少者,……今兹宓径自决定增淑月费至 \$7000 者,乃因宓不增其月费,淑或受颉弟①、学熙兄等之津助,是宓反累诸公也,此断不可。今时局不安,大家忧惶,而宓前函且烦恳勉仲②兄、学熙兄、之颉弟为议定月费数目,未免累诸公太过,故径自动增给至七千元。倘以上三公,认为 \$7000 仍太少,请具函告宓"应加至若干",宓必遵行。再者,今昆明似较危急(宓意则甚乐观),俗人将曰"宓置其女于昆明而不顾",但此非事实。私意以为,有颉弟、德锡③侄、学熙兄、子水兄、蕖妹,以及其他友生,以宓生平与友之情谊,决不致弃淑而不为之所。临时如何相机措置,自必有办法,不烦宓远道恳求指示,且亦不能指示得宜也。最后,万一联大解散,淑自可来成都,重入燕京,但今实非其时。……

此函(尤其三、四两页)务请送呈 查勉仲先生良钊一阅。成都近日忽阴,偶雨甚寒,宓仍穿棉袍,暂留皮袍未加。但已以 \$6500 制

---

① 陈之颉(1913—1985),陕西三原人。清华大学电机工程系1937年毕业,曾至美国西屋电器制造公司研习。时在资源委员会所属昆明机电部门工作。1949年后,在东北电工局、第一机械工业部电工局、成套总局及中国电工设备总公司任高级工程师。作者之表弟。

② 查良钊(1897—1982),字勉仲,浙江海宁人。清华学校1917年毕业。美国哥伦比亚大学毕业,师范学院研究所研究。时任西南联合大学师范学院教授兼联大训导长。1946年任昆明师范学院院长。1950年任德里大学中央教育研究所客座教授。1954年去台湾,曾任台湾大学教授暨训导长,"考试院"考试委员、顾问。

③ 王德锡(1918—2007),后改名贯之,陕西三原人。无锡国学专科学校毕业,西南联合大学中文系肄业。久任中学教员。

一大厚棉被棉花七斤,白布套式。又购毛袜西北制值＄320。赴陕年假省亲一层,已进行定乘车,但且看时局,或即不去矣。不尽,惟祷祝昆明安谧,大家都好。即祝
冬　安

宓顿首
1944 十二月四日写完,付邮。

## 三

赋宁仁弟:

十一月二十八日,宓偕李思纯君游薛涛井,忽遇　令姑耆仪①呼我立谈片刻。十一月三十日宓往其家文庙前街八十五号拜访,见其弟妇及前室女。其家距宓居之文庙同一街中如71至北门城楼之近。十二月一日下午,伊来文庙宓室,谈一小时。先述伊与其夫刘雨若翻车伤亡详情。次论宁之婚事(我已以　弟之标准,详告之)。

令姑言:据刘济华云,杨琇珍事并非不成,但耆仪意,二人性情不同,成后定必不甚好,宁不免吃苦。

令姑又云:我已久为物色,尚未得合意之人。应寻其颇美不必甚美而苗条,但性情柔和,腼腆,能音乐,英文通熟,"不通英文,只是一半人。"而可为家庭中之良伴者。……予学生甚多,必可为寻得也。

以宓观察,　令姑乃一生活力极丰富之人(full of energy & vig-

---

① 李耆仪(1902—1948),女,陕西蒲城人。原名凤运,后改此名。李仪祉(宜之)之义妹。曾任陕西省立女子中学校长。创办仪祉农校,并任校长。

or),多才干而不溺感情,喜政治而不好文学。伊欲年假回陕,整理其仪祉纪念学校。伊又正被拥戴而竞选为参政员。其外貌甚健康,年似在四十以下,实则(自言)过四十矣。

于念慈①甚活泼,已在燕大加入知识青年从军矣。

吴讷孙②此次对宓极好。其父母皆似甚少,然实比宓长。

祝 安

宓顿首

(1944)十二月四日

四

学熙并转子水兄、赋宁弟、之颉弟、德锡侄及学淑均鉴:

连寄 宁处各函,谅达。昨林文奎③抵此,今晨张敬④传其所述昆明情形,但未及学校。宓今日由中国银行以国币四万元＄40000电汇昆明 毛子水兄收。缘前者宓曾函 学熙、赋宁请以巨款(二、四、六万元)交托中央银行钱宗文君,为拨汇至上海康脑脱路涵仁里七

---

① 于念慈(1926— ),女,陕西三原人。于右任之女。1948年毕业于燕京大学国文系。1949年去印度。1951年留美,威斯康辛大学硕士。后在宾州大学任教。

② 吴讷孙(1919—2002),福建闽侯人。西南联合大学外国语文系1942年毕业,留校任助教。后赴美留学,耶鲁大学文学博士。曾任美国旧金山大学、耶鲁大学副教授,华盛顿大学教授。

③ 林文奎(1910—1982),字忠用,广东新会人。清华大学地理系1932年毕业。入中央航空学校研习军事侦察飞行,留学欧美。抗战期间,任职昆明航校、成都航校、陈纳德飞虎队。1945年赴湖南芷江参加接受日军投降仪式后,即往参加收复台湾,留台工作。后在台南中央政治大学任教。

④ 张 敬(1913—1997),女,原名清徽,贵州安顺人。北平大学女子文理学院毕业,北京大学研究院肄业。成都燕京大学、南京金陵大学国文系讲师,台湾大学教授。

号陈心一女士收。更请心一今后,以所收得之半数,转呈宓生父芷敬公收用。宓若续有款,随时再汇给心一。……诚恐宓联大九、十、十一月薪津所得有限,汇出上言之款后,所馀恐不足 学淑经常及临时之用,故汇此四万元来。该款请由 子水、学熙两兄保管,必要时,给予学淑作正用,仍与赋宁接洽办理。

宓到成都后,川大薪津迄未领得。仅得燕京八、九、十、十一月份讲学费＄45000,另发米,每月六斗。而宓在川大借支＄10000,共得＄55000。宓奉 仲旗公命,以＄5000 赠给协曼弟及其未婚妻孔淑烈小姐,为初见之礼。今汇上＄40000,是宓到成都至今仅自用＄10000,其中＄6500 为制一棉花七斤,白布套。厚棉被,＄350 购毛袜西北国货一双。其食用仅去＄3500。本不足,但幸得在渝遇李素英女士,赠宓＄5000,昔年曾借宓＄150,以此还我。以一部分馀数加入,乃足敷用耳。总之,宓处今时,随遇而安,不为自己作任何计划,自己身边亦不多留馀钱,尽所有者供给各方。极望 学淑能体会此意。前者宓给学淑＄4000 固少,然以宓自己对自己之标准,则不为少;后已早函宁,每月给淑＄7000,今更汇＄40000 来,由 诸兄经管,以应学淑之急用。上次学淑擅取宓衣改制等情,宓今一概宽恕,不留介蒂,且由宓先函学淑通情,言归于好。时局多变,人命飘忽,凡宓一切所思所言所为,惟当恭待 上帝之评判奖惩,任何人与任何人,不应再争持诋责,而况 父女间之"责善"哉! 子水兄、学熙兄知我深,愿更以宓之心情行事种种,异乎凡人之处,为学淑从容讲说,使之感悟。感甚,幸甚。至联大若有变动,学淑应如何办法,宓不便、亦不能,遥为指示。望 学淑明慎自决,并请商于 诸公。除诸公照顾携带之外,尚有一途,即偕学熙,或偕顾元,往与孙乐先生商洽,依附其家人,同往孙君原籍家中暂住。孙君仁厚过人,必肯推恩照顾,其他则毋庸宓筹思。来成都,既不能,亦不必(但如能来、愿来,宓亦不拒绝),只可各求自全,随缘行事,乃最上策也。

最后,如赋宁须迁出北门街71或离昆明,则请将宓大衣箱中之(1)照像片一包在一大信封(2)剃刀片一包亦在一信封中,上写 Razor Blade。(刃片携新者,不多而弃旧者)带在身边衣袋内。又宓之日记一包硬厚有行纸,钢笔写,一包,在梯架上、书脚下。及零星日记、信札等。在桌屉内,又洗面桌下之木箱内,亦有一部分。到必要时,请均付之一炬,即焚烧不存,以免流落散布。其中无关政治,并不害时,但儿女、家庭、朋友私情琐事,亦不愿其为俗人传说,故宁焚之。——至于此外衣服、书籍、用具,则一概捐弃。学淑要,或其他知友要,均可予之。衣箱内之牛津花方格羊毛 Sweater,又新浅蓝湖绉长衫一件,又领带若干条,早已赠与宁。至所有西书,亦已全赠与宁。但望自读,非可售卖。

附言者,上言照像片,亦可选择。小者,软片,无背者,我之友好者——携存。大者,有硬背者,普通图画风景——弃之。而剃刀刃片,则携取未用之新片(有包封),弃已用之旧片(无纸包封)如是,不过一方寸之薄包,尽可置之衣袋中。上所云"弃",指万不得已而言——非此刻即扔掉。

以上十二月七日所写

今日为燕京复校纪念日,举行庆祝。宓昨在学生自治会为撰写联四副。"众志成城天迥玉垒 一心问道铁叩珠门",此联,大字,悬于礼堂正中。学生忙碌布置,今晚并聚餐。窃思 学淑若在此,自然参加,我更高兴。由今思之,似淑去年不应来昆明,应留燕京。然事变非常,一切得失,均难逆睹,仍以信天 安命,不回想、不悔怨,为最适宜之态度也。学淑此刻要来成都,宓亦赞成,但(1)无法来;(2)恐在途遇难,进退两绝;(3)若联大停课或解散,则燕京恐亦不能维持甚久,只是迟速先后之差,不值得"为求学而来蓉"。——故不如留滇为便。又,我虽在此,然我之朋友及关系多在昆明。淑在昆明,帮助淑、照顾淑之人实较多。故细思,觉淑不宜来蓉——并非宓不爱淑,尤非犹留前憾也。

上次请　学熙兄及宁弟,以二、四、六万元,交中央银行钱宗文君汇沪,给心一,不知已办否？如尚可汇拨,仍祈　赐办。今汇来$40000,尽足学淑之急用矣。

王府、罗府,宓时常去,并便饭。宓已以一个月之领米票(约值$6000)赠送王、罗府(前云,拟赠定江甥学费万元,一年恐潜昭不肯收,已止此议。)湘月常为宓补衣。清生甚喜兰州,拟于必要时移两家眷属至兰州。小孩们对宓均已甚亲熟,定釭比定江更对宓亲近,宓亦更喜定釭。

今日参加燕京复校纪念,典礼整肃,演词慷慨,远非联大所及。宓尤念及学淑,惜其不在此。——馀续陈。即请

近　安

以上十二月八日写。

1944 十二月七、八日　宓上(成都)

五

学淑并转　赋宁同鉴：

我二月二日离成都,乘邮车行。二月六日晚10:30抵西安。二月十七日离西安。须曼①妹之新妹夫王俊生送宓至宝鸡。二月十

---

① 吴须曼(1917—　),女,陕西泾阳人。作者嗣父之长女。陕西武功农学院附中高中肄业。曾任小学教员,陕西省图书馆管理员、陕西戏剧学校文化课教员,泾阳县面粉厂、粮食局保管员。

九日晨,乘联运车离宝鸡,中间两日换乘大卡车,二十二日始抵广元。二月二十四日下午抵成都。一路平安、健康,总费＄35000。

西安家中,自　父亲大人以下均好,含弟①之新弟妇,名曹蕙兰。在西安,忙于亲戚朋友之请宴拜年等。之颛②年前即见;年后,再由三原来,住三日,送宓上火车。

到西安之次日上午二月七日访晤李赋林③。八日上午,赋林、赋洋④来大车家巷家中拜访,并代表　太夫人(宁母)约宴。九日正午,赋林、赋洋宴宓于厚德福,比昆明之厚德福好,真北京人。客只唐得源,甚丰盛,林手种之香蕉苹果尤美。二月十四日初二正午,唐得源与其夫人(宁姑)请宴于其家。毕,宓乘唐人力车,谒李太夫人(宁母)于李府,谈叙移时,而刘楚材夫妇来,宓乃辞出。十五晚,赋林又来传太夫人　命,次日　赐家宴,宓以"将行,忙迫",辞谢。十六晨,赋洋复来谒送,宓甚感之。

此次在西安,李觐高⑤君市政府秘书长对宓最热烈招待,大宴宓及含弟于西安饭庄。其僚属多清华、联大校友。十六晚赴清华同学会之欢迎便宴。其馀琐情,俟后补叙。西安现尚安定,生活比成都尚低。

---

① 吴含曼(1921—1996),陕西泾阳人。作者嗣父之长子。西北农学院经济系毕业,审计部门工作。1949年后在西北军政委员会财政部、中央财政部工作。1954年调北京市第十五中学。

② 陈之颛(1911—1981),陕西三原人。作者表弟。清华大学土木工程系1932年毕业。在黄河水利委员会、陕西省水利电力设计院任职。

③ 李赋林(1907—1980),陕西蒲城人。李仪祉之侄。时在陕西省水利局任职。

④ 李赋洋(1920—1979),陕西蒲城人。李仪祉之次子。西北联合大学生物系毕业。陕西师范大学生物系讲师。

⑤ 李觐高(1910—1987),河北元氏人。北京大学中文系1936年毕业。曾任西南联合大学中文系教员。时任西安市政府秘书长。后任国民政府教育部科长。1949年随该部迁台湾,任"行政院"参事。

东北大学一度起风潮,宓招王般①来成都。般于一月十日抵成都。三月四日仍回东北大学原任。其间(在成都)与宓同居,甚为亲洽。般对关懿娴甚倾心,宓决为介绍。……在西安,北洋工学院长李书田见托,乃荐般为其副教授,般不往,以张振先②继任,盖在西安,又已荐张振先为郝耀东所长之陕西省立师范专科学校之正教授也。其他之事,后述。

二十四日到成都,即访蒉仪,知已于二月十八日乘某银行要人之小汽车回陕,此时已早到矣。见次斌、湘月等,拟久留成都。宓二十五日即办公。二十六日即上课,本期在燕大,《文学史》改用英语讲授,两门选修之学生皆增多。川大明日始去上课,故初归甚忙。

1945 三月五日,成都。　宓书

## 六

赋宁仁弟:

顷奉九月七日　手书,欣悉一是。此函述宓最近生活。请即持示(一)学淑→(二)钱学熙兄→(三)钱宗文兄<sub>中央银行</sub>→(四)毛子水兄→(五)孙乐斋兄<sub>请学熙兄送往本宅,青云路三号</sub>。→(六)郑苏蕖妹

---

① 王 般(1913—1996),字般若,河南郾城人。北京大学外国语文系 1938 年毕业。曾任西南联合大学外文系助教,西南联大附中教员,东北大学、河南大学、武汉大学、中国人民大学副教授,北京外国语学院、外交学院教授。

② 张振先(1912—1968),北京人。北平师范大学英文系 1935 年毕业。曾任西南联合大学、白沙女子师范学院、西北师范学院教员,北京师范学院副教授。留学英国,伯明翰大学文学硕士。1951 年回国,任北京师范大学、北京外国语学院教授。

学淑送往→最后,由学淑寄还(七)宓收。以便再寄他人,而免复写之劳,诸人处,另有专函。为幸。

按宓在八月初,已决定回联大授课,但拟于八月十日赴武大访知友(已定妥邮车),并游览嘉州山水,乃成都于七八月中,霪雨不断,祠堂街、陕西街(淑知之)均成河,房多倒,人不能出。各地四川各县均成水灾。交通阻坏。八月九日晨,宓在文庙院中滑倒,左足前失,因雨中苔藓,身向后侧倒,右胯骨久痛。遂止不行。八月中旬,左胸乳上一寸处生二疽 carbuncle,先生者在上,较大,势重;后生者在下,较小,势轻。乃就外科名医阴毓璋君清华1926级,曾从宓上《翻译》课半年。诊治,每二三日一往其家,小天竺街浙蓉中学除敷药外,用细竹签顺脓管挑剔疏通,取出坚硬如束针状之脓块,除二三次外,均不痛,其术甚精。并化脓流出。当宓生日八月二十七日前后,疮口突出,如小酒杯,脓管汇集,状如莲蓬。阴医叹为 full-blown rose! 旋汇通为三脓管,挑疏之,成一巨穴,如火山之喷火口(crater),挖浚其腐肉而出之,空如漏斗。二疽既经疏通合流,脓悉由旧口出。今脓已出尽,疮口已缩小如洋墨水瓶之口,新肉渐生,只待疮合,即全好。现已还复平常生活,惟甚疲倦,每日必卧床休息多时耳。祈　放心。

自八月二十日起,从阴医言,每日晨往,晚归。均在血清厂妹丈罗清生教授宅中卧息。卧定江甥床上不断用橡皮袋斌、湘有之装极热水,置胸前疮上。此法使化脓容易,为最要之著。每日即在罗宅三餐,蒙次斌、湘月夫妇及潜昭表妹,服侍周至,殊为感幸。此函便中亦示德锡。如是者已半月。燕京得有美国特别津贴,于教职员及其家属子女之疾病,可支给大量之医药费,手术、住院,以及打盘尼西林针均可。此次宓亦可照支,但阴医性廉洁而重情谊,分文不取,并药品材料亦全捐施。是故宓在昆明联大必不可生病,在成都燕大则甚可生病,则宓亦云幸矣。

八月下旬,阴医言,"宓疮口需一月始合,最近三数月内,断不能离成都作任何旅行"。阴医自任,直函达联大梅校长贻琦证明此事。宓旋亦八月二十六日勉强疮宜仰卧,坐立则觉下坠,伏案写字则尤痛。上联大梅、潘、冯、陈F.T.诸公一函,请假一年或半年,今知已邀准,甚幸。为居此养病,遂复告 马鉴先生代代校长愿仍在燕大任教,甚蒙欢迎。马公命宓为外文系主任,宓力辞却之。今仍由李方桂①君兼为外文系代理主任,李君及其夫人徐樱对宓甚好,常往还。但系中一切,实由副教授周国屏女士年三十四五,未嫁,洋派。主持操纵。其人不谙文学,而擅长英语。喜与盟军跳舞交际,作事则"厉害"而傲执(cf. F. T.)。

燕大今日已上课,宓亦已开讲。今年宓改任马公意为外文系教授。月薪四百五十元,连米贴等,本月实得五万元以上。授课二门,六小时(一)《文学批评》Literature Criticism 四小时,今授此课,可以细读 学熙兄所撰之讲义矣。容续函详。其中二时用英语讲解并指导学生读课本;二时用国语讲述文学批评之原理及历史。课本用 Saintsbury *Loci Critici* 此书宓已由川大借得一部,而金女大有二部,三部皆原版。前函托宁及淑借此书,寄来,今无需,请勿借寄。选课之学生,有淑之学友金建申②、卫占亨③等。联大旧女生(今金女大)刘长兰亦在班中。燕大外文系今仅剩一男生,张光裕,淑之友。馀均女生。教员全系女李方桂在国文系,宓为客座。而无一男。甚可怜。幸华西坝各校,尚有文学课,亦有书。多通行之课本,然亦合上课用。如 Saintsbury *History of Criticism* 三巨册。又如 Leslie Stephen *English Literature &*

---

① 李方桂(1902—1987),山西昔阳人。美国芝加哥大学语言学博士。中央研究院院士,燕京大学访问教授。1946 年后定居美国。历任哈佛大学、耶鲁大学、华盛顿大学、夏威夷大学教授。

② 金建申(1921—2006),女,安徽黟县人。燕京大学外文系 1945 年毕业。曾任北京贝满女中教员、教导主任,北京 27 中、延安窑洞中学、北京农业大学附属中学校长。

③ 卫占亨(1922—  ),河北唐山人。燕京大学新闻系 1947 年毕业。曾任英文《北平时事新报》记者,《柳州日报》副总编辑,柳州市科技情报研究所副所长。

Society in the 18th Cent.。又如 Bradley *Shakespearean Tragedy* 等。五校①联通,燕大只出宓之一员耳。金女大教授 Miss Florence A. Kirk 年四十至五十间甚热心,代宓觅书,亦自藏书若干部,借宓 Smith & Parks *The Great Critics* (*Anthology of Criticism*) 1939, W. W. Norton Co. New York 一部,金女大尚有一部。系伊手读者。此书体例,与 *Loci Critici* 同,而所选较多较全,可注意。普通书,如 *Camb. Hist. of Eng. Lit.* 及 *Dict. of Nat. Biography* 等,此间有数部。(二)《约翰逊博士》*Dr. Johnson* 二小时,用英语。因系一 Seminar,注重读 Boswell 书而已。迭者有张光裕②见上等。此外,宓又担任指导毕业班四年级三学生(一)金建申(二)孙亦椒③亦淑友,云曾去罗宅。(三)张秀敏④之毕业论文。另一人,作 Chaucer,由美教授指导。所可憾者,即彼等多欲译鲁迅等之作为英文,而不肯为英国文学之真切研究。此燕京之缺点也。此外,彼周国屏女士又曾请宓加授《第二年英文》一班,三小时,改文卷。当经宓婉词而含怒意辞却之。

宓原住居文庙内,男生宿舍九月三日,迁入陕西街燕大校内,所谓 Ladies' Building 即梅校长等所住之洋楼,在课室图书馆之东,淑记否? 之三层楼居住。初来,居二楼一旁室,原为西人浴室,锅炉、浴盆仍在,其他却好。经宓认为不满;越二日,乃迁三楼男教职员单身宿舍今室,面南,二大窗,木板壁,干燥好而高爽,可云窗明几净,在此层楼,为最佳之室。居之甚适。窗外,只见天云与树顶,不见人家与街市。带来之木器,有木床一,书案二,

---

① 指当时同在成都的五所教会学校:燕京大学、华西大学、齐鲁大学、金陵大学、金陵女子大学。

② 张光裕(1919—1977),河南人,成都燕京大学外文系1946年毕业后,任中学教员。

③ 孙亦椒(1923—1999),女,上海人,生于北京,成都燕京大学外文系毕业。曾在北平、上海任中学教员,后在上海交通大学、上海国际文化学院教授留学生汉语。

④ 张秀敏(1920—2010),女,后改名张贻,山东济宁人。成都燕京大学外文系1945年毕业。1946年赴延安,久任新华通讯社对外新闻部编辑。

藤圈椅二，藤背椅二，木方凳五，今宁室中，原只一木椅耳。此不足道。

燕大对有家眷之教职员，供给之住宅尤丰美，并供桌椅等物，修理营缮，所费甚巨，且对全家之医药费，完全供给。其燕大女教职员以及女生，更得美国女校之特种津贴，饭食津贴特多，故交费不多而饭食殊佳。对女生有交际费，每人每月津贴数千元，该项必须用于picnic（郊游），且必须约一本校男同学共游或单一对，或聚多人。否则不发给云。总之，宓到成都后，深悔前年 命学淑转学联大，在昆明生活苦，屡被窃，不如在燕京之享许多权利也。且可早半年毕业。按男生如潜心力学，联大较善。女生注重生活，则燕京较宜，此公论也。又，联大多学者，多名师。华西坝与燕京多美而时髦之女生，亦确。……

自昨日起，宓加入男教职员饭团，由女教职员厨房包饭，而送至本楼之中厅甚大，可跳舞。会食。每晨粥，一大馒头，花参。宓转给别人。午晚米饭，三四荤素菜，清洁可称。每月饭费仅＄7800。燕大学校专雇一少年男仆蜀人，伶俐聪明。供役本楼十四五位教职员，除常供冷水、开水及开饭扫地外，且每夜备清洁之马桶及便桶，免同人晚间下楼。由此以言，宓在此生活实胜过北门街71大楼正厅之衮衮诸公矣。……

川大本有约，本年新任国文系主任潘重规①君，对宓尤殷勤契重，故最近已接受川大聘书。在成都可兼三大学（一国立，一教会，一私立）专任教授，领三份米贴。名义为"文学院中国文学系特约讲座"，月薪六百元，按部定九十倍之新标准兼米贴，参阅下文每月可得约近七万元。二校（燕京、川大）合计，月可得约近十二万元。授课二门，（一）《中西比较文学》，一

---

① 潘重规（1908—2003），字石禅，江西婺源人。中央大学国文系毕业。曾任东北大学、暨南大学、四川大学、安徽大学、台湾师范大学、新加坡南洋大学中文系教授、香港中文大学、新亚书院中文系主任、文学院院长，法国巴黎第三大学访问教授，台湾中国文化学院中文研究所主任。

小时,中文系二年级、外文系四年级选修。(二)《文学与人生要义》,二小时,同上选修,均用国语讲。初本专为国文系设置。共三小时。每星期二晨去晚归,不住城外。潘君之意,望宓将昔年《学衡》中之主张及宓平日之心得,自由发挥,不以常课论,故办法如上。潘君又已聘定 柳翼谋先生诒徵来川大十月初,可到此。为特约讲座,自由讲述。盖潘君于1924—1928间,肄业东南(旋改中央)大学,又为黄侃君之婿、弟子也。……

综上所言,宓今年留成都不回联大,本固病疟,断不能成行,陈寅恪兄,旬日内即飞昆明,赴英。已另觅人伴飞。遵医嘱而留此。但演变结果,似今年留成都任教燕京、川大,比回到联大尚为较多便益者,尤其居处、饮食、医药各项,非昆明所可得。成都自抗战结束后,物价骤落,自行添补饮食,必可恢复健康。晨食牛乳,加糖$190,鸡蛋每枚$60,上好黄油每磅$1000,大馒头每枚$30。燕大男生熟识者,对宓极亲洽,忠勤服务。此次迁居,校中派二校工,而男生六七人,程曦及刘铭昌、黄宇寿(淑友)、曹宗祥、艾绳武(陕西米脂,南开中学毕业)等来助,手畀书架及椅等,到新舍为捆扎床帐,完全布置妥贴。尤以程曦①君国文系,深习文史,能画山水。在此几如宓在昆明之有赋宁,诸事极关切,不辞劳瘁。燕大女生对宓较疏,不如联大之熟洽。故在此甚可安居,惟中心甚眷恋 公等诸位相知友生,尤怀念学淑耳。

又,武大周鲠生新校长到任后,闻有意振作,知友刘永济兄,仍续任文学院长,极欲逐渐多招邀学深品洁、志同道合之士,树立风气。朱光潜君现主外文系,二君皆仍盼宓前往武大。迄今犹暂保留宓之聘书及旅费。即钱宗文兄所汇去之六万元还款。约宓迟早必去,且欲俟宓到校之第二年,以外文系主任一职让授与宓,其意可感。故宓本年下学期颇有意不回联大,仍续请假,或留成都,仍兼燕京、川大,

---

① 程 曦(1920—1998),字仲炎,河北文安人。燕京大学中国文学系毕业。1950年任广州岭南大学中文系助教。后去美国,曾在爱荷华大学任教。

将来随燕京迁回北京,渝有都北京说。或寒假赴嘉定,在武大讲学,一以报　知友之厚意,一以察该校之实情,乃定久后方针。如回清华,则明年四五月可随武大迁回武昌,然后个人自携行李由武昌乘火车径达北京,亦甚便捷也。此系宓中心之所往复思虑者,敢告　公等知友,幸勿为外人谈及。对校内外,只说宓因病疽留蓉,此系实情。不得已,在此任教。半年后,或即回联大;即不然,明年春夏间,定到北京,仍归分立后之清华本校。其不来昆明,为免行路之迂回耳。……对外,请如此说。宓对　诸公及学淑,日内将另有专函,一一分寄,另详。今此函只述最近生活情形。

另有数事,请赋宁弟俯赐办理。

(一)宓既在燕大、川大任教取薪,亦领米贴。则教育部部聘教授决当请假,先请半年。联大八月份薪津,已领者应全数退回学校,转还教部九月份薪津即不应领取。——日内宓当有上教育部函及上联大梅、冯二公一函,说明请假、退薪之事,俟该二函寄到宁手之后,再请宁代交该函并退还八月薪津(今暂候)。

(二)前索之书 Saintsbury *Loci Critici* 在此已得到二三本,故请赋宁弟、学熙兄勿为寻寄。——其他,以前提及之书,今均毋庸寄来。

(三)接卢绍华电,半月始到惊悉其母　卢葆华①女士逝世,不胜痛悼。兹请　宁弟先代宓送去奠仪银一万元(托德锡送交,亦可),交卢绍华收。告以宓病,日内宓当另函绍华询问详情。

---

① 卢葆华(1903—1945),女,号雪梅,贵州遵义人。能诗,爱好文学。16岁于归赵,生有三子。因不满赵之放荡行为,携三子出走。先入工厂缝纫,后到上海求学谋生,抗战期间在西南从商。著有中篇小说《抗争》,新旧诗集《血泪集》、《飘零集》。

（四）第陆号箱中，如最底下有 Warren *Buddhism in Translation*（*Harvard Oriental Series*）。书中，如夹有笔记，须取出，另存。

（五）第伍号箱中，如尚有王幼农①先生《诗集》稿本，二册请即交还　德锡贤侄收管。

（六）请以宓病情及行止全年留成都告知俞铭传，并托铭传转函茅于美②知之。宓后当有函。

（七）请示本年外文系录取之转学生及研究生姓名。及年级程克强是否录取，宓极悬念。

（八）薛诚之③君，宓已于八月中专函武大刘永济兄举荐，尚未得复。雨水破坏交通，邮函极迟缓。恐无多希望。前荐朱杰勤于武大，夏济安④于川大，均不成。

（九）宓急欲汇款与上海心一及二、三女儿，敬烦　学熙兄便中往访　钱宗文兄可带此函去，呈阅，仍带回。从容商询，看有无办法，今拟交汇法币，在沪亦付法币。或有其他途径。祈　共助我设法，是感。

　　　　　　　　　　　　　　1945 九月十二日　宓上

---

①　王典章(1865—1943)，字幼农，陕西三原人。作者之姨丈，清四川宁远(今西昌)知府。人民国，官广东高雷、粤海道尹，又陕西民政厅长，屡办赈务。好佛，礼事印光法师。著有《思过斋集》《玄隐庐诗存》。

②　茅于美(1920—1998)，女，江苏镇江人。曾就读于浙江大学外文系、清华大学研究院、美国伊利诺伊大学。1949年归国，先后任职于出版总署编译局、人民出版社，久任中国人民大学语文系教授。在清华研究院曾从作者受业。

③　薛诚之(1907—1987)，原名何家麟，号诚之，湖北沙市人。燕京大学文科硕士。曾任中学教员，西南联合大学外文系讲师，湖北师范学院英语教授、系主任。1949年后，任中华大学、华中高级师范、华中师范学院教授。

④　夏济安(1916—1965)，江苏吴县人。先后就读于金陵大学、中央大学，上海光华大学英文系毕业。相继在光华大学、西南联大、北京大学、香港新亚书院任教。1950年去台湾，任台湾大学外语系讲师、副教授、教授。

## 致毛 準

子水兄：

　　十月十二日在遵义、十月二十七日在成都曾写寄长函,由学淑呈　阅,中叙在渝遇马葆炼①事。惢到渝之次日(十月十六日)上午十一时,在临江路江岸闲步,忽遇葆炼。同到其办公处(国际经济合作会),又至江边步谈。葆炼莹然落泪,言何永佶②现居南岸,无要职,仅在中政校任教员。自伊有孕,以迄孩生至今,经济悉由伊担负,佶未给分文。佶之清华旧同学,如冀朝鼎③等,均不直佶,而同情于伊。伊之今职,即以冀君为首长。至于佶在印度收葆炼父汇来款,回渝乃以官价兑成国币还葆炼,云云,此事并非虚传。惟其款乃葆炼父赐给葆炼之兄若弟者,而非葆炼所应得者耳。弟代兄致意,并嘱伊函　兄。其后十月十九日葆炼来潘宅见惢,报告"伊兄若弟(德国博士),已由陈康介任中央大学哲学教授,故不需惢为代谋矣"。云云。此一事也。

---

① 马葆炼,女,原名宝莲,英文名 Pauline,美国华侨。1930 年考入清华大学。1941 年任西南联合大学师范学院专任讲师,时在国际经济合作会任职。

② 何永佶,出生于1902 年,字尹及,广东番禺人。清华学校毕业后留美,哈佛大学博士。曾任北京大学、中山大学、中央政治学校教授,北平政治学会秘书长,太平洋国际会议中国代表。1949 年后,任云南大学教授,"文革"中去世。

③ 冀朝鼎(1903—1963),山西汾阳人。清华学校1924 年毕业留美,芝加哥大学法学博士。1927 年参加中国共产党。1929 年在美共《工人日报》及美共中央中国局工作。1940 年回国,曾任国民政府外汇管理委员会主任,圣约翰大学、暨南大学教授,中央银行经济研究处处长。1949 年后,任中国国际贸易促进委员会副主席,中国银行副董事长。

十月二十三晚，卫士生、王作民①夫妇请宴于其家（自置宅），并约熊鼎②Rose女士二十五日飞昆，谅兄已会晤矣。同席，畅谈。据述春间在沪见毛彦文情形。彦颇憔悴，发已斑白，盖恒忧郁。颈下生瘤或痫（cancer）。在平之敌伪方面人士与熊公旧相识者曾逼彦签名赞同出售某项香山慈幼院产业，彦之赞同盖不得已。而熊芷、熊鼎姊妹皆反对之。故彦一见鼎，即云，"你们到法庭告我去吧"……鼎又言，彦之嫁熊公，未尝无悔心。1937冬，熊公病逝香港时，彦在灵帏中，每泣曰"是朱君毅害我至此！"（按彦始终不能自拔于第一段生活。而宓之爱之，固未能有裨助于彦也。）鼎又评之曰，"彦之大缺点，在conventional，恒屈从流俗之见，故不能自创造自由、自适之爱情生活也"。（按此评甚确。）鼎近年所作词若干首，宓曾请读之（十月二十四日，尽一夜之力读完其词稿一册）。佳处似李后主，盖鼎较彦能体味生活，其情直，故其文亦美。宓之爱彦，客观论之，不可谓非错误。然爱之实深，在行途中思之，在渝在蓉，连夕且梦之也。此二事也。

十月二十四午，顾良③请宴，谈及徐芳④生一女，正满月。其夫徐培根⑤之追求芳，盖始于战前在南京时，其心力甚坚，而费时已

---

① 王作民（1916—2005），女，浙江长兴人。清华大学外文系1932年毕业。留学美国密苏里大学新闻学院。1949年回国，在新闻总署国际新闻局工作，曾任图书社英文组组长，《北京周报》专栏作者，新世界出版社副总编辑等职。
② 熊 鼎，英文名Rose。熊希龄次女。留学美国，精通欧洲多种语言文字。
③ 顾宪良（1914—1962），又名献樑、顾良，江苏川沙人。清华大学外国语文系1935年毕业。曾任光华大学外文系讲师，华美报馆秘书兼专刊主编。抗战胜利后去美国。
④ 徐 芳（1915— ），女，江苏无锡人。北京大学国文系1935年毕业。女诗人。
⑤ 徐培根（1897—1991），浙江象山人。陆军大学毕业，德国参谋大学进修。曾任国民政府军事委员会航空署长，驻美国军事代表团参谋长，陆军大学教育长。1945年授陆军中将。1952年后任台湾国防部参谋长，副参谋总长，国防大学校长，国防研究院教育长。

久。既已离婚矣,徐萱①犹疑之,必欲培根遍在各大城登离婚广告,看无反响,乃许芳嫁之。顾良又言,芳实爱滕固②,使固生前肯离婚者,芳必嫁固而不归徐培根矣。宓按,如此,则彦不及芳远甚!此三事也。

宓十月二十六夕到蓉。(十月二十五晨离渝,车中识郑君助同行。晚宿内江。)二十八日上午,随马季明代校长至燕大国文系办公室,适遇张敬方下课,坐谈约一小时。敬容光焕发,态度和蔼,大胜昔时。敬在燕大授《词》《曲》两门课。上课时,以其儿(二岁馀)送置梅贻宝夫人所办之托儿所,即在燕大校内。敬询及 兄,宓急为道候。然敬对莘田公③之一切,如出洋计划及在南温泉伤足等事,似均知之甚详且速。此四事也。

十月十八日在渝访俞大维④,谈近一小时。维自述治学之心得,略谓明太祖、明成祖在北京,得元朝阿拉伯人之历法及天文学,科学此时即已传入中国,其后又失之耳。宓已为 兄道候。

二十七日在蓉见寅恪,身体较前大好,盖由锻炼而来。家无男女仆,自助太太作一切事。仍觉燕京托足,胜于他校。宓亦已为

---

① 徐 萱,女,江苏无锡人。清华大学经济系1939年毕业。曾在重庆交通部驿运管理处任职,台湾师范大学任教,后去澳大利亚。

② 滕 固(1901—1941),字若渠,上海人。上海美术专科学校毕业,留学日本东洋大学。德国柏林大学研究美术史,获博士学位。曾在上海美专、南方大学、金陵大学任教,后任国民政府参事,中央古物保管委员会委员,中山文化教育馆美术部主任,湖南沅陵国立艺术专科学校校长,美术委员会常委,并在中央大学讲授古代艺术。

③ 罗常培(1899—1958),姓萨克达氏,字莘田,满族。北京大学国学门1920年毕业,又入哲学门学习。曾任北京大学中文系教授,中央研究院历史语言研究所研究员,北京大学文科研究所所长。1949年后,任中国科学院语言研究所所长,中国科学院哲学社会科学部委员。

④ 俞大维(1898—1993),浙江绍兴人。著名数理逻辑学家。上海圣约翰大学毕业,留学欧美。曾任国民政府兵工署长、交通部长,台湾"国防部长","总统府"资政。

兄及锡予兄道候。……不尽,江泽涵①兄嫂一家,祈代候。学淑乞兄赐与关照。即请

日 安

1944 十月二十九夕
弟 宓自成都上

---

① 江泽涵(1902—1994),安徽旌德人。南开大学毕业,美国哈佛大学数学博士。久任北京大学数学系教授兼系主任。中国科学院数理化学部委员。

# 致闻宥①

## 一

在宥先生：

  前承到文庙街　赐访，失迎为歉。又蒙二十三日　柬招宓二十五日到尊寓茶叙，但该柬不幸二十八日上午方始送到。日期已过，不及趋赴，知劳　伫盼，歉仄殊深。昨又赴川大，今始得作函奉谢，并祈　恕其未到之罪。即颂

日　安

           弟　吴宓顿首
         （一九四四年）十一月三十日

## 二

在宥先生著席：

  前数年在蓉，备承　厚款，感念未忘。此次为宓商图华大教职，复蒙　公热心奔走说项，以求其成，宓尤深感谢。现以渝碚各校未

---

① 闻宥(1901—1985)，字在宥，上海人。1929年起，任中山大学、山东大学、燕京大学、北平大学女子文理学院、四川大学、云南大学、西南联合大学、华西大学讲师、副教授、教授、系主任，研究所所长，博物馆馆长。1955年后，任中央民族学院教授。

能遽离,拟在此暂留一学期或一学年,终必来蓉定居,承　教之日
匪远。素佩
公治学精勤,近年想更多发明独造之处。能以论著印本交孙君永
庆　寄示否?不尽区区。专祝　百福,并颂
秋　安

　　　　　　　　　　　　　　　　　　　　弟　吴宓顿首
　　　　　　　　　　　　　　　　　　　三十八年十月四日

# 致程佳因[①]

## 一

Sept. 16th 1945

Dear Miss Cheng,

I was glad to find you back again in my class. My daughter wrote me that she saw you a great deal in Kunming, and that you had shown her my remarks on your paper and also the account of my life. (It was perfectly right for you to do that). She read it in the proper spirit and showed me sympathy and appreciation. Though kept by suffering from carbuncles to remain here, I like the life here in every way—my only regret being that I had left my daughter there and cannot be with her.... Your father Mr. 程树仁 I had known him very well as a schoolmate in Tsing Hua 1911—1916; but since my graduation 1916, I never met him again: he was the first man to be seriously interested in the art and enterprise of cinematography, if I remember rightly.

Please read this *Life of Johnson* through, and pass it on (at once) to

---

[①] 程佳因(1924—    ),女,祖籍福建闽侯,生于上海。成都燕京大学新闻系1946年毕业后,入联合国救济总署上海分署工作。旋赴美留学,获华盛顿大学图书馆学硕士学位,留校工作,后弃学经商。作者长女学淑的中学、大学同学,时从作者在成都燕大受业。

the other girls in the Dr. Johnson Class. Please, Every one of you, copy down, for your own use, the table on page XXXIV of this book.

Yours sincerely,<br>
Mi Wu 吴宓

亲爱的程女士：

我很高兴您重又回到我的班上来了。我女儿写信给我说，她在昆明经常看见您，您又向她展示我在您论文上所作的评语，以及有关我生活的叙述（您这样做非常好）。她读懂了这些评语的意义，并对我表示认同和赞赏。虽然由于患痛之苦而滞留此间，我从各方面都喜欢这里的生活——只可惜我得把我的女儿留在那里，而不能同她在一起。我1911—1916在清华期间，和您父亲程树仁[①]先生同学很熟；不过自从我1916毕业以后，没有再见过他。据我所知，他是对电影拍摄艺术和事业深感兴趣的第一人。

请将这本《约翰逊博士生平》从头到尾读一遍，并（立即）传给班上选修《约翰逊博士》的其他女生阅读。请各位将本书第34页的表格抄录下来以备用。

您诚恳的<br>
吴 宓<br>
1945年9月16日

---

① 程树仁(1895—1974)，福建闽侯人。清华学校1919年毕业留美，哥伦比亚大学教育学硕士，纽约摄影学校毕业。回国后，在上海创办孔雀电影制片厂，曾任《大美晚报》经理，后经商。

一

Sept. 24th 1945. at noon

Dear Miss Cheng,

　　I have kept your letter of Sept. 18th unanswered, because I meant to sent this book ( Macmillan Pocket <u>Abridged</u> Boswell ) together with my reply to you. Last night I dined with Mr. Kao ( my former student in literature, but now engaged in cement-manufacturing business) and his fiancée Miss Tseng ( a student of Ginling )—and I fancied myself something of Dr. Johnson enjoying himself at the home of the Thrales! ( By the way I now have a fear that my reading Boswell might make me unconsciously catch on Dr. Johnson's habit of haughty & combative arguing with people at dinner table and in the sitting room—a bad habit which I have never had before. ) Coming back late, I sat up and continued to read till I finished the book at 3 A. M. ( I was so much interrupted and disturbed by various kinds of friends these days ). Now please read this book and pass it on to others.

　　You will also find several new books which I have added to the Reserved Shelf ( Yenching Library ) for this Seminar Courses. Among others, a set of <u>Complete</u> Boswell in Everyman's Library edition.

　　I love to read your letters, as I feel that you have a free command of English and <u>you possess a feeling for style</u>—which is usually rare and which ought to be further cultivated by much reading in <u>good</u> books of <u>real literature</u>. I'll give you advice from time to time as to the choice of books; but now let me suggest that you please obtain from

Yenching Library Thackeray's "Roundabout Papers" (see Card Catalogue) and read in it his <u>English Humourists of the 18th Century</u>. I flatter myself that I have so far found <u>two</u> students in Yenching who are fit (and with real gifts) for literature: viz. Mr. 程曦 for Chinese literature and Miss 程佳因 for English literature. It does not matter that you are now registered in the Dept. of Journalism; I do hope and I earnestly pray that you will keep up the pursuit of literature to the end of your life, whatever might be your occupation and circumstances of life.

I'll return your letters to you each time so that you could better keep it along with my letters to you to make a series—which might be compared to Fanny Burney's correspondences with Dr. Johnson or Bettina Brentano's correspondences with Goethe—though I wouldn't dare to associate myself with those illustrious names.

With a guest sitting here in my room, I can only write thus much, and so poorly, this time.

Yours sincerely, Mi Wu (吴宓)

P. S. Thank you for your readiness to render me service and help. Meantime, utilise <u>all</u> your leisure in reading <u>good-literature</u>. By the way, what is your honourable father's position and occupation at present (I am not clear)? I regret very much that I have left Ethel in Kunming while I am remaining here for two years!

亲爱的程女士：

您9月18日的信我留置未复，因为我想送交这本书（麦克米伦袖珍版博斯威尔《约翰逊博士传》节略本）给您时附上我的回信。昨晚我与高君①（以前从我研习文学的学生，但现今从事水泥制造业）及他的未婚妻曾女士②（金陵女大学生）共同进餐——于是我自许为约翰逊博士在斯雷尔夫人③家享受乐趣！（顺便说一句，现在我生怕读了博斯威尔，我会不自觉地也沾染上约翰逊博士在进餐和闲谈时高谈阔论的坏习气——这是我前所未有的。）回家已晚，我端坐续读，直到凌晨3点将这本博斯威尔的书读完。（这些日子我经常遭受各类朋友的打扰）现在请您阅读此书，并传给别的同学。

我为本学期课程而在（燕京图书馆）参考书架上所增加的书籍中，您同样会发现若干新书。其中，陈列有人人丛书版的博斯威尔《约翰逊博士传》全本。

我喜欢读您的信，我感到您能自如地运用英语并领悟文章的风格——这通常是难得的，应当通过大量阅读真正优秀的文学作品。我愿时时指点您如何选书；我现在向您建议，从燕京图书馆萨克雷的"书信文件集"（见图书目录）里寻得他的《18世纪英国幽默大家》来阅读。我庆幸自己截至目前为止在燕京发现了两名宜读文学（并确有天赋）的学生，即学中国文学的程曦君和学英国文学

---

① 高承志(1910—1994)，广东粤海人。清华大学外文系1936年毕业，曾任中共北平市学委委员。抗战爆发，与党失去联系。后任教员、职员。1949年后，任天津市财经委员会办公室主任，天津纺织工业学院院长，天津市翻译公司经理。
② 曾岷生(1922—   )，女，福建长乐人。小儿科医师。
③ Hester Lynch Piozzi 赫斯特·林奇·皮奥奇(1741—1821)，英国女作家，以H·斯雷尔夫人知名，塞缪尔·约翰逊的密友。著有《已故塞缪尔·约翰逊博士最后二十年间生活轶事》等。

的程佳因女士。这和您现在是新闻学系注册生无关;我恳切希望不论您从事何种职业,身处何种环境,您能终生追随文学,研究文学。

我每次都会回复您的来信,这样您可以把我写给您的信,如范妮·伯尼与约翰逊博士或贝蒂娜·勃伦塔诺与歌德的通信那样,结为一集;不过我从不敢把自己和这些辉煌的名字相提并论。

这次我只能写这么些,而且写得这么乏味,因为这时我屋里正有客人。

您忠诚的<br>吴 宓<br>1945年9月24日中午

附言:谢谢您乐意为我效劳和帮助,同时利用您一切空闲时间来阅读优秀的文学作品。顺便提一下,请问令尊现在何处?从事何种职业?我非常后悔把学淑留在昆明,而我在此间滞留了两年之久。

三

Sept. 27th, 1945. at 5 P.M.

Dear Miss Cheng:

Today I have lectured very poorly, it did not matter at all that you were obliged to be absent.

Upon some students' suggestion, I had (at the end of the class) to put the Abridged Boswell <u>on reserve</u> in Yenching Library—where you may find the book now. To have read at one sitting 58 pages (as you had done last night) is certainly rapid progress; I could only cover 10 - 15 pages in one hour of reading. I am sending you my Notes (of 3 pages) which you and the other students might find helpful. My great handicap at present is the lack of a copy of Latin-English Dictionary. (I had not brought even an English Dictionary with me). You could help me by consulting Webster's International Dictionary (always with reference to the exact sentences and words as given in the book—I mean Macmillan Pocket Abridged Boswell) to find out the proper explanation of those words and phrases which I have left lacuna in my Notes. But please do not write in my book; write in your own Notebook which you will please show me afterwards, to be copied myself.

Please take care of my Notes by not folding them so as to produce permanent creases.

By the way, Boswell's Johnson is a book which, like sweetmeats, is best "to be chewed" by little bits after dinner or in the evenings; it is not fitted to be regaled in considerable quantities at one stretch. If not for the rare chance of having seized the book, you had better read a few pages in it each day in a leisurely manner.

Bring my Notes to class next Thursday afternoon, and not sooner.

Yours sincerely<br>Mi Wu

亲爱的程女士：

我今天讲课讲得很糟，所以您不能来上课，一点也不要紧。

基于若干学生的建议,我下课之前,把博斯威尔的节略本放在燕京图书馆的参考书架上了——您在那里可找到那本书。(您昨夜那样)坐着一口气读完58页书,的确读速很快;我每小时只能阅读10至15页。我把我的3页笔记送交您,这对您和其他学生可能会有帮助。目前我最大的困难是缺乏一部拉丁—英文词典(我连一部英文词典都没有随身带来);您可通过查阅韦氏国际词典(通常是麦克米伦袖珍版的,查查博斯威尔节略本中的原句原话的出处),找出我的笔记中脱漏的那些词和短语的确切解释。不过请不要写在我的本上;写入您自己的笔记簿,以后给我看时我自己誊上。

请留心不要折叠我的笔记簿,以免留下永久的折痕。

顺便说一句,博斯威尔的《约翰逊博士传》这部书,就像甜食,最好是在餐后或傍晚细细品尝,而不宜一口气狼吞虎咽。如果不是因为得到此书的机会难得,您最好从从容容每天读几页。

下星期四下午,把我的笔记簿带到班上来,不用提前。

您诚挚的
吴宓
1945年9月27日午后5时

**整理者按**:程佳因女士很快为作者查阅了韦氏国际词典,并在一张便条上以英文书明:☆表示,在您的笔记簿中没有错误。×表示词典中未能查到。作者在该便条上以红笔写有以下批语(英文):您此事做得很出色。您仔细精确,我非常感谢。1945年10月5日吴宓。

## 四

3 October 1945 ( at 10 A. M. )

( or 3 X 1945 )——English Style too

Dear Chiayin,

I like to address you as "Jane", not only for phonetic reasons, but with the literary association of Jane Austen whose reputation has grown higher in the last 20 or 30 years——not *Jane Eyre*, which book ( together with its Authoress ) I never liked. By the way, the late Mr. 林纾, had translated that novel with the title 《迦因小传》, rendering Jane into 迦因, the last sounding exactly as your given name.

Being very busy, and having been much occupied in the last few days, I can only, in this hasty letter, thank you sincerely for your Birthday Cake, which I had shared with two of my friends living in the adjacent rooms; we all declared that the cake was delicious! I also wish you happiness and bright fortune in all the days to come. Some evenings, I should like to invite you and Miss 金建申 to a little supper at the home of one of my friends, to have some literary conversation outside of class. ( I have to arrange with my friends, so as to suit their convenience ).

I have known the authoress 黄庐隐( originally 黄英) in Peking. She was being courted by my student Mr. 李惟建( then much younger than she) in 1929. They were soon married and settled down in Shanghai as teacher of Chinese literature in the College there. I saw them in 1933 in Shanghai. And then she died. Here in Chengtu, I again met this

Mr. 李 who has been remarried some years since to a pretty 四川 young lady and has had children by this new wife. He has fully deserted literature and transformed himself into a successful man of business, having made some fortune and built a house named 建庐, and having been a 省参议员 and 光华大学总务长 etc..

I close now and here, with best wishes,

Yours sincerely,
Mi Wu

亲爱的佳因：

我喜欢称呼您"简"(Jane)，不只是因为语音的原因，而是因为联想到了简·奥斯汀。她的声望在过去二三十年变得更高了……不是"简·爱"，这书(连同其作者)我并不喜欢。顺便说说，已故的林纾先生曾翻译这部小说，冠以《迦因小传》之题，将 Jane 译成迦因，这二字的音与您的名字极为相似。

我非常忙，最近几天更尤为忙碌，我只能在这封匆促的信中，诚挚地感谢您的生日蛋糕，我和邻室居住的两位朋友分享了。我们全都宣称蛋糕味美！我也祝愿您在未来所有的日子里幸福和好运。哪天傍晚我想邀请您和金建申女士到我的一位朋友家晚餐，进行一些课堂以外的文学交谈(我将和我的朋友们安排，瞧怎么方便)。

我在北京时认识女作家黄庐隐[①](原名黄英)。1929 年，我的学

---

[①] 黄庐隐(1898—1934)，本名黄英，笔名庐隐，女，福建闽侯人。北京女子高等师范学校国文系 1923 年毕业。曾任上海大夏大学附中、北京师大附中，上海工部局女中国文教员。著有《海滨故人》、《曼丽》、《灵海潮汐》、《象牙戒指》等。

生李惟建君正在追求她(他那时远比黄年轻)。他们很快就结婚了,并在上海定居,在那里的一所学院任中国文学教员。我于1933年在上海见过他们。后来她去世了。在成都此间,我重又遇见李君,他已和一位年轻漂亮的四川女士结婚几年了,并和这位新夫人有了几个孩子。他已弃文从商,成为了一位商界的成功人士,积累了财富,建造了名为"建庐"的寓宅,曾任省参议员和光华大学总务长等等。

我就此打住,祝好。

您诚挚的

吴宓

1945年10月3日(上午10时)

**整理者按:** 程佳因女士的母亲陈定秀女士(1897—1952)与黄庐隐女士在北京女子高等师范学校同为优秀毕业生,后又同在上海工部局女中教授国文。

五

Oct. 10th 1945, morning

Dear Miss Cheng:

I have made arrangements with my friend Mr. 高承志 and his fiancée Miss 曾岷生, to make use of his house at No. 10 总府街(See Map) to entertain a few friends at a simple supper, at the end of which they will serve coffee and tea for a free and informal <u>literary</u> and social talk. We have tentatively fixed it on <u>this Saturday evening</u> at 6 clock, the 13th of October—but that shall depend on whether you and Miss 金建申 are free of engagements or not. Please let me know before tomorrow noon whether you could both come to this supper or not—And if not, we will change it to the following Saturday (Oct. 20th) evening. Please also suggest and bring along one (at most two) girl student who is (or are) either acquainted or not acquainted with me but who will be glad to come and join in our conversation. Let me know who she (or they) will be, in your note of reply to me. The other people to be present are: Mr. 王达仁, of the 《新民报》(a Tsing Hua graduate); Mr. 万, Mr. 高's colleague; Mr. 高长山, of our 国文系—this is all. Our purpose is, as I have said, for free and elegant literary and social conversation. The map below will give you the directions of finding the place. I'll be there waiting for you; I and Mr. 高长山 will escort you in coming back to our College not later than 10:00 or 10:30.　　With best wishes for the day.

Yours sincerely<br>Mi Wu

亲爱的程女士：

我与我的朋友高承志君及他的未婚妻曾岷生女士作了安排，借他的总府街10号寓宅（见地图）招待几位朋友用一顿简单的晚餐。餐后进咖啡和茶，漫谈文学和聊天。我们暂定在本周六10月13日下午6点——不过这将取决于您和金建申女士是否有空赴约。请在明日中午以前告知我您们能否来晚餐——如果不能来，我们将改期至下周六（10月20日）晚。请您提议并偕同一位（最多两位）女生一起来。不论我是否认识，只要她乐意来并加入我们的交谈。在您回复我的便条中，告诉我她（或她们）是谁。其他参加晚餐的有:《新民报》的王达仁①君(一位清华毕业生);万君,高君的同事;我校国文系的高长山②君——仅此而已。我已经说过,我们的意图是,为了畅谈文学及社会交际。下面的地图供您们寻找寓址的方位,我将在那里恭候您们。我和高长山君会在晚上10点或10点半之前护送您们回我们的大学。

祝日安

您诚挚的<br>吴 宓<br>1945年10月10日早晨

六

11 X 1945

Dear Jane,

  Following your example, I have dated this letter in the English or rather British fashion. I am <u>not</u> concerned with the English Club (nor have I been informed of it) at Hwasipa in Saturday afternoon: so our planned supper will not be affected thereby. I have no doubt that your choice of Miss 刘式芬 to add to the interest of the party and to contribute to the

---

① 王达仁(1914—1969),山西太原人。清华大学经济系1937年毕业。曾参与创建贵阳清华中学,后任《贵州日报》、重庆和上海《新民报》编辑,北平《新民报》总编辑。1949年后,任职新华通讯社,嗣调任《光明日报》编辑。"文化大革命"中受迫害,坠楼身亡。1979年冤案平反。

② 高长山(1916—1997),河北乐亭人。成都燕京大学国文系1943年毕业,留校任助教兼燕京研究院助理。1949年后,任上海沪江大学附中、外语职校教员。

conversation, has been a very happy one; and I offer her welcome. As for yourself, I understand your feeling which must be natural and genuine. But please be comforted by the consideration that, as most ladies (even young girls) do talk much better than they can write, I do believe that you must be a good and brilliant and graceful conversationalist as judged by your letters. Suppose you are my daughter or my friend, you might have fears for me, as I should be the only old (or elderly) person (who is, besides, unworldly and introvert by nature) in a group of young and happy graduates and students! But no: Among men and women of true understanding and pure lives there will be no barrier of approach—not ever a sense of vanity or rivalry or comparison which sometimes introduces of a foreign and discomfortable element to a happy meeting of people.

As for your younger brother, his present sickness, due to the sudden change of climate and the bad condition of life in Chungching, is to be expected. Let us hope that he will soon recover. Is he a student beginning College or still a high-school boy? He will, I suppose, come to see you here in the near future.

Ethel writes me every week or ten days. But I as yet have had no letter from her since the Kunming change of Provincial Regime. I trust that she and our friends are all right, though they must have been much affected at the time.

Yours sincerely<br>Mi Wu(吴 宓)

亲爱的简:

学您的样,我这封信的时间也采用了英式或该说不列颠式。我对英国俱乐部星期六下午在华西坝的活动并不感兴趣(我也没有接到它的通知),所以我们计划中的晚餐不受影响。您选择刘式芬①女士参加我们的聚会非常恰当。她准会为聚会增色不少并分享我们的交流;我谨向她表示欢迎。至于您自己,我知道您的感情是自然和真诚的。令人高兴的是绝大多数女士(甚至年轻的女孩)言谈远胜写作。通过您的书信,我确信您谈吐出色、言辞得体。假设您是我的女儿或朋友,您也许会为我担忧,我在一群年轻而快乐的毕业生和大学生中是惟一的老人(或年长者,而且我天生不谙世故、性格内向)!不过在具有真正了解和纯粹生活的男士和女士之间,交流没有障碍,不会有谁因爱慕虚荣、钩心斗角或相互攀比而令人不快、有伤和气的。

至于您的弟弟,他目前的病大约是缘于气候的骤然变化和重庆糟糕的生活状况。希望他不久就能恢复。他是否刚上大学或仍在读高中?我猜想他不久就会来看您吧。

学淑每周或十天给我写一次信。不过自从昆明改变辖区②以来,我还不曾接到过她的来信。我相信她以及我的朋友们都没事,尽管当时他们想必受到相当影响。

您诚挚的
吴 宓
1945 年 10 月 11 日

---

① 刘式芬(1923—    ),女,广东中山人。成都燕京大学外国文学系 1945 年毕业,留校任助教。1946 年在广州联合国救济总署工作。1948 年赴美留学,后在美国大学任教。

② 指 1945 年 10 月 3 至 4 日,杜聿明以兵逼龙云去职,云南省府改组,昆明北门街一带发生巷战。

七

October 17,1945.

Dear Jane,

I have brought from 川大 2 books for you. One is Vol. IV of *Shelburne Essays* by Mr. Paul E. More (1865 – 1937)—upon which my own knowledge and taste of English literature were chiefly formed or built. Please read in it (pp. 35 – 65) the Essay on "Fanny Burney" and also (pp. 254 – 283) the last Essay on "Horace Walpole"—both contributory to our knowledge of <u>Dr. Johnson</u>. All the other Essays in this volume are equally worth reading. The second book is Thackeray's *English Humourists of the 18th Century* etc. Remember that I consider Thackeray as <u>the best</u> English writer (for his <u>style</u>); and that this book is a good example of treating Literature from the view-point of Life, or Life transformed into Literature. Besides, this book also contributes to our <u>Dr. Johnson</u> Course. When you have questions and difficulties, you could ask me (bring the book with you) before or after the <u>Dr. Johnson</u> class.

From the Example of Fanny Burney, and with the model of Thackeray's *English Humourists*, I would rather advise you to keep a Journal or Diary in English, into which you may pour in all your obversations of people and things as well as your reflections and feelings from day to day. You could also show me certain pages of this Journal or Diary of yours, which would be as good as the letters you write to me. To begin your Journal, as a subject for practice, I'll suggest that you write a brief account of our supper party last Saturday evening: be frank and bold to put in all what you had remarked of people's weakness and petty ways, and do not admit words of commonplace description nor of formal flattery. I will not show your Journal, just as your letters, to any friend or student.

The Saturday supper party, from my point of view, is far from being satisfactory, though you girl-students had contributed much and well to its enlivenment, and Mr. Wang 王达仁 particularly entertained us with his sly humour. What a kind of party I should like to be in, you'll understand better after you have read more "good literature" and seen wide and varied life.

I have received a letter from Ethel yesterday, and was glad to be told that her Dormitories were not disturbed though the school had to suspend classes for 5 days and the shops were all closed to business for that period of time.

Yours sincerely<br>Mi Wu

亲爱的简：

我从四川大学为您带来两部书。一是保罗·E. 穆尔先生（1865—1937）所著《谢尔本随笔》第 10 卷——我对英国文学的了解和品味，主要得益于此。请读其中的关于《范妮·伯尼》的随笔（第 35 至 65 页），还有最后关于《贺拉斯·沃波尔》的随笔（第 254 至 283 页），全都有助于我们对约翰逊博士的了解。本卷中的其他随笔同样值得阅读。第二本书是萨克雷的《18 世纪英国幽默大家》等。记得我认为萨克雷是最优秀的英国作家（由于他的风格）；而这本书是把对生活的见解融入文学，或是将生活转化入文学的范例。此外这些书也对我们的《约翰逊博士》课程有益。您有问题或困难,可在《约翰逊博士》课前或课后(带上书)来问我。

从范妮·伯尼的范例,以及萨克雷的《英国幽默大家》中的典型,我建议您每天用英文记日志或日记。您可将所有对人对事的观察、思索及感受倾吐于其中。您也可以给我看看您日志或日记的某几页,这就像您给我写的信同样美好。作为一项练习的课题,开始您的日志,我建议您对我们上星期六的晚餐写一则简短的叙述:您觉察到人们有什么弱点和不足道的方面,坦诚而勇敢地写下来。不要写陈词滥调或恭维的套话。您的日志,就像您的信一样,我不会给任何朋友或学生看。

星期六的晚餐聚会,我觉得远不能令人满意,虽然您们女生为其增色不少,王达仁君的诙谐幽默也令人捧腹。我喜欢什么样的聚会,待您读了更多"优秀的文学作品",并更见多识广后,您可能会理解得更透彻。

我昨天接到学淑的来信,得知她的宿舍没有受到扰乱,感到欣慰,虽然那段时间学校曾停课五天,店铺全都关门停业。

您诚挚的

吴 宓

1945 年 10 月 17 日

八

Nov. 5th, 1945, 8 P. M.

Dear Jane,

  I have organized another dinner party this Friday (Nov. 9) evening at 6 o'clock at exactly the same place as before 总府街10. This party is in honour of my friend who has just come back from Lhasa in Thibet, Mr. 李唐晏, 中央信托局襄理, & also, together several of my former students ( mostly ladies ) who are now in 成都, & whom I have not seen or not in conversation. One half of the people invited will be the same as in the last party. I shall appreciate very much if <u>you</u> will kindly honour me with your presence, and bring with you <u>one more</u> girl student from Yenching——whom you will please invite in my name, or tell me to write a note directly. Let the person be 金建申, or 张秀敏, or 刘式芬, or any other student you think fit. Or, shall I get 刘长兰 who was from 联大? Think it over & drop me a note. But you must not fail me with your presence.

With best wishes,

Yours sincerely
Mi Wu

亲爱的简：

本星期五(11月9日)傍晚6点，我组织了另一次晚餐聚会，地点仍在总府街10号。这次聚会是为了给刚从西藏拉萨回来的朋友、中央信托局襄理李唐晏[①]先生接风，还邀集了几位我以前的学生(大多是女士)，目前在成都而我尚未见过或交谈过。被邀请的一半人与上次聚会相同。如果您能光临并偕一两位燕京的女生同来我将非常

---

① 李唐晏，山西徐沟人。清华学校1926年毕业留美，耶鲁大学文学硕士。久任职中央信托局及银行界。1949年后，任北京对外贸易学院教授。

感激。——请以我的名义邀请,或由我直接写一短柬邀请。可考虑请金建申,或张秀敏,或刘式芬,或任何您认为合适的人。或者是联大来的刘长兰?请予考虑,并以短柬回复。请您务必到场。

祝　好!

您诚挚的<br>
吴　宓<br>
1945年11月5日下午8时

## 九

Monday 11 A. M.

Dear Jane,

Last night we met again at 总府街10 where Mr. 王达仁(of 新民报)mentioned the fact of your having contributed an article to his paper(he at once showed it me). So I just said that you had told me of his having written to you but addressing you as 陈家英. I said no more than this. Now I have just received a letter from him, enclosing, an open letter to be delivered to you through me. Here it is. I hope, in the near future, to have another gathering for tea or supper. I am ready to tell you, confidentially, of anything & everything I know of Mr. Wang, as I do regard you as Ethel's friend & as "my daughter".

Hasting,<br>
Mi Wu

亲爱的简:

昨晚我们在总府街10号再次见面,(《新民报》的)王达仁君提到您写了一篇文章给他的报纸(他立刻拿出来给我看了)。我当时只说,您告诉过我他曾写信给您,但把您的名字错写为陈家英。我所说的仅此而已。现在我刚收到他的一封信,内附一封未封口的信,请我转交给您。信就在这里。我希望不久再开一次进茶或晚餐的聚会。我将私下告诉您,我知道王君的所有情况。我确实将您视为学淑的朋友或"我的女儿"。

吴宓匆匆<br>星期一,上午11时

十①

Nov. 7th 1945, at 8 A.M.

Dear Jane:

I had your letter of Nov. 6th & the two books. I am glad you will come to the party Friday evening. Please do come with Miss 张秀敏——she is just the person I wanted to have as I had not invited her before.

I liked two kinds of friends or students——the kind & the intelligent persons. From the very beginning, I had classified you as an "intelligent" girl; So I would always treat you from this point of view. That is, I trusted that you would be sure to understand (hence to appreciate) anything

---

① 程佳因女士在此信开头的空白处,写有批注:I like Wu Mi very much in this letter(我非常喜欢这封信中的吴宓)。

& everything of life & of the world (society) when all the true facts are plainly laid down before you, & those facts will then explain themselves. I shall continue to help you to cultivate your intelligence still further & more finely as time goes on. (By the way, I thought Miss 张秀敏 is the same type of person as your good self—□she belongs to the intelligent. Am I right?)

I usually wrote too briefly. Besides, you had, as yet, not known how <u>objectively</u> or how <u>disinterestedly</u> & <u>impersonally</u> I have always been in my words & actions—even in acts of seeming kindness & of helping people. You will, I have no doubt, understand me better & trust me more.

The <u>facts</u> were these: (1) Our party of 2 or 3 weeks ago had been planned by me with <u>no</u> intentions <u>at all</u> of making any person be acquainted with any other person: it was merely for social pleasure. (2) Mr. 王达仁, while in 清华 (1933 – 1937) had been a very active student, the Chairman of 学生自治会, rather a "politician" from my point of view, & inclined to the left—a Wilkes, who could not be naturally liked by Dr. Johnson. So my acquaintance with Mr. Wang had been very slight: He was by no means one of my "inner circle". He is clever, intelligent, & will be successful, but we belong to different worlds. But, I had known him to have had several love-affairs in 昆明, 贵阳, & elsewhere, it seemed in each case, the girl liked him & was long waiting for him, but he dallied with her & finally just gave her over—to disappointment & pains, & in one case, to a Catholic nunnery! Now this time, only <u>after</u> I had mentioned (Nov. 4th evening) that I understood from you that he had written you & mis-addressed you, that <u>he began</u> to tell me (in a letter) that he liked you & had been cultivating your friendship etc. Although I had trusted to your "intelligence" to deal with all people in all circumstances, I thought it was perhaps my duty to tell you what little I knew & I thought of him (I means △△) so that you might not proceed in darkness. My purpose was this: Jane may like 王达仁 on her own account; but Jane <u>must not</u> be left to think that I liked 王 & I was in the mood of finding 对象 for him. My tone of confidence was that of an informer (情报), not of a match-maker in the first stage.... With this explanation, I know you'll no longer be "hurt" by that too-brief sentence of mine.

Yours sincerely, Mi Wu

亲爱的简:

我已收到您11月6日的信和两本书。您将参加星期五晚上的聚会,我很高兴。请您一定偕张秀敏①同来——她正是我想邀请而以前未曾请过的女士。

我喜欢两类朋友或学生——心地善良和天资聪颖的人。我从一开始就把您归入"聪慧的"一类女孩;因此我常这么看待您。我相信当真相摆在您面前,并不言自明的时候,您能理解(因此也能欣赏)人间万象。我将继续帮助您格物致知。(顺便说一句,我想张秀敏女士与您属于同一类型□②,也是聪慧型。我是否正确?)

---

① 张秀敏(1920—2010),女,山东济宁人。成都燕京大学外文系1945年毕业。1946年赴延安,改名张贻。久任新华通讯社对外新闻部编辑,1982年离休。

② 原信此处破损,脱漏一字。

我惯常写得过于简要,此外,您迄今尚不知我在我个人的言语和行动中——甚至是看来仁慈和助人的行动中,往往是多么的<u>客观</u>,多么<u>不抱偏见</u>或<u>不感情用事</u>。毫无疑义,您将会更加理解和信任我。

<u>这是事实</u>:(1)我们两三周前的聚会,是由我筹划的,<u>毫无为人撮合引荐之意</u>,仅仅是为愉快的社交而已。(2)王达仁君,(1933—1937)在清华时非常活跃,曾任学生自治会主席,在我眼中,是一位从事政治的左倾分子,一位威尔克斯式的人物①。约翰逊博士自然不会喜欢他。所以我和王君的交情很浅:他绝不属于我的核心圈。他聪颖、睿智,并将取得成功,但我们属于不同的世界。不过,我知道他在昆明、贵阳以及其他地方有过一些恋爱事件,每一次都似乎是女孩爱上他并苦苦等待,但他跟她嬉玩一程就抛弃了她,使她失望痛苦。其中一位进了天主教女修道院!这回,是在(11月4日傍晚)我从您那里得知,他曾写信给您,写错了姓名。他才开始(在一封信中)告诉我他喜欢您,并正发展您们的友谊等。我相信您的"聪慧"能应付各种情况各种人。但是我想,我有责任把我所知道的有关他的一些情况和我对他的想法(我的意思指△△),一一告诉您。这样,您可不至于在无知中继续和他交往。这是我的意图,简可以追随自己的心愿喜欢王达仁,但是简务必知道我不是为他介绍对象。我的推心置腹应被视为情况通报,而不是媒妁之言。……有了以上的解释,我知道您将不会再为我过于简要的词句受到"伤害"。

您诚挚的

吴 宓

1945年11月7日上午8时

---

① John Wilkes 约翰·威尔克斯(1725—1797),英国记者、政治家和议员。

## 致梅农姊妹等

November 9th, 1945 at 10:30 P. M.
To Miss Malathi Menon
   Miss Malini Menon
   Miss 金建申
   Miss 刘式芬

On behalf of my student & friend Mrs. Kuo 郭子雄夫人(née 罗汝仪), I am writing to ask you to give her the pleasure of coming to her house 庆云西街, 东新街, 二十号 for tea & an informal supper this Sunday November 11th, 1945 at 4 o'clock in the afternoon, to be back at about 9 o'clock in the evening.

At this party we hope to see an artist (painter in sketches) Mr. 叶浅予 & his wife Mrs. 叶(née 戴爱莲) to exhibit to us the Thibetan dance, as they have just come back from Lhasa & Mrs. 叶 has been a well-known dancer of artistic forms. Besides you will be introduced to our friend Mr. 李唐晏, a banker by profession but a man of letters by training & taste, who has also come back from Thibet, & who (I understand) was acquainted with Mr. Menon (the father of the Misses) in India & should like therefore meet the Misses Menon. I hope you all could go to this party. We shall start from our school at 3:30 P. M. or a little later, & I will be glad to take you to Mrs. Kuo's house.

Yours sincerely
Mi Wu

致马拉西·梅农女士

马拉妮·梅农女士

金建申女士

刘式芬女士：

谨代表我的学生和朋友郭子雄夫人（罗汝仪），我恭请您们于1945年11月11日星期日午后4时光临庆云西街东新街20号她的寓宅进行茶叙和非正式的晚宴，晚9点回来。

在这次聚会中，我们希望见到一位艺术家（擅长速写的画家）叶浅予①先生和他的妻子叶夫人（名戴爱莲②）表演西藏舞蹈，他们刚从拉萨回来，而叶夫人是一位以艺术形式著称的舞蹈家。此外您们将见到我们的朋友李唐晏先生，一位颇有文学品味和素养的银行家，他也从西藏归来，我知道他在印度结识两位女士的父亲梅农先生，所以想见到梅农女士们。我希望您们都能参加这个聚会。我们将于午后3点半或稍迟一点从我们的学校出发，我且欣愿带您们去郭夫人的寓宅。

您们诚挚的

吴宓

1945年11月9日晚10：30

---

① 叶浅予（1907—1995），浙江桐庐人。幼年喜爱美术，1924年赴上海为柜台伙计，画广告、教科书插画、舞台布景。1929年创作政治讽刺和社会生活漫画。抗战期间，创作大量速写漫画。1946年应邀访美。1947年任北平国立艺术专科学校教授。1949年后，曾任中央美术学院国画系教授兼系主任，中国美协副主席。

② 戴爱莲（1916—2006），女，广东新会人。幼年喜舞蹈。5岁学芭蕾，6岁登台，7岁习钢琴及音乐理论。1931年赴英国罗伯特芭蕾舞学校及其他舞蹈学校学习。1940年回国教舞。曾任教中国音乐舞蹈学院、北平国立艺术专科学校音乐系。1949年后，任华北大学三部舞蹈队队长、中央戏剧学院舞蹈团团长、北京舞蹈学校校长、中央歌舞团团长、中央歌剧舞剧院副院长、中国舞协主席。

## 致王恩洋①

化中道兄：

多年虽未晤教，然于 兄，私心敬仰至极。所撰之书志，亦曾在友处或就书店中诵读若干种，弟既佩 兄之学，尤佩兄坚信佛教，有救世拯俗之热心也。在昆明及成都，两奉惠书，带于行箧，终未及复。原望贵院移蓉，借获长期聆教，今已矣。兹宓决赴武昌武汉大学任教授，从刘永济兄。现定八月二十日乘邮车赴内江，盼 兄赴城，以便一晤，俾得聆一夕之教，慰多年之怀。宓近年益趋向宗教，去年曾有到内江贵院住一年之意，友人尼之。总之，一切容面叙，幸勿以趋俗堕落相疑。又弟在各地讲《红楼梦》，原本宗教道德立说，以该书为指示人厌离尘世，归依三宝，乃其正旨。尊论痛斥大学中人讲《西厢记》者，弟极赞同尊论，但弟非其伦，所讲"貌同而心异"， 兄可勿怪弟讲《红楼梦》而拒不见，弟亦不因此而忸怩不敢见 兄也。

诸俟面谈，即颂
文安！

弟 吴宓上
（1946年）八月十六日　成都

---

① 王恩洋（1897—1964），字化中，四川南充人。通内外学，精通法相唯识。1919年在北京大学学习印度哲学，后去南京支那内学院师从欧阳竟无研究法相唯识。1925年在该院任教，此后十年从事教学和著述。1942年创办东方文教研究院，1957年出任中国佛教学院教授。主要著作有《摄大乘论疏》、《唯识通论》、《心经通释》、《佛家通论》等。

## 致王挥宇①

挥宇贤侄：

　　一月九日航函于一月十八日奉到，惊悉贤父子被捕久羁，并尊翁②已遇难成仁等情，痛何可言。念尊翁与苾文字知己，其生时视苾至厚，赠诗语语皆见肺腑，且推崇让甚。二十六年秋冬(1937年)，在故都犹数晤叙，苾于十一月七日离平南下，行前二三日得读尊翁《移居诗》，言浅意深，就此握别。彼时只知尊翁留教念一中学，嗣后未能通问。而二十七八年间(1938、1939年)有故都友人函告，报载有一叶君论中国近世文学一文，称引及苾，而对胡适多所指斥，心知系尊翁手笔，弥深感念。及抗战胜利，苾原拟由成都回清华，乃为武汉大学刘弘度兄，名永济，文学院长，昔年东北大学"九·一八"前教授所留，暂在此为外文系主任。今年秋或回清华，或留武大，兹尚难决定。在此兼为《武汉日报·文学副刊》编辑，今正撰作一文叙尊翁生平，并附入尊翁赠苾之诗、未经刊布者在该刊中登载。登出后即寄上，以资哀悼，以志友情。侄如能自撰一行述或家传或哀感录描述尊翁生平，及被捕在狱以及遇难全节经过，文可用白

---

① 王黎(1923— )，曾名挥宇，辽宁海城人。爱国诗人王荫南烈士长子。北平华北大学毕业。曾任九三学社大连市委员会副秘书长。

② 王荫南(1905—1944)，名汝棠，字荫南。辽宁海城人。沈阳萃升书院毕业，任中学教员、报纸编辑。1931年"九·一八"事变后，到北平成立东北民众抗日救国会，与东北爱国人士创办《光明日报》《光明周刊》。1936年5月到张学良将军西北总部任秘书，不久陪友人返北平就医，而西安事变发生，乃留北平任东北流亡学校教职，北平沦陷后，以报馆为掩护，从事抗日活动。1944年被日本宪兵队逮捕，惨遭杀害。

话,但求真切、详确、生动,寄宓亦在《武汉日报》登载尤善。该文可广示尊翁生前之一般朋友,对侄前途亦有裨。

至尊翁在北平之两包诗文稿件,请暂托友人慎重保管。如无妥人,可送至西城广宁伯街二十八号陈心一女士宓故妻代吴宓保存,俟宓今夏到平接管处理。至整理刊布,宓当负全责,仍随时与侄接洽。侄之教育、职业前途,宓亦必为竭力扶助以慰尊翁在天之灵。今请侄来函详述侄之学历、志愿、现今之职务、名义、薪津若干,人事关系若何?又尊翁家庭状况、人口、各人现状、居处等,以便明悉情形。目前以就职养家为第一事,学业读书当另函启示。

即祝近安

1947年1月29日武汉大学<br>宓手书

## 致周珏良①

珏良②仁弟：

十二月二十日 诗函，久未复，甚歉。宓居蜀二载，颇适。去夏，原决定回清华，而七八月之交，为武大知友所坚邀，乃止于武昌。武大聘 煦良，而 煦良未能来，命宓引 叔娴任教。先是1944秋宓由昆明入蜀，过贵阳，在 景珊、 叔昭家，得识 叔娴，时方由桂林退却。去年八月二十一日宓由成都到重庆，住贵州银行 景珊、 叔昭处，而 叔娴自春来亦居此，始得多谈。宓八月三十日飞抵武昌，旋即由武大聘 叔娴为外文系讲师，授（1）二年级《实用英文》二（2）一年级外文系《现代短篇英文选读及作文》四（3）《英语会话》一，共七小时。 叔娴于九月底，携两女大荣（八岁）、大成（七岁）飞抵武昌。在校内所居与宓极近，并邀宓在其宅中午餐晚餐。到此，得一本地女仆，制馔甚精。常共游谈，对宓照顾周至。半载相聚，时时评论人生社会，兼及文学，切磋之益，朋友之乐，兼而有之。而 叔娴英语流利确切，远胜我辈以外；其英文文字工夫亦甚深，所作Sonnets盖得力于莎士比亚，所缺者文学史之知识材料耳。 叔娴授课改卷，严明而负责，甚为校中所称道。宓初见 叔娴，疑为王熙凤；久之，则觉 叔娴实类似叶公超与温德两友。曾告 叔娴，他日

---

① 此书作于1947年春夏间，作者时在武汉大学外文系任教授兼系主任。
② 周珏良（1916—1992），安徽东至人。1940年毕业于西南联合大学外文系，入清华研究院研习。1946年任清华大学讲师。1947年入美国芝加哥大学研究院研究英国文学。1949年回国，任北京外国语学院英语系教授。

有缘,必为介识温德,二人必成莫逆。 弟可便中与温德言之……

寒假中, 叔娴赴沪,又将赴港晤其夫君,去已近一月,两孩由宓照管。 景珊日昨偕 叔昭飞过武昌,一宿,惜宓与相左未得见。已抵南京,任南京贵州银行经理。 叔昭精神尚好,去秋方在创作一长篇小说,秘不示人,或尚未完也……

宓近来心情平静,生活安适。初以 母校需人,而亦缅怀故都,遂拟于寒假图谋北上。所以久久不复诸亲友函者,亦以行止未定之故。及到寒假,适值武大校潮方息,学生方责当局以不能延聘名师,充实院系,若此时言去,更使当局为难。又以宓到此后,颇承优礼,在聘约未满之一学年中,实不当决然引去。且思 母校虽要宓归,幸系中功课,已有 弟及 佐良弟(祈代候,不另)分授。 佐良弟出国恐尚有待,此时仍可继续教课。见《大公报》所登其 Eliot T. S. 之文,足见研究功深,少年精进者,固远胜过老年之荒惰也。如此,则宓寒假不来,实与清华无损,况战酣路阻,旅行匪易,交通经济,均使我却步,故决仍留此,俟暑假中回故都,下年在 母校授课,当不为迟。小女学淑禀称 弟为宓居处等甚为关怀,感感。倘归,仍愿住西客厅,但自经昆明一段生活,一切均可不计较,暂不决定,亦无妨。 学淑则望 弟指导,并告以此函所述情形。盖学淑亦甚怨宓久不写信也。

在此所编刊物①,今寄一张 存览。 弟及他友,如有 惠稿 每字十元 均甚欣盼。往者宓贺 弟在昆明订婚诗,有"独擅风流王逸少,双修福慧柳湘莲"之句,盖 弟亦尝自许为柳湘莲者。此文

---

① 指《武汉日报·文学副刊》。

作者孙君,武大二年级生,寿州人也。行夏①留昆明,未始非计,西南今反为中国之安乐地,但不知其"新丝"究如何耳?

弟诗确大进步,并非虚誉。文学终恃自得自修之功。宓亦恒怀念昆明,且颇觉西南漂泊,到处流连之乐。倘坐我于西客厅中,回思今昔之异,当日经营公私各事,今皆空空,身世情怀,感且不胜,恐不殊置身墟墓中矣。如此想法,不知错否?……

此间有旧友(华中大学)为诗社,宓被邀入,附件,以②

---

① 郑侨(1915—1970),字行夏,福建闽侯人。郑孝胥之孙。西南联合大学哲学系肄业。曾任昆明天祥中学副校长,昆明第三中学教导主任。1955年肃清反革命运动中以"历史反革命"被捕入狱,判刑七年。1970年获释,同年病逝于昆明。1987年始获平反。

② 此信未写完,至此中断。

## 致周光午

光午仁弟：

大作《我所知之王国维先生》一文，已编入宓编《武汉日报·文学副刊》二十二期。王公为弟所书条幅，即韩偓诗，亦即谢国桢①君所得四首之一。《学衡》六十四期转录《大公报·文学副刊》王静安先生纪念号，有宓一序，及赵万里②、张荫麟③、浦江清三君文，最好，宜细读。又《重庆清华》请寄全份勿断为要。

吴 宓
一九四七年五月七日

---

① 谢国桢(1901—1982)，号刚主，河南安阳人。1926 年毕业于清华学校国学研究院。曾任职于北京图书馆、长沙临时大学图书馆、上海大中银行。1948 年至云南大学讲学。1949 年至南开大学历史系任教。1957 年调历史研究所工作。

② 赵万里(1905—1980)，字斐云，浙江海宁人。南京东南大学中文系毕业。1925 年任清华学校国学研究院助教。先后在北京大学、清华大学、辅仁大学、中国大学任教。历任北京图书馆编纂委员、善本部主任、研究员兼善本特藏部主任。

③ 张荫麟(1905—1942)，字素痴，广东东莞人。1929 年清华大学毕业留美。斯坦福大学硕士。1934 年任清华大学哲学、历史两系讲师，1936 年任教授。先后执教于西南联大、浙江大学。1942 年在遵义逝世。

## 致常厘卿①

厘卿先生文席：

奉到八月三十一日、九月十六日赐书，及《大至阁诗》、《遐庵词甲稿》，早已拜领细读。深情厚惠，没世不忘。只以既忙且乱，久久未复，重劳系念。心一寄书督责，亦未能早成笺启，疏懒之罪，其何能辞？惟祈海涵而已！盖宓八月三十日抵此，飞机小篋，别无行李。住武大校内招待所，有同旅馆，至今仍未定居，而九月五日至二十五日三星期中，每日晨八时至夕五时，集阅新生考卷，其后又忙于商聘教授，安排诸事，碌碌未获休息，致于各地亲友询问殷切之信函，未一奉复，不仅对尊处甚深歉疚而已也。尚祈勿以介怀，仍常赐佳什琛章，宝此神交，永存友谊则幸甚感甚。

宓常盥诵黄晦闻师《蒹葭楼诗》，（思作笺注未果）见其与诸宗元先生唱和甚多，情谊至笃。今得《大至阁诗》，两集并阅，逐句互参，得益无限。（黄师集中，有赠诸君诗："日日逢君潭水边，看花……"［不录］此指北京妓区八大胡同之韩家潭耳！）但宓意全集最佳之作，乃《淮上（秦淮河）杂诗》二十馀绝句，风神隽妙。此诗初成（民国十五年），黄师亟赏，赐宓以刊《学衡·文苑》。今宓所佩赏，犹以此篇为最也。拔可翁序所称《过静安寺路瑞徵故居》一篇，宓尚憾其太简而晦。松公哭严武不如是也。拔可翁之《硕果斋诗》及《墨巢词》正续集，日昨宓假得一部正在细读。

阅《武汉日报》载成惕轩（此君何人？先生如之否？）诗，知曹缵

---

① 常厘卿，能诗。时在上海通志馆任职。

衡先生(经沅)于丙戌重阳之次日(据该诗题)在南京逝世,伤哉!宓甲申九月初(阴历)在重庆共友人宴席,此为末次得见矣。

遐翁及伯虞大兄(浩然)如见,仍恳代言拜候。宓有寿遐翁六十诗,未知先生曾见否?

此间能诗之友不少(成都更多),武大有刘永济(弘度)、徐天闵、陈登恪等,华中大学有沈来秋(沈文肃公曾孙)、何君超(著有词话,将由商务印行)等,但各日报皆庸陋未见登载旧诗词,上文所言,成惕轩之作,乃例外耳。上海报纸或杂志,如有先生认为可以登布诗词而对我辈无损者(谓无亵渎,无危害,至若稿费,本为诗词作者所不计,可声明却酬),祈同大作,代为投登,宓当时时钞宓友生佳作,连同宓作寄上备选用也。由成都所寄书物邮包,近始陆续到此,谨捡出拙诗已付铅印者,先呈一份,如有友索,尚可续呈。《五十生日诗》印版错字太多,不及细改,明眼人一览可知。此篇为宓矜心刻意之作,窃谓得此一篇,宓之去来今俱已表现详确,其馀所作诗词均可废弃矣。诸诗中,涉及数位女士,在宓固出真情,亦未有伤德行,窃恐心一读之不怿,故均未示心一,先生自能了解吾意也。若有机缘,可将《五十生日诗》再登一次,馀篇再酌(已全登载三十一二年之《旅行杂志》)。琐琐不恭,馀俟续陈,即请

吟　安

　　　　　　　　　　弟　吴宓顿首　(1947)十月十九日武昌

(关于旧文人生没行止,及诗词集出版消息,请多多赐告,为感!)

# 致金月波①

一

月波先生：

　　五奉　大作，欣佩益增。其首二篇已登二十七日《武汉日报·文副》，馀俟隔期续登。谅已　察及。俟报社十份寄到时，当函上一份备　存。稿费四万五千元，谨储待面奉。读其诗如见其人，闻声相慕，渴思披襟畅聆　教言。本星期日或以下任何星期日上午宓必在校，如合　尊便，可否命驾来珞珈山一游，并赏深秋野景。宓住武大校内东湖中学四一二室。可询传达室及路上员生，皆可指引。即请在敝处用简单之午餐。不恭，勿却。虔祝

吟安

　　来时请携　尊稿，并带　尊章。

　　黄有敏②君处，稿费＄12000及《文副》三十九期一份，已交土木系学生徐君转上。如晤，祈告知　黄君。

（1947）十月二十九日<br>弟　吴宓顿首

---

　　①　金月波(1914—1980)，湖北沔阳人。湖北省立武昌师范学校毕业。久任中学语文教员。能诗善绘。因向作者1947年主编的《武汉日报·文学副刊》投稿而与作者相识，结为诗友。

　　②　黄有敏(1914—1974)，字恽生，号叔度，湖北汉阳人。南京金陵大学中文系毕业，久任中学语文教员。亦由向《武汉日报·文学副刊》投登诗稿与作者相识。1957年被划为右派，"文革"中被迫害致死。1980年改正错划。

## 二

月波诗友：

奉还尊稿,并献拙集,并题片言,殊未尽意。

吴 宓①

三十七年一月九晚,重读《月波吟稿》一过。回肠荡气,情思缠绵而幽深,词华丰赡,足以辅其意。佳句充盈,立能记诵甚多。甚佩甚佩。窃尝以诗必主于情,情真则事自真而境亦真,真必自然佳美。俗士用功于铸词造句,妄矣。长吉恶道,宜避。多读屈、陶、杜而作今世真我之情诗则善。

吴 宓

（1948）一月九日晚

## 三

月波先生：

二月五日奉读四日 手书及 诗,极佩且喜。窃谓 公既甫寄书,当不至即来珞珈山。若日内即到,则邮书可省。遂于六日晨入城。是日晚宿武昌,七日（星期六）上午至汉口谒熊十力②先生。

---

① 此处盖有吴宓印章。
② 熊十力（1884—1968）,原名升恒,字子真,湖北黄冈人。曾任教于北京大学。抗战时期讲学于四川复性书院、勉仁书院。1949年任北京大学教授。1954年退休。

晚归,归途在汽车中,尚念及 公,决于以后离本室时,留柬门上,言"宓在近处,片刻即归。 来宾请 赐候"云云。盖远道 赐访,不可空归。而宓往往偶离室片刻,值远客来过,便去,故不可不为此备。……乃夕5:30到,即见 公留函刺,不胜怅惘。盼 公已久,不意乃如此错过。由峤口来此,甚费时费财,来而不遇,反增怅恨。宓失迎之罪深,而伤怀之意亦重。只有函祈 恕宥,劳 公惠临,而我外出。不知下次尚肯 枉顾否?宓二月底或将有北平之行①,未定在二月二十四日以前,希望 公能再 枉顾,俾得赎前愆。如不愿远行,但请 约期,在汉口市中某地会晤,宓必趋赴。至于《吴宓诗集》,极盼 能耐心读完。至宓对诗并无定主张,尊主神韵,自是确论。诸容他日面聆 大教,不一。

下次赐访,请先二日以函 示知,俾专候,而不外出。 公来,若宓不在,请勿即返 驾,可徜徉再来,或在楼下询问,宓片刻或即回室也。专此谢罪,即请

岁 安

弟 吴宓顿首<br>(1948年)二月八日

四②

月波诗兄:

虽由友奉邀明日午宴,可以清谈畅叙,但恐座中人多,有不便言及者。故复预写此纸,如鹦鹉前头,俟后另 赐复可也。

---

① 作者原已与清华大学约定于1948年2月下旬北上回校授课,后不果行。
② 此信上方,作者有眉注:或同出,在江边步谈亦可。

奉除夕词函，深佩 公之缠绵多情而能"洒脱"如是。惟前者盼 驾来珞珈山之日，欲避人私询 公之身世及生活计划。盖初闻胡宛善①女士言，昨《武汉日报》亦载登新闻。以 公美才文学，而因无大学毕业文凭，实则宓生平所识，凡大学国文系毕业者，其文学不但不佳，且定必愚劣。即青毡微俸，亦往往吃亏。故拟奉商，如能有更好之谋划，而其事适为宓直接间接所可效其绵力者，实愿竭诚以赴。又因宓将有北平之行，数月方归，恐雪泥鸿爪，与 公遂复相失而不再遇。故以 前访相失为憾。今日宴毕，倘另择地，作半小时之独谈，亦可聆教，幸注意图之。盖 公由峤口到珞珈山实太远而劳也。不尽。

　　　　　　　　　　　　　　　　　　弟 吴宓顿首（备面交）
　　　　　　　　　　　　　　　三十七年二月二十一日（星期六）晚八时


五

月波诗兄：

六月十九、二十九日两示，均奉悉。小女学淑聘书②，已航快寄北平，令其亲自签章寄回。小女正布置行事，七月底当可抵武汉。承陈校长 愿意成全，辱 赐聘用，宓与小女同深感荷，而 尊处关说

---

① 胡宛善（1912—1987），女，河南通许人。1938年毕业于清华大学历史系。久任中学教师。
② 作者长女学淑毕业于清华大学外国语文系，1948年夏经金月波举荐，武汉市立第二女子中学聘为英语教员。

之劳,亦铭心曲。

陈校长　命撰校歌,本当遵办;惟宓于此类歌词颇不当行,故如成都清华中学、沙市宜沙中学等校,嘱宓作歌均未能应承。此次只有敬谢,务祈　海涵,倘有旧歌,或他人所撰,命宓斟酌修饰,以期尽善,则决不敢辞。此外其他事项,有可为　校尽力之处,定必遵行。乞　公为我善言之。……

知有弄璋之喜,无任欣贺。盼其长大亦为诗人,福慧双修。

尊作《临江仙》,写国事政局,极真而婉,已示　何君超①兄等人。宓夏秋不再外出,常川在校,　公缓后便中再　赐过畅叙,不必急急也。此请
暑　安。

弟　吴宓顿首
报载诗人乔大壮曾劬自杀,为之伤痛。　　　　　　七月八日

## 六

月波诗友:

屡奉　佳作,而最近"月上东楼"②一诗,尤极工美。自谓颇能作深解,其详俟面谈。

宓此暑假六七八月,最为忙苦。公务(招考、阅卷、聘人、荐职,

---

①　何传骦,生于1892年,字君超。福建闽侯人。清华学校肄业,留学德国。曾任四川大学、西南联合大学师范学院教授。时任武汉大学化学系教授兼系主任。为作者之诗友。

②　指金月波所作《三十七年八月二十日有感写呈　雨僧前辈教正》诗,首句为"月上东楼一倚危"。

等)本已较平日为繁,兼以 刘弘度兄跌伤,卧床四五十日,宓暂兼代文学院长职务。簿书期会之劳,得失恩怨之集(尤以住宅问题,众各贪私,无法善处),使宓厌苦已极。山间清风,湖上明月,中西文学诗艺,皆不得流连亲近,诚冤苦哉!平日恒思为 君举荐一较丰裕而安闲之职务,终未得其便,容后细商图之。

宓将一再迁居。九月五日以后,可以定居新宅,在老二区2101楼上,如图。其地最近邮局,又在最接近马路之一角。按图,易得之。新居,数室,有三四床。小女等均已回校①,分赴平沪,楼宅仅宓一人。兄来,可以随意下榻,在饭团便餐,藉资谈叙,并赏秋光。其期可视尊便,不拘迟早,特此敬约。

附上缪君彦威②诗,请细读。以后再谈释。与"月上东楼"之情意同也。茅于美女士,有《夜珠词》行世,原名《灵珊词》,盖字灵珊,镇江籍。今诗中凡灵字,甚至"扬舲漈江",均指此。女士后与一奥国少年定婚,今在美国留学,此其大概。

三十七年八月三十一日　宓顿首

七

月波诗兄:

屡奉 诗函,并颁赐《穀音集》,至深欣佩,而所怀种种,都未一

---

① 作者次女学文及三女学昭本年暑假同来武汉大学省亲。
② 缪钺(1904—1995),字彦威,江苏溧阳人。北京大学肄业。曾任中学及师范学校国文教员,浙江大学、华西大学中文系教授,四川大学历史系教授。作者诗友。

复,歉愧何如。宓现兼湖北国立师范学院课,每星期六上午8—10下午2—4时在黄陂路青年会该院第五教室上课(第一次往上课)。本星期五(十二月十七日)晚,到汉口,住宿,如上图所在继诚烟号主人曾昭正①先生,夫人(章子仲②女士)川大国文系毕业处。三楼客室 星期六下午四时课毕后,如无事,即回到珞珈山。如有特事,当再住一宵,星期日回武大。以后,凡有课时,每星期皆如此。

今请问, 公能否于本星期日(十二月十九日)晨(上午)到继诚烟号访晤宓,请立即发一函,寄至继诚烟号址如图曾昭正先生、夫人收拆(请其告知宓)。寄武大赶不及,故请勿寄武大。如公要来、能来,则宓星期日上午,在该处候 公,直候至正午(但望来时能早);公不能来,则宓星期六夕即径回武大矣。(下次另约,由公主动,如此法,函告。)馀容面叙,不赘。

小女学淑(新嫁)偕小婿程君克强亦清华外文系毕业,天津人。于十一月由北平乘船到此,暂住宓宅中(新宅2101,近珞珈山邮局)。小婿欲入商业机关,小女拟在中学教书。但因小婿未定何往,故未敢以小女事径烦渎 陈校长端本,且武昌实验中学寒假后可聘小女,若小婿他去,则武昌较依近宓。如何,容面商,乞暂勿白 陈校长。感 公及
 陈校长招荐之意,故如是奉闻。不尽,即祝
冬 安

三十七年十二月十三日

宓 顿首

---

① 曾昭正(1915—1988),湖北武汉人。西北工学院1940年毕业。曾在昆明任美军翻译官,后继承父业从事饮食服务业,经营老通成饭店。

② 章子仲(1923— ),女,湖南长沙人。四川大学中文系1948年毕业,后任教湖北大学中文系。在川大曾从作者受业。

## 八

金月波 先生/夫人
月波诗友：

　　小女学淑去年七月即承　周旋受聘，虽今始克到校，然饮水思源，殊感　关切。兹命学淑拜谒
尊寓，乞　推爱常赐　教导指助，俾毋陨越而获便安。又小婿程克强君，今同介　见，以后当时时到校中会晤小女也。宓改日当到　贵校观光趋候，不尽。即请
春　安

　　　　　　　　　　　　　　　　弟　吴宓顿首
　　　　　　　　　　　　　　　三十八年三月二日

## 九

**依韵答　月波见怀**
三载同经万变来，祝君怀抱比前开。
旧文荡灭难藏壁，灵囿欢腾共筑台。
螳臂为心愁碎玉，鷇音在耳忆流杯。
未能离相无言说，落叶秋风逐散埃。

　　　　　　　　　　1952年九月二十日写于重庆
　　　　　　　　　　磁器口西南师范学院
　　　　　　　　　　　　　　　吴　宓[①]

---

① 名下盖有"藤影荷声馆主"印章。此章为金月波所刻。

二句，怀抱，宜作襟抱，较佳。祈定。

三句，此间旧书，车载担挑，售与造纸厂作浆，每斤一二千元。

四句，指新中国建设成绩。亦因重庆人民文化宫始成立。日前校众同观。

五句，怀恽生也。1949年一月十六日，承偕访珞珈山，商存文事。二月二十日，恽生复偕叔嘉赐过。年来甚念之，不知其近况如何？

六句，承赐精印《穀音集》小册，犹宝存。1949年十一月十八日(未解放时)弟在白沙私立白屋文学院讲学。正午，江津人潘协华<sub>白沙乡村师范教员</sub>君来访，出示其《四十初度述怀诗》<sub>丙戌四月作，油印稿存。</sub>及悼亡诗<sub>继室，年十七嫁，年二十殁，时丁丑六月也。</sub>唱和集卷轴。中有金月波、丁以坚、龚慕兰诸君<sub>当时同事合江所</sub>题诗。又潘君左腕书例。强宓题名于后，留午饭而去。此亦流杯池故事。当函告月波知之。以上录日记。潘君1951年十一月又来西南师院访宓一次，始读拙集。潘君仍任乡校教员。

七句，宓思想改造长文，登1952七月八日重庆《新华日报》，转录于1952七月十九日北京《光明日报》，谅已见，祈教。

八句，宓1949四月底至渝，任北碚相辉学院及北温泉勉仁文学院两校教授。十一月在白沙私立白屋文学院讲学。十一月底至年终在重庆大学授课，在该校迎接 解放。年底仍回北碚二校，多住勉仁。1950四月，任磁器口四川省立教育学院专任教授，仍兼北碚二校义务课。是年六月二十五日 先父在西安以背疽弃养。不孝未能侍疾，亦未奔丧，即由弟妹奉丧安葬祖茔(尚未土改)。是年八月底，四川省立教育学院与九龙坡国立女子师范学院奉 令合并为西南师范学院，校址仍在磁器口。宓遂永为此校外文系教授,参加各种学习。1951十二月以作诗得咎,幸蒙宽恕。1952年,不断努力参加各种学习,幸获通过(参照七句注)。忙极,而少授课,不读书,幸身健。今西南师范学院日内即迁往北碚天生桥,正忙于装捆书物。来函但写　重庆西南师范学院即妥。

十

**再叠前韵酬月波见怀**十月十七夜作

率土王臣悔西来,黄花无地对霜开。
同声已绝千里雁,隔岁难登九日台。
名毁逢人休论学,诗亡对影且衔杯。
新红未要春泥护,玉骨纷纷已化埃。

月波贤兄:

　　九月二十七日诗函,于十月八日奉到(此时,本校已由磁器口迁来北碚),祗悉。

　　尊作诗稿,宓置之枕畔,每夜临寝重复诵读,爱不忍释,以其诗中有情有志,今人所乏也。就大体论,仍词胜于诗。诗之体格,多有似《蕑葭楼诗》处,　君能由宓之传介而私淑　先师,我心滋慰。猗翁及龚君前女校长今况如何?冰师何人,情形可想。《收书叹》情形,此间亦同。旧书售作纸浆,每斤一二千元耳。古以男女之情喻各种人事,中西皆同。今后之诗,欲婉而隐,殆将更同于词乎?苏、辛不作,梦窗、碧山为之益工,吾今乃了解而佩赏之矣。……

　　奉到　尊诗后,九日,即作成《叠韵再奉酬》一首,以忙故,迟至今日,始克写上。如右 此诗首句,即"当时悔不老三巴"之意。作此诗时,重阳节近。记去年重阳日,在重庆大学邵祖平教授宅中宴聚,有菊花,同人各赋七律阳韵一首。诗中词意并无不妥之处,乃去年十一二月之交,以邵君侮蔑鲁迅先生事,又以宓去年十月所作《送女生土改》诗,邮寄与友,竟遭检阅,呈之西南最高当局,发交文教扩大会议研究。故去年此日,宓与邵君今在川大皆在慄慄危惧之中。当时蜚语流传,竟谓我等在邵宅组织重阳诗社,有反动之政治秘谋者。幸 当局明镜高悬,察其非实。只责宓等以"思想改造",自知己罪,而能痛悔。今一载以来,宓已如命改造,邵君亦毫无嫌累,然而同人,戒慎恐惧,不敢再为诗矣。

宓入蜀所作,不及录写。1951春《无题》七律,似已写呈(如未,后补)。《送重庆大学女生□□□赴川西土改》诗四首,业已流传,著为宓罪。又今年六月"三反"中,在重大绘图展览,实已公布,不敢自秘,谨录一通,以志吾过,且使 君知宓之罪,仅因同情此女生个人之家庭遭遇(诗中皆叙事,并描画女生之性情),并非反对或误解国家之重要政策(土改、镇压反革命)也。(按宓获宽恕,理由在此,不能不感佩 人民政府之宽大与公正。)诗如下:

其一 沧桑万恨集微身,比似图罗一译特
洛伊Troy四妇人。古希腊名剧《特洛伊
的四妇人》,有陈国桦译本1938。
美宅丰田齐籍没,锦衣玉食竟饥贫。
旌旄坐拥兄骈戮,追逼加严父死呻。
车载金银难买命,悲深方觉梦同真。

其二 生长繁华是孽因,艰难未识性慈仁。
经霜兰蕙将何托,往日娇痴未有姻。
醒枕私弹文叔泪,无言敢效息妫嚬。
强持新法为人说,本人重庆大学法律系学生,今已毕业,参加司法改革工作。身是韩黎苦颂秦。

其三 豺虎荆榛遍蜀西,川西地主多恶霸匪徒,土改人员多有戒心。锦城重到杜鹃啼。
覆巢地主除应尽,得意农民上有梯。
僧诵佛名行杀戮,麟为仁兽共鸮携。
初尝芋糙无盐豉,倦卧茅檐伍豕鸡。

其四 风流彤史照前蹊,中国历史小说中之才女一样情深梦不齐。
颇羡当垆文凤侣,难为举案伯鸾妻。此状其人之品性。
风飘柳絮愁长结,路入桃源梦易迷。
我比梅村年更老,鸳湖闺咏敢重题。

十一①

三月十二日,又寄《游东湖有怀》②一诗,此诗宓最爱,亦最感

---

① 此为金月波所裁取存留作者1954年末致渠诗函中之一页。
② 金月波《游东湖有怀雨僧先生,时先生以大集见惠》诗云:五年不过东湖路,照影苍波动古怀。春水方生公径去,百花齐放我重来。微嗟室迩而人远,猛觉诗亡岂道乖。一卷殷勤劳寄赠,风檐展读久低徊。

兄之情。三四句,用今典,亦合当时情景。五六句辞意深严,可云"正信"。谨和如下:

> 千年雅化秦坑尽,万种悲思楚志怀。
> 异地身同不自主,馀生缘岂得重来?
> 论文竟至无人解,守道忽惊与世乖。
> 荃蕙化茅难信友,书成临发尚迟徊。

五月二十五日寄示《病中读〈欧游杂诗〉》①,同心之好,今世晨星矣。谨和如下(双行请选定)。

> **百事从夷变夏时**,一作百炼成钢改造时。**已亡文字**今日"汉语"矣**敢言诗**。
> **层层觅底**一作剥茧**难存志**,按"诗以言志""在心为志",今既不许有个人独特之思感,安能有诗?**口日责躬苦费辞**。
> **白**一作皓**首穷经何所隐**,一作何处隐。**青毡失路竟安之**。五句谓老塾师在邮局(乡)门口为人代写家信,今亦无顾主。六句谓大中学之国文(中文)教师最苦,失业者众,留教者幸。其英文教师,则或改学俄文,或改教中文西文,尚可活。(徐澄宇由上海乞贷,昨以所有之四十万元汇去。)

---

① 金月波作《病中读〈吴宓诗集〉欧游杂诗》云:欹枕灯残梦破时,读君五字纪游诗。大唐西域玄奘记,太乙东皇屈子辞。意足无庸求色似,情真奚必用文之。古瓶新酿何妨醉,遥挹清辉尽一卮。

无双江夏<sub>指黄有敏字恽生</sub>吾私敬,愿祝平安酒一卮。

最近寄来《甲午中秋》①诗,词旨正大,高唱入云。谨和如下:

我亦经年断酒觞,劳劳晨夕意苍茫。
洗心但恨人非石,开物齐<sub>一作同</sub>欣海变桑。<sub>此颂物质(如水利)经济建设成绩之伟大。</sub>
猎猎雄<sub>一作疾</sub>风除蔓<sub>一作摧劲草</sub>,瞳瞳旭日掩萤<sub>一作微光</sub>。
身存尚有名为累,引罪陈情事未央。<sub>命宓作文"解放台湾"登报,却之。今《红楼梦》批判,则宓不得不"热烈参加发言"矣。</sub>

## 十二

月波诗兄:

正欲修书,乃奉一月三十日　寄诗一叶五首,极为欣感。诵之,知　君寒喘之病复发,且剧。忧念如何。

大诗近年益趋宋诗一途,以写真抒诚胜,可佩。惟愚意,最好"能以宋意入唐格",兼唐诗浩瀚空灵之美,庶几中道之至善。尊诗并未堕宋人之失,宓但以理想言之耳。

---

① 金月波《甲午中秋》诗云:佳节登楼待举觞,顿生百感对茫茫。怀山大浸悲邻壑,率野哀鸿唳翳桑。绕梦松楸没浩荡,无忧夜月自辉光。恍然回首人间世,宫阙辽辽意未央。

五诗(一)《病发》一首,自然沉痛。① (二)《题巫峡图》,首句诵之不顺适,太拗,宜改为押韵之句,如"……十年前""……去西川"之类。(三)《雪》,此首五六句好,有寄托,又真实情景。(四)《前题前韵》二句,似应作"穿墙""钻墙"之类,首字勿用"透"字。三句作"……棉何好",意谓"彼堆庭白色者,倘是棉而非雪,那么多好呢!"五句"道路"改为"驿路""野路",对"茅檐"庶较工。(五)《题画马》平安。一年来　尊作,倘不止此五首欤?

武汉二女中今改为十七女中欤?抑另移执教之所欤?

今国内通函者已无几人,互寄诗者更少。宓1956一月二十九晨,曾作成《寄金月波汉口》一诗,未及写寄。今录上乞政,并略加注解如下。

一年一度寄君诗,劳苦今来自叹衰。宓1954一年中甚快乐,作诗多。而1955年中则甚苦(详下),作诗极少。近恒微喘,手足肿胀。
**二竖挟持称主讲,千端责难愧为师。**宓三年来授《世界古代史》课,一人自主,尚无陨越。1954年秋,孙君来校,1955秋王君来校,二人皆东北师大毕业派来此,任史系助教。孙君本不在此课,乃由1955三四月起。对宓在系会中大肆攻击,谓不堪为师。洎王君到后,自1955九月,学校复命教授宓、副教授陈君、助教孙、王二君四人合授一年级大班150人之《世界古代史》课,而指定宓为"主讲教师"。即是宓须撰就讲稿,由四人开会讨论、修改、通过,然后由宓上堂遵照讲出。彼

---

① 作者于此句上方有眉批:《病发》末句,改为"叩肩",如何?乞酌。

三人亦听讲,并分任小班"辅导"。而孙、王迫宓事事从彼之意。宓已听命惟谨,彼犹责难千端。至十一月下旬"期中检查"时,孙、王藉词学生不满,委其咎于宓。王在会中,列举九项,每项举三四例,指出宓之思想错误,态度错误(如叙奴隶起义不具充分恨怒之感情)等。宓对其所指非实,或硬加曲解,或深文入罪者,亦抗辩不屈。宓欲辞"主讲"该课,又请改教"世界文学"是宓本行,当局皆不许。勉强挣扎至学期末,又举行口试,手续繁多,一切听从孙、王之意。最近一切方毕。第二学期,宓以教研组主任,拟定计划,本学期改以孙君(助教)为主讲,而宓为辅导。又多作培养助教之工作。即教孙、王英文,为孙、王讲罗马文化专题等。又派王专管函授事,以示推重。二人皆喜,盖英雄有用武之地矣。乃院长不许,仍命宓主讲。幸最近照顾知识分子,宓一再陈情辩论,三日前,院长始批准宓之计划。宓名义上仍为"主讲教师",但本学期准以助教孙甫儒试讲该课,馀如宓议,云云。宓到此乃获苏息矣!※至于平日学习之忙,报告之多,计划之详,填表之细,不断开会、讨论、提高、改造,则各地大、中学皆略同。**车书同轨虫鱼灭(一作尽)**,文字改革,其目的为改汉文为拼音文字,俾与彼西文(俄文)一致,而社会主义之大同世界,其语文统一。**天地不仁雀鼠悲**。按吴芳吉有仿 Burns 作之《冻雀诗》。黄晦闻师有"雀啅庭前桐树枝,为渠一雪疗朝饥,……"诗。今全国厉行"除四害",儿童尤热心。本校宣传,画一大屏,绘雀之图,题其上曰"上天无路—入地无门"。儒仁佛慈皆误矣!

犹(一作最)念存文黄叔度,指挥生,祈代候问。平生志事共孑遗。一作尽于斯,一作有谁知。末句祈代选定。

宓曾告本校副院长,言"人民政府、共产党之政策及设施,宓无不热心拥护,独于文字改革及通行简字如以叶为葉,以谷代穀。未能赞同。"答曰,"欲赶上世界各国之科学水平,不得不行此耳。"宓《五十生日诗》"托託征徵误,妄以云为雲……"此诗　君应有。如无,当即补寄。夫宓已逃匿于《世界古代史》,若以教汉文及中国文学为职事如兄者,乃首当其冲耳。宓又有此题《感事》一诗曰:①

嘉陵春水七回黄,不死惊看汉字亡。
表意从形严系统,含情述事美辞章。
车书东亚同文古,颦笑西施百事长。
嚼字今来不识字,扫盲我老竟成盲。
此字在八庚韵,不可。待改正。

尚有一首七言排律,罗列不通之简字,未作成。

1956 二月六日下午写此信,未完。
十二月九日加一页寄出。
吴宓顿首

---

① 此处有旁注:以上 1956 二月六日下午写。

## 十三

月波兄续鉴：

"一年一度寄君诗"，诗虽未成，当有书来。1955冬竟无书，劳兄盼念；故于1956冬赶写短笺寄上，仍盼　兄多寄诗来，更祝兄今冬病体较健强耳。

宓处大事如下：（一）今春，由校出运费190元，宓北京存书悉运到此。中文书不多自存读，西文书共九百册，值一万餘元。尽捐赠西南师范学院图书馆。（二）1956四月二十五晨内人邹兰芳①以骤发之急喘病逝世，次日葬北碚陈家山人民公墓，年三十五岁。1953年秋冬，医院抽脊髓太多太久，根本已伤。平日恒梦恒思其1951殒没之父母诸兄而悲泣，又忧诸嫂侄之困穷。去年以来，已甚康复。今春将尽，风寒，四日而亡。其遗像1953春所照附上，阅后寄还。拟为《悼亡诗》七绝若干首，尚未成。当日成一绝，以后未及作。（三）暑中留校，未他往。本学年《世界古代史》课大班180人由上言之王、孙二君分授上下学期，王仍助教，孙已讲师。而宓则完全脱离该课，孙已任讲师，对宓谬为恭敬，王今始授课，学生多不满，屡请撤换。且不授任何课，仍为历史系世界古代史中世史教研组主任，兼中文系外国文学教研组之指导，另有人授课，宓只从旁指助。自己只须"编译世界古代史教学参考资料"若干篇无定量即可完责。故本学年甚为轻松。与去年秋冬，判若天渊。平日恣意读中西书，学校近年购置中西书皆甚多。因之，健康极好，心情亦平适，堪为告慰。（四）最近工资改革，宓定为新二级全校仅二人。另一人为化学系主任，年六十三。可得月

---

① 邹兰芳（1921—1956），女，四川万源人。重庆大学法律系毕业。1953年6月与作者结婚，旋即患病住院。虽被分配为西南师院教育系系务员，以久病，未曾到职。

薪260元。即将补发。念昔1950 先父病危,医药乏钱,未及奔丧,当时兼公私四校之课,月入共得数十元。某君,渝商,赐助二百元,其人次年自缢死。深为痛疚。而兰芳已殁,真有"今日俸钱过十万,为君营奠复营斋"之戚,惟当资助其嫂侄终吾身而已。(五)宓心情平淡,一切看破,随人敷衍。惟最痛心切齿者,为文字改革之事。汉字拼音,"语文分家",尤其简字强迫使用。由1955春,至今1956冬,公布之简字益多,一般人私造之简字,自由擅写 更层出不穷。此其所感所痛者,不言 兄可喻。高等学校之中文系教师,厄于生活,于此更多"前进"。兄任中学课,尤必首当其冲。

不知何以为慰,惟祝健康。

1956十二月九日未晓
宓再书

## 十四

月波诗兄:

1958三月二十三日(戊戌春分后一日)奉到1958三月十八日赐寄诗函,吟咏反复,佩慰弥深。《觳音集》小册,宓尚珍存;今读流杯池诗词,历久不断追怀此景。 君诗乃如放翁之诗,情感与力量皆得自蜀游也。近想安适,更望寄今年诗来。

宓1957七八月,参加反右,当时作四诗(今录其一),后被谥为"反动诗"。1958春夏间,公开展览,张贴要路,并大加责讨。盖1958五六七八月,宓在校(历史系)参加向党交心、搞臭资产阶级思想、教学改革、红透专深等运动,劳苦紧张已极,几于殒身。(1)问:何以称党为继母?——改称生母,乃解。(2)何敢反对文字改革?——赶忙作白话文、写简体字,乃免。(3)汝教世界古代史、外国文学,不用阶级观点,大错特错。……至九月底,调入中文系,乃获轻松。十月份炼钢。十一二月全校赴綦江山中采铁,宓等老弱留校休息,身心乃得康复。现甚健好。但《文艺思想》教学大纲中,列梅光迪、吴宓为学衡派(封建主义,亦兼资办文学),云是与毛主席、鲁迅先生之革命文艺一向反对而肆行阻逆者。故宓恒惴惴,畏作批评斗争之典型。其他无需论矣。

《吴宓诗集》, 尊处藏有否?倘无,当以一册奉赠。恽生安好否?1957 初春,曾寄诗。又金蜜公(原在旧三女中任教) 兄知之否?是否右派?宓数年来未与通音矣。匆匆,即祝健安 寒天是兄喘病发时,今年如何?

宓 顿首<br>1959 二月二日晚

宓拟 1959 七月上半,到武汉,住数日。以后再去北京、西安、成都,仍回渝磴。届时必先函告,可在汉谋一晤,重作小饮。信已封,复自拆开,添入此行。

**反右斗争中** 1957 七月十三日
暑热煎蒸列会忙。五光十色好文章。
飞蛾恋火焚身易,舞蝶嬉春觉梦香。
鹰眼鸠形终异类,猿啼虎啸未同方。
申屠处默嗣宗醉,湔祓馀生着意藏。

十五

**蝶恋花** 和伯鹰 1957 六月作
自入春来长苦雨,一霎晴光天际明如许。喜鹊枝头喧不住,花间巧舌闻莺语。　　毕竟人禽分我汝,四害须除雀鼠生何据? 千百弹丸纷射去,满园清寂馀空树。

词本无题,或问右词之题,答曰《除四害》,词中言之不已明显耶?

顷发函后,又细读　尊诗《丑奴儿令 花瓣》题注云云,已知恽生消息,无烦再告。

尊作咏长江大桥极佳,宓1958亦有《参加抗旱 以盆送水有作》《参观重庆炼钢厂》等诗,未及写上求　教。

宓再启 1959 二月三日晨

## 十六①

《縠音集》中作者,有武进李定慧,其人于1952或次年毕业西南师范学院中文系,宓曾授其《世界文学》课一年。毕业后即留为本系助教,授《近代汉语》课,擅长作注音,娴说普通话,闻已是两孩之母。未悉其夫何人。始宓喜其敏慧有礼貌,评之者曰"有小姐气"。最近今日下午系中公评之曰,"自1958十月炼钢以来,大进步,不嫌污秽,肯出大力,如扛木、劈巨柴之类,宜褒"。宓确信其为一人。便当询之,或可更闻其他縠音也。

1959 二月十八晚　吴　宓

---

① 作者此段文字,写在金月波所寄而为西南师院中文系检阅扯破之信封背面。西南师院女助教李定慧,抗战期间曾在四川合江国立女中从金月波受教。《縠音集》为该校学生所作诗词集。

此函虽写明舍址,顾仍送至中文系办公室,宓十八日上午往,得函。似有人抽阅过,信封已扯破,如今状。宓未再扯大,即可从容取出函中诗稿二纸,且再纳入亦易易。

尊诗应制、写怀之作,并佳。合昔年所寄者,反复吟诵,甚乐。蜜公矜才使气,宜致斯疾,惜其不知卫生之道。①

## 十七②

### 国庆十年礼赞

<small>此诗曾发《西南师范学院院刊》,得酬一阕。</small>

一年跃进百成功。炼得钢红我亦红。
兵学工农人竞奋,棉粮煤铁产同丰。
已铺铁轨连云栈,待驾飞船指月宫。
日落崦嵫馀返照,扶摇直上看东风。

### 鹅岭公园社集

<small>十月十一日,星期(重阳后一日),公园在重庆,高山上,长江与嘉陵江夹之。用左季高《西征军次重九》诗韵。偶忆其诗,无意义。</small>

满城风雨过重阳。鹅岭双江揽胜场。
犹有佳肴供旨酒,更添盆景③助诗狂。

---

① 此数段文字,写在金月波所寄信封的正面。金蜜公名声,字蜜公,此时已在其所任教之武汉市女三中被划为右派分子,开除公职,送往农场劳动改造。

② 此二律录自作者寄示金月波诗笺,时间当在1959年10月。《国庆十年礼赞》诗,乃作者1959年9月19日奉西南师院中文系领导之命,为国庆十周年向党献礼而作。

③ 作者自注:某老,昔为教师,今以能造盆景为生,公园中之盆景,皆其所造。某老亦诗社社友。

新篇共诵情如梦,多士相看鬓带霜①。

种菜节粮随跃进,难寻一日脱尘忙。

## 十八

月波诗兄:

十二月九日上午,在中文系办公室取得 近书,内诗稿共五纸。一年一度得诵佳章,得聆心声,有同晤叙,欣慰之至。钢笔忙写之诗,五六句"一差回首千生悔,百感填胸万悔生。"第二悔字重,疑是念字或病或虑字之误(候后示,定)。寄怂诗甚好,尤赏七八句,着重在八句,先获我心矣,容缓和答。

怂近日忙极,但身体健康,心境平舒。今年六月,续任(二届)四川省政协委员,赴成都开会旬馀,得晤旧日诗友数君。回校后,被命为中文系外国文学教研组主任,兼院务委员、系务委员。

本学年,授中文系三四年级《外国文学》课(三年级学生175人,四年级学生264人)。每周讲课三年级四小时,四年级五小时,辅导各一小时。一再改革后,此课上学期由上古讲至二十世纪初。而下学期则全讲现代文学(进步文学、社会主义文学)夙所未习。幸今年春夏 曾事研读,尤幸得一党员助教(1957本系毕业)两人同授,分段轮讲,怂事事虚己请商,幸免陨越。上课至今,学生意见,多关于教授法者,其讥责怂所讲有背无产阶级立场或不合马列主义观点或某段未引马、恩、列、斯之说者,几于无有。足见怂在此方面些须困勉之功。所苦者,讲义未编完。最近大跃进、更跃进,众备承督责。怂自十月底至今,已赶编出讲义若干章,并自任校对,日催印刷

---

① 作者自注:座中一人四十馀。一人五十馀。八人六十馀。一人七十以上。

所赶排赶印,业已发给学生,赶上进度。但尚缺本学期四章,下学期多章,仍须继续赶编。平日之学习、开会、劳动,宓皆积极参加(劳动只作种菜之插秧、除虫、拔草及扫除教研室拭桌椅门窗。馀事宓皆以老免。校外之炼钢、修铁路、助农忙、修水库、运煤、挖红苕等,宓亦以老全免)费时极多,所馀编讲义之时间实甚少,故云忙极。

宓力求"无我",事事"从命",表示愿"听党的话"极力跃进,故在校、系颇受优礼。即如劳动宽免,高薪未减,小灶膳食,配给牛乳、白糖、煤油(补电灯)等皆是。故宓今年虽甚劳忙,而比之1958春夏秋之教育革命作为白旗坚垒而受火攻时,则已出九渊而登衽席矣。但仍临深履薄,力行敬慎。如公债、储蓄,比任何教师多。开会每次早到,不请假。个人之一切计划、想望,完全弃捐。诗情美感,怀旧伤离,尽在衾枕中或独步时一现于脑际心中耳。仅作二诗,另录呈　教。

再问(一)恽生与金蜜公改造如何,此次得摘去"右派分子"之帽子否?(二)尊处是否藏有《吴宓诗集》?如无,宓当奉赠一部,由邮寄上。

宓旧友惟　陈寅恪兄仍有旧诗寄示,而如武汉大学之刘永济兄、何君超兄,均已不作诗词,且责宓之改造尚不足云云。

兄喘疾深且久,极为关念。此候　吟　安。

　　　　　　　　　　　　　　　1959十二月九日上午
　　　　　　　　　　　　　　　宓复上

## 十九①

十二月二十日　函,悉。第一诗句句切题,自然浑成,甚佩。

---

① 此函为明信片,未书上款。收信人姓名写在另一面上。

第二诗,六句"湖山"可改为"名区",以避重字,如何？待定。

王君庆瑄,暂不拟分赠拙集,乞代致歉,缘所存无多本,私意望其广布于各地图书馆,能得多数人浏览。王君可于欲读时,假　尊藏一部读之,不必藏有一册也。

友人唐玉虬,1894生,现任南京中医学院教授、教研组主任,最近刊成其悼亡之作《怀珊集》附《玉虬诗精选》共一册,已请其直寄上一部。收到后,乞珍藏细阅,并乞为撰题赠之诗或词一首,直寄唐君。南京汉中路300号该校。今已印出集中之题赠文、诗、词颇富,宓有五律一首。又新年元旦,本校校刊征诗,宓勉作一首,录上祈政。课忙,编讲义忙,忙甚,不多叙。敬贺

年　禧

1959十二月二十六日

吴　宓

## 一九六零年元旦

重庆北碚西南师范学院

开门喜见满堂红。元旦六零气象雄。
户户猪栏供肉饱,村村水库卜年丰。
春园桃李工农秀,新世文章马列工。
学习我仍随改造,休教六六限衰翁。

[五句]本校学生宿舍,名曰桃园、李园、杏园、梅园等。昨闻报告:中文系二年级百分之九十以上,皆工农子弟,速中毕业,令人欣喜。

## 二十①

兹宓暑假出游,约八月二十三日可抵汉口。若直访不遇,或未能寻到 贵校所在,则祈于八月二十三、二十四、二十五日,以电话向"武汉大学老二区刘弘度、何君超两教授宅中"探询,如宓已到,再约会晤。宓住二三日,即往广州、北京、西安去也。此致
敬礼

重庆市北碚区西南师范学院
中文系
吴　宓上
1961 八月十八日

## 二十一②

将行,忽病。故改期迟来:早则阴历元宵节,迟则阳历三月上旬,到武汉。此次只赴粤,不去沪矣。在此之一觳③,有专函上兄,由宓带来。祝
岁福

弟　宓上
1964 二月六日

---

① 此为明信片,收信人姓名及地址书于明信片正面。
② 此亦为明信片,收信人姓名写在正面。1963 年末作者得知陈寅恪先生跌伤住院,原定寒假中过武汉转广州前往探视,后不果行。
③ 指作者在西南师范学院中文系同事李定慧,《觳音集》作者之一。

## 二十二①

月波兄：

　　新正初二日，李定慧（《縠音集》作者之一）同其夫陈君初见，名未悉。携两孩分用父母之姓，甚怪。来舍拜年，托带此函。十七日（新正初六日）奉到　寄示《卜算子》三首，并悉恽生今况，极为感慰。宓平日不病，此次患重伤风，卧床已十二日（除夕、元旦，强起，应酬，复重。今较好，仍卧床）。已决于暑假赴上海及北京。如病体能早复原，拟于阳历三月上旬（惊蛰时）到武汉，然后去广州。梅花画幅，乞留一与宓。宓斋中已悬　兄画三幅，若得此则四矣。来函词中"……迟了青禽报"②此字愧不识，容后面乞　请教。恽生代宓致意。祝　安

　　　　　　　　　　　　　　吴宓　1964 二月十七日

　　我们之系名，今改称汉语语言文学系，殊冗长。然一般人仍写作、叫作中文系。来函仍写中文系……可也。

## 二十三③

　　此信将发，忽于二月十七日下午，由学院领导宣布："进修班下

---

　　① 此短简系写在李定慧1964年2月15日致金月波信笺边上的附言。
　　② 其后金月波函告作者，此乃其所作《卜算子》词中句："待得好花开，迟了青禽报，摘取芳馨出手寒，高耸吟眉笑。"
　　③ 此短简书于小张纸片，附在李定慧1964年2月15日致金月波的信中一同发出。

乡,今确定四周。四星期 即定于三月二十一日回校,上课"云云。经此一改,宓仅只去粤,亦赶不及。况天寒身病,故决定不外出,留校静休。暑假开始七月下旬定即出游,而必先到武汉。晤 教虽迟,良会有期,幸 毋伤怀,并恕反复渎扰。

诸友处,已另通知,但祈 候恽生,且慰勉之。

1964 二月十八日　吴宓再上

## 二十四①

兹因一部分亲友(如陈心一等)来函劝宓勿出游,以五十天连续游六大城市,接晤多人,恐太紧张、急迫、劳忙,非宓所胜;而宓亦不无怯沮,故最后决定暂不东行(船票已退去)。八月四日函,请于十三夕在轮船码头赐见之约,应即作罢。此后当多通信。寒假再议出游。……

发上八月四日之片后,潘协华君即到此。碚市旅馆皆客满,率在宓室中,连两书案为长床,而宿焉。潘君八月四日上午来,五日上午别去。(潘君乙未生,今年六十矣。)继潘君后,复有他客来,亦在宓舍食宿。一连数日,不能筹备行事,此亦临行退缩之一原因也。……

读潘君之《四十述怀诗》七古一篇,职缉韵。《唱和集》及其文稿、诗稿、联语稿,共三册,略悉其生平。其《悼亡集》似有月波题跋,诗。乃悼其继室第二夫人。潘君年23娶伊(年16),半年后潘君即远游,为其师刘先生县长幕客。又二年,妻在家病殁,无出。然不满一年,潘君即娶今妻,第三继室有子女八。潘君识月波时,为合江简易师范

---

① 此信系以极小之钢笔字书于明信片背面。

教员。解放后,考小学教师,不取;1957后,乃以其师(校长)之援引,得为合江县白鹿公社第一小学教师,月薪34元。彼先欲偕宓来汉口谒月波,并游玩。旋以费绌,而止。

1964 八月八日正午　宓上

## 二十五

月波兄(并转达　恽生兄)

宓蒙学校领导给假一个月(九月全),故决即出游。定于八月十一晨由渝东航(船名尚未悉),计期八月十三夕五六钟(若迟,则次日同时八月十四夕五六钟)到汉口江汉关码头。已函求　刘弘度兄派人接船。　兄等若闲暇,散步至船码头,可即把晤。否则请于八月十五、十六日,联袂到武汉大学弘度兄(在老二区)、君超兄(在新二区)家中会晤,仍可至东湖滨,重温　尊诗所写之风景与感情也。一切如1961旧例,宓在武大住四天,八月十七晚,上火车赴广州。

兄等若不去武大,而以信函、电话约定,十七日上下午与　兄等在汉口某地倾谈,亦可。总之,视　尊便,随　尊意,而望　恽生兄同见。一切容面叙。……宓更由广州→上海→北京→西安→成都→赶九月底回校九月一日已开学　授课。

1961承　赐(1)华岳图(2)巫峡图并题诗,早已装裱,悬于外室、内室壁间;见者览观,知者称赏。宓体力较三年前衰弱,精神心力无减。此行带有宓及知友诗若干篇,面　呈阅。

兄等有　赐作,不便邮寄者,可预先写好,面授,拜领。祝阖潭安吉。

1964 八月十四日上午　弟 宓上

## 二十六①

月波兄：

八月十二晚诗函，奉悉。八月初，美帝侵略越南，全国风起云涌，到处万众游行。宓亦在西南师院校队，八月九日，参加了北碚区人民之游行。窃意此时赴广州及各地访晤亲友，殊属不宜，故决即留止，而以"劝阻"为辞耳。现俟四川省政协会议九月下旬，开至十月上旬。毕后，宓仍将于十一月上中旬前来武汉，如旧办法，停留四天之后，即赴广州谒视陈寅恪先生，住一星期（至多）即回到武汉，稍停，乘舟返渝碚。今年不去京、沪、陕矣。

八月四日至五日，潘协华君来访，住宿宓室中。潘君初欲偕宓来汉，继乃决止不来，留一短函，及以左右手书写之联语奉赠　月波兄者，今附上。

八月二十四晚，中文系（今改名汉语言文学系）魏主任宣示：为照顾老教师，本学期起，宓不再授课。只须在本学期中，对中文系青年教师，作两次（共4小时）之专题演讲，其内容为"世界历史、世界地理中，一般教师所应知之常识"，须编写出讲义，于讲前印发听众。但中文系及古典文学教研组教师所有之活动（系组会议，政治学习，毛主席思想、毛主席诗词学习，各种专题学习，最近，有（1）京剧革新（2）中国古典文学给与学生之毒害。工会组织生活，欢送毕业生，欢迎本系新生，以及出校参观访问，看展览，看电影，关于以上之座谈思想体会等）宓皆必须参加，云云。宓当即表示，一切欣然服从，且感谢　党对我辈之关怀与厚待。盖西南师院，久久无课而亦不

---

① 此函以极细小之字，书于旧信封背面。

命其"退休"(仍领全薪)之老教授及中年教授(有病或实无病)实不少也。……

越三日,八月二十七日,为宓七十一岁生日。宓自1961春至今,未作一首诗,是晚竟得诗一首。另纸片写出,只可示一二知友,即弘度、君超两兄亦不敢寄示,缘 诸兄均爱宓,但只要宓作欣喜愉快之表现,而不愿宓有些须悲郁之情思也。……

此次 兄新作固佳,但宓尤爱重 张虚谷①先生(耀祖)之四律,末一首似专为宓作者②,尤当敬拜 所赐,祈见时,代致 感谢佩喜之意。

暑假前,奉到 恽生贤兄诗函,均敬读悉,而未复者,则以不知如何能为 恽生出力救助(实无术、无方)。若经济困窘,宓可一次二次汇款到月波处,由月波便中面交恽生,以济涸鲋,但不能久长(因宓分济多人,力早分矣)。至于求职,只有二法:(i)在街道办事处好好学习、作杂事,表现,候其安排生活之职业。(ii)求身为党员而与恽生有私谊者,介绍为民办中小学教师。此外决无办法。此宓在渝碚所知之实在情形也。

耑乞 赐教。
祝 安。

1964 九月十二日下午　弟 宓上

---

① 张耀祖(1918— ),字虚谷,湖北黄梅人。师范毕业,任教中学。工诗词书法,为金月波之诗友。时任武汉市二十二中教员。

② 指张耀祖虚谷《呈月波兄兼寄景仰雨僧先生意》四律之四:曾经沧海难为水,为采芙蓉更过江。丽句清词邻月窟,荷声藤影想诗窗。难回昔日挥戈战,从此南蛮纳款降。倘若寄书驰蜀道,好传引领望云幢。

## 七十一岁生日

甲辰年七月二十日,即1964八月二十七日。

生世忽经七十春。奇愁无限对嘉辰。

归笼鸟感殊恩哺,伏枥马伤永废身。

漫诩聪明腰脚健,难追时代物情新。

楹书秘记凭谁付,料理行装远去人。

去年重阳社集,宓分韵,作诗,未成,只得二句,云"人生满七十,心如远行客"。亦即此处之意。

三句,笼,指工作单位。宓属西南师院中文系之古典文学教研组,此即宓之笼也。(某友欲改为归家。宓曰:不可,因并未"退职",而仍居校内,且领薪。仍是工作人员在职者也。)

四句,按宓生甲午年,属相为马。此句略如曹植屡上其兄文帝求自试食养之意。

五句,聪明 = 耳力目力均甚好(不是"聪慧")。

七句,宓有若干珍贵本之中西书籍、近贤之著作,今人不重视。宓又有多册日记、笔记、诗稿,刊印无望,而托人亦恐捐弃毁损。

## 二十七①

径启者,宓即日前来武汉,住四天后,转赴广州。约于中秋前夕(星六)或中秋夕(星期日)晚五时船到汉口。如不遇兄,则径赴武汉大学刘弘度先生、何君超先生处。 兄乘便来,则可再游东湖,或另约在汉口叙晤。此来必欲一见叔度并识虚谷,请为介邀。即祝

---

① 此为明信片,收信人姓名写在正面。

令节　吟祉。

吴宓上 1964 九月十五晨

## 二十八①

船票已买定,九月十九日开船,则当于九月二十一日(星期一)晚五时到汉口(旧江汉关码头)。请预先计划、商量,在九月二十二、三、四、五日内,择定一日。在是日下午,指定汉口某地,约齐叔度与虚谷,一同聚谈,或小饮。宓届期按时由武大来。宓准定二十五晚上火车,赴广州。而此四天未值星期休沐,教师工作极忙,欲得一二小时诸君皆空,实甚不易,故必商量共决,择定佳时。如竟无办法,则可决定:于十月四日(星期休沐)作竟日欢会。如是,则宓必在十月三日晚以前,由广州赶回汉口——以上办法,应如何？由　兄等决定。办法决定后,请用以下二途通知宓,俾宓知所遵循:

(一)九月二十二晚,兄惠临码头。宓船到后,面告宓知。(有难决者,当下立刻商定。匆匆商谈十分钟,即分别,　兄回校备课、辅导)。

(二)　兄写一信,寄武大刘弘度或何君超教授转交宓,示知所决定之时、地、办法(何时商定,何时写信)。

此次　兄可不必枉顾武大,因未值休沐。宓决来汉口,一日得接三贤,欣快何如。即祝

教　安

宓上　1964 九月十六日上午发。

---

① 此为钢笔细字书写之明信片。

## 二十九①

行事已具,正将离校,忽于九月十八日上午十时,得航运局电话通知:所购汉阳轮船之票,因近日长江水大盛,原定该轮船十九晨开行,今改为二十二日开行。但届期能否即行,仍难确保,或须更后推,云云。窃思:即使二十二日起航,欲不误四川省政协开会程期,于十九天内赶回渝碚,殊太匆促。若在汉之四天、粤之六天停留更加缩短,则此行甚不值得,故决中止不来。谨闻,谢惊扰及 筹备迎候之 盛情。叔度、虚谷并祈代道歉意。明年暑假前,当再从容整备东出,随意停留,不拘程限,倘可如愿耶?

"平生谋事虽周细,每到临发忽折回。"今年二、八、九月"折回者"三次矣,知必有 诗来,愧甚。敬祝

秋节 欢乐。

宓上
1964 九月十八日下午

## 三十

月波兄(叔度、虚谷两兄同此):

九月二十八日,接到刘弘度先生函寄来(一)月波九月十九夜诗函(二)叔度九月十九日函,并诗多首,知叔度九月二十二日上午

---

① 此亦为明信片。

曾去珞珈山谒弘度先生等情,宓当即写成长函作复——既成,乃觉该函写得不美,遂压制未发,今日再加研究,仍觉其不美,遂将该函(九月二十八日所写者)焚毁,终不发。

今日(十月五日)正午,接到 月波兄九月三十日来函,内附(一)致潘协华函,宓立即由邮转寄去。流杯池诗,风神极美。(二)虚谷九月二十七日致月波短函,并悉。宓遂又写成一函,专复 三贤兄——既成,又觉此函亦写得不美,至晚间,遂将该函(十月五日下午所写者)亦焚毁,不发。而另写此极简短之总复函。务祈 恕谅。

(一)往事不再论。宓决拟于1965五月至九月周游各地,访晤亲友。五月先到武汉,不预约,不需迎候。到汉定居后,再直访月波,求晤叔度、虚谷。在武汉当久留,必期从容晤叙,并细读积年诗文稿,尽情后,乃去。

(二)宓本学年无课,但参加中文系及古典文学教研组所有之各种学习、会议、听报告、座谈等活动。且最近教学改革着重阶级斗争及思想改造,对古典文学毒害学生之处,尤结合个人,自己从严批判(想武汉中学,亦同)。宓除黾勉从事外,请与 兄等约法三章:

1. 宓只与月波通信。叔度、虚谷各事由月波乘便转达,二兄请勿来信。

2. 除月波所作短诗,词意均明显纯正者外,所有旧作、新作诗或词,均祈勿写寄。统俟宓到汉拜读全稿。

3. 为避免无识者之误会及查问,与任何亲友通信,在写信时,即应当作(假定)此信将要登本地日报,或将在学习小组会上读出——如此构思、取材、选词,则写来自然工美,而无语病或遗憾(宓喜写明信片,此亦一理由)。

知叔度劳动自给,极慰。虚谷寄月波四律极工,深佩。第四首感谢其五六句,尤精粹。

宓除学习中有时必须交稿外,决定不作任何诗文或翻译,力求宓名不见于任何报纸刊物。近暇时,则自修拉丁文,并随意读中国经史旧籍,为自己娱乐。

十月七日,即赴成都(集体)出席四川省政协会议,临行仓促,不尽。祝

文 安。

1964 十月五日晚　宓上

## 三十一

月波兄:

1964年十月二十二日,又十一月二十二日,两诗函及附叔度函,并早读悉。宓幸未中秋时出游,盖十月五日忽奉令赴成都省政协会议(若出游,则必误期矣)。十月二十三日回到西南师院(来往随市统战部,未多晤亲友),立即投入"以阶级斗争为纲之全国、全民社会主义教育运动"。西南师院(四川大学同)为重点(兼试点),中央及省市派来工作团百数十位,分布各系级及处科。宓等皆勤奋积极参加。运动内容,遵令不敢述告,只说宓之生活。每日(现星期日休息)上午8—12及下午2—6或2—7(特别久延)时上班(大会外,一律在古典文学教研组)。每日上午,自己写交代及自己检讨之材料(交呈工作团)。下午,则星期一、三教研组座谈(揭发、供招、斗争、批判);星期六全校教职员大会,工作团训谕,并宣布重大"错误"之人与事;星期二教研组学习(一分为二、《早春二月》、李秀成,等);星期五教研组教学会议;星期四劳动,如运煤,肩抬木料石块(宓自请独任打扫教研室,并拭洗桌椅)。

宓亦是有罪之人,但是轻罪;然在大会宣布;在教研组会中,经数人揭发、斗争(青年党员助教对宓等,直呼姓名,揭发时厉声叱骂,平日不假辞色。一般教职员,互相引避,不敢交言)。总之,又是1957至1958运动之重演,态度、办法比那时温和,而标准之高之严,检查之细密,则过于当年。

此运动须一年,不知宓能支持度过否?其减寿促年自所不待言。

1964十二月十日　宓上

## 三十二

月波兄:

十二月十二日　诗函,附悝生诗函,均已钞录册中,原件附还。

1964年傺尽,1965年一月中旬,定将续汇"购书款"①20元,由　兄妥为交付。

平时来函写有"中文系"者(及汇款寄物),必送交中文系办公室也。如只写"……学院吴宓老教授……"则直送宓舍。此定规,但在运动中,则难保不悉送中文系。

十一、十二月陕西师大来两函。第一函,留在中文系十天,乃以付宓,函经检查,信封之一端,如鼠啮之痕;第二函,留在中文系两天,检查后,立即付宓,拆阅后重粘,信封之一端犹水湿也。

不幸者,由于检查而拆阅了此二函,乃构成宓罪。"适于此时,欲商调职往陕师大,是有意逃避此运动,另寻世外桃源——此即是

---

① 此乃作者赠黄有敏悝生,叔度济款之掩饰词,作者因多年周济"右派分子",屡遭批判,故此佯称汇款给金月波请代购书。

抗拒运动,十分恶劣的行为!但是,你(以及其他人)想走,亦是走不了的!还是好好地认罪吧!"

1964 十二月十八晚(匆上)　宓上

## 三十三

叔度求助,宓非吝财,实惧祸累。1957宓以"与右派亲近"得罪;最近又以"每月汇款济助其地主、反革命亲戚"被攻评(按,宓每月汇助邹兰芳之嫂侄,在成都及万源县乡间者,两处共 30 元,曾于 1959 呈报系领导知悉)。正在此运动紧张之时,岂能不临深履薄(右派已揭帽者,仍当以右派视之)。虽然,1957 中文系大右派天水君,所遭最惨。盖开除教籍,不给一文工资(初许作注释,千字给二元,继则并此不许)。最后逼其迁居校外乡村(自寻房),宓深知其人能慎默,故每月助以 10 至 15 元。及 1959 病殁,其妻求宓,立给 25 元以殓以葬,妻含泪道深谢,从此永绝消息。而其事迄无人知,无人谈,宓未被指责。幸已!

今叔度犹是矜直,故宓久久不敢助款。如(1)中秋前后,宓种种刻意布置,故意写明信片,而叔度乃于九月二十二日径自到弘度先生家中。(2)前此宓助款,叔度今犹提及,且遍告其妻及子女,意为"报恩",实则与子女以批评及揭发之机会(大义灭亲,今古所尚。观点立场,老少年不同)。(3)吴芳吉殁于 1932,生荣死哀,幸甚。若其长寿,定早成右派,今日而提吴芳吉(其子曾称道之),亦荷罪责矣。(4)叔度此次求助,仍云,特令其子孙永记之,且欲令子孙偿还 宓,云云。……以上皆好意,然可行于 1932,而万不能行于 1964。宓 但求慎秘,乃敢汇助。

今拟于本月下月,汇款与 月波兄,求代买书,若其书买不得,

则月波可以其款付叔度,条件如下:

遵守之誓约:终身不告其妻,更不令子女亲友得知:宓在1964冬(运动紧张中)曾助以资,以及由月波授与。又决不以此事记载下来,或形于诗词歌咏。事后(用了钱)即忘记。勿有"报恩"之心。若念及宓,可念宓昔日与君等"临江万马议存文",可念宓之《落花诗》及昔年文章诗词,而视助款只如风中一枝草管、地上一粒沙土,随风飘散,混合无迹。

宓今冒险写此信,并汇款来,望 月波善处之。 月波解识宓,可如前来信(词意均佳),勿写中文系三字。叔度则千祈勿来信,勿寄诗。望相知以心!不尽,
祝 安。

1964 十二月二十日 宓上

## 三十四①

十二月十五日词函,奉悉。今再汇上二十元整,以补足 兄前此为宓购书之款。刘永济著《屈赋通笺》(人民文学出版社1962),承作者赐赠一部,为友遗失,在渝蓉寻购不得,望 兄在汉为搜求一部,代购寄下(书钱再补),为感。馀详十二月十八日宓所上函。

十二月二十二日,冬至,<br>宓 上

---

① 此为作者书于1964年12月22日汇寄金月波转黄有敏叔度济款单上之"汇款人简短附言",仍以请代购书为资助掩饰。

## 三十五

月波诗家贤友：

先后奉到1964十二月二十七日短函，赠宓诗（改题）一律。又1965元旦短函，《除夕枕上得句》未完第四句最好。宓每于夜静，灯前，忘却百事，任取古书、旧诗旧文读之，立觉我在另一世界中，甚为快乐。……  兄此诗，听其自然，若他日灵机动时，仍可续完。

又奉到"甲辰腊月望后"发之《金缕曲》赠寄宓词，用顾梁汾贞观寄吴汉槎兆骞词之首句，惜今日已无成容若公子其人，虽欲屈膝解救，岂可得耶！此词（尊作）质直自然，而情意至深厚。以上宓皆感甚，佩甚。

斗争宓最厉之时，为十二月（尤其上下旬）。至一月初，虽仍有揭发与诘责，已对宓宽和，将宓与 □□□、□□□①"反党、反革命分子"分开，而列入一般教师之中。一般教师，亦渐渐与宓交言，而称宓为吴先生矣。十二月下旬，《二十三条》②公布后，则对一切教师皆宽和，对宓更好矣。□□□、□□□交代尚未完，然众已不复吼怒，待其向工作队自白（秘自写交）而已。

年底，工作队在组会中，宣示："宓交代事实材料已完备，一切问题，都已清结了，今后只是思想改造。——宓之思想极顽固，离开无产阶级之立场、观点尚甚远，改造甚不容易。尚须努力—

---

① 作者原稿空缺，故匿其名。

② 指1965年1月14日，中共中央所发布中共中央政治局1964年12月15日至28日召开的全国工作会议，讨论农村社会主义教育运动的纪要《农村社会主义教育运动中目前提出的一些问题》，简称《二十三条》。《二十三条》对1964年下半年以来城市和乡村的社会主义教育运动中某些"左"的偏向作了纠正。

必须用1964 1965年无产阶级之看法,一一评判(1)《学衡》杂志(2)《吴宓诗集》(3)《红楼梦》讲谈(4)进修班教课(5)男女恋爱、交际——资产阶级之生活方式,等等。要宓此后自觉革命,勇于发言(口头或书面)",云云。宓苦于"不知如何说法",不能效他人巧言,非不肯屈服、效颦也。总之, 兄等可放心。运动(自《二十三条》公布后,方向已改变)恐须暑假后,方能完结。

敢问: 兄处是否存有《吴宓诗集》一部?如无,乞示知,宓将以去秋暂借给潘协华君之一部,请其直寄 兄收存。宓处亦共只有三四部耳。祝

春 安(健,病减)。

1965 二月四日　宓书
（放假四天,明日上班矣。)

## 三十六

月波先生如晤:

历经无产阶级文化大革命之磨折及锻炼,而正在学习改造中之宓,今年七十八岁(1894甲午年生),仍生存于人世,且身体甚健康。惟左腿于1969五月遭扭折、疼痛。右手拄黄藤杖,仍可快步行走。右目1971六月全盲,只凭左目观视一切。牙齿脱落四分之三。自1964暑假起,即未授课,然仍隶西南师范学院中文系。原薪272.50元,前两年只发二十馀元,今年五月份起,月发工资40元。今年五月初,随学校由重庆市北碚区旧校址,迁来梁平县乡间新建校舍。除恪读 毛主席著作,改造思想、学习马列主义及党国政策等外,惟以默诵中国古贤之诗词(尤以杜诗及吴梅村七古长篇为主)自遣

(手边无书)。……

近两三年来未通信,敬祝　尊体健好! 喘疾未大发否? 恽生近况如何? 武汉大学刘宏度、永济何君超二教授,是否健在?　兄谅闻知,乞告。

来信请写"四川省万县专区梁平县屏锦镇七一房小地名邮局,交:西南师范学院中文系,教师吴宓先生收启"。现正在清队及一打三反运动中。本校斗批改尚未完。阴历新年(1972 二月中旬)后,或将离此他适。如承　复示,望赶于1971 年内,　惠赐简单消息,或写一二首诗词,不必多着议论,为佳。再,《吴宓诗集》,尊处是否藏存有一部,未被收没否? 不尽。

《觳音集》中作者,李定慧,本校中文系教师——仍在此,且常见。

　　　　　　　　　　　1971 九月八日白露节明日,是宓
　　　　　　　　　　　阴历78 岁生日　宓上

## 致朱介凡①

介凡先生：

二月二十六日航快函，奉悉。宓欣愿到京、平演讲，讲题为《希腊罗马史诗》，内容注重述说故事，适合抗战建国之情势，当可激励士心，而助成其忠贞勇毅之精神也。因此间诸事布置未完，故至早须三月九日方可离武汉，请按此期办理乘机之事。由三月九日（星期三）起，任何日均可行，专候通知（张翎处长，已函洽）。惟宓未惯飞行，故盼于天气晴和之日，乘安舒之机以行，免身心受苦。又宓带行李共约二十五公斤，想可优容。此外有武大同事（亦皆旧友）金、曾二君，亦愿同来演讲，并同赴平，敢为举荐。祈同洽聘。

金克木　安徽寿县，年三十六。印度鹿卧苑及加尔各答大学研究，印度国际大学教授。现任国立武汉大学哲学系教授。专授印度哲学文学。今拟讲题：《大我与小我——印度哲学之中心问题》。

曾炳钧　四川泸县，年四十二。清华大学硕士，美国哥伦比亚大学博士，现任国立武汉大学政治系教授。今拟讲题：《宪政与图强》。

三人甚望能同来京，赴平不同机，先后行亦可。再宓此次去平，拟暂留清华讲学，曾君亦然。故到平后，三人演讲之日期，不必

---

① 朱介凡，时任南京空军第五大队政训主任，邀作者乘空军飞机至南京、北平为空军演讲。此信录自朱介凡著《寿堂杂忆》所载吴宓手迹，台湾文史哲出版社1999年8月出版。

接连太近太密,附闻,并谢。敬颂
公 安

弟 吴宓顿首<br>(1948)三月一日

吴宓,陕西泾阳,年五十五。清华出身。美国哈佛大学学士、硕士。历任东南大学、国立清华大学及西南联合大学外国语文学系教授。现任国立武汉大学外国语文学系主任。今拟讲题:《希腊罗马史诗》。

# 致吴协曼①

一

协弟如晤，淑烈及侄②均好。

本年一月二十二日台北赐函于二月二日在武大接读，备悉。（最近寄武汉函，未及见，友必代收。）弟需英俄、俄英字典一部，在汉求购未得，甚以为憾。

武大情形尚安定，教职员学生均决定不离不散，静待共军到后接收。武汉决不至有大战，亦必所预知，惟必以先有渝、蓉讲学之约，又在思想上极不赞成共党，恐日后不能脱出，遂携带全部书籍行李，于四月二十六日离校。（五月十六日武汉失陷，消息全绝。）当日以五书箱交民生公司生灵船免费运渝，而必购票四十八银圆，其中相辉出四十一，馀勉仁出。乘空军飞机去年讲演，识空军邓副司令志坚，今往谒，特下手谕，乃得票。于四月二十九日平安由汉飞渝。五月三日至北碚，每星期四至星期日住勉仁学院，上课四小时，月薪米九

---

① 吴协曼（1925—1987），陕西泾阳人。作者嗣父之次子。1948年毕业于中央大学外文系，曾主持空军广播电台空中英语讲座，后任台湾师范大学附中英语教员，台湾师范大学英语系讲师、副教授，台湾师范大学国语教学中心主任。1968年获英国剑桥大学硕士学位。后任剑桥大学东方研究院讲师，剑桥大学伍福森学院研究员。作者1949年致协曼弟各书，为吴协曼多年所珍藏。协曼1987年病殁英国剑桥后，夫人柯翼如女士将所存作者致协曼书信，全部携回国面交作者女儿收存。

② 指吴协曼之妻孔淑烈、子吴学忠。作者此时尚不知协曼于1949年赴台时，在机场与妻子走散，未得同行。

石(新市担),应合银圆十五圆;每星期日至星期四住相辉学院,上课八小时,月薪米六石四斗,应合银圆十一圆。勉仁乃梁漱溟先生所办,类似书院,在北泉公园山上。相辉即复旦之原址校舍与后身,弟当熟知。①……

兄来,生活安适,友、校相待亦极优。惟时局迅速转变,渝、蓉等处人心惶惶,咸忧共军之来,与地方盗匪之劫扰。譬如潮水横流,终必来到,更将何迁? 反不若留武大,与诸友好共居互保,渡过难关,较为安善也,此其一。宓五月九日始在此上课,不到五月底,勉仁、相辉两校学生纷纷回家,留校者仅二三十人,盖因(一)忧惧共军将到,地方不安。(二)生活高涨,家中接济断绝之故,因而宓在此无课可上。而两校经费困难,非宓所能想象。相辉发薪至五月底止,均给米票,未能一时兑现。六、七月薪,更无着落。勉仁则尤困,于是提前放假(宓仍为留校学生讲课),大裁员工,教师仅留七位(宓其一),惟赖院长熊东明②君捐其家之谷米百石,勉发薪至五月底止,以后一文不能给,劝令各归而自谋;宓遂请于勉仁当局,愿不领薪,结果,领半薪,捐半薪,实得15银圆。此其二。目前宓在此无异闲居,幸来时自带56银圆,乃武大一年所积聚即不得薪,亦尚可自给。然此来为避乱? 为讲学? 为生活(经济)? 均已失望。甚悔不应轻离武大,此时欲归不得,前途又无善计。原宓之来,目的本在成都,自五月二十日西安失陷,成都告警,又各党竞噪,成都人心之乱乃过于重庆。成都文教学院(佛教、儒教)之危困不减勉仁,川大亦

---

① 此段上方,作者有眉注:五月二十五日航挂手函,宓于六月二十到勉仁接到。
② 熊东明生于1901年。四川江安人。北京大学英文系毕业。曾任北京励群学院教务长,四川大学、成都大学及师范大学教授,私立勉仁国学专科学校、国立女子师院、西南农学院教授。1951年减租退押中,为当地农民协会拘押待枪决。后逃至北京,经统战部保释,在佛教会工作。

扰乱不堪。一般学生莫不左倾,但思欢迎共党,为之先驱,竞唱秧歌而诋旧师;武大亦已有之。前二年宓所想望四川尤其成都之好处,今情形全异,此所以宓甚悔不应离开武大也。

成渝交通不便,而成都情形危乱,故宓暂居此(北碚),一面探看成都情形,徐定行止。万不得已(各校全解散)时,兄将赴江津白沙故友吴芳吉(碧柳)家中暂居避难。盖碧柳之次子汉骧,①在勉仁任讲师,邀宓往。今宓不止为生活,且恐平日之思想为共党所不容,必要时,当隐姓埋名,蛰居乡陬,依友或教家馆以度此时期也。

宓之五书箱,早已于五月初,运到勉仁存放,无失。但因行止难定,故除一小箱外,均未敢开启,倘书籍全留武汉,交托知友保管,定可无虞,他日再取。今将书运出,书反为人之累,书亦难保安全,故宓殊悔不听友人如高元白等之劝告,殊悔未终遵 父沉机观变之训,而轻离武汉也。……

宓尚未得 父处(五月二十日西安失陷后)之消息,已托在渝戚友,就陕西同乡商人中,寻觅私人拨款往西安之机会(交银圆,取银圆)。并已以20银圆交托其设法拨送西安 父亲手收。 父及全家不离开西安最好。就近送款以助家用,乃兄之责,兄必力办,弟可放心。又宓近来(离武汉后)健康甚好,性气亦安和,避乱守分,以待 天命。倘 弟将来写信回家,请保存此函,届时寄呈 父亲阅看,恐另禀不能详也。……

由上所述情形,已可知宓对 弟事之主张,即宓认为吾 弟宜居留台湾,恪任原职。即使情形有变,今之职务失去(决勿自辞),

---

① 吴汉骧(1918—1979),重庆江津人。吴芳吉之次子。长沙明德中学毕业,南京支那内学院从欧阳竟无学哲学。先后在中学及勉仁文学院、乡村建设学院、川东教育学院、酉阳师范学校、涪陵师范学校任教员。

亦宜在台湾本地设法,作任何职事(政军商学工均可)以维持生活(需宓介荐时,函告即办),万不可回国。——即回国,亦必待至三年以后,未来国中局势大定之时。此时回国无所托足,且生命有危险。(弟曾任军职,又新自台归,共军岂不捕捉□□,何能免祸?而国军方面,又疑弟欲投共军效用。)

宓之行止靡定,已如上言,目前只能希望免祸全身,不能有任何发展。万不得已时,只有寄食友、生家中,故目前不需 弟之助,且亦不能助 弟。(弟倘有馀款,宜善储之,勿用于旅费。)大学之国立省立者,到处为共军接收改组。私立者(如相辉、勉仁)学生今已星散,共军到后,亦必不许其存在。目前国立大学教授所得金圆券,换得银圆三数圆,不足生活所需,而川省已明白宣布:所有中学一律停办半年。 弟来虽欲求一微末教职而不可得也。 弟欲从宓读书成学,此意宓亦赞成,但今非其时,宓当存之心中,将来有机会时,当为图谋,且将招请 弟来宓处共居同学也。……不尽,敬候近安。

三十八年六月八日<br>兄宓自重庆北碚 相辉学院 顿首①<br>勉仁文学院

## 二

协弟如晤:

1949 六月八日复上一函,谅达 览。 弟之职事,宓时在留心。

---

① 此处盖有吴宓雨僧印章。

七月初重庆大学国立聘宓为外文系教授兼主任,宓不得已,允就聘教授,只须每学期在重大连续授《欧洲名著》课三星期,每日二小时,即可。但决不为主任,盖宓下年决以相辉 即复旦旧址舍 为主,平日亦住相辉(来函请皆寄此)。——当宓就聘时,即提荐 弟于重大外文系主任熊正瑮①,瑮立允聘 弟为助教。旋悉重大外文系只设助教一员,不授课,其职务专为办公,佐系主任办理系务。宓以此职应为系主任之亲信人,又以重大毕业生为宜,方可周旋应付校中上下各方。宓既不主系, 弟不宜居此职,且重大外文系极复杂,久起风潮,此办公助教一职,劳苦繁难,全不合 弟来之本意,遂函熊主任,言 弟不能回国,完全辞却矣。昨另荐 弟于相辉外文系主任方敬②,敬言于许院长逢熙③,字季康许公甚尊重宓,遂立即决定,聘 弟来相辉,条件如下:

(一)职名为外文系教员。助教之上,讲师之下。

(二)月薪按中央发薪制度,折合米价发给银圆。在＄240与＄280之间。此系底薪数。

(三)职务,教授大学预科即先修班《英文》两班,每班五、六、七小时;本校以九小时为专任应授之课,凡超过九小时者,按比例增给钟

---

① 熊正瑮(1901—1991),江西南昌人。清华学校1925年毕业留美,哥伦比亚大学文学硕士。曾任交通大学、大同大学、上海法学院英语教授,重庆大学外文系教授兼系主任,中央工业专科学校英文科主任,西南师院外语系教授。1957年被划为右派,1979年改正错划。

② 方 敬(1914—1996),重庆万县人。北京大学外文系1939年毕业。曾任中学教员,贵州大学讲师、副教授,相辉学院外语系教授兼主任,国立女子师院、重庆大学兼职教授。1950年起,历任西南师院外语系教授兼系主任、教务长、副院长、院党组副书记,四川省文联和作协副主席。

③ 许逢熙(1987—1953),河南鲁山人。北京大学肄业,美国底特律大学理学硕士。曾任复旦大学生物系教授兼系主任,中山大学教育系教授兼系主任,河南大学教授、教务长,教育部督学,北碚复旦大学教授、训导长,四川三台东北大学教授、教务长,北碚私立相辉学院院长。1950年改任西南师范学院教育系教授。

点费。**兼改作文卷**。实际本校极虚泛,并不严格。

(四)如能赶<u>开学</u>之日往年为十月十日,今年提早,为九月某日,容后随时函告。到校,照例自八月一日起支薪。不给旅费。如逾此期,则自到校之月份起支薪。

(五)校中供给　弟眷属宿舍复旦旧址,弟当晓悉。万一　弟迟到,校中宅舍已为先到之教职员占住无馀,学校亦必出钱在附近镇中租赁民家房舍,俾　弟居住。

以上虽系敬传许公口约,但无殊聘书已发,绝对有效。许院长正进行改相辉为大学,极望借重宓之虚名,留此校,以为炫引之具。又相辉董事长为　于公,右任丈 故许公亦甚尊重　于公之一切意思。宓曾函上于公,请荐协曼于许院长,于公函尚未至,而宓自直荐已成,请注意。由此二点,　弟在相辉任教可谓适宜,况与宓日夕同处密接,宓由武汉带来西书四五箱,　弟进修西洋文学,此实最佳之机会。宓亦极乐与　弟共处,生活疾病得　弟照料;侍赡　父母,一同商量计划,均其善也。惟所虑者,若时局速变,共军入据四川,一切改制,私立学校均被迫停办,届时宓与　弟之职业生活,又将不知如何。此不烦宓说,　弟已知之。而　弟在台湾今职,薪金实得若干,眷属生活如何,　弟对今职感想如何,前途希望如何,凡此均非宓知。　弟可自作比较,详切考虑,审慎决定,函示宓知。总之,宓极欢迎　弟来此,相辉事已完全确定,不异已取得聘书。其他　弟自决断进行,如何请假,如何飞渡,宓当照　弟所示者办理。……

西安家中,迄未得任何消息。宓今积有银币约百圆,欲托人拨呈与　父收,以供家人食用,亦迄未得途径,甚为忧急。不知　弟能否有所　启示?前于七月九日宓因心神不宁,曾在北碚托某翁以《诸葛神数》占卜,宓 说"慈恩寺"三字,求问:西安失陷后,　父平安否?所得卜词如下:时之极矣忧将至　巽兑分明吉与凶　未能

光大终幽暗　日落西山□□二字不明中。宓读之,似属不祥,深为忧戚。写示　弟知,谅有同情。其他如上海、北平、武汉各地,亲友消息亦全绝。……北碚近日炎暑,宓幸无病,静息而已。不尽所怀,即候　夏安。淑烈弟妇好,侄吉。

1949 七月二十三日兄宓顿首<br>（重庆　北碚　相辉学院）

## 三

协弟：

八月三日航函,于八月八日晚奉到。前浙大校长张其昀先生,字晓峰,系宓在东南大学任教时民国十至十三年之学生,据报载,现任总统府文书组组长,上次曾随侍　总统赴菲律宾者。兹函托其向　弟之长官,以私情说项,或可准　弟请假。　弟可即持附函往见　张公,面呈,并适当进言。要张公向某位长官说话,并要如何说,　弟宜对张公婉言提示。（萧公权先生,与宓交尤深。）

如所说无效,乞　示,再当如　弟八月三日函示者办理,不误。

祝　安

三十八年八月九日<br>兄宓顿首

## 四

协弟如晤：

宓近往城中八日，女师演讲、重大访友，两次在渝，住《大公报》经理王文彬（蒲城人）处。顷始回到相辉，虽未接 弟手书，而得读萧公权教授八月二十六日复宓诗函。知宓前函（八月九日发）已达张晓峰先生其昀矣。

昨九月一日在渝，同重大杨清①教授陕西府谷进谒重庆绥靖主任公署 前称西南行营 副参谋长（正参谋长萧毅肃）刘志弘先生，名宗宽，陕西蒲城人。黄埔三期毕业，中将。谈次，刘先生即命办稿，由此间绥署行文空军总司令部，请调用吴协曼来渝，任此间绥署英文翻译官，云云。如此，则对我兄弟聚首之期匪遥。如到渝后，新职甚不合意，则随时请辞职，甚易。……特此报闻。如奉调渝之命，或空军上司征询 弟志愿时，盼即立答：愿到渝绥署奉职云云，勿误。

宓甚悔不早函求 关麟徵将军，调 弟为成都军校教官，今关将军任陆军总司令，已辞成都军校校长兼职，然似仍可求托 关将军助力，调 弟至成都任教官也，如何，候 示办理。相辉英文课，可由宓代授，九月十九日开课。西安无消息。

祝 弟安。

三十八年九月二日兄宓顿首
（重庆北碚相辉学院）

---

① 杨 清(1915—1983)，字天诚，陕西府谷人。西南联合大学1940年毕业，中央大学研究院1943年毕业，心理学硕士。历任四川白沙女子师范学院、南昌中正大学、重庆大学、西北大学心理学讲师、副教授、教授。1950年调任东北师范大学教育系教授兼系主任。1957年被划为右派，1982年始改正错划。

## 五

协弟如晤：

九月二日，上一函，谅达　览。犹恐　西南长官公署调用之事有阻，复于九月八日，函上成都陆军总司令关麟徵将军及新任成都中央军官学校校长张耀明将军（报载，二公正在该校办新旧任交代事），告以相辉已聘，而　协弟欲来等情，求二公委聘　弟为成都军校英文教官，行文台湾空军总司令部调用弟来蓉。到蓉后随时可辞职，极易。……谨闻，祈注意。宓以　弟愿来此，故宓亦竭力设法俾　弟来此。一切利害比较，宓概不注意，只以　弟之意思愿望为行事之方针。至于手足感情，及生活互助上，宓自极欢迎且盼望弟来此共学同居，望　弟勿疑。

相辉已开学，但以学生观望，不欲即行注册交费，又待补考上学期，故开课之期尚早，恐在十月中下旬。宓已声明：上课后，宓愿亲自代授吴协曼预科各班英文课，不令稍缺。但当局谓预科上课更迟，　弟来决不至误期，毋须宓代云云。

相辉学生程度极劣，一般教授，亦皆资格、学问两不足。宓所取者，环境安静，住居生活便利耳。其单身教员宿舍南轩之南舍、北舍皆好，宓即住此。当局已允在此舍留一间，为　弟来住，云云。用水供给甚丰，吃饭米面自择，每月不到六银圆＄6.00。宓已领重大八九月薪，每月四十七银圆，即便相辉经费短绌，宓之重大所入，已足我兄弟二人之用，目前各方消息仍断，亦无从汇寄接济也。

弟若乘空军飞机来渝，空军卡车（宓来之经验）必送　弟到中一路（社会服务处隔壁）空军新生社△为止，（此段路甚近）　弟可自携行李西向←至两路口（中二路中三路交界）路北《大公报》经理处＊(洋房,三层楼——此房昔年为中国桥梁公司,宓曾住过。其左邻即成渝汽车站∴)二层楼,为《大公报》重庆社长王文彬先生蒲城人之住宅。 弟可投宓名片,自陈,而借住其宅中。否则乘人力车到中华路152号大公报馆卍谒王文彬先生。其办公室晚间亦可住(临时安置),彻夜有人守视。天未明,或早起,赶车船往碚、蓉,则住此处较便(以上二地＊卍,宓皆曾住过,卍较便,不扰人早起招待)。赴北碚车船,约晨七时开,船在千厮门码头,车在苍坪街,皆距卍甚近,票价约＄2。……恐 弟无适当住处,故提示如上。王文彬先生人甚慷爽,不必迟疑也。

弟在渝当比宓更熟悉,希望相见不远。即祝 百安。

兄宓顿首
(1949)九月十一日北碚

高文源①(仍陕教厅长)复宓函,阅后,焚毁可矣。

## 六

协弟如晤:

九月二十五日航挂函,于三十晚接到,备悉。宓上关、张两将军函九月八日 尚未得复。以往事例推,殆俟有结果 或成或否 再复宓欤。

九月十八日宓即得西南长官公署钞示台北空军总部复电云:"查吴协曼业务重要,歉难调出,敬复。"同日,重庆《大公报》由中央宣传部接收,改组,更易社长、总编辑等。原社长王文彬宓友已携眷

---

① 高文源,出生于1905年,字味根,陕西米脂人。清华学校1927年毕业留美,密歇根大学理科硕士。曾任北平辅仁大学教授,北平师范大学讲师,陕西教育厅厅长。

来相辉居住,任此校教授,故 弟若到渝,祈勿至大公报馆投住(如愆前函指示)。

萧公权张晓峰二公均早有复函来。萧寄诗词。张函谓"令弟极为空军当局器重,亦为广播听众所钦佩,昀曾劝其留台工作,因关中已无法回去也。……先生将来如有来台之意,自当效奔走之劳"云云。 弟求去不可太急,恐为上官误疑 弟别怀异志,欲往共区投效,则不但监视防闲,且或加罪。前多日愆颇为此忧虑,今知邵君①改职,函递或迟耳。无论 弟离台到渝与否,以及行程之迟早,第一请勿为相辉聘约及教职丝毫忧急,此事可全勿介意。因 弟如果到渝,如相辉之教职者,愆极易为 弟谋得,一也。即暂无职,愆月薪三校＄115银圆,每月饭费五圆已足, 弟决不至累愆,二也。

相辉本身极无可取,愆只取其郊景清幽、居处便利,合于愆暂时避难观变之留止而已。今年开学后,学生正播起风潮,以彼等学生家皆中人以上,每夜在校旁茶馆赌博输赢有达1000银圆者,而不肯交纳35银圆一学期之学费。近正强迫学校减少学费,又大贴标语,恶诋相辉当局,侮慢教授,谓教授应生活节俭,薪金减低,俾学费可随之而减少。日来愈闹愈凶,此中必有人指使鼓动,亦如重庆市九月二日大火,实死一万馀人,伤者无算。确系□□派人放火,此与人海战术皆残酷不仁,无能为之辩饰者。……是故相辉前途殊恶,愆亦随时准备离相辉而居他校(弟来,总可随我居止)。即不论相辉之风潮,其所谓预科须俟开学后若干时,方招考预科生。今年尚未定期,况值校潮,不知何时方举行招考。今既无预科学生,则并不需要预科教员,其聘 弟,全为敷衍愆,盼愆勿遽他往而已。教员到校,则必支

---

① 指邵宗周,时任台北台湾省政府教育厅厅长室主任秘书。作者于邵调职前曾托其转家书与吴协曼。

薪,学生抗不交费,则旧教员之薪金皆无所出,于是更不欢迎不上课之预科教员来分减薪金数目也。以学费之所入,平均分配与在校全体教员,此乃私立学校之特点。因此, 弟迟迟其来,或竟辞职不来,结果相辉只有喜欢、感幸,决不失望,决不责 弟失信而误事也。且即使已有了预科,已开学上课,则武大外文系毕业宓熟识之学生,在此求托宓觅职者,有三四人,宓可择其一来相辉 随时一招即至 代 弟授课,而以 弟之薪金给彼,直至任何时 弟到相辉彼即退出。此对学校、对代课人均便,故 弟之行止无论如何,请勿再为相辉职事顾虑为要。第二,自费购机票回国、来渝,万万不可行。有此一笔钱,应储蓄经营,他日奉亲赡家自用,用之于旅费,太无价值矣。详下。

弟决志回国来渝,目的理由为何? 弟云不便述说,宓亦不欲究问,兹请诚恳述宓之意,以供 弟之参考研究。处今之世,父子、兄弟、夫妇、知友,人各异心,不能强同。分党分区各自效命而互为敌国,亦至寻常之事。即如三女学昭到燕京后,思想已完全左倾。1948七八月昭忽来武大,住近两月。与宓父女亲情固有,然各友其友、各行其是,宓与各守疆界。已而昭竟一再努力设词,欲改造宓之思想,宓乃诚恳语之曰,我们在私为父女之情,在公为异路之人;宓决不求改变昭,请昭亦勿来改变宓。且以宓五十余岁之人,一生读书思想著作,态度早已固定,昭纵努力,亦必不能影响及宓也云云。幸得欢欣握手而别,今昭音信早绝。举此以为例,宓欲说之言,可分二层:

1. 六七月中,早函告 弟:宓生平助任何戚、友、生,纯以<u>彼人自己之意愿为目的</u>(自己不参加意见及感情),但在方法上、途径上助彼完成其事,我不代彼决定,我不干涉,我不负责。——弟自己甚欲回国来渝,故宓力求其成(尽我之力而止)且欢迎弟来。

2. 今愿更陈宓代　弟考虑行止之所得,则宓始终认为　弟宜留台奉职——或力往他地、作他事。——但决不宜来渝,来渝是下下之策。

宓以下所言,乃系假设之词但皆本于实例(某人),惟以爱　弟之心,尽情直陈:

一、假设　弟纯为忧念　父亲母亲及家中兄嫂、妻等,则弟今到渝亦无法回到西安谒见　父母亲并晤馀人。至于设法探听消息,觅途径通信传语,及以款项汇拨救济,则宓已在渝,此诸事业已竭力,并当续图。(宓今三校月薪可得 $115 银圆)但能有途径汇呈款项,宓力似足,弟来无加于我。

二、宓一身尚强健,无需　弟来此护助,随地可得友生之助 惟望弟自己进步、发展、努力。将来时局战事不知如何演变,宓或赴成都安居,或赴英美讲学(此乃理想计划,95% 不成),或到台湾(最后不得已时,——来亦只拟任台湾大学教授如萧公权、毛子水　皆宓知友　例)。今后数月或半年中,宓亦未必能如宓意长留居渝、蓉也。弟来,将随宓转动乎?

三、若　弟志在事业功名,则今之世界,甲乙两方,必择其一,为之效命,容我出头。前史英雄及事实,可参。假设　弟愿属甲方,今在台正好,只宜进取,何可引退? 又假设,如宓得意学生□君前年十月南京屡见,送上火车。愿往属乙方,自己设法离台,径往平、津去矣,又何必来西南内地?

宓年五十六,身非国民党员,又无政治兴趣,亦无活动经验,然以中西文学及历史道德之所召示,由宓之愚,自愿在甲方区域中为一教员或民人。于世界则切盼(并深信)最后美必胜而俄必败,又常念共党久据全中国,则中国文化全必灭绝。宓之选择,以此为主因。(宓既如此选择,则良心上不能帮助人往乙方,必婉辞其情。)

四、若 弟志在学问,尤志在西洋文学,则当就今职努力,使英、俄文语进步,广读报纸杂书,台港皆有,而内地不可得见。以馀暇自读文学书籍。闻台湾大学日本人遗留之西洋文学书籍,已比武大图书馆丰富多多。 弟改任台大教员,与宓可介绍之教授晤识,读台大之藏书,他日(由今职)更谋赴欧美一游,方是正路。否则设法到平、津、京、汉,在北大、清华等上好之大学,任教员,(闻钱锺书①已往清华任教授),亦可多近名师,饱读藏书。宓在北平家中遗留之全部西洋文学书籍,全可与 弟,俟时机到时往接收。若到西南,为此目的,如弃大海而饮蹄涔。成都尚有些书,相辉图书之缺乏,难以想像,有学术兴趣之人极寡。宓带来书籍,虽精而不多,尚不足用甚远,至于宓之切磋教导,一二年后当必另有机会也。

以上望 弟细思详酌。总之,无论志向如何,来渝、蓉是下策。盖渝、蓉本无西洋文学可言,而今四川成为尾闾残局,假定甲方能保有四川,亦是惶惶不定,学校情形极坏。甲方人士在四川只如逃至室隅,无可再逃,遑云发展?又假定二三月内乙方取得四川,则我辈逃至四川或本居四川者,在乙方视之,皆为罪人,皆为囚虏,静候处罚,恭听训练,——最危险、苦恼,亦不光荣。宓在

---

① 钱锺书(1910—1998),江苏无锡人,清华大学毕业后留学英法,曾任教西南联大,湖南蓝田国立师范学院、清华大学。后任中国科学院文学研究所、中国社会科学院文学研究所研究员,中国社会科学院副院长。

此,亦不得已,惟求暂时避难苟安,如遇意外横逆,便自沉于嘉陵江。　弟来此,甚似由乔木下迁幽谷,故甚为　弟不取也。或由此乔木飞上另一乔木,亦可自择。在台湾乃至平、津等地之教育、学术界旧日知友(不涉政治),　弟如需要宓介绍者,当遵　嘱办理。

不尽所怀,即祝　日安。

　　　　　　　　　　三十八年十月一日　兄宓顿首
　　　　　　　　　　　　　　　(北碚　相辉)

以虚报　父丧之办法回国,宓近细思之,更觉其于情于理,皆不可用。

# 致梁实秋①

实秋教授学兄惠鉴：

忞一年来在北碚相辉学院 复旦之旧舍址 任教，健康安好。兹有恳者，舍弟吴协曼 南京国立中央大学外文系毕业 在台北市仁爱路三号空军国际广播电台任职。去年十月函称，欲改入国立台湾大学任英文助教或俄文助教职，云云。以后遂失联络。今求吾 兄与 毛子水兄，对 协曼 求职台大事，俯 赐助成。

无论此事 兄能助、愿助与否，至恳以忞此片寄交或送交舍弟收，俾得知家中情形，如下：阳历过年后，忞与西安家中得通消息。家中大小均健好。 父亲在家休息，康健。 母亲过了整寿。含弟仍原职，审计 俊生妹丈及须妹今皆仍在市政府及图书馆任原职，馀人亦皆好。含、俊、须每月各得薪五袋面。引妹在上海，曾汇五万元至家。忞于一月初至三月中，共汇人民币一百五十六万元至家。田地仍由 孙氏 耕种，去年一年未给租，我们等于无地。忞拟居北碚不动。以后量力汇款至家。上海伯父大人②于十一月十日在苏州王宅无

---

① 此函系收信人1950年与吴协曼面谈时交渠阅存者。

梁实秋（1903—1987），原籍浙江杭州，生于北京。清华学校1923年毕业留美，哈佛大学文学硕士。历任东南大学、光华大学、暨南大学、复旦大学、青岛大学、中国公学、北京大学、北京师范大学、中山大学教授。1949年去台湾，任台湾省立师范大学教授，台湾师大英语研究所主任，台湾大学教授，台湾编译馆馆长。1966年退休。

② 指作者生父，吴协曼之伯父吴建寅（1874—1949），字芷敬。原居上海，1949年赴苏州亲戚家小住，11月去世。

疾寿终,(即日火化,再移沪合葬)。完。…… 此请

文 安

　　　　　　　　　　　　　　　　弟 吴宓上
　　　　　　　　　　　　1950年三月二十七日北碚

# 致李赋宁

## 一

赋宁仁弟：

八月三十日清华 手示,于九月十六日奉到,欣慰无似。知已回国,省 亲,任教 母校,且即日完婚。 述华①小姐谅已吉抵。虽今昔生活风气不同,然婚姻之福,伉俪之情,遥为心祝。惟宓身遭两 父之丧②,前已寄讣文与赋林,又寄与胡步川兄,均命含曼弟转呈,未知送到否？遵旧礼不应致贺,不应送礼。即宓身在北京,到期亦不能参加,至祈 恕谅。若夫宓所有西书,除分给学淑十馀册、学昭数册及王般数册外,全在北京广宁伯街28 心一宅中仅星期日心一在家。保存无失。他日仍以奉赠,现时暂不移付,因恐外人知之,将曰"赠送私人,不如捐与人民公立图书馆"而全取之去。故宓宁暂"自保存,而不赠送与任何人",庶较妥善欤？

弟在美四年,学问充实,单就西洋语文及文学知识材料论(不论中国学问及创造著作),弟今当为中国第一人,恐锺书实不能及,宓更空虚不足言矣。自不必说,究竟得到何学位 degree？乞 示,不必谦默。又归途是否游

---

① 徐述华(1924— ),女,四川荣县人。李赋宁夫人。金陵大学化学系毕业。北京石油学院教授。
② 作者生父芷敬公于1949年11月10日在苏州无疾寿终；嗣父仲旗公于1950年6月25日在西安病逝。

历欧洲？此为尤重要之事，万不应省略者，并祈　便示知。凡　弟四年在美在西洋语言文学之所得，无分大体小节，至望每次来函多多　教示。昔宓为　宁师，今　宁为宓之师矣。又宓僻居渝郊，不与人通。北京各校，尤其清华情形，以及诸友诸生职业生活大端小节，并祈随时多多　赐告，以资参考而增生趣。今在京宁沪汉诸友，来函皆甚简默，弟择其言之而无伤者，絮絮述说可耳。若夫宓之情形，今请　弟(1)入城访贺麟①教授沙滩，中老胡同三十二号，宅。就其处，索读宓1950七月三十一日致麟长函，又宓1950九月五日致麟短函。(2)向钱锺书、沈有鼎②教授，索读宓1950八月二十六日致二公及学生唐稚松函。(3)向叶企孙索阅宓1950九月十一日致叶公函。又(4)入城，可便访陈之颛弟于其家后门外，前圆恩寺九号。索阅宓1950九月四日致颛兄弟函。合以上各函，可知宓之详况。

今宓住居重庆磁器口四川教育学院（函请寄此）楼室，在史地系主任李源澄③先生家用午餐晚餐，而自购馒头为主食。生活已习于内地，毫不觉苦。自1950四月起，宓为此校外文系（系主任缺）专任教授（世界文学史、读本、翻译，四年级均有课，共九小时），月薪$600，折实110分，按牌价涨落。1950年六月份实得六十一万

---

① 贺麟(1902—1992)，字自昭，四川金堂人。清华学校1926年毕业留美，德国柏林大学研究德国古典哲学。久任北京大学哲学系教授。1955年调任中国科学院哲学研究所研究员。

② 沈有鼎(1908—1989)，上海人。清华大学哲学系1929年毕业留美，获哈佛大学硕士学位，转赴德国海德堡大学和弗莱堡大学研究，1934年回国任清华大学教授。1945年留学英国牛津大学。1948年回国，先后任清华大学、北京大学哲学系教授。1955年调任中国科学院哲学研究所研究员。

③ 李源澄(1909—1958)，字浚清，四川犍为人。1949年任四川教育学院教授、史地系主任，1950年后任西南师范学院教授、副教务长，1957年被划为"右派分子"，翌年去世。

元,七月份五十四万元,八月份四十七万元,九月份四十六万元。(宓不知北京米价。 弟月薪实得人民币若干,乞示。)日昨又被约至重庆大学 函寄该校亦可 兼课(外文系主任周考成①。教授中英文最好者为熊正瑾②,今被学生攻走,文教部派往西南农学院教英文矣)二门,四小时,英国小说(读 *Pride & Prejudice*),世界文学史。月薪为川教院之1/3。两校近距如清华——燕京,故恒步行来往。重大住处,生活一切比川教院好,然人事极恶;又知周君甚忌宓被人拥戴为系主任,故宓决定坚辞不就重大之专任。此宓之实情,一时确不愿离渝他适也。

此间教英文者,资格均劣。北大毕业已属上者,川大毕业者亦众。宓之资历自然高出同僚之上,因此地位稳固,免与人争。又宓一向勤奋尽力,此层亦为学生所推重,故虽有斥宓为顽固者,而无伤于宓之为英文、文学教授。此亦宓入蜀之胜著也。今上下只欲学实用英文,期为人民服务。幸宓亦能教普通实用英文,但恒以世界文学史为自己之专课,此亦毋须与人争者。故宓在此教书,大抵平善,可请 释念。

若问宓本志,自然希望少教钟点,多得静暇,以撰作《新旧姻缘》小说。但今之问题,尚不在钟点多少,而须与学生时时亲近,表示热烈团结,是则钟点虽少,亦不得有静息之时。若关门著书,即不招他种疑谤,亦将被学生讥为冷傲孤僻矣。来函言及文化部长周扬君,欲宓译 Thackeray 小说事,续完宓早年之工作。此实宓所欣

---

① 周考成,生于1906年,四川大竹人。时任重庆大学外文系教授兼系主任。1952年院系调整后,任四川大学外文系教授。

② 熊正瑾(1897—1961),字洛生,江西南昌人。清华学校毕业留美,曾任北平大学女子师范学院、浙江大学、贵州大学教授。

愿,但宓一向不知,从未有人告我。不知其实际经过如何？　弟更能详言之否？但是否(1)先须受训,(2)译笔文体可否照宓1921—1922所译出刊布者而不改变(即摹仿《石头记》之白话,带文言趣味),又(3)酬报薪给,比大学教授如何？宓明年暑假可考虑移动,但仍必慎重出之。宓决不愿任接近政治及时事之工作,如译　毛公选集亦非宓所能胜任。纯文学是宓之范围,哲理道德今暂不谈可也。学淑在汉口市二女中任教英文,甚受欢迎。1949年7月到京,赋闲至今。今随其夫居天津。　弟是否可以南开或清华关系,在津为学淑荐得一职,甚为盼感。学淑英文实甚好,非敢私誉,　弟可信宓言。

入蜀后,多读经史旧籍,西书仅读毕 Bertrand Russell *A History of Western Philosophy*① 与 D. C. Somerville 所作之 *Abridgement & Summary* (1947) *of Toynbee's A Study of History*② 而已。新书仅随众学习时,读必要之 assignments 而止。近自修俄文,日读朱谱萱编之《俄文读本》(中华书局),而以年老,记忆力减退,故进步甚缓。以俄文较法文,优劣悬殊,甚矣 Lomonosov③ 之自炫(谓俄文兼众文之美)也！此候

俪福，并祝　学　祺。

棘人　吴宓顿首
1950 九月二十日,重庆。

---

① 罗素著《西方哲学史》。
② D. C. 萨默维尔所作汤恩比(Arnold J. Toynbee)的《历史研究》概要缩写本。
③ M. V. Lomonosov 罗蒙诺索夫(1711—1765),俄国文学和科学界巨擘。

重庆近郊化龙桥——此桥乃　仪祉兄所筑。西人初谓此处不能筑桥,而　仪祉兄竟成之,传为美谈。盖1927前后,　仪祉兄任成渝公路总工程师,今之路基,其所测定作始。　弟宜知之。

## 二

赋宁<br>述华 贤伉俪同鉴:

冬去春来,谅　生活美满,　起居佳胜,遥为欣祝。前奉　赋宁弟十一月十一日函,曾于十二月三日简复,而未尽意。今求托　念生与　宁代为募借款项,以应心一目前之急需,代宓尽责。只求代向别人劝募,并不望　念生及　宁自己拿出钱来借助。盖宓深知　贤伉俪　新婚,勤劳艰难,殊非丰裕有馀者也。

兹有最重要之二事,乃金石肺腑之言,掬诚嘱告,望　弟谨记。此生如竟不获再晤,人事飘忽难知,非故作严肃之语。此二事即系对平生所最敬爱之学生、兼世交、亲如子侄之　赋宁之遗言:

1. 目前英国文学与西洋文学不被重视,等于无用;然我辈生平所学得之全部学问,均确有价值,。。应有自信力,应宝爱其所学。他日　政府有暇及此,一般　人民之文化进步,此等学问仍必见重。故在此绝续转变之际,必须有耐心,守护其所学,更时时求进益,以为他日用我之所学,报效　政府与　人民之用。
2. 中国旧书,今方以废纸出售,大事销毁。英国文学及西洋文学、哲学、史学旧书籍,亦无人愿存,更无人愿购。然他日一时风气已过去,　政府与　人民必重视而搜求此类佳书,学者文士,更必珍宝视之。故我等(至少宓与宁)断不可弃书。。。断不可卖书。。。宁受人讥骂,亦必大量细心保存书籍。前宓之全部西洋文学书籍,已赠与 弟,今因北京寓宅恒因屋小无地存放,且若章姑母去世(今病危)心一离京他往,京寓取消,亦意中事。故望 弟速与心一、学淑接洽,将宓已赠与宁之全部西书(中文书,拟赠金蜜公),即日运至清华 弟家中存放。勿捐与任何学校图书馆,勿分赠友人(不可零散),而自己永远保存。若因书多而在清华需住大宅,加房租以及运费等,宓均愿另汇款津贴补助,犹如代宓办事一样。至在渝(昔在昆)之书,宓仍保管阅读,他日亦全赠 宁,归一处保存。

宓更叩求 述华贤夫人,赞成宓此番意思,而以全力与 宁合作,助 宁办成(1)(2)二事。谨祝

春 福

1951 二月二十二日

宓顿首

三①

奉还春节前借款壹佰元,并谢。宓健好,但劳忙。顷正在教学改革中。五月中旬,随省政协参观渝市渝郊。下旬赴成都省政协会议,六月初回校。

旧居之民主村宅舍已全拆毁,址平。二月中迁居文化村一舍106室。但来信请寄中文系。

(1960)六月十一日

---

① 此为"汇款人简短附言",未书上款,末尾盖有作者印章。据作者1960年6月11日日记:"汇与李赋宁100元,偿清1960一月下旬之借款。"

## 四①

赋宁仁弟：

　　本校外语系主任赵维藩②、助教江家骏③，至京考察教学改革。归来，具言吾 弟对 宓 殷殷垂念，且欲枉 驾渝碚视 宓 云云。闻之极为感激。宓今年暑假又不能来京（理由见下），然1961暑假当可来京并至西安一行，晤会之期当有。 弟南来恐无暇，且多花路费，请不必勉强。然此意，已深心铭感矣。

　　兹急需百元之款。 弟如有力，请航汇给宓（由重庆市北碚西南师院邮局交中文系吴宓教授收），务祈迅速。如无力，可求 关懿娴。亦不能，则更求之 贺自昭或罗念生等（以此片示 阅，并候。即不求助，亦可传阅）。此百元系借款，早则于1960十月中旬，迟则于1960十二月中旬，一次还清，不误。其用途，则因白屋诗人吴碧柳之夫人何树坤女士，1960七月三日病殁白沙之黑石山，即葬碧柳墓旁（《吴宓诗集》卷十二，21页，云："百岁尚同穴，幸哉嗟此妪。"）。丧葬费百数十元（兼杂债）由其子汉骧、其女汉驺临时拉借，必需由宓速为偿清。宓月薪虽265，而月交储蓄（或公债）160，实得不及100元。支出方面，邹开桂薪津40元，宓一切用费，极俭30元，每月所馀以助各地之亲友者仅30元而已。而就碧柳一家

---

　　① 此书为明信片，细字密行书满全页。
　　② 赵维藩，生于1905年，字竹南，山西文水人。1930年中央大学外文系毕业。曾任中学教师，专科学校英语教师，国立女子师范学院英语系副教授。1950年起任西南师范学院外语系教授，1952年后兼系主任。
　　③ 江家骏（1928—　），四川江津人。四川大学外文系毕业。1957年调西南师范学院外语系英语专业任教，曾从作者进修，1987年升为教授。

论,宓须每月助长子汉骧(有六子女)家用20元(树坤在时,月助以5元)。六月中旬,次子汉骧(得罪,在农村劳动改造)病危,求宓汇给医药费(通过组织)50元。今七月初又来树坤之丧。故宓力穷,而不得不求助于 弟等也。窃念 碧柳昔任西北大学教授,乃受 尊翁宜之兄之聘。即宜之兄1928前后在蜀,曾到黑石山访晤碧柳。又在渝蓉亦共鬻姑与 碧柳晤叙。故念此旧谊,而求借于吾 弟。

宓在此安好。近半年来,人多瘦,我亦瘦,然极健康清明。自入1960,每天上三班(近只上上午、下午二班,晚班免)。参加一切劳动、学习、会议及教改等运动。 虽极劳忙,而未尝犯任何错误。上下对宓皆极好。友生中,有知昔年之宓而不知今日之宓者,每为宓担忧,来函鞭策宓之进步与改造,其意固善,但非必需。宓仍任省政协委员、西南师院院务委员、中文系系务委员兼外国文学教研组主任。宓逢年节、五一、十一等,必有短诗长诗,登院刊,为众传诵。自院长以下,对宓礼貌有加。

言尽于此,馀后叙。

五月在蓉,见到黄稚荃女诗人(贺夫人之姑)。

1960 七月十六晨

吴 宓

## 五[①]

赋宁仁弟：

七月十六晨寄上航邮片，乞求　借与宓百元。以　弟生平对宓之厚及屡次　赐款迅速卜之，此时必已汇出，则此片实为多事。但因此次碧柳夫人之丧，丧葬及生前私债共百数十元，系临时公私挪借，其子汉骧、女汉骊急迫催请，即日援救，上月宓已助骧家用20元，助骧急病50元。本月已助丧葬费30元。情词恳切，故再上此片，乞　勿怪。如其未寄，则祈　转求诸友生（凡知碧柳者）速凑足百元，航汇宓收。又如款未寄，而　弟不嫌麻烦只须细心，耐烦，写三份汇款单。则祈将百元之款代宓分汇三处，如下：

65元　四川省江津县白沙镇邮局交黑石山小学（教师）吴汉骊收

30元　重庆市江北区陈家馆邮局交陈家馆小学（教师）林玲（林爱珍）收

以上二处，可于"附言"栏写明：代吴宓教授直汇云云

5元　重庆市北碚西南师院邮局交中文系吴宓教授收

弟无需复宓信，盖宓接到此5元，即知65与30均已汇出矣。宓本年各种公债本息可得95元，故十月初即可还清此百元，不误。此祝　健适，并问全家好。

1960 七月二十二晨　宓上

---

[①]　此书为明信片。

## 六①

赋宁仁弟：

七月二十一日　赐汇款五十元,于二十六日收到,复蒙此间二教授借与50元,共得100元,已足应急求之两方,请　放心。七月二十二日续上一邮片,可置勿论。惟上云此间所借50元,均约定于八月十日发薪时归还。故八月十日发薪后,仍望　弟赐助宓50元。但若　弟甚困难,则只助宓40或30,亦可勉强度过(即不必转求他友)。以上定当于十月中旬还清,不误。预计,自十二月份起,九月整储120元取回 以后均当无困难矣。

承　教"多事休息",更见　关爱之情。此间七八两月,续教学改革与学术讨论,然后撰大纲,编讲义。外国文学课程,调用三四年级中文系学生二三十人为助。外国文学教师多任临时他类工作,只宓与另一教师参加。每日三班(8—12,3—6,8—11)开会分组讨论(学生组长主持)。但每次有新传达到,则又重新从头做起,故至今讨论未毕。毕后,乃撰写讲义,宓任三章:古代东方各国,印度,日本。学生每人任一章,限定八月十五日编成全书,然后放暑假。但宓尚有本学年之讲义数章,须作出,付印补发。故宓虽欲休息而不能也。幸健康,无疾病。此问
全家好。

1960 七月二十七晨　吴宓上

---

① 此书亦为明信片。

## 七

赋宁仁弟：

八月十八日莫干山 寄书，于二十二日收读，备悉。宓所需之款，已于七月下旬在此间借得，足敷目前之用，可勿为念。1960年，每月付出公债、储蓄160元，故困。然由十月份起，各项储蓄，先后到期，收回自用，今后当无困难，可以不再乞借。自己善为布置腾挪，仍勉足支助诸亲友最必要之所需也。

弟得游览西湖，闻之甚喜。《学衡》杂志五十九期，内容以西安围城诗录为主，其中胡步川（字竹铭，浙江临海人）所作，如"寄食李师家"等诗，与 尊府有关，盼 弟暇时，取该期全读之。《学衡》杂志六十四期，有胡步川作东征杂诗104首，及宓作南游杂诗96首，中有西湖之描写。又李思纯君（今年三月十四日无疾而终，年六十八）西湖杂诗（《学衡》二十四期）及《吴宓诗集》卷末一七八页李思纯作西湖诗（五古）一首，亦望 弟暇时取读。胡步川东征杂诗第96及97两首即在楼外楼独酌之诗。 弟"进餐此字，弟误写。酒菜极鲜美"可与互证也。胡君东征杂诗第52首"清凉山，遇李师宜之"，亦请注意。宓早欲写信问 弟，知否胡步川之消息？是否在陕西省文史馆？ 弟若不知，祈便中转问 赋林。盖宓甚欲与胡君通信也（胡文豹表兄1958八月十六日逝世）。……

近半年馀，一切人皆瘦损（指宓所识所见之友生），宓亦"较前老瘦多多"（人家如此说），但无疾病，体力则较差，又心智澄明，记忆力则减退。一切听命随时而行，但内心中则自保其信仰及乐趣，惜难与吾 弟晤叙，明岁虽有来京一游之心，未知能如愿否也。本学期（1960二月初起）宓遵例每日"上三班"，即是上午7：40至

12∶10,下午2∶30至5∶30,晚7∶40至10∶30必须到中文系。除授课、开会、学习外,均须坐外国文学教研室集体备课或编讲义。但授课实际至四月底止。此后学生即外出"辅导中学"或"支援农业"(即同于 弟之收麦工作)。六月下旬起,展开教学改革:先之以"批判",宓等老教师当然为批判之对象,但远不及1958之严厉。七月上旬至七月底,讨论编写下年新讲义之目的要求及体例内容等。特派定三四年级学生二十五六人与外国文学教师数人一同讨论,每日上午、下午、晚(三班制),宓亦奉 命参加(名义上,宓仍是外国文学教研组主任)。七月底,讨论毕,新讲义之章节目录拟定后,指定每一学生编写一章。外国文学教师中之党员,另有领导职务,非党员尤其老教师如 宓 者,只作学生之顾问,供给资料,指示书籍,解答疑难,而不参加编写。八月十八九日,外国文学讲义编成,由某教师(本系1958毕业,在北京师大进修外国文学两年,方才回校,青年,党员)独任审查修改之责,未邀宓参与,宓乐得偷闲休息。宓本学年之外国文学讲义,已讲过者,尚缺五六章未写出,暑假中须补写。已写成二章付印,尚缺四章,须赶作;但近日天热,则未积极从事。

读 弟来函,知北京大学教改之情形,亦与本校大体相同。至于劳动,宓平日参加校内各种劳动(种菜、拔草、除虫及打扫教研室)从未缺勤。但校外之劳动(自参观土改1951至下放农村1957,以及最近之炼钢1958、支援农忙1959)则一向豁免,迄未派宓前往。本年五月初,教职员率一二年级学生,下乡助农忙(收麦,割稻),本已宣布"宓 等若干人留校工作",出发之前夕忽改派宓一同下乡参加助农忙之劳动——宓以途远泥泞及乡下生活不惯为由,写信上中文系党总支请假,竟蒙允准(他人则不准,亦优待老年人之意)。但一二日后,宓 即加入人民代表及政协委员之视察团,在重庆近郊农村及人民公社视察,招待周到,食馔丰美。旋又(五月十九日至六月一日)赴成都参加省政协会议(宓为委员)。此句馀亦甚舒适,食馔丰美,端阳节尤得尝"昔日极平常,而近年梦想不见"之菜肴糕点等。……宓幸以年老(六十七岁),得享受本校对<u>老教授</u>之照顾,如小灶伙食,分与油、糖、<u>每月一斤</u> 生菜、糕点等,尤其是得免下乡参加农业劳动,又得免挑运煤炭(由山,到校内)等重役,否则不知如何得过。

另一方面,宓已明白,如宓等之<u>老教授</u>现已到逐渐退休之期,即是弃置不用。如1960四月,中文系忽提升三四年级(党员)<u>学生</u>二十一名为<u>助教</u>,命其担任教课及各教研组领导之工作。而<u>老教授</u>及<u>中年教授</u>今后之教课将更减少,其知识与学问将无所用,其所应做之事,不外(1)政治学习,思想改造。(2)充当省政协委员等。(3)参加会议,拥护政策。指校内、系内。(4)遇年节或某运动之出现,则作旧诗、旧词,以为庆祝或表示拥护。此类诗词宓奉 令所作者已甚多矣。此次改发工作证,已取消教授、讲师等名目,宓等一律称为"教师"。<u>老教授</u>之高薪,暂不减削,但迫劝其多交储蓄、公债,如宓月薪265而实领得不到100(九十几元)。……凡此,宓皆欣然承受,决无丝毫不满。宓1956捐助本校西文书籍近1000册,可值人民币15000元,假设作为学校购买此一批书,而每月偿付宓书价100元,至宓死,决不能偿付清结。是则今者宓月得100元,即作为自己用自己钱可也。

宓近年已革除各种欲望,决不计较饮食,素仰 佛教,更不思肉食。……总之,宓在生活方面,乃至在工作方面,并无任何不满之感情及思想。能为享受优待之老教授,已是我之大幸。眼看多少友生,先后死去,或成<u>右派</u>,……我宁非今世极幸福之人,而一生最安乐快适者耶!老人难得是在健康(身体)、清明(神智)、安定(生活)快适(精神)中,无病而终。宓之寿终期,或者在1960(年七十岁)年,但天命亦不可知。宓惟一系心之事,即极知中国文字之美,文化之深厚,尤其儒家孔孟之教,乃救国救世之最良之药。惜乎,今人不知重视,不知利用,为至极可痛可惜者也。宓生死一切随缘,惟(1)宓诗稿、日记、读书笔记若干册,欲得一人而付托之,只望其谨慎秘密保存,不给人看,不令众知,待过100年后,再取出给世人阅读,作为<u>史料</u>及<u>文学资料</u>,其价值自在也。如此之人,宓尚未得,恒念及 弟,不知 弟能为担任此职否?①（2）宓之 Humanism 西书,即 Babbitt 先生等名贤之著作,宓尚珍存,不知捐与何校何图书馆为宜,或托某人保管传后。……此二事(尤其前者)恒来往于宓心中。……弟务乞注意:关懿娴只是催迫宓进步,故切勿以 宓 之真情令其得知。此信亦勿示友生——除非其人决不为<u>犹大</u>。据陈寅恪兄来函,言:钱锺书君每次来信(上寅恪)必提及宓,报告宓之情形,云云。若钱君真爱宓敬宓,可以此函示之。温德与郑桐荪(之蕃)②有信来,不久即另复。

（来函仍写中文系……）

1960 八月二十二晚　宓书

---

① 据1960年9月12日《吴宓日记》,作者接李赋宁8月29日莫干山复函,婉词明白谢绝作者身后欲以诗稿及日记等付托其保管之议。详见是日日记。(《吴宓日记续编》第4册,420页,三联书店2006年出版。)

② 郑之蕃(1887—1963),字桐荪,江苏吴江人。久任清华大学算学系教授兼系主任,1952年院系调整后任教北大。作者之诗友。

## 八

赋宁仁弟及述华夫人近好！星①乖爽！

1961年九月在京，承　贤伉俪热诚接待，供给丰美，又承　弟陪导来往，亲切周到，宓欣感万分。同时，诸友生旧好，亦皆殷殷厚谊，话旧赆行，如学熙、懿娴等，尤所感荷。……别后半年，迄无一字报谢，乃承先施，近接奉1962四月一日　手书，且喜且愧。兹先简述鄙况。别后，至西安，亦停留一星期，曾回泾阳安吴堡故里，谒　仲旗公墓，观宓出生之故宅。分与农民五六家合住，房屋门窗完好。又由高元白君<sub>中文系主任</sub>邀住陕西师范大学三日，并与中文系教师谈话，又对中文系学生演讲。该大学且有留宓之意，宓感谢，仍决留此间。……随即乘火车直回重庆。中秋之前夕抵西南师范学院，中秋之次晨即上课。

本学年宓授青年教师（脱产）进修班　初办，一年级。英语及文言文导读课二门，各四小时，共八小时，宓即欣然从事，仍用全力——缘自1957、1958以来，老教师如宓等，所得之"照顾甚好，而使用不足"，每以"尸位素餐"为憾。自1958冬调入中文系后，为外国文学教研组主任。1959至1960年，与青年助教钱安琪君　党员　合授中文系四年级（学生二百六十人）三年级（学生一百七十人）之外国文学课（宓任三分之二）。每周九小时，编成讲义二十馀章，自信观点、立场、材料皆无大错。兹附上一页，可见一斑。乃1960四月停课，又来教学改革，宓等复受"批判"。此时学生编写讲义，宓等随同"学习"而已。本校院党委及中文系党支对宓礼貌有加，"照顾"如分给食物等　优厚，但中文系主

---

① 李星（1956—　），陕西蒲城人。李赋宁之子。清华大学毕业留美，费城德雷克赛尔大学电子工程博士。现任清华大学电子工程系教授、博士生导师。

任,管功课者,则未能用宓之才学及热心,而每厄抑之,不使宓久于其课。1960年九月,外国文学教研组取消,附入现代文学。宓调入古典文学教研组,授命讲授中文系三年级古典作品选读,内容为魏晋诗。十一月,添设一年级文言文导读课,调宓主讲,十二月(以宓为不胜任)加调老教师宗真甫①与宓协同讲授。1961一月初,更将宓及宗君皆斥出,改调一位中学教师来续讲。是年下学期(1961春夏),命宓等作古典文学作品注释,宓所任为黄遵宪等人之诗加注。宓半年中,注成黄诗十五篇,可成一小书,又零碎注其他明清人之诗若干篇。其稿半被采用,半被中文系办公室及任课之教师遗失!

经过此年馀之簸荡后,1961九、十月,得授进修班(由教务处管,不属中文系)之两门课,宓视为"光荣""重视"而甚欣快,故以全力赴之。半年以来,成绩尚好,编成讲义及图表若干件。另一方面,宓1961出游各地时,身体健康极好,然暑中蓄积于内之热毒,经久发出。十二月中旬,左肩后,生痈,如鸡蛋大。十二月十五日入西南医院,军医大学附属医院。经本校党委特别介绍,派员专车送往,得其优待重视。未动手术,服土霉素丸而愈。但第一痈消后,出脓结甲 第二三痈续出,在其附近,但愈来愈小。第三痈全愈后,乃于1962一月二十三日回到西南师院本校。在西南医院之四十天中,不做事(但读《史记》等书),休息,而膳食营养极丰美。故出院时宓较前略肥,身体健康精力皆比1961好。回校后,又值一般食物较前丰多,饭食改良,再加高级知识分子发给副食品供应券小册,每月得黄豆、挂面、鸡蛋、肉、糖等(纸烟,宓不取),且自1961五六月以来,宓即自购 校内教职员家人中养鸡,得卵,相让。鸡卵每枚一元二三角自食。故近半年来身

---

① 宗真甫(1889—1974),河北沙河人。北京大学哲学系肄业,留学法国和苏联莫斯科东方大学。时任西南师院中文系教授。

体健康精力皆较前更好。至于粮票,前数年宓每月23斤,已足矣。1962年一月起,改为25斤,对宓且有馀矣。诸事有邹开桂 略如清华时之校工吴延增,而所办之事更多、更得力。为宓办理,其人有才、周到、尽心,故宓在此之生活, 弟等及诸友生均不必忧,粮票更是"不愁不足",切勿赐寄也。然而,"热毒"恐未尽,小痈续出,一个去后一个来——回校后,自1962二月初至四月初,第四痈……至第十一痈,共出了七痈,但每次愈来愈小,由左肩后移至左肩前,再移至右肩,再移至左颊,再移至右颊,最后(第十一痈)移至脑后正中。……以上皆已好,每次皆在本校卫生科由某女医治疗,敷药软化,出脓,结甲,每痈约七至九日而愈。同时,注射土霉素油针,痈出后,亦无痛苦。宓听其自然,但就医治疗,又多多洗浴,从未缺课或停止工作,即各种学习、会议亦从未缺席也。宓又识中医吴适均先生,为宓配制小黑丝药,又配大黑丸药,自三月初起,每日不断服之,似有效。第十痈与第十一痈之间,隔旬日未出痈;今第十一痈之后,已一周,第十二痈尚未出也。若从此渐疏,益少,或可止乎。总之,痈不足忧, 弟等可放心。吴医谓"宓身体极健全,惟肺弱,故近来行步速或上坡,则不免喘",诚是。忆昔1958九月,宓在历史系参加"民兵"训练,尚能与该系全体教师在操场跑步,能迅速走上123层石级,今则皆不能矣。牙齿亦续脱落。

宓老年心境平和,乐天知命,对人有恩无怨,在此与各方面关系均好。北碚为山水窟,风景极美,宓之全部日记、稿件、应用书籍、珍贵书籍(如近贤诗集等)皆在手边,不易搬动。而宓之西洋文学书籍约1000本,捐赠与西南师院者,宓亦可借读,故宓决愿终老此地。若身体好,积得旅费,以后逢暑假,仍可再出,到京沪粤陕鄂各地,与知友及家人 心一、学淑等 晤叙也。宓惟一特性,即是大事小事,皆负责而又热心,故对西南师院中文系主任之"不让宓授课"心中不满,如上所述。彼对宓之阻厄,不止以上所言。本年宓授进修班文言文课,中有中文系之助教七人。乃上课后只十天,彼勒令此七助教退出宓班,而另派中文系一位老教师专教之。既而又一再改换其教师。一也。今年三月,中文系AB两青年女助教(已在授课)愿到宓之文言文班上旁听,据其所言,听后则甚喜宓所讲中国文字、文学之常识,……甫二周,彼主任知之,勒令其退出。二也。又宓作文,抑不发表。但若宓亦不如一般老年教师,我乐得"尸位素餐",不授课而领厚薪,受肉、糖等,我乐得休息闲游,或乘暇自己从事个人著作,岂不更好耶?……宓 倘如此想,则亦无所谓"不满"矣。是故宓乐居蜀,并不思迁地改校, 弟等爱宓,可多多通信叙情 赐教,但不必设法帮助宓 转职到北京或上海、西安、广州也。

老教师多年来,只成为学习、改造、批判、斗争之材料、对象,继则"供养、照顾而不使用",给我肉、糖、酒而不许我教课,又不许一切学生、助教去访见老教师。……今则反是:上年教进修班8小时,今年更分配给专业进修学员,使平生热心负责之宓,得此机会,异常愉快。故教课虽多,乐此不疲。虽14小时,加辅导,又加诸多助教、学生频频来舍请问、求讲、求答(略似在昆明之情形),宓 遂成为甚劳忙之人,亦觉疲累,然以愉快,故健康,且饮食营养较前更丰,故 宓 健康比1961似更好也。

宓有"神秘的想法"见《五十生日诗》以1963为 宓 又一大关(crisis):1963或即寿终,死去;必须待至1963年十二月三十一晚,方可断定宓言有理无理。若得过1963,则将于1970辞世,不能再延矣。宓初意,即殁于北碚,葬于北碚峡口之山巅(公墓),山水、烟云、风景至美。但1961九月十五日,在故乡安吴堡城外,祖坟(作为风景区,备外人参观,特令"保存")。父墓(在农田中,农民特许立一石碑,甚小)。忽动乡土之思,他日葬于先人墓侧。……适陕西师大1962秋正式发文向西南师院 调聘宓到该校,高元白君甚殷切盼望、劝驾,故宓已答应回陕。但以(1)

西南师院正倚畀甚殷,不好自请离去。(2)安土重迁,在此生活一切甚舒适,已习惯,搬家多损失,费力费事。故拟1964再移往陕师大,而1963年中,可到陕师大短期讲学。将来如何变改,容再告。此事先勿告人知。……北京之好处,不待言说,宓亦深知详知。但宓早已决定:无论如何,不长居北京,不在北京工作。理由:(1)首都政治空气太浓,人事太繁。(2)宓最怕被命追随冯、朱、贺三公,成为"职业改造家",须不断地发表文章,批判自己之过去,斥骂我平生最敬爱之师友。宁投嘉陵江而死,不愿……＊去秋,贺公招宴漪澜堂,即明言"留宓多住,细谈思想改造"。(3)友朋中,如钱学熙,如关懿娴,……近年督责宓改造最力。故宓久居京,反与友生睽违,即吾弟亦恐有困难。(4)北大教授,如弟与王佐良、杨周翰等诸公,不但马列主义学习好,且近年留学英美归来,其西洋语言文学之知识、学问,其生动精彩之文笔、著作,远非宓能及,宓已 Old & Justed,宓来北大,成为无用之人,有如一位贫穷的老姑太太,回到贾府,受王熙凤等之……。弟虽爱宓,今宓真来到北大西语系,则安排宓的教课,必成为弟之难题。……弟能觉得宓昔年之全面力倡世界文学史之计划之好,在清华有微功,即已深感弟矣。(5)宓居北京,必常回忆到1925—1928宓在清华之事功(努力)、1933—1937宓在清华之生活,而自己甚痛苦。(6)家中人均进步,长年同居,反多心情上之阂碍与语言行动之不自由(服从党团之政令及思想,此则全国无异)。……则何如在西南师院(或陕师大)虽劳忙而却见重,又:公事以外,能同老少男女自己喜欢之人随意往还谈要,不亦乐乎?……以宁弟最仁厚,对宓最亲切,弟甚望宓能回到北京任教、工作,极是好意,即学昭亦极是好意。她猜不透宓怕她之理由,如《石头记》中之宝玉最怕人劝其"读书,上进,做官"也。故率陈其心情,至祈弟与述华夫人勿对任何人吐露为幸。又,此长信请勿示诸友生。但

看见每一位 例如珏良 时,可择取一部分之内容, 弟认为彼所喜闻乐知,而不致怨恨 宓 或来函斥责宓者,则告之,庶 宓 仍可保存对彼之情谊,而不致引祸及 宓,要要(以后宓 来信,亦照此,办)。

(一)上月,宓在此外国文学教学小组中,共讨论杨周翰、赵萝蕤等新编之外国文学教本,写一纸条,同人等,只取(三)(八)两条,宓力持(九)条,他们不懂,不赞成提出去。最后,他们主张:"全组之意见,只采(三)(八)条,但此稿全文可由 宓 直寄杨、赵作者参考"云。今寄上。请 弟再替 宓 考虑:(1)如可,则请将此稿交呈周翰、萝蕤参考,并致候。(2)如不可,则请 弟保存或寄回原稿。前几年谈到文艺复兴,一般仍写作人文主义;近二三年始混作人道主义。※许多教材,愈改愈坏,由于"读书少"故,也。

(三)①宓1956春将西洋文学书1000册,捐赠西南师院,今甚悔之(应捐与北京大学 ＝ 清华)。因此间无人读此一批书也。其中有许多重要有用之书( 如 DuBellay *Défense ef Illustration de la Langue Française*1549),如北大杨周翰等诸公,编译外国文学,尽可利用。先函宓,问,"有尤业书?"如有,可由北大图书馆向西南师院图书馆借阅,自己毫不费事也。

(四)上月心一大病,学昭来京侍疾,函云:王贯之已由科学院改任北京师范学校教师,云云——请示知该校确址。宓必即写信与贯之——望通知贯之。

以上四事,宁弟暇时赐办。 (完)

以上乃1962 四月某日,接到 弟四月一日 ∴惠书

---

① 收信人在(一)项下注有:"已办"。(三)(四)项下注有:"待办"。(二)项在办理时裁下交出,不存。

后急即作答所写。因事中辍,遂久弃置。……此下则是1962十月二十八日所写,拟今日赶写完毕,即发。

**赋宁仁弟及述华夫人续鉴:**

西南师院1962年毕业生,今日离校,分往各地就职。昨日夕晚,宓忙于写介绍信,其一则是介绍白屋诗人吴芳吉君(1925—1927西北大学与胡步川君同任教授)之孙女及婿(英语专业)来京工作者,将持宓之介绍片来谒贤伉俪。宓写介绍片时,因急忙纷乱,又因同时写记许多人之姓名,致将述华夫人之贵姓徐误写为唐。彼等领片去后,不到十分钟,宓即忆及自己之错,但已无法追回改正,特此请罪,伏乞恕宥。宓处存有1946年十月十一月弟在美赐函,又牛其新①受述华小姐之托,由南京寄宓(武汉大学)之贤伉俪订婚照相,英文函。今将以上三件寄上一阅,当有今昔之感(三件仍需寄还宓珍存)。

宓右颊曾生第十二小痈,然自此后(即五月初起),宓之痈未再出,似已全绝。惟左肩第一(大)痈之旧创口,其下仍存一黄豆大之硬块,时时发痒而已。1962七八两月暑假,天热,蚊盛,蠛蠓尤为患,人倦,一无所成,惟读旧书,自遣。

1962九月三日开学。本学年宓之工作如下:
青年教师进修班　英语(第二年)每周4小时(大班,亦只二十人)。
世界史　2小时。中文系外国文学专业进修教师二人;外语系

---

① 牛其新,生于1916年,河南许昌人。毕业于清华大学外语系。1949年参加中国人民解放军,任英语教员多年。1979年转业至中国科学出版社,任《中国科学》英文版编审。

英国文学专业进修教师一人;图画科艺术理论专业进修教师一人。

外国文学名著　4小时。中文系外国文学专业进修教师二人;外语系英国文学专业进修教师一人;图画科艺术理论专业进修教师一人。

英国文学史　2小时。Neilson & Thorndike *A History of Eng. Lit.*

英国文学名著　4小时 *Century Readings in Eng. Lit.*

以上两门只外语系英国文学专业进修教师一人。

中国文字·文学常识(宓上学年自编)　2小时　音乐系中国文学专业进修教师一人(私人讲授)。

以上计大班4,小班14,共18小时。自己结合安排,实际小班10,共14小时(每人之辅导在外)。

　　　　　　　　1962 四月某日……十月二十八日　宓上

## 九

赋宁仁弟　述华夫人、星等:

1961 九月宓在京极蒙　宠待,至深感念。又承　赋宁弟一再来函,而以教课忙碌,竟未一复,罪歉奚似。宓原拟1963 七月来京,旋以陕师大 中文系主任高元白君主动 邀宓往讲学之约,由1963 九十月,改为1963 十一、十二月,故宓遂不得不留渝磁度炎夏,又不得不赴成都四川省政协会议 出席 (1963 八月十九日至九月十一日)。回渝磁后仍炎热,而既已开学,随即上课。

1961 迄今,宓皆授进修班之英语连续三年。世界史一年,已完。文言文导读 一年,已完。外国文学(实世界文学名著)等课;又由1962起,加授培养英国文学史专业之"助手"全面培养。江家骏党员,助教。之拉丁文、法文、德文及英国文学史、英国文学名著各课,前年8小时;

去年16小时;今年11小时。故甚忙碌。幸健好,足支持。今定1963十一月下旬往陕西师大讲学,1964一月二十日前后到京,住广宁伯街心一家中。过春节后,赶下学期开学回渝碚。故一切容到京面谈,详叙。宓七十生日,在成都开会中度过。兹附上宓小照10枚,乞留存,便中<sub>遇见其人时</sub>代为分送与相厚之友生,如珏良、Winter、关懿娴、田德望、吴达元、叶企孙、冯至、金克木……等,由 弟分别酹给。宓近年作诗甚少,1961出游无诗。1962迄今年馀未作一诗,"衰退"虚生而已。

北碚区,离本校七公里北温泉之四川省外语学院,本届毕业生蓝仁哲①<sub>四川资阳县人,团员,农家</sub>。是一优秀学生,自1962八月以来,常来从宓问学。其人聪明好学,而仁厚多情,故与宓甚相契。此次毕业后,由四川省外语学院留用为助教,期以二年后(1965)在该院开授英国文学史课程。此两年中(1963—1965),该院决定公费送蓝君至北京大学西语系学习。今一面由四川省外语学院以公文来与北京大学接洽,请求收录蓝仁哲在校肄业留学二年,专修英国文学史;一面则蓝君求宓写此私函向西语系冯至先生及 仁弟介绍,伏望对 学校极力主张准许蓝君入北大学习。在系中并不需费事,特为蓝君开课,只须将蓝君编入现在为本科、进修助教正在开讲之英国文学史及有关各课程,如莎士比亚、英国浪漫诗人、英诗选读、英国或西洋小说、欧洲文学史、拉丁文、Anglo-Saxon、Middle-English等。准令蓝君加入,随班听讲。以普通学生待遇。又准令其在图书馆读书,不过增加一名学生而已。对学校及教师均不增加负担,而造福于四川省外文教学甚大,何幸如之。至蓝君为宓私淑学

---

① 蓝仁哲(1940— ),四川资阳人。四川外语学院英文系毕业后留校任助教并进修,1978年留学加拿大多伦多大学,研习英美加文学,先后任四川外语学院教授、教务长、副院长。

生,宓介绍蓝君与 仁弟,望 弟助成其入学,并在英国文学史专业、学问修习之内容、方法加以指导。

四川省外语学院之英语教师(亦蓝君之师)王世垣者,在重庆大学1952毕业,分配来北京近郊中学任教时,宓 曾写信,介绍其来谒 仁弟及诸知友问学、求教。乃不到一年,1953年三月,王世垣因思念其未婚妻陈祖珍<u>今亦是外语学院之英文教师</u>。急欲回到重庆结婚,竟一一叩谒 弟及Winter诸先生,直说"我要回渝,缺乏旅费,求 先生赐助五元"。立时由各位先生处凑得三四十元乘车、船回渝结婚。到渝后,来谒,具以告宓。宓深责之,曰:"宓 写信,明言是介绍你问学、求教,并未求资助,何可凑求旅费。"……按王君为人甚孤僻,殊令 宓 失望。但今蓝君与王世垣异其性行,而宓介绍蓝君亦只限于助成其入学听讲,并英国文学史之专业指导。此外,如经济、事务等, 弟等可不烦心,亦无需旁助也。<u>去冬介绍吴泰瑶夫妇,亦曾作此声明。</u>欲言不尽,请容面叙。即祝

阖府康乐。

1963 九月十五日 宓上

若北大准许入学,自当用公文直复四川外语学院。吾弟复宓及蓝君函,均请直寄宓收拆,为幸。

十①

赋宁仁弟:

1963 九月二十九日 复示,早已奉悉。并将 冯至先生之意

---

① 此信写于1963年12月16日下午。

见,即"明年暑假前,通过学校正式手续,及早申请,谅有获准希望"。告知蓝君仁哲。蓝君并转达四川外语学院院系领导人,公私皆甚感激。明年该校决即遵照如此办理,届时仍恳　冯至先生及　周翰、赋宁仁弟在内力助其成,为幸。

今年九月宓写信与　弟时,有一种情形、有一点意思,宓匆遽未写入,实为缺憾。即蓝仁哲之来北大,虽名曰"进修",实不需　周翰　赋宁弟或任何一位教授,花费时间精力(additional, extra)给予特别指导,而只须就本学年西语系所正开之本科学生课(undergraduate courses)中,选定三、四、五门,如四年级英语、拉丁文、英国文学史、莎士比亚、英诗选读,甚至外系所开之西洋通史之类,代为选定数门,批准其学习。批准后,即令蓝仁哲随同本科三四年级学生(或进修生)随班上课,其平日考查成绩、学期学年大考等,概由各该课程之教师先生负责,照其馀之学生办理 而不烦名义上担任"指导"之　周翰或赋宁弟分神费力也。即是:蓝仁哲但求能在北大西语系作一高年级学生(三、四、五年级学生),住校读书(上课)一年,已足偿其所愿。盖四川外语学院不但无一门文学课程,其校中之师资图书均缺。倘宓早说明此层,则　弟等可较少顾虑。今特申明于此者,即明年1964 蓝仁哲由四川外语学院代为请求来北大"进修"时,　弟等仍请用此想法。蓝君到北大入学后,　弟等仍可用如此办法。宓深信随班上课办法,切实有效,比之个别指导指定几本书去读,每隔二三四星期,由导师考问一次。办法更好,而并非"专图省事"者也。　弟等以为如何?(请存此函,供明年参考。)

宓原定1963九十月,赴陕西师范大学讲学,故1963暑假未外出。七月底,接高元白系主任函,请求改期,遂改定为:1964年五六

月在陕西师大讲学。故宓今之计划行程①

## 十一

赋宁仁弟：

奉到 贺年片及1964一月八日 手书,感荷无既。即告知蓝君仁哲,使促四川外语学院早按手续进行。蒙 弟关怀,欲为宓进行清华英语教席,足见 弟爱宓之深,助宓之殷,今世无两,宓只有感恩之心,岂有不悦之意。但宓对吾 弟不能不尽布腹心,乞勿告知一般友生。即是：宓之根本态度是不愿长住北京。1946不肯随清华北上而投武大。1949又甘弃武大而远入西蜀。1950至1951,学昭传胡乔木等之雅意,宓即可调职回北京,而宓力却之。……总之,宓不是愁北京没有位置宓不得回来,而只怕北京有了甚好、极合宜之职务而宓不回京无所借口。故 弟若爱宓,恳照宓之心理、从宓之方向帮助宓。如是,则无论清华(工业)大学之普通英语,即使在北大,在西语系,在 弟与冯至、周翰之领导下,与Winter并肩,授英国文学史课,可谓极美,宓仍决不肯回京。……弟若究问理由,则已详述于1962四月某日致 弟书中,今不再重复。总之,宓喜欢并已

---

① 此信共两页。以上为第一页,内容至此中断。作者原有注："此信(第一页)祈 呈冯先生及周翰弟阅。以后由 宁弟保存,作参考。 此信(第二页)请广传给相熟友生轮流阅读。最后,仍交宁弟存。" 此信第二页可能在传阅中失落,收信人今仅存该信第一页。
又,作者在第一页边上书有附言：《活叶文选》收到,甚谢。但以后请不必再寄——因此类出版物,西南师院均全有。宓均知之,且读之。如珏良、佐良(二良)所注之英诗各篇,宓皆读到。今后只须来函提请宓注意某书某刊便足,宓可自寻读之也。 如遇有Long *Eng. Literature*或Long *Eng. & American Lit.* 请代购存。

习惯在北碚。只有"喜欢"可延长生命,不让我享受此一点儿的自由,则我即刻必心平气和地、颜色愉快地走入嘉陵江心深水处,了此一生矣。此非威胁,乃是真心。许宓留此,则偶尔回京相见,平日通信,固甚欢乐,固甚亲切,岂不好哉! ……舍此不谈。 弟既知宓之真心,则自必不为宓进行清华事矣。

郑之蕃先生去世,已闻刘兆吉①由京归碚说过,可哀悼! 高棣华处,宓日内即写信与她。

宓所教之进修班,即将全体下乡,参加农村社会主义教育运动,自二月二十日至四月十五日。在此期中,宓无课,故决出游。正在赶办一切。拟定:二月初离校。在武汉大学度春节。到广州看陈寅恪先生。1962 秋,入浴,滑倒,折断了右膝骨。宓至 1963 十月底,始知。三月十日到上海,住一个月。四月中旬,回校,授课。上海朋友招宓往游,情意殷切,煦良其一也。今年秋冬,宓身体健康精神特别好,故决乘此时出游。暑假或将来京,住心一处。至陕师大讲学之事,已推至下学年矣。

在此培养之英国文学史专业助手江家骏江津人,年三十六。是积极的共产党员,然能诗,喜欢旧文学,佩服宓,与宓甚投合。蓝仁哲亦是进步的团员、班长,与宓感情亦好。宓所教之进修班、所培养之助手,均在 1964 七月毕业。下学年,宓课甚少,甚轻。正可休息,自己随意读、随意作,岂可再教普通课而忙于事务乎?

1963 春夏,作成了《浮士德详注》。1963 冬,作成 Childe Harold 四卷之大纲及简要说明。(以上均中文,文言)。

---

① 刘兆吉(1931—2001),山东青州人。西南联合大学教育系毕业,时任西南师院教育系教授。

不尽、敬候　学安,述华夫人好！星侄好！并贺　全家年禧。

小兄　宓　复上　1964 元月二十四晚

## 十二

赋宁仁弟　述华夫人暨星侄,均好！

奉到六月二十一日　手书,欣感无任。今后赐书,可较草率,不必如此工整。在 1964 一月二十四日　宓　复　弟函中,曾拟寒假中即来京沪一游,已作好种种预备,且托人买了船票。旋因(i)宓忽患重伤风,流行性感冒。自二月五日至二十六日,卧床三星期;(ii)宓所教之进修班学员们下乡,作四清;原定四月底回校,宓可有八十日之闲暇。后缩短,改为三月下旬回校。兼此二因,宓出游遂作罢。三月一个月,宓自学西班牙文,又复习意大利文,略通而已。宓极想从　弟学习拉丁文。请待他年。

三月底开始授进修班课,凡三门,9 小时:(一)进修班第三年英语,学员八人。讲《国际共产主义总路线》之英译本,从学员之提议每周 2 小时,毫不费力。(二)外国文学名著选读 系中文系之进修课,学员三人。全读中文译本,如《红与黑》《悲惨世界》……《小酒店》《萌芽》……《玩偶之家》……《约翰·克利斯朵夫》《美国的悲剧》等。每周二次,共 4 小时。(三)英国文学史学员一人,即外语系助教江家骏,全读英文原本(及参考书)。每周 3 小时实则可多可少,随时会面讲谈。上期已读 Neilson & Thorndike 文学史(全) *Century Readings* 选篇完。本期原定读专书六七部,结果因江君公事系务忙碌,只读了一部,即 Fielding's *Tom Jones*,但是精读细读,且读了英文参考书,如 Thackeray *English Humorists*, Leslie Stephen *Eng. Lit. & Society in the 18th Century*①不少,结果作成(英文)论文一长篇(小册)。以上为宓之教学工作。

四月二十三日至五月四日,宓奉令,随同重庆市各高等学校教授共97人,由统战部组织领导赴綦江县各区 直抵贵州边境 下乡参观生产斗争、阶级斗争。宓为副团长。一正二副。重庆大学校长是一副团长,实际办事。宓只空名。回校后,复向全校教职员传达报告此行之收获,指定五六人发言,宓其一,略谓"参观后,乃知农村中之阶级斗争如此剧烈"。五月中旬、六月中旬,宓等极少数老教授兼民主人士 宓是"无党派民主人士"。奉命,至重庆市统战部聚聆周总理、陈副总理访问十四国之详情(在人代会上所讲者)之录音报告,毕,并参加讨论,轮流发言。此外,在一二月,学习了农村社会主义教育运动之两个文件。又六月份,教育部杨秀峰部长驻本校,以中文系为重点,进行教学改革运动。宓因只授进修班课,故只参加了院系各种会议、座谈,并听了各种报告、学习(费时不太多),而中文系编制教学计划及古典文学、外国文学教学大纲之繁重工作(两个月,每日上下午及晚,三班,甚劳苦),则幸免参加。最近七月份主要工作,为校阅进修学生 连江家骏共四人 之论文,本期以论文代考试。作出四人之学业评定,四人,此暑假皆毕业矣。报入成绩。皆"优"。一切已于七月二十日完结矣。

七月二十日暑假开始,九月一日下年开学。宓细细考虑之后,已决定:(一)暑假中,不外出,留校休息。(二)下期开学后,将所指导之助教或进修生之课业布置完妥,且上课二三周,一切已入了正轨,然后让他们自学,而宓请假两月(约九月二十日至十一月二十日)出游。路线如下:重庆→上海 次女学文,在北京就医,九月底由京回厦

---

① 萨克雷的《英国幽默作家》。英国评论家斯蒂芬(1832—1904)的《十八世纪英国文学与社会》。

门去,可在上海与宓会见。→广州→武汉→北京 约十月后半月在北京→西安陕西师大仍约讲学半月,是应酬(前约)之意,宓拟不讲,但在该校住若干日,会友。→成都→重庆。所以如此决定者,因(一)暑假极热,宓在校内之住室,却甚凉。不宜奔波,且一月之期,不足周游。(二)请假外出,实际无损于课业,目前情形,对老教师,似重在学习、改造、参观、开会、座谈,而不重在教课与传授学问。宓亦明白。故不再热心请求教课,安于"休养"为宜。若论英文,英语真好之人才,极多,而不肯聘用,奈何!我辈只应默守,不可妄为举荐。(例如:周叔娴女士,珏良之"五姐"。宓曾聘到武大一年。精通英文英语,作有英文 Sonnets 一册。又如北京之熊鼎女士 Rose,金岳霖甚熟,温德等皆识之。精通英、德、法、意语,皆赋闲家居云。又闻京中正求通意大利文者,何不用田德望,其次李唐晏?)……尊论应读十八、十九世纪英文等,极是。(联大翻印之)*Great English Prose Writers* 确是好书。宓在武大,又翻印一次,而曾规定:二年级,读十八世纪;三年级,读十九世纪;四年级,读十七世纪。此一本书,可足二、三、四年级英国散文课之用。

今之上下,在学术上,十之九皆错误,不足道也。经济建设,确是办得极好,可称。(又,在本校,甚至在四川,英文最好者,宓认为是凌道新①,其人,籍镇江,生长天津,学于英华书院及燕京大学,宓与寅恪之学生。久在 *Millard's Review* 投稿。……其中文诗亦甚好。不幸凌是右派,尚未揭帽。故在图书馆作一小职员,而无人敢提议请其教英文。反之,本校下年大增英文新生,于是外语系今决在三四年级学生中,选拔若干人,提前毕业,试用为助教。今秋命其教下年之一年级新生,此非粗制

---

① 凌道新(1921—1974),江苏镇江人。燕京大学新闻系毕业。曾任《工商导报》翻译、成都中华基督教青年会干事。1949年后,任教于华西大学、四川大学外文系及华西协合中学。1952年"院系调整",调至重庆西南师范学院历史系。1957年被划为右派。"文化大革命"中被迫害致死。

滥造乎？另一方面，各系有许多留美学生、老教授，无课可教，而却不调来教英语，则以系与系之界限甚严，无人敢冲破也。）此次教学改革，惟重革命化 ═ 阶级斗争，老教授如宓者，只宜安心颐养，不敢"太热心"与"多努力"矣。……俟见面时详谈。宓所言是否错误，均勿语人，亦不需写信纠正（见面，再纠正）。尊注 Johnson *Lives of the English Poets* 宓早已读过，甚赞佩；对珏良等所注之 Shelley, Keats 诗篇，宓亦早读，且存有一份（不须　赐寄）。去年宓　函荐之蓝仁哲君，欲来北大续学者，今已不能来，故请　弟勿再置念。蓝君留在其母校（四川外语学院）进修英国文学史一年，满，下年则命教普通课。按该学院距此只八公里，有汽车不断往来，蓝君欲来西师，从宓学，可来此上课，课毕回该校食住。宓正教江家骏进修英国文学史，此一年中，正可合班，——而该院不许，命该院某教授指导蓝君，而不送来西师从　宓　学。又四川大学可以招收英国文学、外国文学研究生，而西师则否。虽有宓在，又有宓之大部分捐赠之书籍，亦无所用之。宓　授外国文学课、批阅诸学员之论文，亦皆按马列主义及阶级观点而为之，惟对江家骏，乃指示其读旧日名著。不知 Winter 君教课是否需如此？两次承告　高棣华关怀　宓　及其地址，后六月初一日高棣华自己又有信来，此后一二日内，必即作复（宓平日应写之信太多，堆积，甚歉）。

今另有目前之一小事奉渎：有张宗芬女士者，西南师范学院图书馆之职员，宓与相识十馀年，甚熟。最近伊来京，会晤其丈夫岳五六。因张女士生平未到过北京，求宓介绍友生指助伊参观。宓亦不愿且不敢在暑天太麻烦知友，故只写一片，介绍伊拜访　贤伉俪。伊持　宓　片来时，祈　宁弟或　述华夫人赐予接见，随即委派一人（星侄或其他少年）领导伊至北大图书馆参观，又在校内（旧燕京大学范围）浏览一周即完事。——伊又要参观清华图书馆及游览清华校舍,此则太远矣。如 尊处能有便人,委派其引导伊至清华,则请为之,否则只看北大,不管清华,可也。伊之参观图书馆,只是大概看看,并非考察、学习,故未持带西南师院正式介函。今先叙详情,俾张宗芬女士来时, 贤伉俪知所应付。既欲求 贤伉俪成全指助,又不要过度费心费力,则幸甚矣。

本年阴历五月初四日,为心一七十寿辰,贯之曾往祝贺,学文、学淑现皆在广宁伯街,宓只能秋天来京,理由见上,早已函知心一及学淑等矣。珏良、贯之均有信来,均久未复,不日当专复。郑侨何在?凡宓之友生,见时便祈 代为致候,并说"因忙,未复信,甚歉"之意。不尽,即祝

俪 安。

1964 七月二十六日　宓 上

## 十三①

赋宁仁弟:

上月曾寄长函,内述 1966 九月初至今 宓在此 之情况。该长函请即保留在 弟处,暂时 勿寄还宓,亦无须多示人。近清理多年中堆积函件,十之九毁弃,择最要者另存。中有 弟一函,附上。

弟可一阅,谅不无今昔之感。1944 至 1946 弟在昆明为宓办事,写信最多,今均不存,但重读一遍,深感 弟之勤劳矣。馀另详。

---

① 此短简书于小纸片上,无落款及书写日期,从信封邮戳看,此信于 1967 年 5 月 12 日付邮。

## 十四①

赋宁仁弟,述华夫人,星侄,康乐。

　　此函祈　赋宁仁弟读后,即邮寄城内(西城)广宁伯街四号陈心一先生收阅。(来函仍写:"重庆市北碚区西南师范学院吴宓先生"即妥。勿写"中文系",免得转折、耽延。加写"文化村一舍"更好。)

1967 六月十一日夕晚　宓书上

---

① 此函收信人读后已转出,今不存。

# 致周汝昌①

汝昌先生：

赐诗及《红楼梦新证》一部，均奉到，拜领，欣感无任。恒于道新仁弟处得悉　雅况，曷胜神驰；寒假切盼来渝碚一游，藉获畅叙并资切磋，兹不赘叙。赐诗甚为　光宠，和诗祈稍假时日，定必作出，来时请带　锦册，当题写于上。未奉颁　赐以前，已读《红楼梦新证》一过，考证精详，用力勤劬，叹观止矣。佩甚，佩甚。宓不能考据，仅于1939撰英文一篇，1942译为《石头记评赞》，登《旅行杂志》十六卷十一期（1942年11月），自亦无存。近蒙周辅成君以所存剪寄，今呈　教，（他日祈　带还）。此外有1945在成都燕京大学之讲稿，论宝、黛、晴、袭、鹃、妙、凤、探各人之文若干篇，曾登成都小杂志，容检出后续呈，但皆用《红楼梦》讲人生哲学，是评论道德，而无补于本书之研究也。其他所知有关《红楼梦》之时人文字，容后面谈。惟王季真应作王际真，其人与宓相识，济南农家子，清华1923级校友，一向居美国，仅1929夏回国，在京与宓晤谈二三次，当时宓曾在《大公报·文副》中，介绍其人与其书②。……宓《诗集》蒙　赐读，甚感。若京中　故妻　处尚有存，容函询托　必当另以一部奉　赠。屡承　索寅恪兄与宓抗战期中之诗，容后时时钞上，

---

①　周汝昌（1918—　），天津人。燕京大学毕业，为中文系研究生。曾任人民文学出版社古典文学编辑，中国艺术研究院研究员兼顾问。

②　指吴宓所撰《王际真英译节本〈红楼梦〉述评》，刊于1929年6月17日出版之天津《大公报·文学副刊》第75期。

久迟为罪。兹寄上(一)"五十生日诗",奉赠,祈留存;(二)"梦觉"等诗四页,系在成都燕京时所印,只此一份,故望带还。诸诗皆"思想改造"以前之作,幸恕其愚妄,而勿罪焉。书不尽意,即颂

文安。

弟 吴宓顿首<br>1953 十二月二日

《谭艺录》承示,与《馀生随笔》有关,又与宓《诗集》中如卷十三 17 页亦有关,特默存博学,非宓所可及耳。

## 致柳诒徵

翼谋先生：

　　于　先生敬爱至极，而久不通书奉候。仅借穆济波兄平日书函中，代述　鄙事，代达微忱，歉甚，罪甚。正如1944十一月，由重大往磻溪，失路厄时，而未得叩谒亲聆道论也。

　　济波五月底函宓，告行程。宓以事忙课逼，亦由微懒，迟至六月十四日始作长函寄去，该函逐一介绍、指示济波在宁、沪、京、西安、成都所可见之人，所应说之话、应办之事，甚详且备。济波曰，上海之柳翼谋先生、北京之汤锡予先生，为此行最欲见而定必访谒者。而上海之潘伯鹰兄、北京之陈心一故妻，则宓所介绍，而望济波与之倾谈者也。今该信既遭退回，济波先期二日即发。而宓又不记省上海文物保管会地址，故特恳　潘伯鹰兄转上，祈　先生速以宓原函面交穆济波兄拆阅，并介　伯鹰与济波晤谈。若济波已离沪北上，则祈以该函邮寄北京北京大学副校长汤用彤先生收下，留交穆济波先生。为要。宓近年与济波极亲厚，所异者，济波热心改造，宓虽刊文自责忏，内心仍完全是《学衡》初刊时之思想耳。

　　　　　　　　　　　　　　　　　　后学　吴宓拜上
　　　　　　　　　　　　　（1954年六月二十一日，四川北碚，西南师范学院）

# 致黄有敏

一

恽生贤兄：

日前由□月波钞示□三诗，"一生心折弇州诗"，我亦对□君心折。继由□月波转寄元月十八日□赐诗，词意精到。每联愈益劲上，讽诵欣佩无已。即依原韵①和答一道，并注其人与事，心存之可也。

灵光枢斗海之南，不屈威尊信美谈。义宁陈寅恪先生（庚寅生），戊子冬，由京移教广州岭南大学，地在珠江之南岸。海珠岛在江中，有桥连南北岸（故首句亦作"海珠南"，乞□定）。解放后，并入中山大学，仍旧居。寅恪先生之学问，今中国第一人，而道行尤高。宓已四年未通书问。友告，前年推选为全国政协委员，又科学院史学部主领人，当局一再派人敦请赴京，俾外国学者之来京者，可得请教，以为国光。寅恪先生曰："须毛主席与刘少奇先生亲笔，保证某到京不出席会议，不学习马列主义，不经过思想改造，某方肯来京"。已而毛主席竟亲笔书柬保证云云，曰，"我

---

① 指黄有敏1957年元月18日书赠吴宓七律一章，原诗为：巍然一老挺西南，恍记席前浃笑谈。谬许法门参不二，深知世事等朝三。微言鲁叟天将丧，寒日虞渊意自甘。蠹朽萤枯期化碧，人间未必少奇男。

便可代表刘少奇同志了"。然寅恪卒未赴京。去年初春,刘文典过渝,欲宓往说寅恪先生北上。宓婉辞谢却之。寅恪先生所著书,已予再版,内容形式均未改动。①

**知己汉川存友一**,汉川徐澄宇(英)居沪,甲午冬曾通函,赠宓诗五古五首,畅言所志。宓当时有"得一知己,可以无恨"之感,复书录古人诗代明己意。**无双江夏共君三**。此黄生指恽生言,合以上二君,得恽生而三也。※宓在武汉时,少年诗友,惟金蜜公与宓最契,诗函往还亦最密,辛卯后,蜜公多作"新诗",并督促宓改造,自是遂疏,终绝。次则月波,情谊永保。然其近诗"武灵骑射能雄赵,变夏由来也未妨"。宓心疑之。武灵仅新其军事战术,非尽革文字、学术、教化也。

**传经舜水身能洁**,同学老友杨宗翰,昔任北京师大外文系主任多年,通拉丁文。庚寅夏,忽弃家室,不告而去。后知其在西德教授中国文学。或云今在港。北京当局亦谓其人"政治无关系,思想难改造"故去耳。　**簪笔梅村仕岂甘**。宓思想改造后,在西南师范学院,讲授世界古代史。近年让青年教师教课,宓仍为教研组主任,以其甘自"降志辱身"之故,礼遇甚优。乙未春,命为四川省政协委员。会中,并出题《批判我〈红楼梦〉演讲中的错误》命发言。丙申冬,增薪,宓列二级265元。以宓为"全国性教授"故崇之,而盼其起"带头作用"。本校二级只二人。前日敬老会,宓发言(二次敦促)中曾明言,宓不赞成文字

---

① 此句诗注某些内容系据传闻,不尽可信。

改革及简体字等(颇有人表示赞同,私来握手道意)。次日登报,则只云"宓自称,解放后,身愈健,心愈愉快",而略其馀。……老友穆济波,前数年调入教师进修部(政治思想改造),以勇于表现(且以旧诗为表现)之故,得任四川省图书馆副馆长。前年宓偶道及以梅村自拟(自责自伤)之意,穆君乃大责难,曰,恶是何言也。宓憬然,不敢再以诗示穆君,亦不敢再提及梅村诗人矣。

**医可活人**武进唐玉虬,诗人。其诗宓曾刊布于丁亥年之《武汉日报》。与宓同庚。今以医自养,颇见重(治效)。**伶可隐**,合肥胡蘋秋,诗人。惊才绝艳。辛卯冬,宓寄诗与君,竟泄于外,陷君缧绁中,久不知其生死。丙申春遇,知年来在成都京剧院演戏。**绿珠关盼胜庸男**。三反,思想改造,去年肃反,大率清白负气者,多坠楼服药而死。平夷冲澹者,得隐居乡校,依戚友以活。而罪恶重重,善于表现者,或反获荣宠而高任厚薪,有之矣。(《论语》云,"作者七人矣"。此诗所列者七人,不能遍举也。)

又,奉赠　君一律,殊浅俚:

临江万马议存文,闳识孤怀迥出群。
不死便当随改造,有灵何忍弃前闻。
自惭苟活名为累,谁信右交—作同心道亦分。学衡社友某君,早年志坚同道,近寓书以"君中而时中""与时偕行"之义相规,宓婉答之。近年以故(伶可隐注)甚少与友通信,反少烦恼。
遗稿已愁艰付托,苍茫天地最思君。

右诗(去注)当另由宓钞示月波，尊处不必寄示。以后通信不可多,寄诗可杂古贤诗多首中,易其一首,而嵌入之。如钞古书,备查考,庶几无由耳。宓此次犯戒矣。不尽,祝岁福。

宓顿首
1957元月二十九晨

二

恽生贤兄：

二月十三日诗函,奉悉。承示尊况,知急需百元可以周转。还与不还,与还之迟早,均不成问题,惟宓目前适处困难。缘宓平日长期担负亲友之费用甚多,大率皆由土改而致贫病孤寡者,或如亡友吴碧柳 芳吉 之二子,则皆为中学教师,而各有子女六人,宓月助二十元,与尊况略同。故每月所入到手辄尽。兰芳去岁殁后,初尚不免借支,迨年底增薪补发,多得之款又为友治宿疾,或借与本校同事,致此时宓只有三十元,饭食而外,不日以省政协开会赴成都,又添必要之费用。

凡此皆系实情,非在身旁熟知其生活行事者殆莫能信。而以在本校薪级最高之故,(一)如公债 本年已认购五百元 等必须为人表率。(二)不便向同人乞贷或向学校再借支。以此对尊需,拟如下办理：

(甲)三月十日发薪后,即日邮汇上一百元整。省政协开会归来或稍迟。但当预先写具汇信,托人代领薪即交汇,不误期。

(乙)今日即以航函告西安舍妹吴须曼,如给舍侄①之五十元尚未

---

① 作者以堂弟吴协曼时在海外,音信不通,对其子学忠予以关照。

动用,即用航函汇上　尊处,俾早交纳本期子女学费。如(乙)能办到,则(甲)只汇上五十元,而以五十元还补 舍侄 之项。

兄得此函,空言不能解救急厄,但若能据此设法乞求两旬馀之通融挪借,以候(甲)款之来,解除积债。而若(乙)竟办到,则更好。至于还之问题,　兄何时有力(年底亦好,必不能,可再延)一次赐还为便,毋取严急也。宓自解放又1950丧　父以后,对自己之生命不作计划安排,故未有分文积储,去春以西书近千册捐赠本校,值至少15000元,而自己每致拮据,虽愚而不自悲,以宓幸而诸多有学与有志之友生甚不幸也。

不尽,候安。

弟　吴宓顿首<br>1957 二月二十一日

三①

有敏先生:

兹遵家兄命,汇上五十元整备用。收到后,请径复告家兄雨僧可也。此致
敬　礼

吴须曼　上<br>1957年二月西安省人民图书馆

---

① 此系吴宓代堂妹吴须曼所书致黄有敏之便笺。

# 致吴须曼①

（此间下放之教职员,在乡村,亦同样劳苦,且与农民每日食粥三次,恒不得饱。但教职员 除右派外 可以私自外出至碴加餐）。而宓近来之劳忙气苦实为多年所未有。此次全国大跃进,成绩虽佳,但对于许多人直是逼命,宓犹是全国人中最幸运者耳。盖自五月八日起,预计至七月底止,我们即在整风运动之第三(将至第四)阶段中。宓属历史系单位,每天上午7:40至12:10,又下午(午眠后)3:00至5:30,又晚8:00至10:30,开会(或全系教职员,或小组座谈)三次,发言,学习。其间又有上午10:30前后之体操,夕5:30至6:00之文娱(唱歌),均须集体参加,并出场(登台)表演。星期日亦不放假,不休息。偶有一二次星期日下午或某日晚间不开会,但必另派有工作,如写报告、检查、论文等,在家赶作。总之,不给休息,只要赶速。

至其经过,第一段"交心"运动,要宓等直言无隐,且加以褒奖。但自五月二十二日起,学生(受上峰指使)接连以大字报攻击教职员。亦严厉责问宓:(1)为何称党为"继母",为何"怕党"？(2)1957五六月间,鸣放之内容,有无"反党反社会主义"之言论？(3)1957年中,与本校右派分子(教职员)来往之事实、心情、经过,须详细交代(供出)。(4)宓所作"反动诗",已被发现,须全部交出。(5)宓为何不赞成简体字、反对"文字改革"？(6)当此大跃进之时,

---

① 此为作者1958年7月15日致吴须曼并请转诸亲友传阅之书,原信于"文革"中被查抄后遭毁损,内容不全,且缺上下款。

宓何反说"想1960年退休"?……宓费十日夜之力,写出二三万字之详细材料,尤其对(3)(4)两项,全部据实叙述,于五月三十一日交入。又作文二三篇(并先在小组会上讲出)对以上(1)(2)(5)(6)作了说明并答复。如(1)改称党曰"我的生母,只有感激,决无惧怕";又如(6)"以后永远听从分配工作,决不再说退休",……以上于六月三日交入史系党支书(即管辖 我们 之人),此一段便算过去了(幸未得祸)。

六月初起,一方面检查自己教课、办事及生活中之错误(自己暴露,互相揭发),一面又命写大字报。规定"历史系教职员,每人须写足1000张,限于五天内,写出500张"。同时,尚有半天开会。宓 尽力赶写,五天内只写出200张。又三天,写到274张,——忽然又命作其他之事,大字报便停止,不再写(大家都未写完),但全校已写出360万张大字报(学生通夜不眠,最多者,一昼夜写622张!)。

在写大字报最紧张之时,即六月十三日,上午 我们 集体到乡下参观。大雨,去由马路,回来则命走小路。山坡上下曲折,窄陡泥滑,极难走(宓幸得壮年同事扶掖而过,未跌倒。而教育系主任则滑倒,养伤请假一星期),宓 愤甚,不能忍,于是对空中大骂,用陕西乡人粗俗之语言。……次日,有女同志四人、男同志二人,出大字报责斥宓,并疑宓为有意辱骂前行引路之某女同志(实在不是)。该大字报两份,一贴历史系楼外,一贴全校员工食堂门口。于是全校皆知。宓 六月十四夕,即在会中自己作了检查认罪,表示痛悔。然大字报仍不揭去。直到六月十九日,宓 写了大字报,呈党支书审查。批准后,写了两份,在同一地方贴出,又过了多少天,原大字报方才揭去。……

学生(中文系、历史系)责 宓 教课之错误,写给 宓 之大字报许多册,堆叠之,比宓之身躯犹高。宓尽力看了许多天,亦只看了一小部分。根据其所责宓者,作成文章,在大小会上作了检查(自责),大体已经过了关。

今晚免去系中开会,就是要在家写成最后之检查稿。宓乘今晚能在家,先为　妹写此信。　妹应知宓之劳忙,并请存此信,他日与诸亲友阅读,免得宓再写一遍之劳苦。……

此外,中文系、历史系又皆开了教学改革展览会,将宓等每一教师,画成连环画,并加说明,指出宓等之"封建思想、资产阶级个人主义,……教课之不负责,阶级观点及立场之错误。……马列主义学习不足,材料多,批判少。……毒害了学生,对不起人民"。并展览了宓的"反动诗"四首。又将此类材料,放大画图,放大字迹说明,贴在纸架上或壁屏上,在食堂外,全校中心马路上,展览了许多天。

总之,此次"教学改革",目的在将旧知识分子之教师(尤其是年老、薪级高、有资历、有学问、有声名者)打倒、"搞臭",把"西洋景戳穿",使"权威成为笑柄"。而其关键则在阶级观点与立场——以后文史课,一切人物事实,须用阶级标准,凡非无产阶级,不敢说其有任何好处。所以,对我们说来,以后讲课真是困难极了。……

现在正在新计划阶段,即"教学大改革,接受学生意见,以<u>工农学生</u>为标准",而又要"人人办学,人人办工厂"。天天开会,商谈计划,只是"思想改造",只是"政治学习",毫不涉及学问与知识者也。

到七月底以后,或可不再如今之紧张。此三月中,宓劳苦几不能支,幸尚未病(有人吐血了!),但长患睡眠不足。大家全都消瘦了,宓亦然。晨食二鸡卵,未断,但近来米粗而面黑黄(名曰九八粉），菜质、味均劣，市中亦无佳食可买。营养素非 宓 所重，但祈生活、心情略舒便好。公债甫交完，又来了重庆地方工业建设储蓄（实摊派），宓认储300元，本年内，每月扣储五十元。兼之，困苦求助者多，故今只能汇上三十元。

关于其他之事，七月底以后，另信写来。兹不尽意。心一已到厦门学文处，但决不久仍回北京定居。

## 致蓝仁哲①

昨值星期日,客多,劳烦,致宓性情激躁,讲说未详,接待未周,甚歉。今后请在星期一二三四五来,上下午及晚,皆可。——如遇宓不在本室,可请读书坐候。

今应先将二三表格及《英诗韵律》(手稿)钞完,又将《中国诗韵律》(油印)读完,再来见宓。来时,祈(一)将以上各稿归还。(二)《诗集》②(厚册)带还,宓另换一册给您,因此册是宓修订自藏本也。(三)《英国文学史》(黑皮)亦带来,俾可择讲其中之诗文一二段,为要。

在开学前,即暑假中,您最好再见宓两次(至少),则用举一反三(模范示例)之法,对您所欲知之三方面,皆可贡献其要旨,以后只须自己勤读精思,便能一切了悟,逐渐深造矣。……以上为对您课外之补充指导,略答请教之诚意而已。

馀容面述,即问

日佳

吴 宓 书
1962 八月十三晨

---

① 此为明信片,无上款。收信人姓名地址,书于明信片正面。
② 指上海中华书局 1935 年出版之《吴宓诗集》。

## 致汤用彤

锡予老兄：

 前次之函,早已奉悉。丘晓教授因本学年授课多,故取消来京进修之举;敬谢 兄为洽询之劳。《佛教史》宓自藏之一部(二册),保存甚好;惟以(一)其上有宓之圈点及眉批按语,亦有 兄讲说指示之笔记,宓视之甚为珍重,不愿寄出。(二)此间孙培良教授正在研读——故不寄书来,而由宓将宓所作校勘,逐页抄录,凡二纸、四叶,随函奉上,以供书局改版之用。

 宓去年年底,左肩生痈,曾入西南医院治愈。旋又续生至第十二痈(均小);后服中药(丸药),自五月初,痈未再出,身体健好。惟本期工作甚重,凡授(一)进修班第二年《英语》4小时;(二)讲授进修学员三人之小班《外国文学》《世界史》等12小时;(三)个别辅导8小时,以上共每周24小时,故甚觉劳倦。每忆清华及哈佛同学,以至天南精舍同居,不胜神往! 敬叩
颐 安

弟 宓上
1962 九月十八晚

# 致许伯建[1]

伯建兄并转诸社友,同雅鉴:

  宓八月十八日赴成都,九月十一晚回碚。十四日上课。本期授进修班课,共五门,11小时。备课需时,故甚为忙碌。尤以初归,须赶速填写全学期五门课之教学日历(且钞缮二三份),故九月十六日由杜钢百[2]带到

高梦兰[3]兄 手示,召赴九月二十二日沙坪坝社集,竟不克赴,亦未及复函,至歉。继奉

伯建兄十月二日 手书,文辞渊雅,书法精良,遂得于十月四日令弟廷桂二次来舍时,得与接谈。虽匆促,亦可窥见 贤兄弟之友于与一门德礼之彬彬也。此时(十月四五日)又奉

恕斋[4]兄自重庆宾馆寄函,附唐玉虬兄诗函,容稍缓另复。在成都屡见名珏侄女。 名珏本年得升任铁路中学教师,深以 兄到成都之日,寻访不遇,未获陪侍,为憾。宓曾与名珏全家合照相,由名珏寄

---

[1] 许伯建(1913—1997),名廷植,字伯建,号蟫堪,重庆巴县人。早年就学于川东师范学校及商业职业学校,长期在银行工作。1958年调任中学语文教员。工诗词,善书法。

[2] 杜钢百(1903—1983),四川广安人。清华学校国学研究院毕业。曾任四川省图书馆馆长,武汉大学、中山大学、暨南大学、四川教育学院教授,时任西南师范学院历史系教授。

[3] 高梦兰(1895—1966),四川大全人。时任中国国民党革命委员会重庆市委秘书。能诗。

[4] 周邦式(1895—1968),名长宪,字邦式,号恕斋,湖南长沙人。北京大学法学院毕业,曾任湖南国立师范学院、重庆国立女子师范学院、西南师范学院教授,时任重庆师范学院教授。

呈　兄嫂存阅。楚侨①兄想亦好,今同敬候。

此函特请问:重阳节附近,即下星期日(十月二十七日)是否有社集?

倘有,祈速函示或片示,无论在城、在沙坪,宓定必趋赴。星期六有会集不能外出,只可于星期日上午来,下午或晚,须赶回碚。俾藉此机缘,面述在成都见诸友之详情,并以其诗篇呈　阅。

如此次无社集,则当于十一月十七日宓来城中或沙坪,仍由宓备小餐,请　诸兄共酌一叙。(但政协俱乐部并不好。　兄等能提示某一营业餐馆最好在城中者,先期告宓为荷。)

诸容面陈详叙。不恭,祝　学安。

赴陕师大讲学事,最近已函商决定,如下:(一)改于1964五六两月,赴该校讲学。(二)宓一直留西师授课——至1964四月底,结束了全年之课业,然后离校。(三)暑假,前半在京;后半去沪。

吴　宓②上<br>1963十月二十晚

---

①　田世昌(1900—1970),字楚侨,四川南川人。东南大学国文系毕业。曾任中学教员、重庆大学中文系副教授。时任重庆师范学院副教授。

②　此处盖有吴宓印章。

## 致吴学昭①

学昭：

前上各邮片，谅达。重庆市委统战部刘连波副部长，特由重庆市来到自贡市，今晚开会，宣达省方意旨，并商量决定如下：

（一）省人代、省政协会议，定于十一月二十五日在成都开幕。前一二日，我们在重庆城内集合，乘火车前往。会期约一个月，请准备一个月粮票。

（二）省方，现决组织省人民代表、省政协委员慰问队，前往峨嵋县（铁路修筑工地）慰问川滇铁路四川段之员工，并参观此艰险勇勤之工程及工作精神。定于十一月十二日晚由重庆集体上火车出发，省方限定重庆队（第二组）须于十一月十三日到达峨嵋县工地。此次慰问及参观颇艰苦，故统战部希望本团团员中，年老、体弱、有高血压、心脏病等，又须人扶持者，均不参加，请自决，并当场报名"去"或"不去"——结果：报名"不参加"即"不去"者19人，恣是其一；"去"者24人（但其中三四人，刘部长认为"年老，不宜去"，正在劝服中）。

（三）由于（二）之事，今改变本团原定参观日程如下：（1）在自贡市参观，今压缩，限十一月八日完毕。（2）内江参观，今取消。（3）定于十一月九日上午十时，全团乘火车由自贡市起程。在内江不停留，只在火车站候车，休息，乘成渝火车于当晚七时抵达重庆，各自回校、回家。

---

① 作者第三女学昭，此时在四川省内江县四合公社下放锻炼。

按照以上各条,则(甲)宓与重庆市之省人民代表、省政协委员,十一月九日上午11:10到下午1:00之间(约计)在内江火车站候车室。你若乘此时来该处,可见面。——但太匆忙,且本团人太多,不便谈叙,故不如(乙)宓到成都后,再和你函约:在十二月下旬,宓 由成都回重庆之日,宓 决定在内江下车,与你会谈后,无论哪一天,任择某一班火车乘坐,宓 由内江独回重庆。——即是:在内江留住之时间,可短可长,亦可住一二天。见你之后,宓再从容回重庆去。你可有空暇会 宓,宓 亦不急忙赶车。故 宓 认为(甲)法不如(乙)法好。宓愿行(乙)法。特报 闻,你以为何如?

若 你很方便,要行(甲)法,当然也可以。——不必约定,临时你相机酌行可也。

你回信与宓:若预算 宓 定可在十一月八日晚以前收到,可寄"自贡市公园招待所一舍楼上8室,吴宓委员收"。并可于信外批注:"若收信人已离去,请改寄'重庆市北碚,西南师范学院,吴宓教授收'"。 如不急求 宓 得见复信,则直寄重庆西师为便。此祝
日 佳。

宓身体健康,一切都甚好。此次 我们 来,名曰"视察",不是一般"参观",故由市人委招待,住最好之招待所,房室、饭菜,均极优美。你可放心。 此信亦可直寄 妈妈一阅,免得你与 宓 写信重复述说此一段事。

1965 十一月四日晚九时半
宓书于自贡市

## 致西南师范学院党委等①

学习组长:敬求转陈
院党委　中文系党总支
市委工作组　　　　　同赐鉴:
统战部

多日以来,宓就想把宓身体、健康及生活学习情况,明确写出,向　领导陈述、报知。顷见七月十二日谭优学②同志所出之大字报,责宓伪装衰老,不写大字报,希图轻松过关,断不容许,云云。故决写上此件,备　查考。

1966 七月十五日
(中文系教师)吴宓上③

(一)在此次无产阶级文化大革命运动中,宓每日按时上班,迄未请假缺席,或迟到早退。阅读了有关、指定之文件,并参加劳动。在班上 以及在宿舍 用全部时间细读、深读《毛泽东选集》已读至第三卷。四卷毕后,回头再重读。各篇,自觉获益甚多。——然后用　毛主席思想

---

① 此信系西南师范学院落实政策办公室于1979年7月作者平反后发还家属者,当时作者已含冤去世一年多。作者于1966年9月初,上报此信不久,即被作为"资产阶级反动权威"揪出教师队伍,一再遭到批斗打击,此信亦被举为作者"企图逃避运动"和"进行疯狂反扑"的罪证。
② 谭优学(1918—　　),四川武胜人。南京大学中文系研究生毕业,分配至西南师范学院中文系任教。1987年升任教授。
③ 此处盖有吴宓印章。

来检查、认识宓今昔所犯之种种错误,包括大字报上,群众所揭发者,以及宓自己所独知之错误。亦时时得到觉悟及启发。各处之大字报,宓皆去看了。有的细读,有的粗观。群众对宓所写之大字报,揭发宓及谴责宓者,几乎每日皆有。已共得一百数十件。则更细心肃读,且钞存其主要内容(题材:事实,思想),逐日编录,除去内容重复者不录外,已共得104条(续有增加)。不断地检查自己。——希望逐渐积累些微小的进步,努力改造世界观,能在运动结束之时,挤进95%之<u>知识分子</u>群中而已!

(二)宓一直未写出大字报。明知宓是应当写的,但却未写。宓不写大字报之原因(理由)有二:第一,身体衰弱、健康不好;第二,缺原材料。容分别述说如下:

第一,宓今年七十三岁(已满七十二足岁)。身体健康原本甚好,——但在今年初,即1966一月,顿感衰弱多病。凡年老之人,在其死亡前二三四年,必有一时,其身体、健康忽现衰象,骤然低落,前后顿异(宓正当其时)。曾对系领导谈及。(请注意:此是在文化大革命运动开始之前。)宓衰病的情况,主要是:(1)全身虚弱,现今每天只吃五两粮。行步无力,两腿(膝以下)沉重,上台阶必须拄手杖。常困倦思睡。(2)右腕、右肘及右膝关节痛撑伞、拄杖、打扇,均费力。(3)心脏痛。(4)脑沸后脑中,感觉如水壶之翻滚。耳鸣——每身心疲倦时,则发。1965十二月开始。(5)头晕1966五月中新添此病(故头不敢前俯,常须直身端坐,把书捧在手中 不放在案上 读看)。(6)记忆力大减。(7)目力差。(8)耳力差。开会时,组长或主席宣布要我们去作之事,常听不清楚,需要请问别位同志。……以上(2)(4)(5),皆使宓写大字报极困难。其中(5)尤严重,恐某日忽发生脑溢血(中风),不可不防。宓平日走路,极小心,"每步必看准,踏稳,再换脚"。尤其夜晚外出,入厕,上下台阶。作清洁,亦加小心。

第二，宓一生习惯，是勤学，喜读书。又常把我自己放在历史、小说的人物、事实、环境中，唯心的、幻想的（自然应批判）。而对宓当前现实生活环境中之人物事实，却不注意。除与宓的教学、编辑、研究工作有关者外，一概不闻不问。且情甘退让，不与人计较争持。故在我周围前后之公私人事的是是非非，宓无暇、无心去究问，宁愿不识、不知。在西南师院又转历过外语、历史、中文三系；在中文系七年有馀，其中却有三年（1961—1964）在进修班。故对中文系、外系以及全院之事，宓实感觉缺乏材料，无可揭发（偶有一二宓所知之事，别人已揭发出来了），故遂未勉强去写大字报。只要坏事都能揭发出来，运动大成功，便好，又何必靳靳注重于我个人之表现。有则多写，无则不写；并非抗拒，亦不讳饰，此是宓之真的态度。

附言：有同志认为宓应当揭发方敬副院长。但宓的想法却是：（1）前几年，办进修班，招研究生，注重专业学术，要不写错别字，要学外语等事，乃是一时之风气，全国各院校皆同，恐亦有中央教育部之训令，似不能以办进修班归于方敬个人之创举。（2）平心而论，西师办进修班，以宓旧时代四十年之资历、声誉，以宓一生勤修，确有真实学问，以宓教学之热心、勤奋、负责，自当聘用宓为进修班之一个教授及导师。当时无论谁办，亦必不遗弃了宓。故不能说："方敬是以私情、偏爱而宠用宓为进修班教授也。故（1）（2）两条，宓不能写大字报揭发方敬。"

又有同志责问：方敬曾到宓宿舍多次，何事？（答：数年中，不过五六次。半为公事，如进修班和统战工作。半为私事，如宓、敬1964春，同时自修西班牙文；敬来看宓之《西班牙文法》《字典》，又以敬正在读之《西班牙文教科书》示宓。如此而已。）

又责问：院长办公室主任杨剑秋，到宓宿舍二次，何事？

(答:第一次 1961 六月,来告:"因牛乳缺乏,拟暂停 宓 之一份牛乳",宓即答:"欢迎暂停"。第二次:1964 年,有三次,宓 准备出游,请求院长办公室写介绍信件,证明 宓 之身份。杨来,大约是送写就之信件来。)

如右所举之例,宓 认为:在运动中,宓 不应为自己解释"狡辩",故(在小组会上)受责问后,始终沉默未答。此类个人琐事,更不合用作写大字报的材料。(此数条,以上 宓 的想法,从未对任何一个人说过。)

(三)宓多年来,承 党、国家与学校院、系领导以及统战部之深恩厚待,关怀指教,宓 感念不忘。改造不好,所犯错误滋多,宓 尤深惭愧。今 宓 年衰身病,工作无力,谨提出以下之三条请求,至祈 核决。——

(i)降级、减薪:请在适当之时期,将宓之二级教授(工资 272.50 元)待遇,改为四级教授(工资 196 元)。

(ii)退休:1966 二月本期开学前,中文系魏兴南①主任告知 宓 说:"今后宓无有任何教学工作,亦不需宓参加《古典文学作品选注》之编写。亦无有任何科学研究工作了。"当时,适值 宓 发觉自己身体健康大坏,遂欣然向系党支请求退休。本可即予定准,却因 宓 多提出了一条附件,问:"宓退休后,可否仍居住西师校内,利用图书? 宓 自愿仍旧参加政治学习"。——经李世溶②书记承商院党委后,答复 宓,指示 宓:"暂勿退休"。

---

① 魏兴南(1910—1986),山东禹城人。山东大学中文系 1935 年毕业。曾任中学教员,重庆中央大学中文系讲师,四川省立教育学院国文系副教授、教授,重庆大学、女子师范学院中文系教授,西南师院中文系教授兼系主任。

② 李世溶(1926—    ),四川隆昌人。西南师院教育系肄业。自 1953 年起,先后任西南师院历史系、物理系、中文系党总支书记。

今另一次提出请求：请准许 宓于运动结束之日，即行退休。退休后，照章，在数月内，<sub>不出半年</sub>将宓之书籍衣物等分别处置完毕，随即离校，迁往他地居住。

(iii) 免去四川省政协委员职务：按，宓已连任了三届(1955—1958,1959—1962,1963—1966)四川省政协委员，甚为荣幸。今年以年衰身病，请求 市委统战部于安排下届省政协委员时，准宓辞去，不续任省政协委员，而以此一名额，另给予一位具有代表性的先进分子。

# 致郭斌龢[1]

洽周兄：

久不通信，但祝 平安。此信到后，祈即 赐复短柬，俾知信未失落。并祈以罗清生<small>宓之妹夫，后为表妹夫。</small>之住址 赐告。<small>曾去信，未得复。</small> 兄等今后与宓信（无论何时）均祈如左写法（请慎确钞存）否则诸多不便。切勿直寄学校。

四川省重庆市北碚区红旗路（旧名蔡锷路）<small>每区皆有红旗路，故必注旧名。</small>九十一号附四号
唐昌敏同志　　启

唐是 宓 之女工，亦是忠实、亲厚之友（年五十馀）。其夫贺文彬在商业部门工作，亦是宓之知友。他们接到之信，见是生人，必不拆阅，而送给 宓。来信（在信封外面）万不可写出"请转交宓或雨僧先生"字样，——是则"此地有银三百两"矣！

1968 六月至 1969 九月，曾有外调人员，三四次（三次来信，饬写答。一次则由南京来人面询）来查询 兄与 宓 之历史关系。注重两点：（一）1927 兄到北京考取官费留学美国，宓时在清华主持考事。来查询之人员曰："郭已承认：汝曾给予逾格之私助，俾郭得考取。" 宓 据实答曰："宓 仅告以希腊文一门，如何出题而已——

---

[1] 此信函乃作者于"文革"中写与南京大学教授郭斌龢（字洽周）者，付邮后为工人毛泽东思想宣传队从邮局截留追回，收存于作者专案组档案中。1979 年夏，作者冤案平反，落实政策时，此信归还家属。收信人始终未曾收见此信。

即是由长篇希腊文译成英文,另作希腊文短句而已。"(二)1944 十月,汝由昆明赴成都,路过遵义浙江大学留住旬馀,当时即住在郭家,当多密谈,所谈何事? 宓答,并无"密谈"。惟曾一再语郭:陈逵、费巩①二教授 陈已离校 皆热爱青年,与学生亲近则有之,但决非共产党人。今教育部疑之,浙大校内亦有人疑之。祈　兄(训导长)以实情陈明　当局　竺校长等。　多方保护二君,免受冤害,云云。(1945 春,费君即在重庆千厮门码头"失踪"而死!)

宓处所存　兄旧函,只二封:其(二)写于 1957 年,钞示清人翁格(此人宓愧不知,乞　详示)之五言绝句诗一首,极佩。按,黄晦闻(节)师 1927 诗曰:"人伦苟不绝,天意必有寄。方冬木尽脱,生机盖下被。"……其意与翁同。宓藏有《朱九江先生(次琦)全集》木刻本四册。咸丰四年 1854 甲寅,朱先生《答王某友书》曰:

然窃惟自古泯棼之会,元黄戈马之秋,天命、民彝,必不可以一朝绝。不绝,则宜有所寄。寄斯钜者,宜在修学好古之儒,秦氏以还,如伏胜、申公、许(慎)、郑(康成)、二刘(刘焯、刘炫)、熊安生之伦是也。阁下勉旃,自爱而已。

按:师弟传授之迹,如左图:

朱九江先生次琦 { 康南海先生有为——梁任公先生启超
　　　　　　　　 简竹居先生朝亮——黄晦闻先生节

是以宓断为:上引 1927 黄先生之诗,必由朱九江先生此文

---

① 费 巩(1905—1946),原名福熊,字祥仲,江苏吴江人。毕业于复旦大学和英国牛津大学,先后在中国公学、复旦大学、浙江大学任教,曾任浙江大学注册课主任、训导长。1945 年 1 月,应邀赴复旦大学举办民主与法制特别讲座;3 月 5 日在重庆千厮门码头被特务秘密绑架,关入"中美合作所"。1946 年 1 月后惨遭杀害。

（如上引）所启发。黄先生1933有诗云："……朱颜明烛何处归!"意谓中国之前途 $\begin{cases}\text{日本}\\\text{Red}\end{cases}$ 而已。

[宓 所有之西书大部分（千数百册）1956尽捐赠西南师院图书馆。中文书籍则近年分赠好学之友生，已分配完毕——仅馀中华书局《二十四史》之一部分，约五六十册，暂置书架上 待送交。有学生见之，责 宓 曰："何故保存这多古旧书——封资修! 违反毛主席思想。"]

宓处所存 兄旧函，其（一）写于1950六月，论宓1949入川，留碚（今满二十年矣），云，"世事玄黄，斯人（宓）憔悴。与石庵长兄（楼光来）论及，共为扼腕……"云云。 兄今必不知 宓 在1969年（七十六岁）所受之苦。是则此函所欲奉 闻者也。

解放后，承蒙党政校系，以及统战部之优礼厚待，直到1965年终，宓 皆恒安富尊荣。1966文化大革命起，宓乃陷于罪戾。简述事实如下：1966九月二日，红卫兵对宓殊文雅，搜查，仅取去《吴宓诗集》26部；《学衡》杂志1—79期，全一部；《大公报·文学副刊》1—313期，全一部（此外，全不问，不看，不取）。 九月五日，宓以"编辑《学衡》杂志"之罪名，胸前挂上"反共老手 吴宓"之大木牌，拥上大操场主席台，与西南师院教职员共108人 梁山泊人数! 同受全校师生员工之斗争，从此变为牛鬼蛇神。今仍是。1966十月起，在（毛泽东）思想（红卫）兵管制下，编入教职员劳改队，在校园内，下田，踏泥水，作种菜之农业劳动。满身泥巴，两掌鲜血。此生第一次。十二月，改归本校甲派学生组织管制，至1967二月止：全日下田种菜。晚8—10在中文系学习。每夜10—2时，写"交代材料"，交代宓一生之罪行，明晨6:30排队，点名，交上。以上，为第一段。

1967三月起，学习较多。劳动 减少，以至全停。 六月至七月,西师(本校)校内大武斗:先甲派胜,乙退出。七月底,宓攻入,甲派退出。于是乙派统治全校,由1967八月至1968年终。宓随众学习、劳动。劳动只是扫除房舍而已。1968上半年,在乙派管制下,宓在中文系牛鬼蛇神九人之特别小组中,学习。半天为乙派抄写大字报,作杂事。以上,为第二段。

1968六月十九日、二十一日,宓与地理系教授盛君,被宣布为西南师院之资产阶级反动学术权威,在全校师生员工大会中(主要为斗争本校党委书记兼院长)受斗争。六月二十二日,管理员(乙派之一学生)偶然走入(交下查问郭斌龢事,命宓为外调写材料),无意中,发见宓曾写有日记。逼令宓全部交出。宓赶即向各处搜集收齐,六月三十日交上了宓1910十月至此日之日记(中有断缺)共三十七八册。今全收存中文系。据此日记以判定宓长久而严重之罪行。1968年七月、八月、九月,编入乙派主办之阶级敌人(全校)劳改队,再下田种菜劳动。但此期中,宓主要办理劳改队之器具管理事务、室内清洁工作,独不下田。以上为第三段。

1968十一月初,解放军工人宣传队入校后,宓等在其所主办之毛泽东思想学习班中学习,获益甚多。先是宓在八月份,曾奉令写撰"交代批判宓一生反党反社会主义反毛泽东思想之罪行"三十七篇交上;此时(十二月份)又重写撰"交代并批判宓一生反党反社会主义反毛泽东思想之罪行"二十五篇交上。1969元月份,宓随众写撰了"宓一生之经历、生活、历史。自八岁始"十九篇交上。<u>工宣队班长宣布"吴宓之政治历史无问题矣。"</u>以上为第四段。

不幸之遭遇,由<u>第五段</u>开始。1969二月(春节后)中文系教职员牛鬼蛇神宓等共九人,划归中文系革命师生(实际是学生)管制(其上亦有工宣队)。于是三四月份,将宓等九人(离家)迁往李园 校内一区 宿舍"集中管制生活",九人住一大室。昼夜不断有学生二人轮流监视。专写"交代"。交代各人一生之罪行,务求详尽。每日至食堂取餐,甚至入山厕大小便,亦排队依序而行,由<u>学生</u>(<u>队长</u>)<u>押解</u>。不许私交一语。而五六月份,则随同中文系师生,被押解至七百里外 乘坐大卡车一日赶到(午餐停息)之梁平县 在川东,近万县。乡间西南师院分院,有稻田,平日有农民代耕。作农业劳动。宓多作扫除,亦曾负木板,担泥土,但未命宓赤足走入水田中植稻。此时中文系之牛鬼蛇神共只七人,二人已获"解放"。住一室。七人中之刘又辛①君,被命为牛鬼蛇神<u>组长</u>。中文系师生,共斗争宓二次。每次皆由中文系师生相继读出其撰就之批判稿,凡十馀篇。内容则录取宓日记之数语,不顾时代,无限"上纲",深文入罪,于是判宓为"历史兼现行<u>反革命</u>分子。"第一次斗争,在田畔,仅一小时即毕。第二次五月九日,在分院内食堂。先命 宓 立食堂门外 待命。下午三时开会,由主席 学生 向群众 宣布开会大意(主旨)后,照例命两人(甲、乙,皆<u>学生</u>)<u>抓罪犯</u>宓进场。食堂内,为极平整之砖铺地。甲乙各挽 宓 一臂急行至半途,宓呼叫:"走得太快了。我步赶不上,将要跌倒了。"甲乙大怒,遂皆释手,且乘奔来前冲之势,将 宓 向前猛一推,遂全身向前向左方跌倒,趴在砖地上。此事宓不敢对人说,只说"宓自己行步不慎跌倒。"(但其实,众皆知之)。彼甲乙毫不在意,且从 宓 身后拉起宓已受重伤之左腿,将宓直拖……到主席身旁。此时宓左腿痛极,大汗,急喘,在主席身旁,半跪半坐,惘惘无知 之状态中,恭聆了三小时之批判斗争。……晚六时,散会。另有心地善良之<u>学生</u>丙丁二人(素皆不识)来,将 宓左右架起(宓足离地,悬空),急行,一直

---

① 刘又辛(1913—2010),山东临清人。1934年考入北京大学中文系,1945年西南联合大学毕业。曾任昆明师范学院讲师、乡村建设学院、川东教育学院、西南师范学院中文系教授。1958年被划为右派,1979年改正错划。

抬(肩扶)至牛鬼蛇神室中,放在宓床上。从此,宓成为残废。盖骨虽未断,而左腿已扭折成三截,上腿(大腿)向内扭,下腿(小腿)向外扭,膝盖及胯骨两处关节脱卯,至今不能行步。只能在室内,用两手及右足,抓木箱及桌椅,爬来爬去,而偶一不慎,则无论坐卧关节疼痛难忍。……又在此时(五六月)牛鬼蛇神组长刘君对宓特别残虐,不许宓在室内大小便,而强迫宓拄杖入山厕,晨夕在室外广场上行走若干圈,否则不给饭食。又教宓洗衣,洗大小内外衣,必洁必整,等事,难以尽述。……卒于六月二十一日,随众,乘坐大卡车宓坐车尾,震动最大。一日驰七百里,晚八时,回到北碚西师本院。宓被扶下车,幸有不相识(教师或工宣队)之二人,扶宓又背驮宓,直送回宓家(即此室),放在宓床上。当时已在半死之状态中。以上为第五段。

由六月二十一晚,至今,均在此203室中,养伤静居。幸得女工唐昌敏忠勤服侍,每日为倒大小便,送来三餐,自制,合宓口味。洗衣、补衣,代办内外公私一切交涉事务,故得日渐康复,终至身体健康转好,神志清明,记忆亦强。

九月初起,复得青年某君(教授之子)本人是工人,非医生。以针灸之医术,每星期来为宓治左腿伤,大著成效。初归之日,两腿僵直,不能转动,只得仰卧,不可屈伸。今则脱衣、穿衣,能自洗浴。惟仍不能行步,直立只能一二分钟耳。以上可云第六段。

在第六段中,七八九十月,完全安静无扰,不来闻问。十一月份,则先有西安来之外调人员,查1936二月清华外文系某女生事,甚至疑宓曾协同该女生共开黑名单,送交北平公安局,来校捕捉进步派学生。……纠缠二旬馀,始辩明,交代清楚。继之,则命宓写长篇"总批判"——认识并批判宓一生反党反社会主义反毛泽东思想之罪行,以及宓多年中极错误之思想感情。一直写了整一个月,若干万字,多次被批为"不合格——不足深刻",命再写,另写。至十二月二十日,方完结。

十一月二十八日,最后一次,中文系师生特开对宓之批判斗争大会。其对 宓 之罪名(罪行),总结如下:

吴宓根本不是什么"学者、教授、知识分子、反动学术权威"。宓乃是一个阴谋好乱的<u>政客</u>,乘机则出而大肆活动。解放前多年,宓一直拥护国民党,崇拜蒋介石,赞助其进攻解放区、消灭共产党、所谓"戡乱建国"之政策。解放后,宓(一)仍盼望蒋匪反攻大陆,实行复辟;又(二)投靠刘少奇,而反对毛主席、林副主席,尤其反对文化大革命,反对并侮蔑了伟大的领袖 毛主席。故吴宓确是<u>历史兼现行反革命分子</u>。

宓实际最怕的事,乃是如十二月四日、十三日两次,在很远的网球场或大操场开大会,斗争那公安局判定了的两名罪犯(杀人放火等),而要全体<u>牛鬼蛇神</u>去受陪斗。宓虽腿痛亦不得例外。于是硬把 宓 抓去。虽有人扶着,而强迫"快走"。于是宓忍痛急行。到会场不到十五分钟就散会了。又派人扶 宓 回来。即此来回途中,腿痛难忍,汗大出,急喘,……就此一点,真恨 宓 不能早死!

宓甚悔前多年,不去清华、北大、陕西师大而留在西南师院,受此种种。不得从早"解放",而腿痛受苦,恐 兄决难意想得到也。即祝 慄安。

宓处人文主义之书,均全保存。最近晚间,且读 <u>白师</u>①之著作,佩仰之心,不减昔年也。

1969 年十二月二十四日　宓上

---

① 指 Irving Babbitt 欧文·白璧德(1865—1933)。

# 致吴学淑、吴学文、陈心一[1]

学淑并转学文,再由学文寄北京——
心一如晤

1970 元旦前后,宓曾寄出十几封信,与各地亲友:内有学淑、学文、陈寅恪、刘弘度兄。但据工宣队管理员告 宓,说:"凡宓所写出之信,已被管理员全部截留 邮局 追回 收信人所在之革委会 而拆阅,并加以没收"。故知该信皆未达到。但管理员又说:"你尽可随意、自由,和一切亲友通信"。宓 却未再写出信去。

今述 宓 近况。(一)宓身体健康极好。左腿扭折,用针灸法治疗,已好得多了。现可作各种事(如洗浴、装箱,墙壁上粘贴 毛主席像及语录),又可扶墙(或手抓书架、桌椅)行走。但只在一室之内,不能走出室外,故未参加劳动、学习。

(二)宓 在西师,二级教授,每月工资原定额 272.50 元。1968 四月至 1969 六月,每月只发给生活费 10 元(此时期,曾靠心一汇款济助)。1969 七月至 1970 二月,每月发给 134 元,实为工资之半数。扣除应交之房租水电费。以上,宓 与各系之牛鬼蛇神教师皆同。但自 1970 三月份起(别人仍发半数),革委会忽指令"对宓扣减 232.50 元",实只发给 33.16 元。四月、五月……以后永如此数。(扣减之理由及原因,始终未宣布。宓 实不知。二月初至三月初一段时期中,宓 亦未犯任何错误,未受指责。)宓 非雇用女工不可,每日送来开水及三餐,倾倒大小便。女工工资 20 元,兼职。故宓极力节俭。自三月

---

[1] 作者此信未落款,请女工唐昌敏于 1970 年 5 月 24 日代为发出。

初以来,每月之生活用度,实只有 13.16 元而已。订阅《人民日报》即需 1.30 元。居然度过来了。

(三)1970 三月三十日、三十一日、四月一日、宓 忽被西师中文系革命师生 二次 及全校革命师生员工、革命家属 二次 抓出去,开大会,斗争了四次,共用了四个半天,每次三小时半。(斗争方式,仍只是引录 宓 多年前的日记中若干词句,大声念出来,指为 宓 现在"反党、反社会主义、反 毛主席思想之罪证"!)在斗争大会上,把宓作为"在这次打击反革命分子的破坏活动之运动中,所发见 揪出来 的历史兼现行反革命分子"而批判。并作出了决议"应立即把宓送交市公安局,依法惩办"——但此决议迄今并未实行,而且没有任何下文。

自 1970 元旦至四月二十四日,宓一直是由工宣队青年刘师傅率同中文系专政队三个学生管理。刘师傅每天或隔一天必来察看宓一次,搜去了宓所有的记录、纸条、文件。四月二十四日,工宣队离校,散归。刘师傅来告别,并引来了驻西师解放军第二中队的一位同志,给宓介绍,说:"今后宓改归第二中队管理。"可是,自四月二十四日直到今天,约一整月,第二中队那位同志从没有来到宓家。宓等于没有人管,自己学习、读书而已。

(四)西师的校园及校舍,早已奉命拨给重庆市仪表厂。该厂已迁入多时,西师员生人数甚少,只占用着一小部分校舍。最近西师宣布:决定迁校。即是在 1970 "八月以前"(即六月与七月内)全部迁往梁平分院。在梁平建筑校舍,作为永久基址。现在西师校内,上下公私,都在清理书物,收拾行李,准备迁校之事。

按:梁平是一乡镇,在川东 四川与湖北省之边界 忠州附近。去渝碚 700 华里,汽车、卡车一天(连驰十四小时)可赶到。 1969 四月二十四日宓去到梁平分院住了58天,受了一生未经历之苦。乃于六月二十一晚,在半死之状态中,回到北碚本院。陌生而热心的人,把宓背驮着,送回 宓 家,放在此室的床边,——休养了半年,才得康复。不想到:现在又要到梁平分院,且永久住下,即是在梁平死去(就宓说)!宓实在怕得很。

西师的"斗、批、改",走得甚慢,十分落后。宓 虽请求迁校前,准宓 退休,即是脱离西师,每月发给 宓"一批二养"生活费二三十元,而转移户口及关系,让 宓(ⅰ)回到泾阳乡间安吴堡(依靠资曼①弟 小学教师)②,或(ⅱ)搬到江津县白沙镇吴汉骃③(碧柳之女)家中,依靠汉骃夫妻居住,养生、送死。……但此种请求,西师革委会决不会批准。宓 还是必得随学校迁往梁平。宓自己的感觉,是:1970年内,宓必命终(享寿七十七岁)。今生定不能和学淑、学文(学昭宓怕见她,总是促我思想改造)及心一再见了!

如上所述,由于即将迁校,遂有两个问题。第一,宓 的忠勤而多感情的女工唐昌敏年五十四五岁在三月初,被田教授④夫妇(唐十年以上的主人,唐对 宓 只是一部分的兼职)开除了。田氏夫妇且到处扬言,诬称:"宓给唐钱很多,买通了唐,专助宓作反革命的坏事。"宓的扣减工资,大概是由田氏夫妇。因此唐已离开了西师,离开了宓。不敢到学校来,不敢会见宓。(三月中旬到今,是曾婆婆顶替了唐,

---

① 吴资曼(1930—1998),陕西泾阳人。作者嗣父之幼子。小学教员。1957年被划为右派,1979年改正错划。1970年6月,曾独自从泾阳安吴堡到西师探视作者。
② 作者于此处有旁注:(宓悉知"反革命分子"不得落户城市)。
③ 吴汉骃(1931— ),重庆江津人,吴芳吉之幼女。江津女中毕业,久任小学教员,初中语文教员。
④ 田子贞,河北乐亭人。北平中国大学中文系毕业,时任西南师范学院中文系副教授。

为宓服务。曾婆年六十五岁,是黄家专雇的工人,兼为宓等三位单身教师服务,月得五十元。年老身衰,忙不过来。)吴汉骁夫妇则因为教学忙、学习紧,一天亦不能请假出来助宓。宓迁校怎么办呢?

宓再四筹思,只有特约邹开桂兰芳之族侄,曾在宓家十二年。由其家乡(万源县)来此,助宓捆装书箱、衣箱,扶宓上车、下车,送到梁平,安置妥贴(宓不能步行,安能自办一切)。但要邹开桂来助宓,则需钱,为开桂付出来往车费及食用。为此,宓祈求心一念一生之恩爱,宓昔年离婚,实一生最大之错误。其事不但良友莫不责备,宓老年益悔痛!赐助宓壹佰圆整。此款请心一即汇到广州航函与学淑女儿收存。何时宓需用多少,宓当来信说明,由学淑20,30,……50不定汇到北碚宓收。……或者亦可一元都不取用。总之,迁校事毕,此款无论剩馀若干元,应由学淑汇还给心一母亲,以上办法,不损及心一分毫。宓对一般人,只说是"学淑女儿供给宓的"。

第二,宓现已将诸物理清。宓藏有希腊、拉丁、意、法、西、英、德、俄各国语文学习必用之字典、文法、读本不是文学之书,恰装满了一个原装汽油的小木箱。此箱之书,宓决意留遗给学淑、宪威两人,因为只有你们和宓是同行,只有学淑女受过宓的教课,成绩又好。今年你们还参加对外贸易(广州)大会之翻译否?此箱,宓离碚时,当交付(请注意钞存)与

重庆市北碚区红旗路(旧名蔡锷路)九十一号附四号
贺文彬(夫)
唐昌敏(妻) 同志　　　收启

(每次,二人中,只用一人名字。随便哪一位。)

(贺君在财经部门工作,亦宓之友。)

日后,由他们家提取,或交托运到广州。

今后学淑、学文所有给宓之信及汇款,一律用"贺或唐收,启"。

(不可直寄与宓。在给贺、唐之信封外面,亦不可露出"转交宓"字样。他们二位都晓得,不拆阅;即拆阅,亦绝无妨)。

敬祝 你们全家都好!

# 致广州国立中山大学革命委员会

广州国立中山大学革命委员会赐鉴：

在国内及国际久负盛名之学者陈寅恪教授，年寿已高（1880①光绪十六年庚寅出生），且身体素弱，多病，又目已久盲。——不知现今是否仍康健生存，抑已身故（逝世）？其夫人唐稚莹（唐筼）女士，现居住何处？此间宓及陈寅恪先生之朋友、学生多人，对陈先生十分关怀、系念，极欲知其确实消息，并欲与其夫人唐稚莹女士通信，详询一切。故特上此函，敬求
贵校（一）复函 示知陈寅恪教授之现况、实情。（二）将此函交付陈夫人唐稚莹女士手收，请其复函与宓，不胜盼感。

附言：宓1894年出生，在美国哈佛大学与陈寅恪先生同学，又在国内清华大学及西南联合大学与陈先生同任教授多年。1961年宓曾亲到广州贵校，访候陈先生及夫人（时住居岭南大学旧校舍内）。自1950以来，宓为重庆市西南师范学院教授（1958以后，在中文系），但自1965年起，已不授课。现附学校迁来梁平新建校舍。复函请写寄"四川省万县专区梁平县屏锦镇七一房邮局，交：西南师范学院中文系教师吴宓先生收启"。

  即致
敬 礼

1971 九月八日
吴 宓上

---

① 作者此处笔误，应为1890年。

# 后记

父亲生前喜欢写信,这从他的日记中也可看出,他几乎时时在写信、复信,给家人写,给友人写,更别提那些为清华外文系系务、为《学衡》和《大公报·文学副刊》组稿退稿及答读者问的众多信件了。据父亲回忆,他编辑《文学副刊》期间,每期至少得写六封信;《文学副刊》共出了三百一十三期,依此推算,其数可观。

人们常说书信最能反映一个人的性行,尤其是写给知己朋友的信,而父亲恰又是一位性情中人。可惜他生前直抒胸臆的无数信件,如今大多无存。有些于战时逃难流转中散失,更多的是政治运动中被查抄没收,或收信人惧祸,自行销毁的。年轻的读者可能不理解,在那个年代,毫无问题的字纸都会被罗织上纲为严重的罪证。

1979年7月,父亲的冤案得到平反。西南师范学院落实政策办公室把父亲在"文革"中被抄没的部分遗物还给家属。其中的书信,除了父亲多年自存的,如二十世纪三十年代初游学欧洲期间,写给助他主编《文副》的浦江清先生等件;还有些竟是父亲"文革"中写给家人、朋友的信,由监管他的工宣队、军宣队截留下的。他们当时一方面宣布"牛鬼蛇神"可以对外通信,暗地里却将信从邮局截回拆阅,作为窥探分析这些专政对象思想动向的依据。

展读父亲遗信,悲怆莫名,心情难以平静,从而萌生了收集父亲书信的想法,并很快付诸行动。因年代久远,故人凋零,收集十分困难,经二十年不间断的努力,仅收集到二百多通。如果不是各方人士大力支持,尤其是父亲故旧的家人慷慨赐助,本集现有的书信恐也很难搜集。

父亲上世纪二三十年代致哈佛大学导师白璧德先生 Irving Babbitt 的信,是我们得到美国白璧德基金会介荐,到哈佛大学档案馆查找拍摄的。其中1921年4月24日的一封短简,则是杨扬先生从父亲呈交白璧德先生的一份作业中发现的。父亲的知友吴芳吉(碧柳)伯父的长子吴汉骧世兄,为支持书信集的出版,毅然将他家珍藏了七八十年的父亲写给芳吉伯父和刘永济、刘朴先生的五十多封信原件慷慨相赠。父亲写给李思纯(哲生)先生的明信片,是哲生伯父的孙女李德琬女士从她祖父尘封的遗物中清理出来的。父亲写给诗友金月波的三十六封信,由金先生哲嗣金铿先生提供。父亲抗战时在成都燕京大学写给学生程佳因女士的信,是用毛笔写在土纸上的英文信,佳因视为瑰宝,毕业后出国深造,随身带往美国;后听说家属收集吴宓书信,立即割爱将她珍存了半个多世纪的十封原信托人带交我们。

父亲1949年写给堂弟协曼的信,是协曼叔在英国去世后,由柯翼如姊姊从剑桥带给我们的。父亲于解放后写给他最亲密的学生和朋友李赋宁先生的信,是李先生2004年去世后,夫人徐述华女士翻箱倒柜找给我们的。父亲写给协曼叔和李赋宁先生的信中,详细具体地叙说他临解放及解放之初那段时间的境遇、思考和心情,弥补了日记缺年的不足。至于父亲"文革"中,以"牛鬼蛇神"之身上书中山大学革委会,急切探询陈寅恪伯父、唐篑伯母近况的信,则是寅恪伯父的幼女陈美延世妹设法复印给我们的。美延1971年接读中山大学革委会转给她的此信时,寅恪伯父、唐篔伯母已不幸去世两年!

总之,本书收集的许多书信,背后都有感人的故事。这里不及一一赘述。本集所收父亲的一些英文信,为方便读者阅读,由整理者全部译成中文,经黄晓红教授校阅,附录于原信后面。在书稿即将付梓之际,谨向所有支持和帮助我们寻访、收集、校阅父亲书信的长辈与朋友们,致以真诚的感谢。

由于经验不足,水平有限,本集在整理、翻译、注释方面,失误在所难免,切盼读者指正。

吴学昭
2010年6月2日 北京

# 人名注释索引

## A

埃米尔·勒古伊 Emile Legouis　179

爱德华·班斯·德鲁 Edward Bangs Drew　18

## B

包贵思 Grace Morrison Boynton　246

伯希和（保罗·佩利奥）Paul Pelliot　181

卜道成（约瑟夫·珀西·布鲁斯）Joseph Percy Bruce　176

## C

曹葆华　167

曹云祥　100

查良钊　71,80,249

常厘卿　303

陈登恪　216,304

陈福田　212-214,217,227,230

陈　嘉　227

陈　逵　145,204,206,207,216,223,226,239,423

陈　铨　133,135

陈　涛　107

陈仰贤　165,167,184

陈寅恪　20,36,41,45,127,153,154,176-178,181,221,222,261,328,330,334,379,392,402,429,434,436

陈之颛　249

陈之颙　255,367

程佳因　270,273,275,277,280,290,436

程树仁　270,271

程　曦　261,273,274

## D

戴爱莲　294,295

戴镏龄　216

杜钢百　413

朵拉·白璧德 Dora Babbitt　13

## F

方　敬　353,419

费巩 423
冯友兰 212

## G

高长山 281,282
高承志 274,280,281
高梦兰 413
高文源 358
顾宪良 265
顾元 238,252
关懿娴 239,256,372,379,384,388
郭斌龢 44,53,109,165,168,223,226,241,422,425
郭斌佳 49,52

## H

何传骝 309
何德奎 56,58,59,64
何树成 93
何树坤 156,372
何永佶 264
贺麟 204,367
胡适 34,38,92,158,204,297
胡宛善 308
胡文豹 105,143,376
胡先骕 18,19,20,33,37,82,92,119,134
胡元倓 91
胡徵 104,110,114,115,117-119,121,139,140
胡竹铭 117
华莱斯 Graham Wallas 178
黄季陆 243,244
黄庐隐 278-280
黄有敏 305,318,341,343,402,406
黄钰生 145

## J

冀朝鼎 264
江家骏 372,387,392-394,396
江泽涵 267
姜忠奎 119
蒋梦麟 220
金建申 258,278-281,288,289,294,295
金月波 305,308,309,312,313,316-319,325,326,331,335,341,343,436
靳文翰 202
景昌极 92,120,204

## L

拉斯基 Harold Joseph Laski 178

蓝仁哲　388,390,392,396,411

李方桂　258

李赋林　255

李赋宁　213,214,217,222,224,238,366,371,379,436

李赋洋　255

李汉声　119

李　济　36,181

李觐高　255

李鲸石　238

李俊澄　237

李俊清　234,236

李世溶　420

李思纯　112,116,119,136,153,172,180,245,250,376,436

李唐晏　288,294,295,395

李　星　380

李源澄　367

李纛仪　250

梁启超　36

梁　镇　92

廖世承　87

林　损　106,153

林文奎　251

林语堂　12

凌道新　395

凌其垲　179,187

刘伯明　25

刘　朴　102,157,436

刘式芬　282,284,288,289,294,295

刘泗英　111

刘文典　234,403

刘　咸　165

刘永济　85,89,102,157,216,223,225,261,263,296,304,328,343,436

刘又辛　426

刘兆吉　392

刘　庄　67,71,72,78

柳诒徵　34,82,401

楼光来　12,20,25,38,41,44,153

卢葆华　262

吕国藩　90

罗伯特·温德 Robert Winter　212

罗常培　266

罗家伦　129,135

罗念生　245,372

罗清生　221,257,422

罗　素 Bertrand Russell　178

M

马　鉴　245,246,258

马葆炼　264

毛彦文　165,174,265

毛　準　238,264

茅于美　263,310

梅光迪　11,25,26,33,36-38,41,82,241,324

梅贻琦　208,210,212,221,227,230

缪凤林　92

缪　钺　310

莫泮芹　237

默　里　Gilbert Murray　165

穆　尔　Paul Elmer More　5

穆济波　87,94,103,401,404

**N**

牛其新　386

**O**

欧文·白璧德　Irving Babbitt　2,428

**P**

潘光旦　230

潘家洵　239

潘　式　147,185

潘重规　260

庞　俊　112,116,131,136,247

浦江清　162-164,176,302,435

**Q**

钱稻孙　162

钱基博　198

钱　穆　246

钱学熙　248,256,384

钱锺书　362,367,379

**R**

饶孟侃　245

**S**

邵循正　221

沈　履　65,78

沈师光　236

沈有鼎　367

孙家琇　216

孙亦椒　259

**T**

谭优学　417

汤用彤　8,26,38,41,45,84,204,401,412

唐宝鑫　239

唐得源　103,255

陶燠民　162,182,191

滕 固 266
田世昌 414
田子贞 431
童锡祥 71,72,78,80

**W**

汪懋祖 153
汪兆瑢 95,145
王 般 256,366
王达仁 281,286,287,289-293
王德锡 249
王典章 263
王恩洋 296
王国维 36,302
王 黎 297
王善佺 71,79,81,139,169
王文显 159,160
王荫南 297
王正基 84
王佐良 214,384
王作民 265
卫士生 99,101,265
卫占亨 258
魏兴南 420
闻宥 268
沃尔特·珀西瓦尔·叶慈 Walter Perceval Yetts 177,182,188,189,190
沃 姆 G. N. Orme 18
吴达元 214,227,388
吴定安 156
吴芳吉 82,85,87,93,102,103,122-124,156,320,342,351,386,431,436
吴含曼 255
吴汉骥 351
吴汉驺 374,431,432
吴讷孙 251
吴协曼 349,356-359,364,405
吴须曼 254,405-407
吴资曼 431

**X**

夏济安 263
夏廷献 1
萧公权 225,243,355,356,361
谢国桢 302
谢 康 192
谢六逸 240
谢文炳 245
谢文通 241
谢羡安 92
熊 鼎 265,395
熊东明 350

熊十力　248,306

熊正琀　353

熊正瑾　368

徐　芳　265

徐培根　265,266

徐述华　366,436

徐　萱　266

许伯建　413

薛诚之　263

薛尔曼 Stuart Pratt Sherman　19

薛尔文·列维 Sylvain Lévi　21

## Y

严景珊　239

燕耦白　195

杨　清　356

杨树勋　234

杨振声　135

杨周翰　214,384,385

叶崇智　230

叶企孙　72,81,109,367,388

叶浅予　294,295

阴毓璋　221,257

于念慈　251

俞大维　266

俞铭传　238

## Z

曾岷生　274,280,281

曾昭正　311

张伯苓　220

张尔田　97

张光裕　259

张　敬　251,266

张君川　240,241

张骏祥　230,231

张其昀　204,355

张歆海　8,18,20,25,38,41,45

张秀敏　259,288-292

张耀祖　335

张荫麟　171,176,302

张振先　256

张志岳　194,241

章子仲　311

赵人僎　225

赵万里　302

赵维藩　372

赵元任　36

赵紫宸　248

郑　侨　301,397

郑之蕃　231,379,392

周邦式　413

周辅成　245,247,399

周光午 110,302
周珏良 299
周考成 368
周汝昌 399
周叔昭 239
周诒春 1
朱光潜 216,223,261
朱介凡 347

朱君毅 174,265
朱延丰 245
庄士敦 Sir Reginald Fleming Johnston 88,148,176,182,185,190,191
宗真甫 381
邹兰芳 322,342

# 重印后记

《吴宓书信集》初版于2011年,距今已十余年。其间曾有不少友人为研究需要,来电来信向我讨要或委托我帮助购买这本书,但出版社早已售罄,一时我也无能为力。好在今年恰当父亲130年诞辰,生活·读书·新知三联书店应读者要求准备重印《吴宓书信集》。

借此次重印之机,我把近年陆续又收集到的吴宓致吴芳吉、致徐震堮、致谢鸣雄和屠石鸣等书信及材料,以"附录"的形式加于书末,供研究者使用。因重印版面所限,此部分内容未列入索引,还请读者见谅。

再次向多年来不断支持和帮助我寻访、收集父亲书信的朋友们,关心父亲著作的读者们致以衷心的感谢!

吴学昭
2024年11月

# 附录

## 致吴芳吉

碧柳足下：

顷接尊著归蜀诗稿及函，开缄读之，使我始而喜，既而哀，终以慨叹。此意缠实非笔墨所能尽。彼我既情心心相印，毋须赘词，惟请论足下之诗，窃谓足下之诗佳也，非敢私誉，实具公平。我昔不敏，尝从事于诗矣。虽得之殊寡，而味之却深。夫诗，非多情人不能作也。自来诗人，无不重此。而其所作诗，有传有不传者，则以情由天赋，非人之所可为力也。足下具多情之姿，故其诗缠绵温厚，可泣可歌。然自古诗人之多情者，往往天久付诗人受用矣，愿更勉之，他日能传一代之业，且振衰世之音，莫谓君无分也。幸毋以失词相责。从来爱之深者望之奢，因而言之多有过，然我于足下非其类也。

尊稿反复诵读，多已成诵。其情哀，其节壮，其词丽以则其意深而远。知足下迩来所进益深，险阻艰难，所以磨炼英雄，亦以成就诗人。世态物情虽言之可愤可恨，然拈来手中，皆是诗人良好材料，于足下之诗观之益信。宓每恨生平多庸福，生世几二十年，碌碌厚遇，无坎壈之遭，乏祸患之警，故见事甚晦而诗文尤不能有深得。足下戎马，万里为家，当其入世之初，壮心始违，忧愁交至，此其所见所闻，迥有异乎常人。可感可泣，可道可歌，无往不然，凡是诸种，皆佛法所谓因缘，既已定为因缘，虽欲不倾泄吐纳于诗文中，岂可得哉！岂可得哉！此吾友诗之所以豪也。

读尊诗时,添来诸种感慨,偶于字句之间,亦有一己之见,兹另纸汇而写之。我辈用功,原在互相研究辅助,以云改正,夫岂敢当。抑有问者,足下寄来诗稿,有副本在尊处否？寄来之本,尚有次乾诸人传观,故未敢加圈点于上,一切意思,均详另纸中。鄙作近亦不多,日内有暇,当钞出数首寄上,并拟将足下重阳归后感怀八律,依韵赓和,未识可达此志否。

承询秦省近状,间阎凋敝,兵骄匪恣,八字尽之。要之,与蜀中不相上下,今日遍国中皆一象也。宓前有寄友五律八首,即言秦中近事。亦即言中国近事,已登《益智》杂志第五期中,此报现已付北京印刷,十日内即可印出寄上,足下可于其中寻之也。又足下诗稿中,所言情事,多有未悉,困顿宜昌时,何不函宓知,尚可与友人辈筹划接济也。余意均详诗评中,不尽珍重。

宓顿首
民国二年冬月十日北京清华园寄

# 致徐震堮①

声越仁弟，

读去年十月三十一日致　江清②书并诗，雅弦高情，至为欣佩。尊诗甚工美，乃自谦如是。按历来实学高文，皆成于荒山老屋，或兵马离乱之间。若久居都市，列名上庠，徒见其纷乱凋丧兮，比中虚耳。宓之诗，都无可观，或可止于《五十生日诗》较宜。今知国学而外，仍愿追究法、意文学，研诵名篇佳作自乐。

联大图书馆有圣伯甫 Sainte Beuve 之《月曜谈》 Causeries du Lünde 一十六册，几无人读。宓发愿读之，且用小刀一一裁成连页。已读毕二册，希望平生读毕。

今昆明之师生，无不以兼职得钱为急务，甚或投机营商，品卑于市侩，无人无心在学问道德，亦无人愿听我等之讲说。比之二十年前之东南人物、风气，现在真有"九涧望大堙"之感。宓幸能"贫而乐"，任其本性之所适，而《大公报》十一月十六日，重庆编发新闻诬宓以在"大光明影戏院"昆明翻译影片。该院乃贾珍与薛蟠之流所开办，岂有妙玉旦夕在其中厮混。回想声越供奉与付之多③，真

---

① 徐震堮(1901—1986)，字声越，浙江嘉善人。南京高等师范学(即东南大学前身)1922年毕业，任松江女中等校教师。1939年入浙江大学任教，1952年转入上海华东师范大学任中文系教授。后又任华东师范大学古籍研究所所长，国务院古籍整理出版规划小组成员。

② 即浦江清。

③ 徐震堮(声越)在上世纪二三十年代志愿翻译过大量英法文书稿刊登于《学衡杂志》，未得分文报酬。盖《学衡》自创刊之时即声明：该杂志为志愿投稿，文章刊出，一律不付稿酬。自第1期至第79期终刊，一直如此执行。

不如是之甚,真曾参杀人之类也。

宓平生惟期以道德化人自励,不图"本未兼职无薪"之,宓乃独被此污名。宓近十年中,本已厌世,今更使宓恨"今之时世"矣。匆此即请
文安

            吴宓顿首[印章]
            三十三年二月九日

## 致谢鸣雄、屠石鸣

鸣雄①
石鸣② 两兄——今日由严景珊、李振麟③两君陪谒周厅长寄梅师,承留在贵州省银行午饭,并由该银行钱总经理作介绍函,托严景珊君为宓购买 由 <sub>九月二十八日 / 十月十日</sub> 由 <sub>筑 / 遵义</sub> 赴 <sub>遵义 / 重庆</sub> 之 <sub>贵阳公路局汽车 / 邮车</sub> 票,以便成行。明日(二十七日)晨七时,由李振麟君陪导宓乘公路局车,赴花溪,参观清华中学并游览(此亦周师所面命)。明晚必归迟,后日(二十八日)清晨定即赴遵矣。今日接尊处转下浙江大学郭洽周④教授来函,内云已推张君川教授<sub>系宓之学生</sub>于二十四日由遵来筑,迎接宓同往遵。张君今尚未见到。倘来时,势必到环城路507民报社去访寻宓。——今恳 二兄预嘱报社中人,若浙大张君川教授来时,可告以:

---

① 谢鸣雄,原为南京民营《朝报》负责人。抗战后该报迁至昆明复刊,颇受当地与内迁的各校师生欢迎。西南联大教师投稿者不少,吴宓亦屡有诗作在其副刊发表,久而结识为友。1942年该报迁至贵阳,改名《民报·晚刊》,谢鸣雄任该报总经理。1944年9月,吴宓在西南联大休假,应内迁成都的燕京大学之邀讲学。他不听梅贻琦校长由昆明直飞成都的劝告,宁愿不辞辛苦地搭邮车、公路车过贵阳谒师、赴遵义浙大访旧、经重庆会友,而后到成都燕京大学。吴宓抵贵阳,与谢鸣雄、屠石鸣等相见甚欢,即落脚民报社之启明印刷厂。
② 屠石鸣,《朝报》旧人,时任《民报·晚刊》经理。
③ 李振麟,清华大学外国语文系1936年毕业,清华大学研究院肄业。时任贵州大学外文系教授兼系主任。
④ 即郭斌龢。

（一）宓今晚在博爱路二十九号余宅严景珊夫妇请吃饭。——晚八时半回到此处（启明印刷厂）。

（二）宓二十七日全日在花溪清华中学，晚七时（饭后）回到此处（启明）。

（三）宓二十八日晨，去遵义。故张君川教授最好于今、明晚7—8:30后在此处（启明）访寻宓。

弟
吴宓留上
（1944）九月二十六日夕，五时

# 国民政府教育部公布首批部聘教授名单
（一九四二年八月）

首批部聘教授在中国文学、史学、数学、物理、化学、生物等六个学科各设置二名部聘教授。其余英国文学、哲学、教育、地质、地理、心理、法律、政治、经济、社会、农学、林学、土木水利、电机、机械航空、矿冶、生理解剖、医学等十八个学科各设置一名部聘教授。总数三十人。杨树达、黎锦熙、吴宓、陈寅恪、萧一山、汤用彤、孟宪承、苏步青、吴有训、饶毓泰、胡敦复、曾昭抡、王琎、秉志、张景钺、艾伟、胡焕庸、李四光、周鲠生、胡元义、杨端六、孙本文、吴耕民、梁希、茅以升、庄前鼎、余谦六、何杰、洪式间、蔡翘。

**整理者按**，经查有关资料，1942年至1947年第一批部聘教授聘期到期后，全部延续第二个聘期（原首批部聘教授三十名中，有一人去世，更改为二十九名）。据吴宓1947年9月2日星期二日记所记："夕接部聘续聘，$620。"

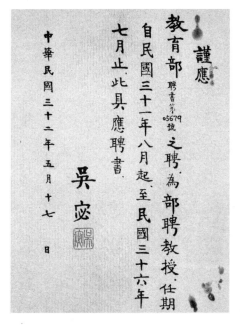

吴宓所写之应聘书

**谨应**

教育部聘书第05679号之聘,为部聘教授。任期自民国三十一年八月起,至民国三十六年七月止。此具应聘书。

吴宓(印章)

中华民国三十二年五月十七日